Markus Stubbig
Der Cumulus-Praktiker

Markus Stubbig

Der Cumulus-Praktiker

Datacenter-Switching mit Linux

Bibliografische Information der Deutschen Nationalbibliothek
Die Deutsche Nationalbibliothek verzeichnet diese Publikation in der Deutschen Nationalbibliografie; detaillierte bibliografische Daten sind im Internet über http://dnb.dnb.de abrufbar.

© 2019 Markus Stubbig
Lektorat: Björn Pritzel, Dirk Heuvels, Marc Schnitzius
Herstellung und Verlag: BoD – Books on Demand, Norderstedt

1. Auflage 2019
ISBN: 978-3-7386-0491-7

Das Werk, einschließlich seiner Teile, ist urheberrechtlich geschützt. Jede Verwertung ist ohne Zustimmung des Verlages und des Autors unzulässig. Dies gilt insbesondere für die elektronische oder sonstige Vervielfältigung, Übersetzung, Verbreitung und öffentliche Zugänglichmachung.

Inhaltsverzeichnis

	Vorwort	**xii**
I	**Für Einsteiger**	**21**
1	**Das Labornetzwerk**	**23**
	Ressourcen	23
	Virtualisierung	24
	Hardware	27
	Netze	27
	Switches	27
	Adressierung	28
	Labor-Server	28
	Verwendung	29
2	**Installation**	**31**
	Vorbereitung	32
	VMware	32
	VirtualBox	38
	Hardware	41
3	**Erste Schritte**	**45**
	Bedienung	45
	Ablauf	46
	Hilfe	47
	Ersteinrichtung	48
	Weitere Einrichtung	50

	Repository	51
	Lizenz	52
	Zusammenfassung	53
4	**Konnektivität**	**55**
	Routing	55
	Nachbarschaftserkennung	58

II	**Für Fortgeschrittene**	**61**
5	**Monitoring**	**63**
	Logging	63
	SNMP	67
	Kommandozeile	72
	Prescriptive Topology	73
	Zusammenfassung	75
6	**Management Interface**	**77**
	Virtual Routing and Forwarding	79
	Dienste	80
	Kommandos	80
	Technischer Hintergrund	82
	Zusammenfassung	82
7	**Switchports**	**83**
	Erste Schritte	83
	Switching	84
	Layer-3-Ports	89
	Beispiel	91
	Zusammenfassung	94
8	**Ausfallschutz**	**95**
	Link Aggregation	95
	Multi-Chassis Link Aggregation	100
	Doppel-MLAG	105
	Einrichtung	107
	Virtual Router Redundancy	110

    Zusammenfassung 111

9 Zentrale Authentifizierung   **113**
    Protokolle 113
    Laboraufbau 115
    Microsoft Server 116
    LDAP 118
    RADIUS 123
    TACACS+ 128
    Sicherheit 132
    Technischer Hintergrund 133
    Application Programming Interface 135
    Zusammenfassung 135

10 Konfiguration   **137**
    Ablauf 137
    Archiv und Revision 139
    Manuelles Backup 140
    Automatisches Backup 140
    Wiederherstellung 142
    Zusammenfassung 142

11 Systemverwaltung   **143**
    Updates 143
    Rollback 146
    Installation 147
    Versionierung und Support 147
    Zusammenfassung 148

III   Für Experten   **151**

12 sFlow   **153**
    Inhalt einer Probe 153
    Labor 154
    Exporter 156
    Kollektor 159

Automatische Konfiguration	160
Fehlersuche	162
Technischer Hintergrund	165
NetFlow	166
Zusammenfassung	168

13 Rapid Spanning-Tree 169

Crashkurs	170
Laboraufbau	172
Konfiguration	173
Best Practice	174
Technischer Hintergrund	177
Zusammenfassung	177

14 Spine/Leaf Topologie 179

Traditioneller Aufbau	179
Moderne Architektur	181
Was macht Cumulus?	184
Zusammenfassung	184

15 Dynamisches Routing 187

OSPF gegen BGP	188
OSPF	189
Skalierung	198
OSPFv3	200
Fehlersuche	205
Praxistest	208
Ausblick	210
Technischer Hintergrund	213
Zusammenfassung	214

16 Routing on the Host 215

Labor	216
Installation	216
Konfiguration	218
Erreichbarkeit	221
vRouter	223

Lastverteilung per Anycast 228
Sicherheit 231
Ausblick 235
Zusammenfassung 236

17 VXLAN 239
Grundlagen 240
Laboraufbau. 242
Konfiguration 244
Lightweight Network Virtualization 248
Technischer Hintergrund 254
Ausblick 255
Zusammenfassung 257

18 Firewall 259
Cumulus Linux als Firewall 260
Laboraufbau. 260
Paketfilter 261
Aktionen. 263
Voreingestellte Regeln 268
Grenzen 269
Schutz für die Control-Plane 272
Technischer Hintergrund 274
Fehlersuche 274
Zusammenfassung 276

IV Für Praktiker 277

19 Server 279
Laboraufbau. 279
Linux 280
Windows Server 283
VMware ESXi 287
Zusammenfassung 292

20 Massenbereitstellung — 293
Betriebssystem 294
Konfiguration 301
Zusammenfassung 304

21 Fehlersuche im Netz — 307
cl-support 307
Netzadapter 308
Hardware überwachen 312
Logbuch 315
Kleine Werkzeuge 317
Zusammenfassung 319

22 Durchsatz messen — 321
Auslastung 321
Durchsatzmessung 323
Zusammenfassung 326

V Für Trickser — 327

23 Best Practice — 329
Änderungen mit Sicherungsnetz 329
Factory-Default 331
SSH-Login ohne Passworteingabe 333
Passwort zurücksetzen 337

24 Application Programming Interface — 339
Wie funktioniert die API? 339
Lesender Zugriff 342
Schreibender Zugriff 344
API-Browser 344
Sicherheit 345
Technischer Hintergrund 347
Fehlersuche 348
Erweiterungen 349
Zusammenfassung 349

25 Life Hacks — 351
Zugriff von Windows 352
NCLU erweitern 353
Web-API erweitern 355
Telegram 358
Cisco Discovery Protocol 360
Mausezahn 361
ACL-Ressourcen überwachen 361

Literaturverzeichnis — 365

Stichwortverzeichnis — 367

A Editor unter Linux — 375

B ASIC — 379

C Ausblick — 383
Ansible 383
Docker 385
Richtlinienbasiertes Routing 387
Virtual Routing and Forwarding 387
Multicast 388
Border Gateway Protocol 389

D Zusatzmaterial — 391

Vorwort

Ein weiteres Betriebssystem erblickt das Licht der Welt. Noch eins? In der Welt der Netzwerker scheint jeder Hersteller sein eigenes *Network-OS* zu kochen. Das Spektrum der Ergebnisse reicht von vielseitig über kurzlebig, verwaist bis zu stabil und weltbekannt. Manche Distributionen beginnen als Fork und enden nur Monate später.

Was ist also so toll an Cumulus Linux? Ganz einfach: Es ist eine Software ohne Hardware. Cumulus Linux ist ein *Bring your own Device* für Netzwerkswitches. Hersteller-OS runter und Cumulus Linux drauf. Letztendlich ist ein Switch auch nur ein kleiner Server mit erstaunlich vielen Netzadaptern.

Das klingt nach Bastelbude und dem akademischen Wunsch, ein „falsches" Betriebssystem auf einem ausgemusterten Gerät zu betreiben.

Cumulus Networks verfolgt diese Vorgehensweise als Geschäftsmodell. Also mit Anleitungen, Support und Eigenentwicklungen. Das Unternehmen produziert keine Hardware, sondern arbeitet mit Netzwerkausrüstern zusammen. Damit der Deckel perfekt auf den Topf passt, erhält Cumulus Einblick in die Hardwarespezifikation. Mit diesen Infos kommen die ASICs so richtig in Fahrt und treiben die Durchsatzraten in die Höhe.

Das Konzept hat leider ein operatives Problem: Für Netzwerker ist Cumulus zu viel Linux, Konfigurationsdateien und Skripte. Für Linux-Admins ist Cumulus zu viel Netzwerkerei, Protokolle und Adressen.

Zum Glück schließt sich diese Lücke langsam durch fertige Bündel aus Hard- und Software, gute Dokumentation, viele Erfolgsrezepte und ein hervorragendes Buch.

Viel Spaß beim Ausprobieren, Staunen und Fluchen.

Übersicht

Teil 1, *Für Einsteiger*, beginnt mit dem Aufbau der Netzwerk-Umgebung mit physikalischen Geräten oder auf einer virtuellen Plattform. Die erstellten Maschinen erhalten ihr Betriebssystem und eine erste Konfiguration. Anschließend gesellen sich die grundlegenden Funktionen Routing und IPv6 dazu.

In Teil 2, *Für Fortgeschrittene*, bekommen die Switches ernsthafte Aufgaben, die in jedem Netzwerk erfüllt sein müssen. Dabei zeigen die Switchports ihre Tricks bei VLANs, Trunks und ihre Flexibilität beim Bündeln von mehreren Leitungen.

Teil 3, *Für Experten*, taucht in Enterprise-Themen ein und beleuchtet den Einsatz im Rechenzentrum. Cumulus Linux prahlt mit seinen Fähigkeiten bei Lastverteilung, Ausfallschutz und dynamischem Routing, um die Infrastruktur fast unbesiegbar zu machen. Für tiefere Einsicht in die Masse der Datenverbindungen ist sFlow im Gepäck. Und die Switches können sogar einfache Aufgaben einer Firewall übernehmen.

In Teil 4, *Für Praktiker*, macht Cumulus Linux eine gute Figur beim Einsatz in großen Umgebungen durch unkomplizierte Installation und Änderung. Danach kommen die Server ans Netz: redundant, hochverfügbar oder als Teil der Routingdomäne.

Teil 5, *Für Trickser*, zeigt viele kleine Handgriffe, die die tägliche Arbeit mit Cumulus Linux reibungsfreier gestalten. Und zuletzt kommt die Programmierschnittstelle von Cumulus Linux auf den Prüfstand.

Ressourcen

https://cumulusnetworks.com
Die Homepage von Cumulus Networks liefert einen guten Einstieg ins Thema und verlinkt zur Dokumentation, zum Forum und zum Download-Bereich.

https://github.com/cumulusnetworks
Die Entwickler hosten den Programmcode bei GitHub, wo jeder Einblick in den Fortschritt hat und sich an den Quellen bedienen kann. Daneben gibt es viele Demo-Projekte und Beispiele zum selber bauen.

https://forums.cumulusnetworks.com
Das Forum ist die erste Anlaufstelle für kleine Tutorials, Ideen, Diskussionen und Support aus der Community.

Schriftkonventionen

`Nichtproportionalschrift` zeigt die erzeugte Ausgabe eines Kommandos.

`Schreibmaschinenschrift` wird für Konfigurationen und Schlüsselwörter benutzt, die buchstabengetreu eingetippt werden müssen.

`Nichtproportionalschrift Fett` zeigt Befehle, die eine Ausgabe erwarten.

`Hervorhebungen` weisen auf besondere Wörter oder Zeilen innerhalb von Kommandos oder Bildschirmausgaben hin.

```
ein-sehr-langer-kommando-aufruf --mit --sehr \
  --vielen "Optionen"
```

Kommandos mit vielen Argumenten können länger als eine Zeile sein. Für die bessere Übersicht werden diese Kommandos mehrzeilig abgedruckt und um zwei Zeichen eingerückt. Am Ende jeder Zeile steht der Backslash als Hinweis darauf, dass es in der nächsten Zeile weitergeht.

Rechtliches

Warennamen und Bezeichnungen werden ohne Gewährleistung der freien Verwendbarkeit benutzt. Es ist davon auszugehen, dass viele der Warennamen gleichzeitig eingetragene Warenzeichen oder als solche zu betrachten sind.

Bei der Zusammenstellung von Texten, Bildern und Daten wurde mit größter Sorgfalt vorgegangen. Trotzdem können Fehler nicht vollständig ausgeschlossen werden. Der Autor lehnt daher jede juristische Verantwortung oder Haftung ab. Für Verbesserungsvorschläge und Hinweise auf Fehler ist der Verfasser dankbar.

… Einleitung

Einleitung

Cumulus Linux ist ein quelloffenes Netzwerk-Betriebssystem für Switches. Es basiert auf Debian GNU/Linux und vereint Techniken wie VXLAN, iptables, Kanalbündelung und Routing unter einer einheitlichen Kommandozeile. Cumulus Linux läuft auf physikalischer Hardware oder als virtuelle Maschine.
Jeder Ausrüster von Netzwerkkomponenten hat ein eigenes Betriebssystem im Angebot. Cumulus Networks verkauft Switches nur als Nebengeschäft. Die Grundidee ist: ein Linux-Betriebssystem für viele Hardwareplattformen anzubieten. Cumulus Linux ersetzt auf *anderen* Switches das Betriebssystem und kann dann loslegen.
In dieser Nische hat sich Cumulus Linux einen Namen gemacht. Dort punktet es in den Bereichen Funktionalität und Erweiterbarkeit. Cumulus Linux verbindet die Flexibilität von Linux mit den Anforderungen eines Datacenter-Switches bei moderater Budgetanforderung.

Cumulus Linux ist:

Unvollkommen. Und das ist positiv gemeint. Es gibt noch genug Raum zum Wachsen. Auch das Kommandointerface hat noch nicht alle Dienste unter seine Herrschaft gestellt. Das Feintuning von Funktionen erfordert meist einen Texteditor und den Zugriff auf die Konfigurationsdatei.

Open Source. Cumulus Networks setzt auf Linux als Betriebssystem und stellt viele seiner Eigenentwicklungen offen auf GitHub zur Schau [1]. Aber der Vorteil einer quelloffenen Lösung ist nicht immer ihr Preis. Denn kostenlos ist Open-Source–Software nicht! Es fallen Lizenzgebühren an,

und die Arbeitszeit der Netzwerk-Admins zum Einarbeiten in die Linux-Welt darf nicht unterschätzt werden.
Cumulus hält das Zusammenspiel mit dem Chipsatz (ASIC) der Switches unter dem Deckmantel des proprietären Codes. Und diese Geheimniskrämerei kommt vermutlich auf Wunsch der Hersteller, die ihre ASICs als Firmengeheimnis hüten.

Try before Buy. Wie bei Shareware-Programmen kann (und sollte) Cumulus Linux vor dem Einsatz getestet werden, bevor irgendwelche Investitionen in die Infrastruktur beginnen. Und wer freut sich über einen eingeschränkten Funktionsumfang, eine Evaluierungslizenz oder einen 30-Tage-Zeitraum?
In diesem Zusammenhang steht *Try* für Ausprobieren mit Beispielszenarien und *Buy* für den Einsatz in der eigenen Umgebung.

Hardware-frei. Cumulus Linux ist Software. Diese Software braucht eine Hardware. Die Antwort der Hardware-Frage liefert Cumulus mit einer Kompatibilitätsliste aus mehr als einhundert Geräten verschiedener Hersteller und Leistungsklassen.
In der Vergangenheit gab es viele limitierende Gründe, warum eine softwarebasierte Lösung für Netzwerkinfrastruktur nicht an die Leistung der physikalischen Geräte herankam. Der Hauptgrund war das suboptimale Zusammenspiel von Software und Treiber mit der darunterliegenden Hardware. Bei der immens großen Auswahl von Netzwerkkarten, Mainboards, Prozessoren und Memory ist es für eine Software schwierig auf jede Kombination der Komponenten optimal vorbereitet zu sein.
Heutzutage sind normale Server oder eingebettete Systeme überraschend performant, sodass auch eine nicht-optimierte Software Bandbreiten jenseits von Gigabit durchbrechen kann.

Linux. Unter Cumulus läuft ein angepasstes Linux. Der Zugriff aufs Betriebssystem ist nicht gesperrt. Über das Konsolenmenü oder eine SSH-Verbindung und einem einfachen `sudo bash` liegt der Zugang offen.
Das bringt Möglichkeiten zum Anpassen, Verbessern und Nachinstallieren von Tools. Dagegen steht die Gefahr, dass die eigene Änderung ungewollte Instabilität mitbringt.

Best Of. Cumulus erfindet an vielen Stellen das Rad nicht neu und bedient sich für seine Features an den vertrauten Linux-Diensten, die nach Jahren der Entwicklung eine hohe Stabilität erreicht haben. Der Web-Server stammt von Nginx, der SSH-Server gehört zu OpenSSH und bei der Umsetzung der Firewallregeln helfen netfilter bzw. iptables.
Diebstahl? Keineswegs! Eher ein Nachweis, dass Open Source funktioniert. Solange Lizenzbedingungen eingehalten werden, darf Fremdsoftware beigemischt werden. Gerade im Security-Umfeld ist es höchst erwünscht, dass Anwendungsentwickler keine eigenen Implementierungen stricken, sondern sich an den freien und stabilen Bibliotheken bedienen.

White-Box–Switches

Ohne Hardware kann auch Cumulus Linux nichts ausrichten. Was im Serverumfeld gängige Praxis ist, erscheint in der Netzwelt skurril: Denn *White-Box–Switches*, oder *Bare-Metal–Switches*, sind Netzwerkgeräte *ohne* Betriebssystem. Damit ist nicht gemeint, dass das Betriebssystem vergessen wurde. Vielmehr hat der Kunde die freie Wahl und kann sich sein Wunschmodell so zusammenstellen, dass es in die Infrastruktur von Rechenzentrum, Monitoring, Verwaltung und Automatisierung passt.
Diese Entkopplung von Hard- und Software hat auf beiden Seiten Vorteile. Egal welcher Hersteller von White-Box–Switches im Netzwerk mitspielt, das Betriebssystem sieht auf allen Boxen gleich aus. Das vereinfacht die Administration und den Lernaufwand, auch wenn die Architektur unterschiedlich ist.
Welches Betriebssystem darf es denn sein? Grundsätzlich läuft auf einem White-Box–Switch auch eine Distribution von Red Hat oder Ubuntu. Allerdings sind diese Anbieter nicht auf die Ausstattungen von Netzwerkswitches vorbereitet. Cumulus Linux als Netzwerkbetriebssystem (*network operating system*, NOS) hat eine starke Ausrichtung auf Switchports, Buffer, SFPs, ASICs, CLI und die Überwachung von Temperatur und Lüfter.
Auf der Hardwareseite schonen White-Box–Switches das Budget. Diese Switches sind damit nicht billig, aber deutlich preisgünstiger als ein klassischer Switch von einem renommierten Netzwerkausrüster. Denn eine offene Preispolitik und das erklärte Ziel, die eigenen White-Box–Switches am Markt zu etablieren, bringen finanzielle Vorteile für die Käufer.

Einleitung

Geschichte

Die Historie von Cumulus Linux ist noch relativ kurz: Es beginnt 2010 in den USA mit der Initiative von ehemaligen Mitarbeitern von Cisco und VMware. Ihr gegründetes Start-up–Unternehmen will ein offenes Betriebssystem für Netzwerkswitches entwickeln, das auf Datacenter-Switches von namhaften Herstellern operiert, erweiterbar ist und eine einheitliche Verwaltung bietet.
Die Entwicklung zieht sich hin, aber im Juni 2013 veröffentlicht Cumulus ihr Konzept des offenen Switches und beginnt mit der ersten Version 1.5. Die Branche sieht es als Angriff auf teure und proprietäre Hersteller. Vereinzelt spricht man sogar von Cumulus Linux als *Cisco Killer*.
In den folgenden Jahren beschäftigt sich Cumulus mit Entwickeln und Klinkenputzen. Denn gute Software braucht Partner und Anpassungen an die jeweilige Hardware. So kommt es 2014 zu einer Partnerschaft mit *Dell*, worauf Cumulus Linux für die S-Serie optimiert angeboten wird. 2015 folgt *Hewlett Packard* und die Altoline-Switches werden Cumulus-ready. Im Folgejahr stößt Mellanox mit den Spectrum-Switches dazu. Zuletzt einigt man sich mit Lenovo auf eine Zusammenarbeit mit den ThinkSystem-RackSwitches.
Parallel dazu wird Cumulus Linux funktionsreicher und stabiler. Im August 2015 macht Cumulus einen freundlichen Schritt und bietet ihr Betriebssystem für Laborumgebungen kostenlos an. Das als *Cumulus VX* angebotene Linux ist eine virtuelle Maschine, mit der einzelne Funktionen und ganze Netzdesigns ausprobiert werden können, ohne dass die produktive Umgebung dafür herhalten muss.

Zur Begriffsklärung: *Cumulus Networks* ist der Firmenname. Die Linuxdistribution für Switching auf physikalischen Geräten heißt *Cumulus Linux*. Als *Cumulus VX* bietet der Hersteller seine Software als virtuelle Appliance an, die ohne Lizenzkosten (und Support) auf den bekannten Hypervisoren ausprobiert werden kann. Die Bezeichnung *Cumulus Express* ist ein Bündel aus *Cumulus Linux*-Betriebssystem, Switch-Hardware und passender Lizenz. Cumulus Linux hat zum Entwicklungsbeginn bei Versionsnummer 1.5 gestartet und ist bisher (2019) bei Version 3.7.6 angekommen.
Für eine Webrecherche ist das Schlagwort „cumulus-linux" am aussagestärksten.

Teil I
Für Einsteiger

Kapitel 1

Das Labornetzwerk

Vor dem Einstieg in den Umgang mit Cumulus Linux steht der Aufbau des Labornetzwerks, denn ein einzelner Switch ohne umgebendes Netzwerk ist wenig beeindruckend. Für den praxisnahen Einstieg erwacht Cumulus Linux in einem konstruierten Labornetz zum Leben. In dieser Umgebung kann Cumulus Kapitel für Kapitel mit seinen Fähigkeiten glänzen.

Alle Themen der Kapitel haben einen praktischen Hintergrund. Theoretische Grundlagen werden nur am Anfang eines Kapitels angesprochen, um Verständnis aufzubauen oder angestaubtes Wissen aufzufrischen. Die Beispiele und Übungen sind zum Nachspielen konzipiert.
Die Passagen basieren alle auf demselben Netzaufbau. Es stellt ein kleines Rechenzentrumsnetz mit redundanten Verbindungen dar. Je nach Komplexität eines Themas reicht ein Teil des Labornetzwerks aus, um die Kernaussage zu beschreiben.
Wenn ein Abschnitt einen gesonderten Aufbau benötigt oder ein weiteres Gerät untersucht werden soll, gibt es am Anfang der Lektion einen entsprechenden Hinweis mit Erklärung.

Ressourcen

Der stets unveränderte Aufbau des Labornetzes hat den charmanten Vorteil, dass zwischen den Kapiteln nicht umgebaut werden muss. Kein Umverkabeln der Geräte oder Umkonfigurieren der virtuellen Umgebung. Das spart Zeit und verhindert Fehler. Und nach ein paar Kapiteln wird das Labornetz zum vertrauten Begleiter, denn die Namen der Switches, Server, Netzschnittstellen und IP-Adressen bleiben unverändert.

Das vollständige Labornetz ist als Netzdiagramm in Abbildung 1.1 dargestellt. Es ist als Grundlage für die nachfolgenden Kapitel konzipiert und orientiert sich an der Spine-Leaf–Architektur (vgl. Kap. 14). In den folgenden Kapiteln werden meist nur Teile dieses Netzwerks zur Untersuchung benutzt.

Da ein händischer Eingriff nach dem ersten Aufbau nicht mehr notwendig ist, kann das Lab auch „aus der Ferne" betrieben werden – Remotezugriff vorausgesetzt.

Die erforderliche Hardware ist stets abhängig vom geplanten Durchsatz. Für die Laborgeräte eignet sich jedes Gerät von der Kompatibilitätsliste [2]. Für virtuelle Umgebungen stellt Cumulus eine passende virtuelle Appliance zur Verfügung.

Manche Kapitel arbeiten isoliert, andere benötigen Internetzugriff. Der Zugang zum Internet läuft stets über das Managementinterface *eth0*. Hier reicht ein Uplink zum DSL-Router, aber grundsätzlich ist alles möglich, was letztendlich ins Internet führt.

Virtualisierung

Alle Geräte im Lab können vollständig virtualisiert werden. Jeder Switch im Labornetz ist dann eine eigene virtuelle Maschine (VM) mit virtuellen Netzwerkkabeln zu den benachbarten VMs. Das Verbindungsnetz zwischen zwei VMs ist ein *LAN Segment* (bei VMware) oder *internes Netzwerk* (bei VirtualBox). Eine physikalische Netzwerkkarte im Hostsystem ist nötig, wenn mit echter Hardware gemischt wird.

Welches Interface in welchem virtuellen Netz Zuhause ist zeigt Tabelle 1.1 auf Seite 26.

Technisch nicht erforderlich, aber hilfreich zum Auswerten: Die Netzwerkkarten der VMs verwenden vordefinierte MAC-Adressen. Damit sind alle Geräte in den Kommandoausgaben eindeutig erkennbar und mit den Beispielen im Buch vergleichbar.

Virtualisierung

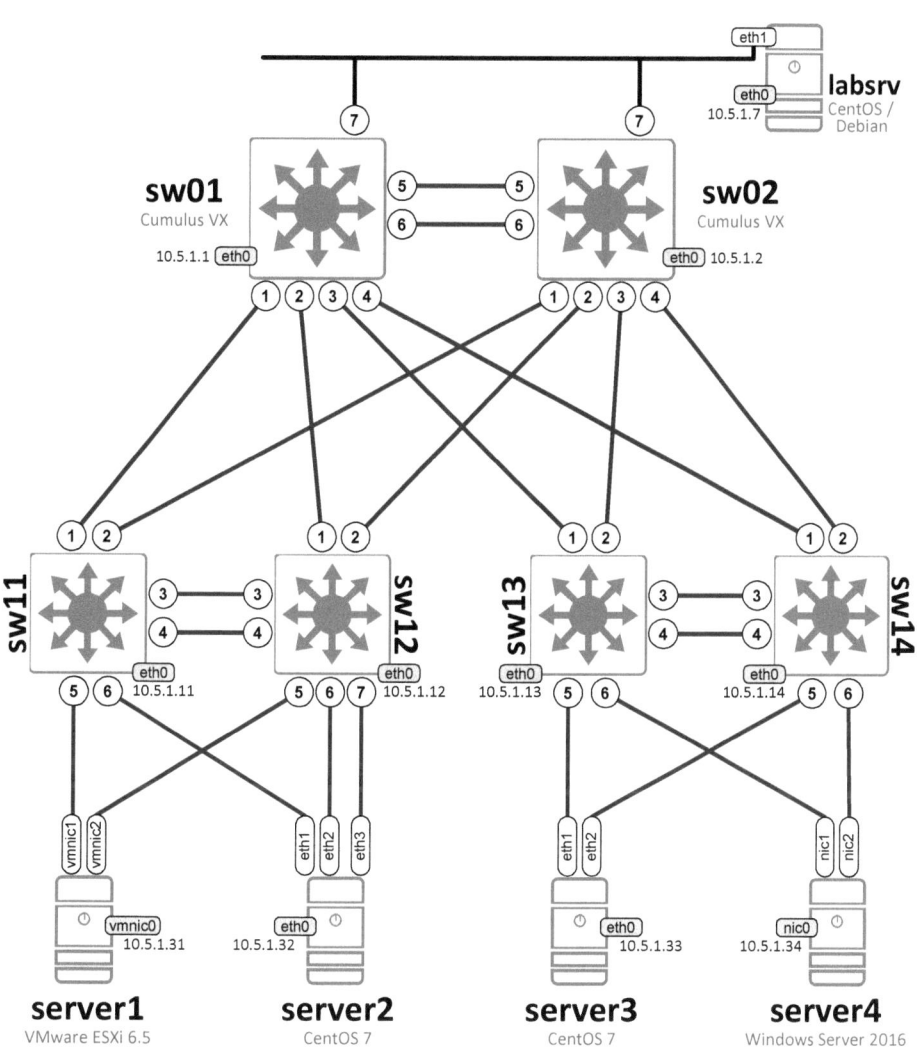

Abbildung 1.1: Das Labornetzwerk als Vorlage für alle Kapitel

Switch	Interface	Funktion/Netz	IPv4	IPv6
sw01	eth0	Management	10.5.1.1	fd00:5::1
	swp1-4	Spine–Leaf		
	swp5,6	Spine–Spine		
	swp7	VMnet4	10.4.1.1	fd00:4::1
sw02	eth0	Management	10.5.1.2	fd00:5::2
	swp1-4	Spine–Leaf		
	swp5,6	Spine–Spine		
	swp7	VMnet4	10.4.1.2	fd00:4::2
sw11	eth0	Management	10.5.1.11	fd00:5::11
	swp1,2	Leaf–Spine		
	swp3,4	Leaf–Leaf		
	swp5,6	Leaf–Server		
sw12	eth0	Management	10.5.1.12	fd00:5::12
	swp1,2	Leaf–Spine		
	swp3,4	Leaf–Leaf		
	swp5-7	Leaf–Server		
sw13	eth0	Management	10.5.1.13	fd00:5::13
	swp1,2	Leaf–Spine		
	swp3,4	Leaf–Leaf		
	swp5,6	Leaf–Server		
sw14	eth0	Management	10.5.1.14	fd00:5::14
	swp1,2	Leaf–Spine		
	swp3,4	Leaf–Leaf		
	swp5,6	Leaf–Server		
labsrv	eth0	Management	10.5.1.7	fd00:5::7
	eth1	VMnet4	10.4.1.7	fd00:4::7
server1	vmnic0	Management	10.5.1.31	
	vmnic1,2	Server–Leaf		
server2	eth0	Management	10.5.1.32	
	eth1-3	Server–Leaf		
server3	eth0	Management	10.5.1.33	
	eth1,2	Server–Leaf		
server4	Ethernet0	Management	10.5.1.34	
	Ethernet1,2	Server–Leaf		

Tabelle 1.1: Alle Switches mit Netzadaptern, Funktion und Managementadresse

Getestet und geprüft sind die Labs mit VMware Workstation 14, VMware ESXi 6.5 und VirtualBox 5.1.

Hardware

Cumulus Linux läuft auf physikalischen Switches mit ARM-, PowerPC- oder x86_64-Prozessor. Bei der Auswahl von passender Hardware lohnt sich ein Blick in die Kompatibilitätsmatrix von Cumulus Linux [2]. Für die Laborumgebung sind Hersteller und Modell zweitrangig, da das Beispielnetz Verständnis bieten soll und nicht Höchstleistung.
Die folgenden Kapitel verwenden Switches vom Hersteller Edgecore.

Netze

Die Netze zwischen den Switches basieren auf Ethernet. Jede Verbindung zwischen zwei Geräten besteht aus einem Kabel ohne weitere Teilnehmer. Das Übertragungsmedium und die Bandbreite spielen keine Rolle. Kupferkabel sind ebenso willkommen wie Glasfaserkabel.
Im Beispielnetz sind alle Netzverbindungen Kupferkabel mit einer Übertragungsrate von einem Gbit/s.

Switches

Die Cumulus-Switches verwenden die aktuelle Version 3.7.6. Wenn andere Versionen oder zusätzliche Switches mitspielen, wird das entsprechende Gerät ersetzt oder das Lab ergänzt.

> **Hinweis**
>
> Die beste Version eines Betriebssystems ist nicht immer die Aktuellste. Die Release Notes und ein Softwaretest in einer realistischen Umgebung liefern Entscheidungsgrundlagen für eine stabile Version.

Jeder Switch hat einen separaten Netzanschluss für den Managementzugriff. Darüber erreicht der SSH-Client sein Ziel und kann Konfigurationsänderungen unabhängig von der Topologie umsetzen.

Die Labor-Switches sind durchnummeriert. Diese Geräte-Nummer findet sich in den IPv4-, IPv6- und MAC-Adressen wieder. Damit sind Adressen in einer Kommandoausgabe leichter dem passenden Gerät zuzuordnen. Die Nummer des Switchports ist stets am Gerätesymbol angeschlagen.

Adressierung

Die Subnetze für Server und Transitbereiche bauen auf private IPv4-Adressen bzw. Unique-Local IPv6-Adressen. Jeder Leaf-Switch verbindet mehrere Server, die meist nur zum Prüfen von Features oder zum Erzeugen von Datenverkehr benutzt werden. Mehr als ping, traceroute, netstat oder ein Webbrowser wird nicht gefordert.
Die Wahl des Betriebssystems der Server ist für die Szenarien nebensächlich; im Demo-Lab finden aus Popularitätsgründen VMware ESXi, CentOS Linux und Windows Server Verwendung.
Wenn das Labornetz zwischen internen und externen Netzbereichen unterscheidet, dann bedienen sich die externen Geräte aus den Adressblöcken für Dokumentation (RFC 5737): 192.0.2.0/24 und 198.51.100.0/24.
Die IPv6-Adressen stammen ebenfalls aus unterschiedlichen Bereichen, um eine Unterscheidung optisch zu vereinfachen: fd00::/16 für die internen LANs und 2001:db8::/32 für die äußeren Bereiche. Diese Unterscheidung soll die verschiedenen Netzbereiche verdeutlichen – funktionell ist sie nicht notwendig.
Die Adressen sind genau dafür vorgesehen und kollidieren nicht mit einem öffentlichen Bereich. Weiterhin ist die Adressierung bewusst einfach gehalten: Die Adressbereiche sind einheitlich strukturiert und haben nur „normale" Netzmasken von /24 (IPv4) oder /64 (IPv6).

Labor-Server

Alle zentralen Funktionen übernimmt der Labor-Server, der ebenfalls physikalisch oder virtuell integriert wird. Wenn die Cumulus-Switches auf ein Client/Server-Protokoll getestet werden, übernimmt der Labserver stets die Rolle des Gegenstücks. Er akzeptiert Anfragen zu NTP, DNS, Syslog, FTP/TFTP, sFlow, NetFlow und HTTP. Die Kommandobeispiele in den folgenden Kapiteln beziehen sich auf CentOS 7 und Debian 9.

Verwendung

Jedes Kapitel verwendet nur einen Teil des Labornetzwerks. Weniger Geräte ermöglichen eine bessere Kontrolle, wenn es an die Beispiele und Kommandoausgaben geht. Diese Limitierung dient nur der Übersicht – gerne dürfen weitere Switches zugeschaltet werden, um Features intensiver zu testen.
Die IP-Adressen bleiben stets dieselben, wenn auch mit anderer Bedeutung.

Kapitel 2

Installation

Im nächsten Schritt geht es an die Verwirklichung des Labors. Es beginnt mit der Erstellung oder Beschaffung der Geräte, gefolgt von der Installation und zuletzt der Vernetzung.
Wie in Abschnitt *Virtualisierung* auf Seite 24 schon angedeutet, kann das Lab auf physikalischer Hardware laufen oder komplett in einer virtuellen Umgebung sein Zuhause finden. Für den Aufbau macht das einen großen Unterschied – für die Beispielszenarien der folgenden Kapitel ist es irrelevant.
Die Vorgehensweise bei allen Methoden ist einheitlich: Los geht es mit dem Anlegen der virtuellen Netze, deren Trennung entweder mit einem virtuellen Switch oder einer Portgruppe erfolgt. Danach geht es an das Erstellen der virtuellen Maschinen (VM) und zuletzt erhalten die neuen VMs ihre Netzadapter in den beheimateten VM-Netzen.
Die Wahl der Virtualisierungssoftware hängt von den persönlichen Vorzügen ab. Die folgenden Erklärungen beziehen sich auf VMware ESXi, Workstation und Player, sowie auf VirtualBox.

Dieses Kapitel kann kein Fachbuch über VMware oder VirtualBox ersetzen! Die Installation der VMs setzt Grundwissen in den jeweiligen Produkten voraus. Die Beschreibungen behandeln nur den Aufbau der neuen VM und nicht, warum die einzelnen Schritte notwendig oder vorteilhaft sind.

Vorbereitung

Für das Anlegen der virtuellen Maschinen bietet die Webseite von Cumulus Networks [3] stets das aktuelle Release als signiertes Maschinen-Template (OVA) zum Download an.
Für das vorgestellte Labor kommt Version 3.7.6 mit der OVA-Datei

```
cumulus-linux-3.7.6-vx-amd64-vmware.ova
```

für die Plattform von VMware, und Datei

```
cumulus-linux-3.7.6-vx-amd64-vbox.ova
```

für die VirtualBox-Infrastruktur zum Einsatz.
Mit dieser Vorlagendatei gestaltet sich das Anlegen einer VM einfach, weil viele Werte schon vorkonfiguriert und im Dialog ausgeblendet sind. Ohne weitere Anpassung hat die fertige VM vier Netzadapter und ist startbereit.

Bei einem Hardware-Lab läuft die Installation über das *Open Network Install Environment* (ONIE), welches eine hardware-spezifische Binärdatei benötigt. Für die Laborumgebung bietet Cumulus die binäre Variante

```
cumulus-linux-3.7.6-vx-amd64.bin
```

zum Installieren an.

VMware

Die Produktpalette von VMware ist groß, aber für das Lab eignen sich hauptsächlich ESXi, Player und Workstation. Die Einrichtung beginnt mit den virtuellen Maschinen.

Workstation VMware Workstation ist eine englischsprachige Softwareanwendung für Windows und Linux, die virtuelle Maschinen trägt. Damit werden die virtuellen Maschinen erstellt. Der Ablauf ist stets derselbe:

1. VMware Workstation starten
2. *File → Open…*
   Datei `cumulus-linux-3.7.6-vx-amd64-vmware.ova` auswählen

3. Namen der neuen VM und Speicherort auswählen

4. Der Button *Import* beginnt den Vorgang

Anschließend wird die frisch erstellte Maschine entschlackt: Floppy- und CD-Laufwerk braucht der Switch nicht, dafür mehr Netzwerkkarten.
Über *VM → Settings* gibt es Einblick in die Seele der virtuellen Maschine. Hier wird gelöscht und hinzugefügt, bis die Einstellungen passen. Neue Netzwerkadapter sind stets vom Typ *LAN Segment* mit einer Zuordnung zum entsprechenden Segment. Ein Segment ist hier vergleichbar mit einem physikalischen Netzwerkkabel und verbindet exakt zwei Netzadapter. Die feste MAC-Adresse versteckt sich bei *Network Adapter* hinter dem *Advanced...*-Button.

Die verwendete Version ist VMware Workstation 14.1.1 unter Windows.

Player Der *VMware Workstation Player* ist eine funktionsreduzierte Version der VMware Workstation. Für die nicht-kommerzielle Nutzung ist der Einsatz kostenfrei.
Dialoge und Vorgehensweise ähneln sich, daher gelten die Einstellungen des vorherigen Abschnitts auch hier.
Die Eigenschaften der virtuellen Netze können zwar nicht verändert werden, aber die Voreinstellung ist akzeptabel.
Die Erstellung einer VM startet mit dem Button *Open a Virtual Machine*. Danach kommen die Fragen nach der OVA-Datei und einem Hostnamen.
Alle weiteren Details werden außerhalb des Wizards angepasst. Auch hier gelten dieselben Parameter wie bei VMware Workstation.

Die Linux-Version des VMware-Players ist für das Demo-Lab ungeeignet, weil das Dialogfenster die Auswahl der VMnet-Netze verschweigt. Alle hostonly-Netzwerkadapter der Cumulus-Switches sind im selben Netz. Erst ein mutiger Eingriff in die .vmx-Datei einer VM bringt die LAN-Segmente zum Vorschein.

Die beste Alternative unter Linux ist VirtualBox (siehe Abschnitt *VirtualBox* ab Seite 38).

Die verwendete Version ist VMware Workstation Player 14.1.1.

ESXi VMware ESXi ist ein Typ-1–Hypervisor. Damit läuft er nicht als Anwendung auf einem Betriebssystem, sondern arbeitet direkt auf der physikalischen Hardware. Ein grafischer Webclient erstellt und verwaltet die virtuellen Netze und Maschinen. Intern kommunizieren die virtuellen Maschinen über virtuelle Switches miteinander, wie Abbildung 2.1 veranschaulicht [4].

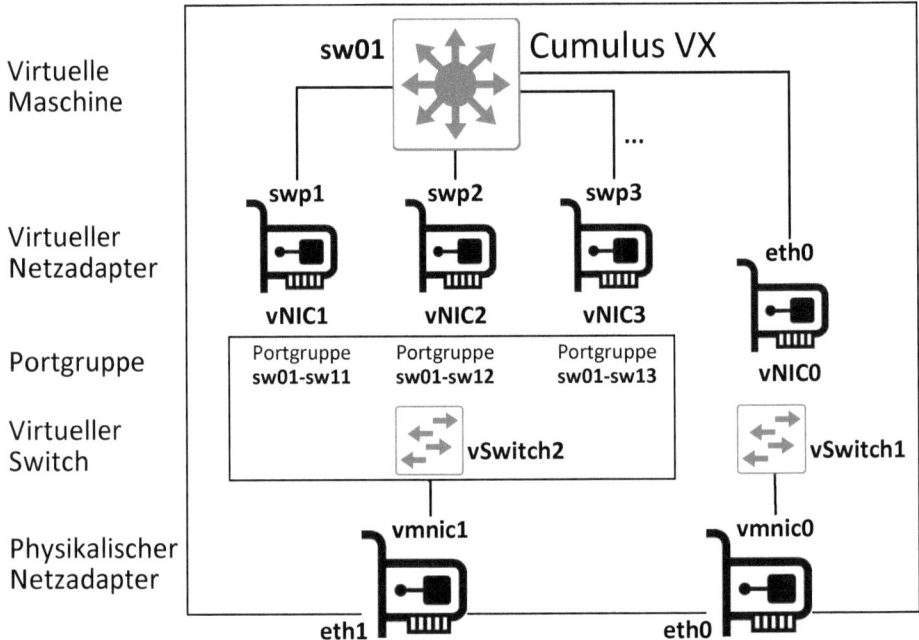

Abbildung 2.1: Das Zusammenspiel der virtuellen Komponenten

> **Hinweis**
> Cumulus VX ist kein *vSwitch* oder *Distributed Switch*.

Aus der Sicht von VMware ESXi ist Cumulus VX eine reguläre virtuelle Maschine mit vielen Netzadaptern. Die Verbindung von zwei Netzadaptern verschiedener Cumulus-Switches erfolgt über einen *Virtuellen Standard-Switch* (vSwitch) oder den *Distributed Switch*, den ESXi bereitstellt. Inner-

halb des vSwitch entstehen Portgruppen, welche die Netzadapter der Cumulus-Switches gegeneinander abschotten.
Dieses Durcheinander von Switches und Portgruppen ist eine Besonderheit von ESXi und eignet sich lediglich für eine Spielumgebung.

Die Konfiguration beginnt bei einem neuen vSwitch innerhalb der ESXi-Welt. Dieser Switch trägt später die Portgruppen für die Netzadapter der Cumulus-Switches. Das Ziel ist eine starke Segmentierung wie in der physikalischen Umgebung.
Die virtuelle Netzwerkumgebung beginnt im Navigator des Webclients unter *Netzwerk* im Register *Virtuelle Switches*. Wenn das Lab gekapselt innerhalb des ESXi arbeiten soll, ist kein physikalischer Netzadapter nötig. Für alles andere erwartet die folgende Konfiguration die ungenutzte Netzwerkkarte *eth1*, die bei ESXi als *vmnic1* geführt wird.

1. Klick auf *Virtuellen Standard-Switch hinzufügen*.

2. vSwitch-Name: vSwitch2
   Uplink 1: *vmnic1* (das ist der unbenutzte Netzadapter im Server. Das Feld kann auch leer bleiben, wenn das Lab nicht mit der Außenwelt kommunizieren soll)

3. Klick auf *Hinzufügen*.

Kurz darauf ist der neue Switch *vSwitch2* erstellt, hat aber noch keine Portgruppen. Diese entstehen beim Register *Portgruppen* – mit dem Button *Portgruppe hinzufügen* beginnt die Show. Die VLAN-Nummer ist wichtig, um die Portgruppen zu separieren. Wenn zwei Portgruppen dieselbe VLAN-Nummer haben, können sich die enthaltenen Netzadapter erreichen.

Üblicherweise enthalten Portgruppen die Netzadapter von vielen virtuellen Maschinen. Für den angestrebten Netzaufbau wird das Konzept der Portgruppe als physikalisches Netzwerkkabel missbraucht. Jede Portgruppe enthält folglich exakt zwei Netzadapter und verbindet zwei Cumulus-Switches. Und wieder droht Chaos, denn für 24 Kabelverbindungen müssen 24 Portgruppen entstehen. Ein sprechender Name für die Portgruppe bringt etwas Übersicht ins Spiel. Hier empfiehlt sich eine Bezeichnung, die verrät, welche zwei Cumulus-Switches die Portgruppe benutzen möchten (z. B. sw01 und sw13).

Kapitel 2. Installation

- Name: sw01-sw13
- VLAN-ID: 113
- Virtueller Switch: vSwitch2

Dieser Schritt ist für die anderen „Netzkabel" identisch. Anschließend ist die virtuelle Netzlandschaft fertig und sollte der Abbildung 2.2 ähneln.

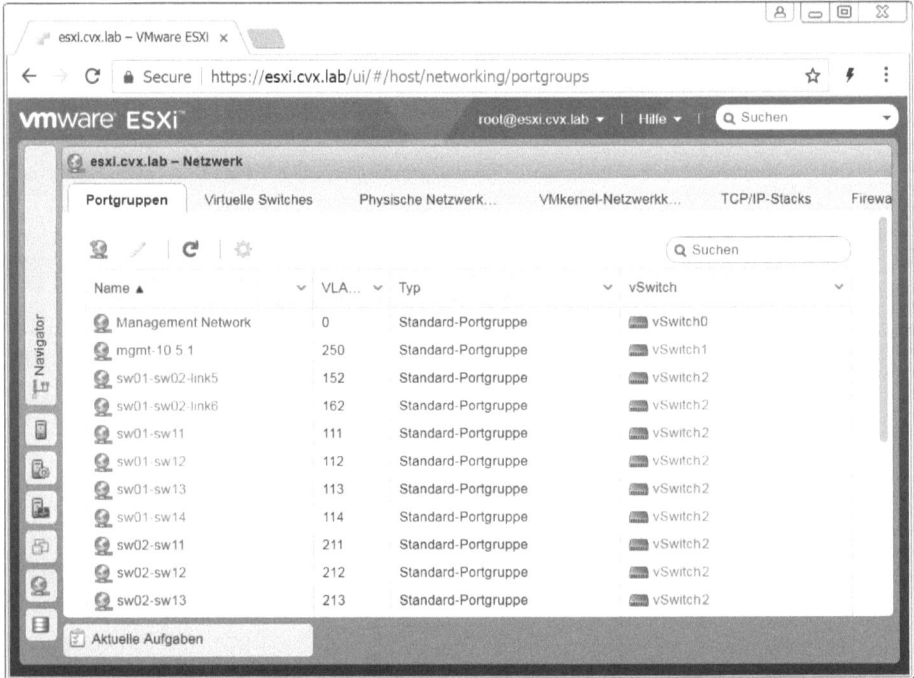

Abbildung 2.2: Portgruppen verbinden die virtuellen Cumulus-Switches

Für das Anlegen der virtuellen Maschinen bietet die Webseite von Cumulus Networks [3] ein signiertes Maschinen-Template als .ova-Datei an.
Das Szenario beginnt im Navigator unter *Virtuelle Maschinen*. Der Button *VM erstellen/registrieren* startet den Wizard. Mit der OVA-Datei ist der Ablauf übersichtlich:

1. Erstellungstyp auswählen: Eine virtuelle Maschine aus einer OVF- oder OVA-Datei bereitstellen.

2. OVF- und VMDK-Dateien auswählen. Name: sw01
   OVA-Datei mit der Maus in die bereitgestellte Fläche ziehen

3. Speicher auswählen: passenden Datastore wählen.
   Anschließend wird die OVA-Datei hochgeladen und verarbeitet. Das sollte nicht länger als 30 Sekunden dauern.

4. Netzwerkzuordnungen: Egal, das kommt später.

5. Bereit zum Abschließen: *Beenden* klicken.

Die OVA-Datei beinhaltet ein Festplattenimage mit vorinstalliertem Linux. Ein Installationsmedium ist nicht mehr nötig.

Der fertig gebackenen VM fehlen noch ein paar Netzwerkkarten. Über die Eigenschaften der VM werden diese hinzugefügt und in der richtigen Portgruppe platziert. Tabelle 2.1 listet die Zugehörigkeit von Netzadapter zu Portgruppe beispielhaft für Cumulus-Switch sw01.

Adapter	Nachbar	Portgruppe
eth0		Management
swp1	sw11	sw01-sw11
swp2	sw12	sw01-sw12
swp3	sw13	sw01-sw13
swp4	sw14	sw01-sw14
swp5	sw02	sw01-sw02-link5
swp6	sw02	sw01-sw02-link6
swp7		sw01-sw02-labsrv

Tabelle 2.1: Die Netzadapter und Nachbarn von Cumulus-Switch sw01

Die verwendete Version ist VMware ESXi 6.5.

VirtualBox

VirtualBox ist eine Applikation für Windows, Linux und macOS, mit der virtuelle Maschinen erstellt und gehostet werden.
Bei VirtualBox ist die Produktwelt übersichtlich. VirtualBox hat zwar nicht mehrere Virtualisierungsprodukte im Angebot, aber dafür mehrere Konfigurationsmethoden. Bei der normalen Installation ist der *Oracle VM VirtualBox Manager* mit im Boot. Er ist leicht zu bedienen, verlangt aber nach einer X11-Oberfläche. Alternativ (oder ergänzend) hilft *phpVirtualBox* [5], ein webbasierter Manager, der das Look-and-Feel des Oracle-Managers als Webseite bereitstellt.
Fans der Kommandozeile bekommen ebenfalls etwas geboten, denn der Laboraufbau lässt sich unter VirtualBox komplett skripten.

Verbindungskabel

Die einfachste Methode zum Nachbilden eines Verbindungskabels ist der virtuelle Netzwerkadapter vom Typ *Internes Netzwerk*. Dieses Netz muss nicht vorab angelegt werden, sondern entsteht mit der Angabe eines Namens. Sobald zwei Netzadapter in einem internen Netz mit demselben Namen sind, haben sie eine Verbindung miteinander.
Vorteilhaft sind hier sprechende Namen, die das virtuelle „Kabel" gut beschreiben. Die beispielhafte Bezeichnung *kabel-sw01-sw12* kündigt eine Verbindung zwischen Switch sw01 und sw12 an.

Virtuelle Maschinen

Jetzt geht es an das Erstellen der virtuellen Maschinen. Der Ablauf ist für alle VMs ähnlich, daher zeigen die Beispiele nur die Schritte vom ersten Switch.

Oracle VM VirtualBox Manager Die Einrichtung in der Verwaltungssoftware von VirtualBox erfolgt über einen Wizard. Die folgende Beschreibung passt auch auf phpVirtualBox.

1. *Datei → Appliance importieren...*

2. Pfad zur OVA-Datei angeben.

3. Vor dem Erstellen der VM lassen sich der Name und der Speicherort anpassen (Abbildung 2.3).

4. Der Button *Importieren* beginnt den Vorgang.

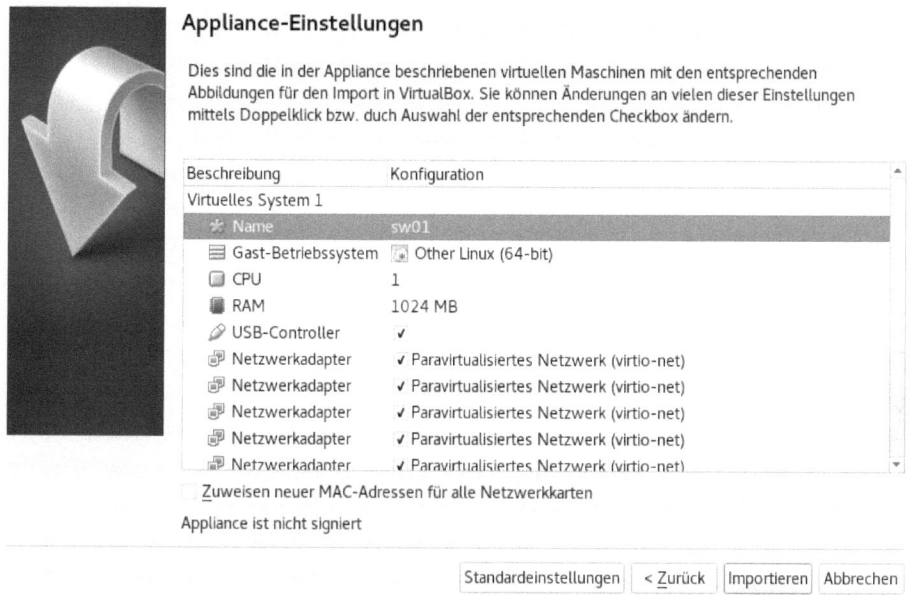

Abbildung 2.3: Importvorgang von Switch sw01 in VirtualBox

CLI Die Einrichtung per Kommandozeile erwartet Befehle, welche den Mausklicks der GUI entsprechen.

1. Die Reise über den Befehlszeilenweg beginnt beim Importieren einer virtuellen Maschine am Beispiel von sw01.

```
VBoxManage import cumulus-linux-3.7.6-vx-amd64-vbox.ova \
  --vsys 0 --vmname "sw01" \
  --vsys 0 --unit 14 --disk "~/VirtualBox VMs/sw01/disk.vmdk"
VBoxManage modifyvm sw01 --description "Cumulus VX lab"
```

Damit ist der virtuelle Cumulus-Switch erstellt. Die folgenden Kommandos steuern die Anpassung an die Laborumgebung.

Kapitel 2. Installation

2. Netzwerkkarte *nic1* regelt den Verwaltungszugang und nimmt nicht am normalen Switch-Verkehr teil.

```
VBoxManage modifyvm sw01 --nic1 bridged
VBoxManage modifyvm sw01 --bridgeadapter1 eth1
VBoxManage modifyvm sw01 --nictype1 virtio
VBoxManage modifyvm sw01 --macaddress1 0c1224010001
```

3. Die RDP-Konsole bietet den Konsolenzugriff auf die VM, bevor der Fernzugriff möglich ist.

```
VBoxManage modifyvm sw01 --vrde on
VBoxManage modifyvm sw01 --vrdeport 8101
VBoxManage modifyvm sw01 --vrdeaddress "$HOSTNAME"
```

Der erste virtuelle Switch ist damit erstellt und der Managementadapter verkabelt. Der Ablauf für die restlichen Geräte ist identisch.

Die Verkabelung besteht aus viel Tipparbeit, denn jede Verbindung muss beiden Endpunkten explizit bekannt gegeben werden. Das virtuelle Netzkabel zwischen den beiden Switches sw01 und sw12 wird mithilfe der folgenden Kommandos gesteckt:

```
VBoxManage modifyvm sw01 --intnet3 "sw01-sw12"
VBoxManage modifyvm sw01 --nic3 intnet
VBoxManage modifyvm sw01 --nictype3 virtio

VBoxManage modifyvm sw12 --intnet2 "sw01-sw12"
VBoxManage modifyvm sw12 --nic2 intnet
VBoxManage modifyvm sw12 --nictype2 virtio
```

Ob alles richtig verbunden ist, wird sich zeigen, sobald die Switches in Kapitel 3 ihre IP-Adressen erhalten.

Die verwendete Version ist VirtualBox 5.1.

Hardware

Für einen White-Box–Switch oder ein kompatibles Modell stellt Cumulus ein schlüsselfertiges Installationsimage bereit. Dieses ersetzt das eventuell vorhandene Betriebssystem. Die Kunst liegt darin, es auf die vorhandene Hardware zu kopieren und zu starten.
Genau für diesen Zweck hat Cumulus Networks das *Open Network Install Environment* (ONIE) ins Leben gerufen. Diese Installationsumgebung hat den Zweck, unterschiedliche Betriebssysteme auf einem Switch zu starten. Damit hat der Anwender die Wahl zwischen mehreren Betriebssystemen oder der Installation eines neuen Netzwerk-OS, wie z. B. Cumulus Linux.
Ein genauer Blick auf ONIE enthüllt einen GRUB-Bootloader, der einen Linux-Kernel startet und eine Busybox-Umgebung bereitstellt. Dort werden vordefinierte Installationsquellen abgefragt und im Erfolgsfall beginnt die Installation. Die Suchfunktion durchstöbert den lokalen USB-Stick und gräbt anschließend neugierig im Netzwerk durch HTTP- und FTP-Server. Sobald ein passendes Installationsimage gefunden ist, endet die Suche und der Installer übernimmt die Leitung.

Vorbereitung

Damit dieser scheinbar einfache Plan Erfolg haben kann, muss der USB-Stick korrekt vorbereitet sein. Dazu gehört das passende Dateisystem nebst Namen und das Installationsimage mit einem Dateinamen, den die Suchfunktion erwartet. Die Installation über das Netzwerk erfordert serverseitige Vorbereitung und eignet sich für die massenhafte Installation von Switches. Dazu liefert Kapitel 20 ab Seite 293 die nötigen Handgriffe.
Für kleine Umgebungen ist der USB-Stick die schnellere Alternative. Dieser benötigt das Dateisystem VFAT oder EXT2. Der Name muss *ONIE-BOOT* lauten, oder der Installer verweigert seinen Dienst. Beim Dateinamen ist ONIE etwas toleranter und probiert verschiedene Kombinationen aus Plattform, Hersteller, Modell und Architektur aus, die allerdings mit *onie-installer* beginnen müssen. Das Installationsimage für den Switch *AS4610-54T* von *Edgecore Networks* hat den umfassenden Namen

```
onie-installer-arm-accton_as4610_54
```

Eine Versionsnummer wird nicht erwartet.

Kapitel 2. Installation

Die Vorbereitung des USB-Sticks für eine lokale Installation von Cumulus Linux zeigen die folgenden Kommandos.

> **Achtung**
>
> Der Inhalt des USB-Sticks wird dadurch überschrieben.

```
1  parted /dev/sdb mklabel msdos
2  parted /dev/sdb -a optimal mkpart primary 0% 100%
3  mkfs.ext2 -L ONIE-BOOT /dev/sdb1
4  mount /dev/sdb1 /mnt
5  cp cumulus-linux-3.7.6-bcm-armel.bin \
6     /mnt/onie-installer-arm-accton_as4610_54
7  umount /mnt
```

> **Achtung**
>
> Der USB-Stick wird in diesem Beispiel als `sdb` bereitgestellt. Das eigene Linux-System könnte auch eine andere Gerätedatei verwenden, z. B. `sda` oder `sdc`. Unbedingt vorab mit `dmesg` oder `fdisk -l` validieren.

Die `parted`-Kommandos beginnen das Fundament in Form einer Partition, die den gesamten USB-Stick einnimmt. Anschließend wird in Zeile 3 das Dateisystem mit dem passenden Namen gegossen. Wenn das erfolgreich war, lässt sich das Ergebnis in Zeile 4 in den lokalen Dateibaum einhängen und beschreiben. Danach macht sich `cp` ans Werk und setzt das Installationsimage oben drauf. Kollege `umount` schließt in Zeile 7 den Rohbau ab und übergibt den USB-Stick schlüsselfertig.

Installation

Der Bootloader von ONIE meldet sich nur beim Systemstart, also muss der Switch erst mal neu gebootet werden. Einblick in den Bootloader geben die Switches über einen Konsolenanschluss. Und der USB-Stick muss natürlich auch seinen Weg in einen freien USB-Anschluss des Geräts finden. Die Maßnahmen machen deutlich, dass diese Form der Installation für große Umgebungen zu aufwendig ist.

Nach einem Neustart präsentiert sich der Bootloader des vorhandenen Betriebssystems. Neben den normalen Bootmethoden sollte ein Eintrag mit *ONIE* beschriftet sein. Dieser führt zum Auswahlmenü des ONIE-Bootloaders. Neben der Installation sind auch die Deinstallation, Updates und eine Recovery-Option verfügbar. Der gewünschte Weg führt über den Eintrag *ONIE: Install OS*.

Bei einem Switch mit ARM-Prozessor sieht die Sachlage anders aus, denn hier führt der Bootloader *U-Boot* die Regie. Dieser nutzt anstelle des bequemen Auswahlmenüs nur die schlichte Kommandozeile. Der Ablauf ist ähnlich: Bootprozess mit beliebiger Taste unterbrechen und den ONIE-Prozess per Befehl triggern: `run onie_bootcmd`

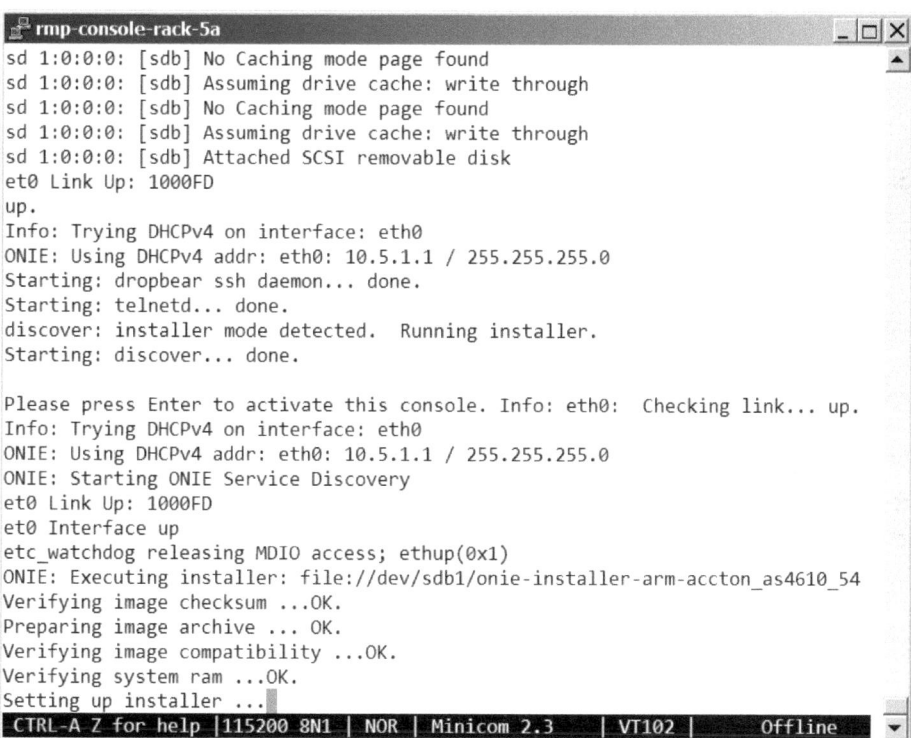

Abbildung 2.4: Der Bootloader und ONIE installieren Linux vom USB-Stick

Unmittelbar danach beginnt der Discovery-Prozess mit der Suche nach dem Image (Abbildung 2.4). Das Installationsimage ist eine selbst-extra-

hierende Datei. Sie besteht aus ein paar Zeilen Shell-Skript mit Installationsanweisungen, gefolgt von binärem Programmcode für das spätere Betriebssystem. Der anfängliche Skriptcode enthält die hardwarespezifischen Anweisungen, um den Binärcode an der richtigen Stelle zu platzieren.
Danach startet Cumulus Linux zum ersten Mal auf der neuen Hardware und meckert sogleich über die fehlende Lizenz.

Lizenzierung

Die Benutzung von Cumulus auf einer virtuellen Plattform gestaltet der Anbieter lizenzkostenfrei. Beim Einsatz von Cumulus Linux auf realer Hardware bleiben die Switchports solange stumm, bis eine Lizenz eingespielt ist.
Diese Lizenz ist preislich abhängig von der Bandbreite der Netzadapter und der Laufzeit vom Support. Die Schritte zum Einspielen einer Lizenz gibt Kapitel 3 auf Seite 52.

Kapitel 3

Erste Schritte

Die Cumulus-Switches sind installiert und erwarten die ersten Konfigurationsbefehle. Dieses Kapitel beginnt mit einer Einführung in die Bedienung von Cumulus Linux mit den wichtigsten Kommandos.
Kenner von Cisco-Switches werden hier auf Ungewohntes treffen. Wer mit Juniper vertraut ist, wird viele Ähnlichkeiten erfahren.

Bedienung

Die Cumulus-Kommandozeile (engl. *command-line interface*, CLI) ist die Standard-Shell von Debian Linux: Bash. Nach dem ersten Login mit dem Benutzernamen *cumulus* und dem Kennwort *CumulusLinux!* sieht das Konsolenfenster aus, wie bei einem herkömmlichen Linux-System. Ist es auch: Cumulus Linux ist ein Ableger von Debian GNU/Linux „Jessie" (Version 8). Linux-Admins werden sich sofort heimisch fühlen, aber Netzwerker brauchen Konfigurationsbefehle, `show`-Kommandos und eine Schnellübersicht der aktiven Konfiguration des Systems.

> **Hinweis**
>
> Der voreingestellte Benutzer **cumulus** hat anfänglich das Kennwort **CumulusLinux!**

Cumulus möchte es beiden Parteien Recht machen, und spendiert seinem Betriebssystem das *Network Command Line Utility* (NCLU). Diese netzwerkorientierte CLI übersetzt die JunOS-ähnlichen Befehle in Linux-Kommandos. Bei Systemänderungen manipuliert die NCLU alle beteiligten Konfigurationsdateien, lädt Dienste neu oder ändert Einstellungen an Netzadaptern.

Zugegeben: Linux hat viele wunderbare Tools, aber jedes hat seine eigene Logik und Konfigurationssyntax. Die NCLU vereinigt sie alle und sitzt *oberhalb* der Linux-Tools (Abbildung 3.1).

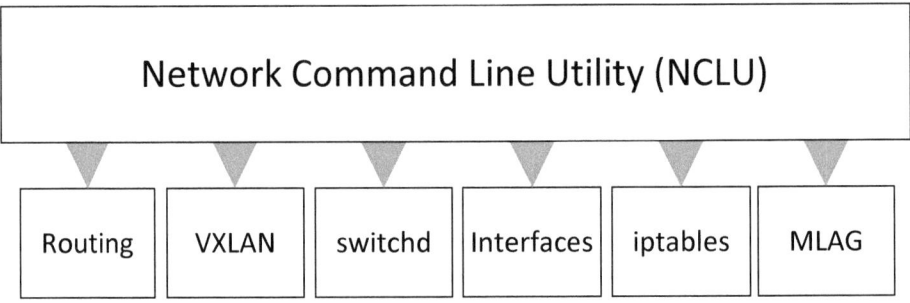

Abbildung 3.1: Die NCLU steuert die anderen Linux-Dienste

Die NCLU benutzt die Bash, also muss der Admin seine Shell für Konfigurationsänderungen nicht verlassen. Alle Kommandos, die an die NCLU gerichtet sind, werden mit dem Wort `net` eingeleitet. Danach kommt das Verb für die Tätigkeit, z. B. `show`, `add` oder `delete`. Und natürlich gibt es Kommandovervollständigung mit der Tabulator-Taste.

> **Hinweis**
>
> Wer die NCLU nicht benutzen oder lernen möchte, kann auch direkt im Dateisystem von Linux wirken und Änderungen auf die gewohnte Weise bewerkstelligen.

Ablauf

Die Reihenfolge zum Ändern von Systemeigenschaften mit der NCLU ist:

1. Änderungen eingeben, z. B. Hostnamen und Zeitzone anpassen:
   ```
   net add hostname sw01
   net add time zone Europe/Berlin
   ```

2. Die geplanten Änderungen mit `net pending` prüfen (optional).

3. Die Änderungen mit `net commit` aktivieren.

Erst im letzten Schritt führt Cumulus die geplanten Änderungen durch. Die Konfiguration muss nicht explizit gesichert werden.

Hilfe

Hilfe zum aktuellen Kommando, zur Vervollständigung oder zur Syntax wird stets durch Drücken der Tabulator-Taste angezeigt. Die *Tab*-Taste vervollständigt ein angefangenes Kommando. Ein Beispiel: Welche Optionen hat der Befehl *net show time*?

```
cumulus@sw01:~$ net show time <tab>
    ntp  : Network Time Protocol
    zone : Time zone
    <ENTER>
```

Diese kontextsensitive Hilfe der NCLU ist bei den kommerziellen Switches ein Standardfeature. Cumulus Linux unterscheidet sich nicht davon.
Bei anderen Anbietern bringt die ?-Taste die gewünschte Hilfe. Die NCLU lässt sich mit den Anpassungen aus Kapitel 23 auch dazu überreden.

Etwas ausführlicher wird es beim Kommandozusatz `help`, welcher alle verfügbaren Optionen mit Schlüsselwörtern und Syntax auflistet.

```
cumulus@sw01:~$ net show interface help
The following commands contain keyword(s) 'show', 'interface'

    net show configuration interface <interface>
    net show dot1x interface <interface> [json]
    net show dot1x interface <interface> details [json]
    net show dot1x interface summary [json]
    net show igmp interface [detail|<interface>] [json]
[...]
```

Der Befehl `net help verbose` präsentiert eine vollständige Liste aller Kommandos und Argumente auf mehreren Bildschirmseiten.

Ersteinrichtung

Die ersten Kommandos füllen die Konfiguration mit genug Informationen, damit ein Remote-Login möglich ist. Danach kann bequem mit dem bevorzugten SSH-Client, wie z. B. PuTTY oder SecureCRT, auf den Switch zugegriffen werden, um die feinere Konfigurationsarbeit zu beginnen. Das wiederholte Eintippen der Anmeldedaten lässt sich vermeiden, wenn Client und Server mit SSH-Schlüsseln für die Authentifizierung ausgestattet sind (vgl. Kap. 23).

> **Hinweis**
>
> Wenn die Konsole eigenartig aussieht oder ein ungewöhnliches Tastaturlayout verwendet, kann das `console-setup`–Paket nachbessern:
>
> ```
> apt install console-setup
> dpkg-reconfigure console-setup
> ```

Die minimale Konfiguration für Switch sw01 zeigt Listing 3.1. Der Systemname in Zeile 1 hilft bei der Unterscheidung, denn anfangs heißen alle Switches nur *cumulus*. Der begehrte SSH-Dienst ist in Cumulus Linux bereits aktiv. Das Management-Interface *eth0* erhält in Zeile 2 und 3 seine IP-Adressen – ein separates Aktivieren des Interfaces ist nicht erforderlich. Falls notwendig bringen Zeile 4 und 5 dem Switch eine Defaultroute bei, sodass er vom eigenen Client erreichbar ist.

```
1  net add hostname sw01
2  net add interface eth0 ip address 10.5.1.1/24
3  net add interface eth0 ipv6 address fd00:5::1/64
4  net add interface eth0 ip gateway 10.5.1.250
5  net add interface eth0 ipv6 gateway fd00:5::250
6  net commit
```

Listing 3.1: Minimalkonfiguration des Cumulus-Switches sw01

Zur Orientierung: Die gleiche Wirkung erzielt die Konfiguration aus Listing 3.2 auf einen Cisco Nexus. Im Gegensatz zu NX-OS muss bei Cumulus der Konfigurationswunsch erst mit `net commit` aktiviert werden.

```
hostname sw01
interface ethernet 1/1
 no switchport
 ip address 10.5.1.1/24
 ipv6 address fd00:5::1/64
 no shutdown
ip route 0.0.0.0/0 10.5.1.250
ipv6 route ::/0 fd00:5::250
```

Listing 3.2: Minimalkonfiguration eines Cisco Nexus Switches

Cumulus NCLU	Cisco NX-OS

`net add interface eth0 \`
`  ip address 10.5.1.1/24`
 	
`net add interface eth0 \`
`  ip gateway 10.5.1.250`
`net add routing route \`
`  192.0.2.0/24 10.5.1.250`
	`interface ethernet 1/1`
	`  no switchport`
	`  ip address 10.5.1.1/24`
	`ip route 0.0.0.0/0 10.5.1.250`
	
	`ip route 192.0.2.0/24 10.5.1.250`

`net add hostname`[1]	`hostname` `ip domain-name`
`net add dns nameserver ipv4`	`ip name-server`
`net add time ntp server`	`clock protocol ntp...`
`net add time zone`	`clock timezone`
`net add syslog host ipv4`	`logging server`
`sudo adduser --ingroup netedit`	`username <> password <>`
SSH ist bereits aktiv	`crypto key generate rsa`
nicht notwendig	`configure`
`net commit`	*nicht notwendig*
automatisch gespeichert	`copy run start`
`sudo reboot`	`reload`
`sudo shutdown now`	*Das gibt es in NX-OS nicht*
`net show interface all`	`show interface status`
`net show route`	`show ip|ipv6 route`
`net show configuration commands`	`show running-config`

Tabelle 3.1: Cumulus NCLU und Cisco NX-OS–Kommandos gegenübergestellt

---

[1]Die NCLU bietet das nicht an. Der Domänenname muss manuell in der Datei /etc/resolv.conf mit dem Schlüsselwort domain gesetzt werden.

Weitere Kommandos zur Grundkonfiguration von Cumulus Linux listet Tabelle 3.1 auf der vorherigen Seite. Für Fans von Cisco Switches enthält die Tabelle auch den entsprechenden NX-OS–Befehl.

Weitere Einrichtung

So langsam wird die Kommandozeile von Cumulus vertrauter und die Befehle anspruchsvoller. Die folgenden Kommandos behandeln IPv4- und IPv6-Adressen gleichwertig.

Default Gateway   Cumulus Linux erwartet das Standardgateway als Route zum Netz 0.0.0.0/0 oder als `ip gateway`. Es werden auch beide Kommandos gleichzeitig akzeptiert, wobei das `gateway`-Kommando den Vorrang hat.

```
net add interface eth0 ip gateway 10.5.1.250
net add interface eth0 ipv6 gateway fd00:5::250

net add routing route 0.0.0.0/0 10.5.1.250
net add routing route ::/0 fd00:5::250
```

Wenn mehrere Routen zum selben Zielnetz führen, macht Cumulus daraus eine sessionbasierte Lastverteilung. Rund um Lastverteilung und Ausfallschutz geht es in Kapitel 8.

Benutzerkonten   Wenn mehr als ein Administrator beim Konfigurieren mitmischt, sind zusätzliche Zugänge zum Switch sinnvoll. Leider ist die NCLU noch nicht fit für Benutzerverwaltung, sodass auf Linux-Kommandos zurückgegriffen wird.

```
sudo adduser --ingroup netedit <Username>
sudo passwd <Username>
```

Grundsätzlich gibt es Benutzer mit Änderungsrechten und Benutzer, die lediglich in den Genuss von *show*-Kommandos kommen. Die Benutzergruppe gibt die Entscheidung: Mitglieder der Gruppe `netedit` dürfen ändern und Teilnehmer der Gruppe `netshow` dürfen nur gucken.
Anspruchsvollere Methoden für die Benutzeranmeldung liefert Kapitel 9.

Nameserver Namensauflösung ist wichtig bei Updates und beim Nachinstallieren von Paketen, denn Cumulus muss die Namen der Repository-Server auflösen können. Für die reine Switchingfunktion können DNS-Server auch entfallen. Die folgenden Kommandos dürfen wiederholt aufgerufen werden, um mehrere Nameserver zu verwenden.

```
net add dns nameserver ipv4 10.5.1.253
net add dns nameserver ipv6 2001:4860:4860::8888
```

Datum und Uhrzeit Die korrekte Zeitzone, in Verbindung mit einer synchronisierten Systemzeit, ist wichtig bei der Fehlersuche.

```
net add time ntp server 10.5.1.253
net add time ntp server 2003:2:2:140:194:25:134:196
net add time zone Europe/Berlin
```

Repository

Das vorinstallierte Cumulus Linux ist vollständig. Wenn zusätzliche Pakete installiert werden sollen, kann auf ein öffentliches Repository zurückgegriffen werden. Beispielsweise benötigen die Switches in Kapitel 9 einen Client für die Anmeldung per RADIUS-Protokoll, welches das Repository bereithält.

> **Achtung**
>
> Cumulus Linux basiert zwar auf Debian, bringt aber auch viele Eigenentwicklungen an Kernkomponenten mit. Jedes zusätzliche Softwarepaket, v. a. aus inoffiziellen Quellen, riskiert die Systemstabilität!

Cumulus Linux und VX basieren auf Debian 8 *Jessie*, welches vom Hersteller noch bis Mitte 2018 unterstützt wurde. Immerhin hält der *Long Term Support* noch bis 2020. Die Kommandos in Listing 3.3 auf der nächsten Seite richten den Zugriff auf das Repository ein.

Ein neues Paket wird Debian-typisch mit `apt` installiert. Das vorhergehende `update`-Kommando macht *kein* Systemupdate, sondern aktualisiert die lokale Paketliste.

```
sudo -E apt update
sudo -E apt install <Paketname>
```

```
sudo bash
cat <<EOF > /etc/apt/sources.list.d/debian.list
deb http://ftp.de.debian.org/debian jessie main
EOF
apt update
```

Listing 3.3: Einrichtung des Debian-Repositories

Lizenz

Nach der Erstinstallation meldet sich Cumulus Linux in der Konsole mit einer schlichten Meldung über die fehlende Lizenz. Und ohne Lizenz verweigert `switchd` seine Arbeit und die Switchports bleiben abgeschaltet. Von dieser Blockade ausgenommen ist der Managementadapter, damit Zugriff auf den Switch möglich ist, um eine Lizenz einzuspielen.

Der Herrscher über die Lizenzen ist das Kommando `cl-license`. Ohne Angabe von Parametern zeigt es die verwendete Lizenz an. Mit der Option `-i` erwartet es eine neue Lizenz in Form einer Textdatei, Webadresse oder über die Zwischenablage. Und falls die eingespielte Lizenz den Switch wieder verlassen soll, kümmert sich die Option `-d` darum.

Die virtuelle Appliance *Cumulus VX* ist lizenzfrei, also akzeptiert der Befehl `cl-license -i` alle angebotenen Lizenzdateien, und seien sie noch so falsch. Gültigkeitsprüfungen und andere Spielerei führen damit nicht zum Erfolg.

Eine Lizenz wird grundsätzlich von Cumulus Networks ausgestellt und über verschiedene Kanäle vertrieben. So schwanken die Marktpreise und genaues Vergleichen zwischen den Resellern lohnt sich. Eine erworbene Lizenz ist für *einen* Switch gültig.

Der Preis einer Lizenz orientiert sich an der Laufzeit des Supports und an der Bandbreite der Switchports. Die Lizenz ist zeitlich unbeschränkt gültig (*perpetual license*), nur der Support und der Zugang zu Updates enden mit dem vereinbarten Ablaufdatum.

Perspektivisch sind White-Box–Switches preiswerter als klassische Modelle. Die günstigste Lizenz passt für einen Switch mit Gigabit-Anschlüssen, die für ein Jahr Support und Updates beinhaltet.

Zusammenfassung

Dieses Kapitel hat einen groben Abriss über die erste Einrichtung des Cumulus-Switches gegeben, ohne auf die Details einzugehen. Nach Abschluss der Systemkonfiguration und Einrichtung der Netzadapter mit den vorgesehenen IP-Adressen haben alle Laborgeräte eine Verbindung zueinander.

Kapitel 4

Konnektivität

Eine wichtige Komponente in Unternehmensnetzen sind Switches. Sie stellen Konnektivität für Server, Workstations und Laptops bereit. Switches sind Infrastrukturkomponenten, die auf der *Sicherungsschicht* (Schicht 2, engl. *Data Link Layer*) des OSI-Modells arbeiten und dabei Ethernet-Rahmen fehlerfrei übertragen. Sie orientieren sich beim Transport an der MAC-Adresse.
Wenn der Switch über den Tellerrand schaut und Aufgaben der *Vermittlungsschicht* (Schicht 3, engl. *Network Layer*) übernimmt, bekommt er den Titel *Layer-3-Switch*. Dann blickt der Switch in die Kopfzeile des IPv4- oder IPv6-Pakets und entscheidet anhand der Ziel-IP-Adresse, wohin die Reise des Pakets gehen soll.
Routing und Switching von IP-Paketen ist das Kerngeschäft von Cumulus Linux.

Dieses Kapitel macht direkte Nachbarn und entfernte Netze für den Cumulus-Switch sichtbar. Es beginnt mit statischem Routing von IPv4-Netzen und IPv6-Präfixen. In die Welt des dynamischen Routings taucht erst Kapitel 15 ein.

Routing

Ein Cumulus-Switch hat eine Routingtabelle, die alle bekannten Netze auflistet. Die Routingtabelle füllt sich automatisch mit den IP-Adressen der eigenen Netzadapter. Alle weiteren IP-Netze lernt der Switch durch manuelle Eingabe.

Im Auslieferungszustand sind alle Netzadapter (außer der Managementadapter *eth0*) Switchports und agieren mit ihren MAC-Adressen auf der Ethernetebene. Sobald der Switchport eine IP-Adresse erhält, begibt er sich auf die Routing-Ebene und sein Netzwerkprozessor entscheidet anhand von IP-Adressen. Für seine Aufgabe als Router erhält sw01 ein paar statische IP-Adressen für seine Switchports *swp1* und *swp2*:

```
net add interface swp1 ip address 10.1.1.1/24
net add interface swp2 ip address 10.2.2.1/24
```

Ohne zusätzliche Routen sieht die IPv4-Routingtabelle von Switch sw01 recht übersichtlich aus. Das Kommando `net show route` listet alle Einträge der Routingtabelle:

```
cumulus@sw01:~$ net show route
[...]
C>* 10.1.1.0/24 is directly connected, swp1, 23:17:05
C>* 10.2.2.0/24 is directly connected, swp2, 23:17:05
C>* 10.5.1.0/24 is directly connected, eth0, 23:17:05
[...]
C * fe80::/64 is directly connected, swp2, 23:17:05
C * fe80::/64 is directly connected, swp1, 23:17:05
C>* fe80::/64 is directly connected, eth0, 23:17:05
```

Wenn weitere IP-Netze erreichbar sein sollen, müssen diese als Pfadinformationen in der Routingtabelle stehen. Eine Route besteht aus dem Zielnetz und einem Hinweis, wie dieses Zielnetz erreicht werden kann. Der Hinweis kann ein benachbarter Router sein oder ein ausgehendes Interface. Falls das Zielnetz unerreichbar sein soll, enthält der Hinweis dieses Verbot und der Router sendet dorthin keine Pakete.

Der Switchrouter sw01 vergrößert sein Routingmaterial um weitere IPv4-Netze mit verschiedenen Routing-Hinweisen.

```
net add routing route 10.110.0.0/16 10.1.1.110
net add routing route 10.120.0.0/16 swp2
net add routing route 10.130.0.0/16 blackhole
net add routing route 10.140.0.0/16 reject
```

Bei IPv6 funktioniert der Zauber genauso, wobei die längeren IPv6-Adressen das Zielnetz beschreiben.

```
net add routing route fd00:110::/64 fd00:1::110
net add routing route fd00:120::/64 swp2
net add routing route fd00:130::/64 blackhole
net add routing route fd00:140::/64 reject
```

> **blackhole und reject?**
>
> Cumulus Linux unterscheidet zwischen *blackhole* und *reject* für unerwünschte Zielnetze. Beide Aktionen blockieren: *blackhole* verwirft das Paket stillschweigend, während *reject* es zwar auch verwirft, aber den Sender darüber per ICMP informiert.
>
> Grundsätzlich verwendet man *blackhole* für Router in feindlichen Netzen (Internet), damit kein Antwortpaket generiert wird, welches Informationen verrät oder zu einem DDoS-Angriff beitragen könnte. Für freundliche Netze (LAN, WiFi) eignet sich *reject*, damit die Clients sofort Bescheid wissen und der Anwender nicht lange auf ein Timeout warten muss.

Die Routingtabelle füllt sich um die neuen Zielnetze und Switch sw01 listet stolz (verkürzt) sein Wissen über die Netzlandschaft auf (am Beispiel von IPv6):

```
cumulus@sw01:~$ net show route ipv6
S    fd00:110::/64 [1/0] via fd00:1::110 inactive, 00:03:08
S>*  fd00:120::/64 [1/0] is directly connected, swp2, 00:03:08
S>*  fd00:130::/64 [1/0] unreachable (blackhole), 00:03:08
S>*  fd00:140::/64 [1/0] unreachable (ICMP unreachable), 00:03:08
C *  fe80::/64 is directly connected, swp2, 00:03:09
C *  fe80::/64 is directly connected, swp1, 23:22:29
C>*  fe80::/64 is directly connected, eth0, 23:22:29
```

Falls eine Route in der Tabelle nicht auftaucht, dann ist für den Kernel die Information nicht nutzbar oder ungültig. Die Ursache könnte ein inaktiver Netzadapter sein, hinter dem das nächste Gateway erreichbar wäre. Oder es handelt sich um eine unlogische Kombination aus Zielnetz, Maske und Gateway.

Default Route

Wenn der Router keine Ahnung hat, wie er ein bestimmtes Zielnetz erreichen soll, greift er auf die *Default Route* zurück. Sie ist die letzte Rettung, damit das IP-Paket doch noch sein Ziel erreichen kann. Je nach Hersteller und Übersetzung heißt diese Methode auch Standardrouter, Standardgateway, Default Gateway oder Standardleitpfad.

In der Konfiguration sowie der Routingtabelle wird die Standardroute mit 0.0.0.0/0 (IPv4) und ::/0 (IPv6) gelistet. Der Cumulus-Switch wird mit der *Default Route* für IPv4 und IPv6 aufgeschlaut:

```
net add routing route 0.0.0.0/0 10.1.1.250
net add routing route ::/0 fd00:1::250
```

> **Hinweis**
>
> Falls keine *Default Route* bekannt ist, landen alle Pakete mit unbekanntem Ziel im Mülleimer. Ein freundlicher Router informiert den Absender per ICMP über das „Destination unreachable".

Nachbarschaftserkennung

Cumulus-Switches verteilen auf allen Switchports ihre Visitenkarte an direkt benachbarte Geräte. Ob die Empfänger die Information nutzen oder nicht; die Visitenkarte wird regelmäßig ausgehändigt. Die benachbarten Geräte handeln dabei nichts aus – sie geben lediglich ihre Kontaktinformation weiter und freuen sich über eine Antwort. Der Nachbar weiß damit den Namen und die IP-Adresse des Switches und an welchem Port er angeschlossen ist.

Cumulus Linux setzt für die Nachbarerkennung auf das *Link Layer Discovery Protocol* (LLDP). Das Protokoll arbeitet auf der Ethernet-Ebene und funktioniert damit unabhängig von IP-Adresse oder Managementzugang. Die empfangenen LLDP-Frames leitet ein Switch *nicht* weiter, sodass jedes Gerät nur die *direkt* verbundenen Nachbarn erfährt.

Wenn sich alle Switches im Netz per LLDP bekannt machen, sind diese Informationen für die Fehlersuche nützlich. Denn auch das *Fehlen* von Nachbarschaften ist ein wertvoller Hinweis. Weiterhin lässt sich prüfen, ob Switches korrekt verkabelt sind, denn LLDP-Pakete enthalten Portstatus und -namen. Und wenn das automatisiert ablaufen soll, ist der *Prescriptive Topology Manager* (vgl. Kap. 5) der richtige Gefährte.

Wenn die Switches des Labornetzwerks nach dem Beispiel in Tabelle 1.1 auf Seite 26 verkabelt sind, dann zeigt ein Blick in die LLDP-Tabelle von sw01 folgende Nachbarn:

```
cumulus@sw01:~$ net show lldp

LocalPort  Speed  Mode           RemotePort  RemoteHost  Summary
---------  -----  -------------  ----------  ----------  ---------------
eth0       1G     Mgmt           eth0        sw11        IP: 10.5.1.1/24
eth0       1G     Mgmt           eth0        sw12        IP: 10.5.1.1/24
eth0       1G     Mgmt           eth0        sw13        IP: 10.5.1.1/24
eth0       1G     Mgmt           eth0        sw14        IP: 10.5.1.1/24
swp1       1G     NotConfigured  swp1        sw11
swp2       1G     NotConfigured  swp1        sw12
swp3       1G     NotConfigured  swp1        sw13
swp4       1G     NotConfigured  swp1        sw14
swp5       1G     NotConfigured  swp5        sw02
swp6       1G     NotConfigured  swp6        sw02
```

Wenn es etwas präziser sein darf, liefert die NCLU Details zu jedem einzelnen Switchport. Die Anzeige enthüllt vielfältige Informationen über die Gegenstelle.

```
cumulus@sw11:~$ net show lldp swp1
-------------------------------------------------------------------------
LLDP neighbors:
-------------------------------------------------------------------------
Interface:    swp1, via: LLDP, RID: 3, Time: 0 day, 00:00:06
  Chassis:
    ChassisID:    mac a8:2b:b5:17:ad:80
    SysName:      sw01
    SysDescr:     Cumulus Linux version 3.6.1 running on accton as4610_54
    MgmtIP:       10.5.1.1
    MgmtIP:       fe80::aa2b:b5ff:fe17:ad80
    Capability:   Bridge, off
    Capability:   Router, on
  Port:
    PortID:       ifname swp01
    PortDescr:    swp01
    TTL:          120
    PMD autoneg:  supported: yes, enabled: yes
     Adv:            10Base-T, HD: no, FD: yes
     Adv:            100Base-TX, HD: no, FD: yes
     Adv:            1000Base-T, HD: no, FD: yes
     MAU oper type:1000BaseTFD - Four-pair Category 5 UTP, full duplex mode
  LLDP-MED:
    Device Type:  Network Connectivity Device
    Capability:   Capabilities, yes
    Capability:   Policy, yes
    Capability:   Location, yes
    Capability:   MDI/PSE, yes
```

```
    Capability:     MDI/PD, yes
    Capability:     Inventory, yes
    Inventory:
      Software Revision: 3.6.1
      Firmware Revision: U-Boot 2012.10-gd563f4a
      Serial Number: EC1716000355
      Manufacturer: accton
      Model:          as4610_54
---------------------------------------------------------------------
```

Technischer Hintergrund

LLDP ist ein offener Standard, der als IEEE 802.1ab festgeschrieben ist. Vor seiner Einführung hatten die namhaften Hersteller ihre eigenen Protokolle für die Nachbarschaftserkennung. Die geplante Interoperabilität von LLDP kommt bei den Herstellern gut an, sodass jeder große Netzwerkausrüster einen LLDP-Agenten in seine Geräte einpflanzt. Cumulus Linux folgt diesem Trend und benutzt dieselbe freie Implementierung von LLDP, die auch bei der Upstream-Distribution *Debian* dabei ist.

Der LLDP-Daemon `lldpd` arbeitet im Hintergrund und sendet regelmäßig Informationen über das lokale System und den benutzten Switchport im Gewand eines LLDP-Frames. Empfangene LLDP-Rahmen speichert `lldpd` lokal und stellt sie strukturiert über das Kommando `lldpcli` bereit. Cumulus Linux integriert diesen Ablauf in die NCLU und tauft den Befehl in `net show lldp` um.

Aber auch ohne die NCLU sind alle Aspekte von `lldpd` erreichbar. Beispielsweise fehlen in der NCLU die Statistiken, welche `lldpcli` mühelos präsentiert:

```
sudo lldpcli show statistics
```

> **Hinweis**
>
> Die eingesetzte LLDP-Software kann nicht nur LLDP: In Kapitel 25 auf Seite 351 wird `lldpd` fit für das *Cisco Discovery Protocol*.

Teil II
Für Fortgeschrittene

Kapitel 5

Monitoring

Wenn der Switch erst mal läuft und richtig konfiguriert wurde, ist die administrative Tätigkeit abgeschlossen. Aber im operativen Bereich gilt es die Geräte zu überwachen, Fehler zu finden und auf kritische Zustände zu reagieren.
Cumulus Linux nutzt dafür die klassischen Methoden des Logbuchs und der Benachrichtigung. Dazu gesellt sich eine Aufpassersoftware, die fehlerhaft gesteckte Kabel sucht und darüber berichtet.

Logging

Cumulus-Switches melden alle möglichen Zustände und Vorgänge und schreiben sie ins Logbuch. Das Spektrum reicht von kleinen Informationen bis zum kritischen Alarm. Diese Meldungen sind hilfreich für die Fehlersuche und notwendig für die Systemüberwachung.
Der Syslog-Dienst speichert Logmeldungen dienstbezogen. Jede Software hat ihre eigene Logdatei. Somit bleibt der Logbereich übersichtlich und jede Rubrik lässt sich individuell filtern, betrachten oder weiterschicken. Alle Logdateien liegen im Dateisystem unterhalb von `/var/log/` und sind in Tabelle 5.1 auf der nächsten Seite aufgeführt.
Einblick in die jeweilige Logdatei funktioniert Linux-typisch mit den Dateibetrachtern `more` oder `less`, sowie mit einem Editor (vgl. Anhang A). Für die Fehlersuche ist das Kommando `tail` mit der Option -f unersetzlich, denn es zeigt fortlaufend die letzten Meldungen. Erst die Tastenkombi-

Datei	Funktion
crit.log	Listet nur Meldungen der höchsten Prioritäten *EMERG*, *ALERT* und *CRIT*
clagd.log	Spezifisch für *Multi-Chassis Link Aggregation*
switchd.log	Spezifisch für `switchd`
netd.log	Listet Kommandos, die per NCLU eingegeben wurden
ptmd.log	Entdeckungen vom *Prescriptive Topology Manager*
linkstate	Zustandsänderungen der Netzadapter
frr/frr.log	Meldungen der verschiedenen Routingprozesse
nginx/*	Webanfragen für die API (vgl. Kap. 24)
rdnbrd.log	Spezifisch für *Redistribute Neighbor*
dpkg.log	Aktionen des Paketmanagers `apt` und `dpkg`
gunicorn.log	Enthält die beantworteten API-Kommandos
netqd.log	Spezifisch für *Cumulus NetQ*
syslog	Enthält allgemeine Systemmeldungen

Tabelle 5.1: Cumulus Linux verteilt Logmeldungen zweckgebunden

nation *Strg-C* beendet die Anzeige und die Kommandozeile wird wieder sichtbar.

Logdateien sind die Angelegenheit von `root`, also gesellt sich ein `sudo` vor den Aufruf. Die permanente Überwachung der allgemeinen Meldungen liefert:

```
sudo tail -f /var/log/syslog
```

In welcher Logdatei sind fehlgeschlagene Anmeldeversuche? Oder Meldungen über verworfene Pakete? Falls das Logging-System die gewünschten Meldungen in unterschiedlichen Dateien einsortiert, oder die Zieldatei unbekannt ist, kann `tail` noch weiter ausholen und dem gesamten Logarsenal folgen. Die Option -n0 dämmt die folgende Meldungsflut und zeigt ausschließlich neue Meldungen an.

```
sudo tail -n0 -f /var/log/*
```

Auf einem viel beschäftigten Switch fliegen die Logmeldungen nur so durch. Daher funktioniert `tail` auch mit einem vordefinierten Filter. Gruppiert nach einem Thema liefert die Kombination von `tail` und grep nur noch

Meldungen, die zu einem bestimmten Dienst oder Protokoll gehören. Beispielsweise zeigt

```
sudo tail -f /var/log/* | grep "swp5"
```

alle Meldungen von Switchport *swp5* in Echtzeit an. Andere Nachrichten werden geloggt, aber nicht angezeigt.

> **Hinweis**
>
> Cumulus Linux verwendet neben Syslog zusätzlich den neueren Logdienst *Journald*. Der Administrator kann wählen, aus welcher Quelle er seine Meldungen liest, denn beide Dienste liefern dieselben Informationen. Das Kommando für den Meldungsticker ändert sich zu
> `sudo journalctl -f`

Zentraler Log-Server

Eine einfache Übung für Cumulus Linux bzw. den Syslog-Dienst, ist das Versenden von Logmeldungen über das Netzwerk. Ein zentraler Rechner empfängt die Nachrichten von allen Cumulus-Switches und speichert sie dauerhaft.
Dieser zentrale Loghost kann ein schlichter Syslog-Dienst mit Datei- oder Datenbank-Backend sein. Anspruchsvoller und vielseitiger ist ein Loggingserver, der den Elastic-Stack [6] nutzt.
Im Zeitalter von *Big Data* und günstigem Speicherplatz dürfen die Cumulus-Switches alles verschicken, was im System so anfällt. Die Prüfung, Zusammenfassung und Analyse erfolgen im Logserver.
Diese Methode ist besonders interessant für Geräte ohne Festplatte, da Logeinträge meist im Arbeitsspeicher gehalten werden. Folglich sind die Logs nach einem Reboot weg und können nicht für spätere Analysen oder Nachweise herangezogen werden.

Das Kommando zum Verschicken von Systemmeldungen ist in Cumulus Linux einfach gehalten. Die Geschwätzigkeit über das Netzwerk mit dem Logserver 10.5.1.7 beginnt mit:

```
net add syslog host ipv4 10.5.1.7 port udp 514
net commit
```

Wer sich Sorgen über die zusätzliche Netzlast macht, darf gerne die Menge der Meldungen durch Einschränkungen der Facility und Severity verringern. Mit diesen Tricks ist die NCLU nicht vertraut und verweist auf die Konfigurationsdatei von *Rsyslog*:

/etc/rsyslog.d/11-remotesyslog.conf

> **Hinweis**
>
> Mit dieser Änderung sendet Cumulus Linux nur Meldungen an den entfernten Server, die per Syslog behandelt werden. Dienste mit eigenem Logmechanismus profitieren somit nicht vom zentralen Loghost.

> **Hinweis**
>
> Der alternative Logdienst `journal` beherrscht die Kunst des Versendens nicht. Dafür setzt Cumulus Linux auf den guten alten Rsyslog.

Direkte Alarmierung

Wirklich wichtige Meldungen gehören auf das Smartphone des verantwortlichen Administrators – und zwar in Echtzeit.
Bisher liegen alle Logeinträge im Dateisystem des Switches oder beim zentralen Loghost. Falls dieser Loggingserver keine Methode zum Versenden von kritischen Meldungen hat, können der Syslog-Dienst von Cumulus Linux und der Socialmedia-Messenger *Telegram* [7] diese Aufgabe übernehmen.
Streng genommen übergibt Syslog eine Kopie jeder wichtigen Nachricht an ein Skript zur Alarmierung. Das Skript kommuniziert mit der API von *Telegram* und berichtet die Meldung, sodass sie das Smartphone erreicht. Erklärung zum Inhalt und zur Einrichtung gibt es in Kapitel 25 ab Seite 358.

Auf der Seite von Syslog wird entschieden, welche Meldung tatsächlich berichtenswert ist. Die neue Konfigurationsdatei 18-telegram.conf trifft die Entscheidungen anhand von Facility, Severity oder Suchmustern.

```
1  cat <<EOF > /etc/rsyslog.d/18-telegram.conf
2  # Meldungen vom Typ alert, emerg und crit
3  *.crit    ^/usr/bin/telegram.sh
4
5  # Switch hat rebootet
6  :msg, contains, "Starting Network is Online"  ^/usr/bin/telegram.sh
7
8  # Fehlgeschlagener Login
9  :msg, contains, "Failed password for invalid user"  \
10    ^/usr/bin/telegram.sh
11 EOF
12 systemctl restart rsyslog
```

Zeile 3 betrachtet alle Meldungen vom Typ *Critical* (und höher) als bedeutsam und ruft zum Telegram-Skript. Danach folgen Meldungstypen, die in der eigenen Infrastruktur einen Alarm wert sind. Beispielsweise informiert Zeile 6 über den Neustart eines Switches, was außerhalb eines Wartungsfensters nicht vorkommen sollte. Ob eine zurückgewiesene Benutzeranmeldung in Zeile 9 den Admin nachts aus dem Schlaf brummen sollte, mag übertrieben sein. Zuletzt erhält der Syslog-Dienst seine neuen Aufgaben durch einen Restart in Zeile 12.

Die Konfigurationssyntax von Rsyslog ist etwas eigensinnig. Das hat auch der Entwickler erkannt und einen *Regular Expression Checker/Generator* [8] als Webseite bereitgestellt. Dort lassen sich die Regeln bequem in einem Webformular erstellen.

Zum Testen der Alarmierung genügt eine harmlose Syslognachricht, die als *Alert* eingeht und von der Kommandozeile erzeugt wird:

```
cumulus@sw01:~$ logger --priority local0.alert   Telegram-Test
```

SNMP

Das standardisierte *Simple Network Management Protocol* (SNMP) darf auf keinem Netzwerkgerät fehlen. Seit Anfang der 1990er Jahre lässt sich über SNMP der IT-Fuhrpark überwachen, konfigurieren und Fehler melden. Die Konfiguration mittels SNMP wird in der Praxis nicht oft gesehen, weil es sicherheitstechnisch sehr bedenklich ist. Aber bei der Überwachung macht das Protokoll seinem Namen alle Ehre: simpel. Auf den Netzgeräten läuft der SNMP-Agent, der das System kennt und auf Anfragen vom SNMP-Manager horcht. Der SNMP-Manager kennt alle seine Agenten und plaudert mit diesen regelmäßig über Netzauslastung, Temperaturen oder Tabellenzustände. Was der Manager mit diesen Daten anfängt, ist dem SNMP-Protokoll letztendlich egal.

Cumulus Networks macht sich hier das Leben einfach und bestückt sein Linux mit der frei verfügbaren Implementierung *Net-SNMP*. Damit ist Cumulus Linux ausgestattet für die SNMP-Versionen 1, 2c und 3, sowohl für IPv4 als auch für IPv6.
Im ersten Schritt eröffnet der Switch seine Pforten via SNMP und erlaubt den lesenden Zugriff auf allen seinen Netzadaptern.

```
net add snmp-server listening-address all
net add snmp-server readonly-community PRAKTIKER access any
net add snmp-server listening-address all-v6
net add snmp-server readonly-community-v6 PRAKTIKER access any
net add snmp-server system-contact der.cumulus.praktiker@gmail.com
net add snmp-server system-location DC, Cologne, Rack-4D
```

Anschließend kann die Managementkonsole mit den SNMP-Abfragen loslegen und verschiedene Werte und Zustände erfragen. Die Authentifizierung läuft über den Community-String, der wie ein Passwort funktioniert.

In der ersten Vorstellungsrunde fragt der Laborserver nach dem Namen des Gesprächspartners. Wenn die Kommunikation, der Community-String und die IP-Adresse passen, antwortet der Switch mit seinem Hostnamen.

```
root@labsrv ~> snmpwalk -v 2c -c PRAKTIKER fd00:5::1 \
  SNMPv2-MIB::sysName.0
SNMPv2-MIB::sysName.0 = STRING: sw01
```

Management Information Base

In einer *Management Information Base* (MIB) ist festgelegt, welche Informationen ein SNMP-Agent erheben und rausrücken muss. Eine MIB umfasst immer ein Thema, z. B. enthält die IPV6-ICMP-MIB viele Statistiken über IPv6 ICMP.

Ein SNMP-Agent unterstützt so viele MIBs, wie es der Hersteller einbaut. Und Cumulus Networks war besonders fleißig und liefert sein Betriebssystem mit knapp 80 MIBs aus. Das war Cumulus scheinbar nicht genug und packt noch drei selbstentwickelte MIBs oben drauf. Zugegeben: Die 80 MIBs sind branchenübliche Informationen und weitgehend *Net-SNMP* zu verdanken. Cumulus Networks hat hier und da etwas nachgebessert und an seine Geräte angepasst.

Abgesehen von den bekannten MIBs, bieten die Cumulus-Switches zusätzliche Informationen per SNMP zu den folgenden Themen:

CUMULUS-COUNTERS-MIB Der Linux-Kernel ist beim Zählen von Paketfehlern recht grob und fasst alle verworfenen Pakete in eine Handvoll Kategorien zusammen. Cumulus will es genauer wissen und schickt eine MIB ins Rennen, die verworfene Pakete vielseitiger klassifiziert. Da wird unterschieden nach eingehender und ausgehender Richtung und bei den Ursachen kommen Routingtabelle, überlaufende Puffer und Warteschlangen, ACLs und Hardwarefehler dazu.

CUMULUS-RESOURCE-QUERY-MIB Bei einer Abfrage dieser MIB liefert der Cumulus-Switch die aktuelle Auslastung seiner Routing-, Nachbar-, ECMP-, ACL- und MAC-Tabellen. Zusätzlich erfährt der SNMP-Manager noch die maximale Größe jeder Tabelle und kann damit überwachen, wie stark der Switch ausgelastet ist.

CUMULUS-POE-MIB Das ist die hauseigene MIB für Geräte mit *Power over Ethernet* (PoE) auf den Netzadaptern. Sie liefert die Leistung pro Port, die Gesamtleistung und die noch verfügbare Leistung. Und das wahlweise in Watt, Ampere oder Volt.

Sicherheit

In den Versionen 1 und 2 von SNMP flitzt der Community-String im Klartext durch das Netz. Mit einem abgefangenen String lässt sich der Switch nicht nur *auslesen*, sondern auch konfigurieren oder neustarten. Genau aus diesem Grund ist SNMP für Konfigurationsänderungen ungeeignet und auch das obige Beispiel erlaubt nur die *readonly*-Option für den Zugriff.

Diesen fehlenden Schutz adressiert SNMP-Version 3 mit Verschlüsselung, Authentifizierung per Benutzername nebst Kennwort, und verschiedenen Kryptoalgorithmen. Der berüchtigte Community-String verschwindet. Die gewonnene Sicherheit geht sehr zulasten des simplen Protokolls, was die Verbreitung der neuen Version 3 hemmt.

Bezogen auf Cumulus Linux erwartet die NCLU die Securityeinstellungen in einer einzelnen Befehlszeile. Für die SNMP-Abfrage per Version 3 kommt der User *PRAKTIKER* dazu.

```
net add snmp-server username PRAKTIKER auth-sha CumulusLinux \
  encrypt-aes CumulusLinux
```

Für die Managementkonsole gestaltet sich die Abfrage aufwendiger, denn die gewählten Werte für Verschlüsselung und Authentifizierung müssen übereinstimmen. Das folgende Beispiel holt dieselbe Information wie vorher, allerdings per SNMPv3 über IPv4.

```
snmpwalk -v3 -l authPriv -u PRAKTIKER -a SHA -A CumulusLinux \
  -x AES -X CumulusLinux 10.5.1.1 SNMPv2-MIB::sysName.0
SNMPv2-MIB::sysName.0 = STRING: sw01
```

Traps

Bisher war der Monitoringserver stets in der *Hol*-Schuld und musste jeden Switch nach jedem Status aushorchen. Und die permanente Fragerei von hunderten von Switches erzeugt eine gewisse Grundlast für Netzwerk und CPU der Geräte.
Also dreht SNMP den Spieß um und lässt die Geräte selbstständig handeln. Wenn ein Wehwehchen auftritt, ist die Netzkomponente in der *Bring*-Schuld und berichtet mittels SNMP-Traps an den voreingestellten Server.
Ein SNMP-Trap ist im Wesentlichen die Antwort auf eine nichtgestellte Abfrage. Der Vorteil liegt darin, dass der Switch jederzeit ein Trap senden kann, ohne dass er auf die nächste Fragerunde warten muss.

Cumulus Linux ist leider bei SNMP-Traps sparsam. Die NCLU liefert Eilmeldungen nur bei:

- Zustandsänderung eines Netzadapters,

- Anmeldung per SNMP fehlgeschlagen,

- CPU-Last der letzten Minute ist oberhalb des festgelegten Werts.

Der regelmäßige Blick auf die Netzadapter mit eventueller Berichterstattung zum Trapserver liefert der SNMP-Trapdaemon.

```
net add snmp-server trap-destination 10.5.1.7 \
   community-password CumulusLinux version 2c
net add snmp-server trap-link-down check-frequency 60
net add snmp-server trap-link-up check-frequency 60
net commit
```

Abseits der NCLU beginnt die detaillierte Überwachung plus Alarmierung über die Konfigurationsdatei /etc/snmp/snmpd.conf von *Net-SNMP*.

> **Hinweis**
>
> Nicht verwirren lassen: Die Konfigurationsdatei snmptrapd.conf liegt im gleichen Verzeichnis wie snmpd.conf, bezieht sich aber auf den *Empfang* von Traps, die andere Geräte schicken.

Net-SNMP hat ein paar fertige Monitore dabei, die aufpassen und Traps triggern. Mit einer (oder mehreren) der folgenden Zeilen in der Datei snmpd.conf überwacht der Trap-Dienst seine Umgebung.

```
1  monitor TemperaturHoch -o lmTempSensorsDevice lmTempSensorsValue > 55000
2  monitor LuefterDrehtNicht -o lmFanSensorsDevice lmFanSensorsValue < 1000
3  monitor SpeicherWirdKnapp -o memTotalReal memTotalFree < 20480000
4  monitor FestplatteFastVoll -o dskPath -o DiskErrMsg diskErrorFlag !=0
```

Eine Änderung in der Konfigurationsdatei benötigt stets ein anschließendes systemctl reload snmpd, damit der Daemon über sein neues Aufgabenfeld Bescheid weiß.

Die Beispiele von *Net-SNMP* und aus dem Handbuch von Cumulus Linux kümmern sich ausgiebig um den physikalischen Zustand des Switches und seiner Bauteile. Falls es etwas mehr sein darf, zeigt Kapitel 25 *Life Hacks* auf Seite 361 beispielhaft, wie der Trap-Daemon zusätzlich die Speicherauslastung der ASICs überwacht und Alarm ruft.

Kommandozeile

Cumulus Linux bietet auf der Kommandozeile einen Werkzeugkasten gefüllt mit Arbeitsgeräten für die tippfreudige Observierung. Die meisten dieser Überwachungstools gehören zu den üblichen verdächtigen Linux-Kommandos, die auch beim Troubleshooting gern gesehen sind und aus keiner Distribution wegzudenken sind. Falls einer der folgenden Befehle auf dem lokalen Switch fehlt, kann `apt install` das nachholen.

ethtool Das ultimative Werkzeug zum Anzeigen und Verändern von Stellschrauben der Netzadapter. Die Palette umfasst Treibereinstellungen, Hardwarediagnose, Möglichkeiten für Duplex und Geschwindigkeit, Flusskontrolle, verschiedenste Warteschlangen und gibt sogar tiefen Einblick in den EEPROM von Adaptern und SFPs. Im einfachsten Fall liefert `ethtool -S` reichlich Statistiken zu einzelnen Netzadaptern.

tcpdump Der Klassiker zum Anzeigen von Ethernet-Paketen, die gerade einen Adapter verlassen oder betreten. `tcpdump` greift dabei nicht in die Kommunikation ein, sondern listet die übermittelten Pakete in Echtzeit in der Konsole. Bei viel Datenverkehr kann das schon mal unübersichtlich werden, aber dafür hat `tcpdump` umfassende Filter, die nur das Wesentliche auf dem Bildschirm erscheinen lassen.

> **Hinweis**
>
> Auf Hardware-Switches verschweigt `tcpdump` Pakete, die *durch* den Switch fließen und zeigt nur die Pakete an, die zur Controle-Plane wollen. Nur im virtuellen Umfeld bei Cumulus VX präsentiert `tcpdump` wirklich alle Pakete.

sensors Alle Temperaturen, Drehzahlen, Spannungen und Leistungsangaben auf einen Blick liefert `sensors`. Und auf Wunsch sogar in Fahrenheit.

smonctl Die permanente Überwachung der Hardware ist Aufgabe von `smond`. Sein Kollege `smonctl` liefert die Ergebnisse und zeigt die Temperaturen von CPU, Mainboard und ASICs, sowie den Zustand der Netzteile.

Die Ausgabe ähnelt `sensors`, allerdings ist Zugriff auf einzelne Sensoren möglich.

cl-support Wenn der Switch rumzickt und der Support von Cumulus Networks mehr Details benötigt, erstellt `cl-support` eine große gepackte Datei mit der Ausgabe von vielen `show`-Befehlen, Status der Routingdaemon, `switchd`, Bootloader, Logdateien, aktuelle Werte von `/proc` und `/sys`, sowie dem kompletten Inhalt von `/etc`. Das fertige Werk liegt auf dem lokalen System bereit und eignet sich für die eigene Analyse und Dokumentationszwecke.

`/var/support/cl_support_Hostname_Datum_Uhrzeit.txz`

Der Inhalt entspricht etwa dem Kommando *show tech-support* auf einen Cisco-Switch.

Prescriptive Topology

Die Erkennung von Nachbarn mittels LLDP (vgl. Kap. 4) ist eine wirksame Methode, um Verkabelungsfehler zu finden. Allerdings ist es mühsam sich von Switch zu Switch zu hangeln und die Ausgabe von `net show lldp` unter die Lupe zu nehmen.
Für die Fehlersuche geht Cumulus Networks einen Schritt weiter und benutzt die LLDP-Informationen aller Switches für eine automatisierte Prüfung der Verkabelung. Der selbstentwickelte *Prescriptive Topology Manager* [9] (PTM) benötigt einen Verkabelungsplan, der den Sollzustand beschreibt. Anschließend überwacht der PTM-Dienst `ptmd` die LLDP-Tabelle und die Zustände der Netzadapter. Sobald sich hier etwas ändert und beispielsweise ein Switchport aktiv wird, beginnt `ptmd` mit der Kontrolle. Er vergleicht den neuen Zustand mit dem Verkabelungsplan und petzt bei Abweichungen.

Vor Arbeitsbeginn benötigt der Topologiemanager den Verkabelungsplan im *GraphViz DOT*-Format. In diesem Plan sind alle Verbindungen aufgeführt, die `ptmd` überwachen soll. Der Topologieplan für die Verbindungen zwischen den Demo-Switches sw01 und sw02 hat folgende Form:

```
graph G {
  "sw01":"swp5" -- "sw02":"swp5";
  "sw01":"swp6" -- "sw02":"swp6";
}
```

Die vollständige Topologiedatei für das Demo-Lab ist über Anhang D erhältlich.

Jeder Switch überwacht dabei nur seine *eigenen* Kabelverbindungen zu den direkten Nachbarn. Aus diesem Grund muss die Topologiedatei auf jedem Switch als /etc/ptm.d/topology.dot vorhanden sein. Der PTM-Dienst holt sich aus der Gesamtsicht seine relevanten Vorgaben heraus und nutzt diese für den Vergleich mit den LLDP-Informationen. Sobald die topology.dot-Datei verteilt ist, darf ptmd loslegen:

`systemctl restart ptmd`

Danach passiert erst mal nichts, denn ptmd agiert nur bei Zustands*änderungen*.
Was passiert, wenn ptmd einen Fehler aufdeckt? Falls sich ein benachbarter Switch über einen Port meldet, der nicht im Topologieplan steht, startet ptmd das Skript:

`/etc/ptm.d/if-topo-fail`

Sobald alles (wieder) in Ordnung ist, gibt es Entwarnung ebenfalls per Skript:

`/etc/ptm.d/if-topo-pass`

In der Voreinstellung von Cumulus Linux machen beide Skripte *nichts*! Denn die richtige Aktion ist abhängig von der Infrastruktur. Soll ptmd an ein Monitoringsystem berichten, dem Admin eine E-Mail schicken oder einfach nur einen Syslogeintrag erzeugen? Alternativ informiert Cumulus Linux mittels Telegram (siehe Seite 358) den Verantwortlichen per Smartphone.

Ohne weitere Konfiguration schreibt ptmd seine Entdeckung zumindest ins Logbuch. In der folgenden Meldung wurden scheinbar zwei Kabel vertauscht, was bei identisch aussehenden Glasfaserkabeln in der Praxis leicht auftreten kann.

```
2018-05-04T09:32:26.060680+00:00 cumulus ptmd[27994]: Port swp5 \
  NOT matched with remote - Expected [sw01.swp6] != [sw01.swp5]
```

Abfragen während der Laufzeit von `ptmd` sind über das Kommando `ptmctl` möglich. Den frisch entdeckten Kabelfehler stellt `ptmctl` zur Schau:

```
cumulus@sw01:~$ ptmctl --lldp
-------------
port  cbl
      status
-------------
swp1  pass
swp2  pass
swp3  pass
swp4  pass
swp5  fail
swp6  fail
```

Technischer Hintergrund

Der *Prescriptive Topology Manager* ist eine Eigenentwicklung von Cumulus Networks. Sie ist angepasst auf Cumulus Linux, kann aber auch auf anderen Plattformen benutzt werden. Der Quellcode ist frei verfügbar und steht unter der *Eclipse Public License*, die sogar die kommerzielle Nutzung gestattet.

Der Topologiemanager hat zwei Quellen, die ihm Informationen liefern. Die Topologie `topology.dot` in Dateiform und die Liste der Nachbarn vom LLDP-Daemon. Cumulus Networks hat den Ansatz clever gewählt, denn die Topologiedatei kann per Discovery-Tool oder mit einem einfachen Texteditor erstellt werden.

Der PTM-Dienst zapft den LLDP-Daemon über einen Socket an und erhält alles Wissenswerte über Nachbarschaften und Switchports. Die zentrale Aufgabe vom PTM-Daemon ist es, Unterschiede in den beiden Datenquellen zu finden und zu berichten.

Zusammenfassung

Wenn die Applikationen mal etwas träge reagieren, wird zuerst das Netzwerk verdächtigt. Und schon liegt die Beweislast bei den Netzwerkern, die mit allerlei Kommandos, Diensten und Messungen auf Ursachenforschung gehen.

Der erste Blick führt in die Logdateien der einzelnen Switches. In größeren Umgebungen hat sich der zentrale Loghost etabliert, der alle Syslogmeldungen erhält, zusammenfasst und vielleicht sogar analysiert. Und wenn es ganz eilig ist, funkt der Switch seine Mitteilung direkt auf das Smartphone.

Für die regelmäßige Überwachung von Leistungsdaten der Netzkomponenten steht das bewährte Protokoll SNMP bereit. Der SNMP-Manager sammelt regelmäßig Messwerte von den Switches ein und hat damit eine detaillierte Übersicht vom gesamten Netzwerk und seinem augenblicklichen Zustand. Per SNMP kann der Switch auch Alarme auslösen und diese als *Trap* an den Manager berichten.

Mit den entsprechenden Paketen lässt sich Cumulus Linux auch per Nagios oder Icinga überwachen, als wäre es ein herkömmlicher Linux-Server. Der Umweg über SNMP entfällt dann.

Bei nichttrivialen Problemen geht es runter auf die Kommandozeile. Dort stehen mächtige Werkzeuge bereit, die Experten für Netzverkehr, Treibereinstellungen, Verkabelungsfehler und Zustandstabellen sind. Da alles im Stil von Linux gehalten ist, wird sich der Linux-affine Administrator schnell zuhause fühlen.

Kapitel 6

Management Interface

Der Switches benötigt eine erreichbare IP-Adresse für den Zugriff auf die Kommandozeile. Wenn diese Adresse zu den „normalen" IP-Adressen des Geräts gehört, spricht man von *In-band*–Management. Sobald dieses Interface getrennt wird, unter hoher Last arbeitet oder Paketverluste erleidet, wird der Verwaltungszugang unbenutzbar.

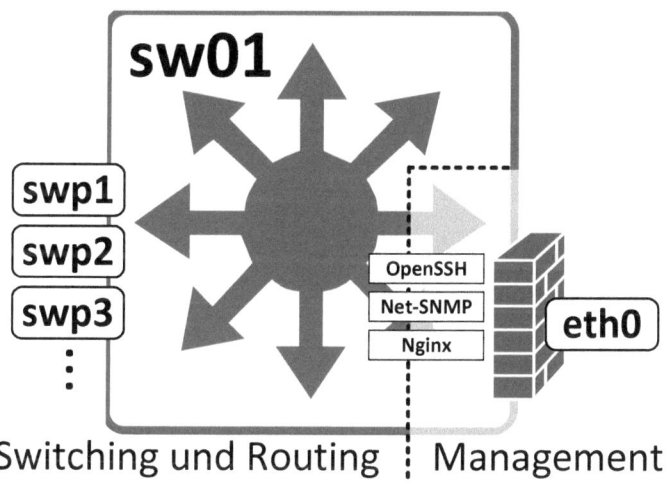

Abbildung 6.1: Out-of-band Management

Diese Situation wird vermieden, wenn der Switch einen separaten Netzwerkport mit einer zusätzlichen IP-Adresse bekommt (siehe Abbildung 6.1).

Dieser Port arbeitet *out-of-band* und:

- transportiert keine Nutzerdaten,
- erhält eine IP-Adresse, die vom normalen Routing ausgenommen ist,
- nutzt ein Regelwerk, das nur die verwendeten Managementprotokolle erlaubt,
- gestattet ausgehende Verbindungen nur in definierte IP-Bereiche.

Dieser gehärtete Zugang macht nur Sinn, wenn über die anderen Schnittstellen *kein* Managementzugriff möglich ist.
Cumulus Linux erfüllt diese Anforderung auf zweierlei Weise. Denn jeder White-Box–Switch, der für Cumulus Linux zertifiziert ist, hat einen separaten Netzadapter für die Verwaltung. Weiterhin kann Cumulus Linux im Routing zwischen Management- und Applikationsverkehr unterscheiden.

Die folgenden Abschnitte sind eine praktische Vorgehensweise, um den Managementzugang eines Cumulus-Switches zu erstellen und abzusichern.

Management-Interface

Der Verwaltungsport sitzt am Gehäuse etwas abseits der normalen Switchports und ist meist durch den Schriftzug *Management* gekennzeichnet. Im Linux-Betriebssystem heißt dieser Netzadapter stets *eth0* und ist damit von den anderen Ports unterscheidbar, die mit *swp* und einer fortlaufenden Nummer angesprochen werden.
In einer virtuellen Umgebung ist das Management-Interface der erste Netzadapter der virtuellen Maschine. Cumulus VX führt die Tradition fort und tauft den Adapter *eth0*. Alle anderen heißen *swp* und ihre Nummer entspricht der Reihenfolge der virtuellen Netzadapter.
Auch im Labornetz ist stets der erste Netzadapter eines Geräts reserviert für den Verwaltungszugang.

Das Management-Interface erhält seine IP-Adresse genau wie die normalen Switchports (vgl. Kap. 3).

```
net add interface eth0 ip address 10.5.1.1/24
net add interface eth0 ip gateway 10.5.1.250
net commit
```

Damit ist der Switch über eine separate Adresse erreichbar und verwaltbar – aber leider auch für den normalen Anwendungsverkehr. Eine strikte Trennung muss her! Dafür benutzt Cumulus Linux eine einfache Form von *Virtual Routing and Forwarding*.

Virtual Routing and Forwarding

Eine weitere Technik, die in die virtuelle Welt ausweicht, ist die Routingtabelle. Mit dem Konzept *Virtual Routing and Forwarding* (VRF) erstellt der Router mehrere Routingtabellen, deren Inhalt unabhängig voneinander befüllt werden. Jede Routingtabelle gehört zu einer VRF-Instanz, welche eine Sammlung aus Netzadaptern, Firewallregeln und Nachbartabelle ist. Es entsteht ein virtueller Switch im physikalischen Switch.
VRF ermöglicht damit, mehrere Kundennetze über eine VRF-fähige Infrastruktur zu transportieren. Denn der Netzverkehr von Kunde A ist in seiner VRF-Instanz „gefangen" und hat keine Kenntnis der VRF-Instanz von Kunde B.

Cumulus Linux sperrt den Management-Adapter in seine eigene VRF-Welt. In diese isolierte Umgebung kommen eine IP-Adresse, ein Standardgateway und später noch der SSH-Dienst.

```
net add vrf mgmt
net commit
net add interface eth0 vrf mgmt
net add interface eth0 ip address 10.5.1.1/24
net add interface eth0 ip gateway 10.5.1.250
net add dns nameserver ipv4 10.5.1.253 vrf mgmt
net commit
```

Mit dieser Konfiguration gehört *eth0* nicht mehr zum regulären Switch, sondern zur VRF-Instanz `mgmt`. Und der DNS-Server ist ebenfalls über die neue Umgebung erreichbar. Der Prompt ändert sich zu

```
cumulus@sw01:mgmt-vrf:~$
```

damit dem Admin der gesicherte Managementzugang bewusst ist.
Die IPv4-Adresse 10.5.1.1 ist ab sofort nicht mehr über die normalen Switchports erreichbar.

> **Achtung**
>
> Bei der *ersten* Einrichtung einer VRF-Instanz wird das abschließende `net commit` die eigene SSH-Verbindung trennen. Die NCLU unterstreicht das mit einer wortreichen Warnung im Kommandofenster.

Dienste

Der Managementadapter lebt jetzt losgelöst von den restlichen Switchports. Aber die Verwaltungsdienste von SSH und SNMP gehören noch zu beiden Welten. Diese müssen noch an die Management-VRF angehängt werden, damit sie bloß nicht vom restlichen Netz erreichbar sind.
Praktisch bedeutet das, den SSH-Dienst in der normalen Umgebung zu stoppen und in der Management-Umgebung zu starten.

```
systemctl stop ssh
systemctl start ssh@mgmt
systemctl disable ssh
systemctl enable ssh@mgmt
```

Die Anweisungen in Zeilen 3 und 4 bewirken, dass der SSH-Daemon auch nach einem Reboot in der richtigen VRF aufwacht.

> **Hinweis**
>
> Stoppen und Starten vom SSH-Dienst trennt *nicht* die eigene SSH-Verbindung.

Die vier Zeilen zum Umhängen des SSH-Daemons in die Management-VRF sind beispielhaft und funktionieren auch für die anderen Verwaltungsdienste netqd, netq-agent, netq-notifier, hsflowd, ntp, snmpd und snmptrapd.
Anschließend sind Managementzugriffe zuverlässig vom normalen Netzverkehr getrennt.

Kommandos

Andersherum lassen sich Linux-Kommandos innerhalb der Management-VRF ausführen oder in der normalen VRF. Ein einfaches `ping` wird die

Zieladresse in der Haupt-Routingtabelle oder in der Nachbartabelle suchen und anschließend loslegen. Falls der ping in der Management-Umgebung starten soll, muss das beim Kommandoaufruf explizit angegeben werden. Wenn der Switch sw01 den Laborserver mit dem knappen Aufruf von ping 10.5.1.7 erreichen will, wird die Kommunikation scheitern. Denn das Netz 10.5.1.0/24, sowie der passende Netzadapter, wohnen in einer anderen VRF-Instanz. Der Aufruf erweitert sich um den VRF-Namen und ändert sich zu:

```
ping -I mgmt 10.5.1.7
```

Die Angabe ist auch bei anderen Kommandos möglich, wobei der Parameter leider nicht einheitlich ist.

```
ping6 -I mgmt fd00:5::7
traceroute -i mgmt 10.5.1.7
traceroute6 -i mgmt fd00:5::7
```

Ebenso ist die Sichtweise auf die Routingtabelle in den verschiedenen VRF-Instanzen unterschiedlich. Mit net show route enthält die Ausgabe nur die Routen der Default-VRF. Einblick in die Tabelle der Management-VRF bietet

```
net show route vrf mgmt
```

Auf diese Weise wirken viele Kommandos nur auf die allgemeine VRF. Wenn die gewünschte Konfigurationsänderung nur in einer speziellen VRF gültig sein soll, hat der Befehl irgendwo im Aufruf den Zusatz vrf. Damit weiß die NCLU oder die Applikation genau, in welcher Routingtabelle sie nachschauen muss. Ein paar Beispiele mit mehreren VRF-Instanzen:

```
net add dns nameserver ipv4 10.5.1.253 vrf mgmt
net add interface swp5 vrf CUSTOMER1
net add routing route 198.51.100.0/24 10.1.1.1 vrf CUSTOMER2
net show ospf vrf CUSTOMER3
net add snmp-server listening-address 10.5.1.1 vrf mgmt
```

Was passiert, wenn der gewünschte Befehl oder die aufrufende Applikation keinen Schalter für VRF hat? Dafür gibt es ein Hilfskonstrukt, welches den Aufruf in die VRF-Instanz packt und dort ausführt. Ähnlich wie bei sudo steht vor dem eigentlichen Befehl der Hinweis auf die VRF. Eine SSH-Verbindung von der Management-VRF startet mit dem Präfix:

```
vrf task exec mgmt "ssh 10.5.1.7"
```

Technischer Hintergrund

Die Idee hinter *Virtual Routing and Forwarding* gibt es schon seit der Jahrtausendwende, war aber lange Zeit nur auf kommerziellen Routern zu finden. Im Linux-Betriebssystem hat man die Funktionalität von VRF lange mit *Network Namespaces* umgesetzt. Das funktioniert zwar auch, bringt aber eine viel schärfere Trennung als VRF und eignet sich eher für Container als für Netzwerke.

Die Unterstützung für echtes VRF gelangte in den Linux-Kernel im August 2015. Der freundliche Spender des Codes war: Cumulus Networks. Dieses ehrenvolle Geschenk hatte auch einen strategischen Eigennutz: Mit der VRF-Unterstützung direkt im Kernel muss Cumulus Networks seine Entwicklung nicht in jeden neuen Kernel von Cumulus Linux „reinpatchen". Als erfreulicher Nebeneffekt hat jedes Linux-Gerät die VRF-Option kostenfrei an Bord.

Der Linux-Kernel lädt den VRF-Code als Kernelmodul. Der knappe Befehl `modprobe vrf` beginnt mit der Zauberei in mehreren Instanzen. Natürlich macht der Kernel nicht alles alleine. Die Kommandos `vrf` und `ip` im Userspace erledigen die Konfiguration von VRF-Instanzen, IP-Adressen und befüllen die Routingtabellen.

Zusammenfassung

Die Verwaltung eines Switches sollte über einen separaten Netzadapter ablaufen, der besonders geschützt wird und vom Datenverkehr der Anwender unerreichbar ist. Das steigert die Sicherheit des Geräts und macht es weniger verwundbar gegenüber Angriffen oder einer Datenflut. Cumulus Linux nutzt für die Trennung das branchenübliche *Virtual Routing and Forwarding* und verbannt das Management-Interface mit seinen Diensten in eine separate VRF-Instanz. Diese ist auf der IP-Ebene vom restlichen Datenverkehr getrennt und bietet einen adäquaten Schutz vor Neugierigen.

Kapitel 7

Switchports

Die vielen Anschlüsse an der Vorderseite eines Cumulus-Switches bieten Zugang zum Netzwerk für Server und andere Switches. Die Funktionsweise der Switchports lässt sich vielfältig einstellen. Neben dem simplen Ethernet-Switching mit oder ohne VLANs kann jeder Netzadapter seine eigene IP-Adresse erhalten, um Routingaufgaben zu übernehmen.
Dieses Kapitel beschäftigt sich mit der Einrichtung von VLANs und IP-Adressen für die Switchports. Zur Orientierung liefern die Beispiele stets die vergleichbare Konfiguration für Cisco Catalyst und Nexus Switches. Die Zusammenarbeit von mehreren Switchports zur Lastverteilung behandelt Kapitel 8.

Erste Schritte

In der Voreinstellung sind alle Switchports abgeschaltet. Lediglich der Management-Adapter *eth0* ist aktiv und sucht per DHCP seine IP-Adresse. Wenn der Switch lizenziert ist (vgl. Kap. 2), lassen sich die Switchports in Betrieb nehmen – entweder einzeln oder im Bündel.

```
net add interface swp1
net add interface swp2-24
```

Nach einem bestätigenden `net commit` sind die Netzadapter nutzbar, haben aber noch keine Funktion. Hier ist ein gravierender Unterschied zu Switches von Cisco, welche nach einem `no shutdown` einsatzbereit sind

Kapitel 7. Switchports

und mit dem Switching beginnen. Bei Cumulus Linux muss jeder Netzadapter explizit konfiguriert sein, bevor zwei Switchports auf Ethernetebene miteinander kommunizieren.

> **Hinweis**
>
> Die folgenden Beispiele erwarten stets die abschließende Aktivierung per `net commit`, welche nicht mehr aufgelistet wird. Die Bedeutung ist in Kapitel 3 ab Seite 45 beschrieben.

Switching

Die einfachste Form der Kommunikation zwischen zwei Switchports erfordert eine Netzbrücke (Bridge), welche die beiden Ports auf Ethernetebene verbindet. Abbildung 7.1 visualisiert eine Netzbrücke zwischen den ersten fünf Anschlüssen.

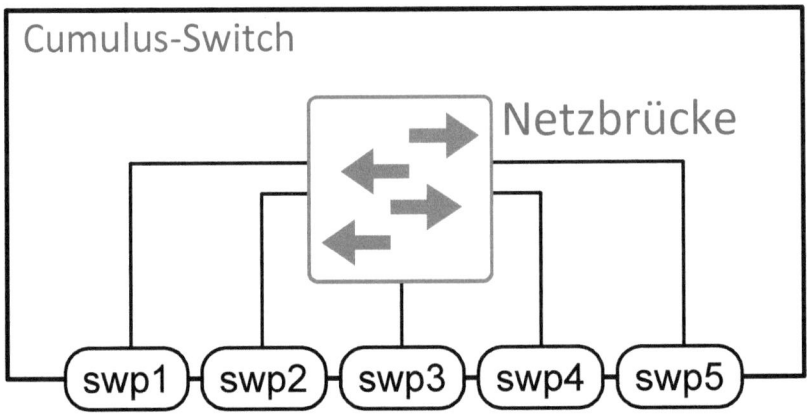

Abbildung 7.1: Eine Netzbrücke verbindet die Switchports auf OSI-Ebene 2

Alle Switchports, die sich miteinander unterhalten dürfen, werden Teil der Bridge. Diese Einstellung ist der Defaultwert in der Switching-Welt von Cisco.

```
net add bridge bridge ports swp1-5
```

> **Hinweis**
>
> Cumulus Linux unterscheidet zwischen der *Traditionellen Netzbrücke* und der *VLAN-fähigen Netzbrücke*, wobei die letztgenannte die empfohlene Variante ist.

Die *VLAN-fähige Netzbrücke* hat nicht nur den Vorteil, dass sie mit VLANs umgehen kann. Sie skaliert auch deutlich besser in großen Layer 2-Umgebungen und ist einfacher zu benutzen. Daher hat Cumulus Networks sie zum Standard auf seinen Switches gemacht. Falls der vorliegende Switch noch den traditionellen Modus benutzt, lässt sich die Einstellung mit einem Einzeiler umschalten:

```
net add bridge bridge vlan-aware
```

Virtuelles LAN

Ein kleines Netzwerk für Arbeitsgruppen oder für Zuhause benötigt einen Switch für die Konnektivität. Mehrere dieser Netze erfordern mehrere Switches, wobei die Teilnetze über einen Router verbunden sein können. Die Netze sind über physikalische Grenzen (der Switch) isoliert.

In größeren Umgebungen ist es unhandlich, wenn jede Rechnergruppe ihren eigenen Switch benötigt und zusätzlich eine Verbindung zum zentralen Router haben muss. Viel praktischer wäre es, wenn alle Teilnehmer mit *einem* Switch verbunden sind, und dieser die Netztrennung erledigt. Die einzelnen Netze werden *virtuell* nachgebildet. Es entstehen viele virtuelle Netze: VLANs. Die Trennung der einzelnen Netzbereiche erledigt der Switch per Software.

Damit der Switch seine VLANs unterscheiden kann, sind diese von 1 bis 4096 durchnummeriert. Welche VLAN-Nummer (VLAN-ID) zu welchem Netzwerk gehört, entscheidet der Netzdesigner oder Administrator. Eine Richtlinie für die Zuweisung existiert nicht.

Zwischen den VLANs herrscht Funkstille. Denn VLANs *sollen* die Kommunikation zwischen den Teilnetzen verhindern, genauso als wären es unterschiedliche physikalische Geräte.

Der Kontakt zwischen den Endgeräten läuft über eine Netzkomponente auf OSI-Ebene 3: ein Router. Dieser Router hat ein Beinchen in jedem virtuellen LAN und routet zwischen den VLANs.

In vielen Designs ist der zentrale Router, der die VLANs verbindet, ebenfalls virtualisiert. Dabei entsteht jedoch kein vRouter – die Aufgabe des VLAN-Routings übernimmt der Switch und wird zum *Multi-Layer-Switch*.

Access-Port

Wenn alle Switchports im selben VLAN sind, verhält sich Cumulus Linux wie ein großer, dummer Switch. Meist sind die umgebenden Infrastrukturen anspruchsvoller und separieren die Datenflut in VLANs.
Wenn ein Switchport nur Pakete eines einzelnen VLANs transportiert, handelt es sich um einen *Access-Port*. Der angeschlossene Server hat keine Kenntnis von VLANs und benötigt keine gesonderte Konfiguration. Die verschiedenen Switchports können unterschiedliche VLANs bedienen.
Beispielsweise soll Port 1 des Cumulus-Switches nur Pakete von VLAN 10 verschicken und alle eingehenden Pakete als VLAN 10 behandeln:

```
net add interface swp1 bridge access 10
```

Unter Cisco NX-OS erreichen die folgenden Befehle eine vergleichbare Konfiguration für Port *Eth2/1*:

```
interface ethernet2/1
  switchport
  switchport mode access
  switchport access vlan 10
```

Trunk-Port

Während der *Access-Port* nur den Datenverkehr für ein einzelnes VLAN überträgt, ist der *Trunk-Port* für mehrere VLANs zuständig. Im klassischen Umfeld werden Trunks *zwischen* Switches gebildet, damit die Teilnehmer der VLANs über mehrere Switches verteilt sein können. In virtuellen Infrastrukturen sind Trunk-Ports auch zwischen Switches und dem Hostsystem einer VM-Umgebung anzutreffen.
Bevor ein Paket den lokalen Switch über einen Trunk verlässt, wird der Netzadapter das Paket mit der VLAN-Nummer markieren. Der gegenüberliegende Switch oder Server weiß anhand der Markierung, zu welchem VLAN das eingehende Paket gehört.

Abbildung 7.2 zeigt zwei Switches mit mehreren VLANs, die über einen Trunk miteinander verbunden sind. Die Trunk-Ports transportieren alle VLANs, sodass die konnektierten Server desselben VLANs eine Ethernetverbindung zueinander aufbauen können.

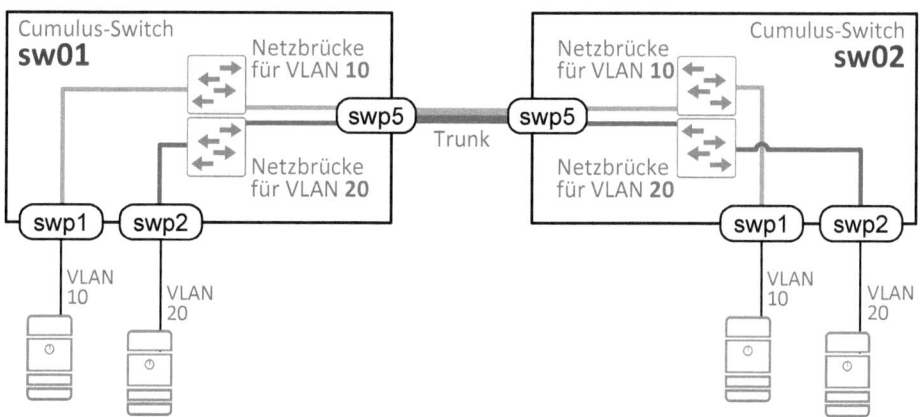

Abbildung 7.2: Der Trunk-Port transportiert alle VLANs der Access-Ports

Als Beispiel soll Switchport 5 ein Trunk-Port werden, der die VLANs 10 und 20 transportiert. Die NCLU erledigt diesen Wunsch mit zwei schlanken Zeilen:

```
net add bridge bridge ports swp5
net add bridge bridge vids 10,20
```

Viele Switchports und viele VLANs lassen die Konfiguration unübersichtlich werden. Welcher Port welche VLANs transportiert verrät die NCLU:

```
cumulus@sw01:~$ net show bridge vlan

Interface  VLAN  Flags
---------  ----  ---------------------
swp1         10  PVID, Egress Untagged
swp2         20  PVID, Egress Untagged
swp5          1  PVID, Egress Untagged
             10
             20
```

Zur Orientierung vollbringen die folgenden Kommandos dasselbe Vorhaben auf einem Cisco Nexus.

```
interface ethernet2/5
  switchport
  switchport mode trunk
  switchport trunk allowed vlan 10,20
```

Native VLAN

Das *Native VLAN* ist ein Sonderfall bei einem Trunk-Port, denn es behandelt die transportierten Pakete eines VLANs *ohne* Markierung. Dieser Trick kann nur funktionieren, wenn beide Gegenstellen des Trunks dasselbe VLAN als *native* betrachten. Der Sender wird Pakete des *Native VLANs* ohne Kennung losschicken. Der Empfänger prüft das eingehende Paket und findet keine VLAN-Nummer. Folglich gehört es zum Native-VLAN und wird dementsprechend behandelt.

Jedes VLAN kann *Native* sein, allerdings gibt es pro Trunk maximal *ein* Native-VLAN. Um das obige Beispiel weiterzuführen, wird VLAN 30 zum Nativen. Die Auswahl ist willkürlich: VLAN 10 oder 20 wären ebenfalls eine akzeptable Wahl. Die Konfiguration der VLANs ändert sich zu:

```
1  net add bridge bridge ports swp5
2  net add bridge bridge pvid 30
3  net add bridge bridge vids 10,20
```

Die Einrichtung liest sich wie ein Interview:

- Welcher Switchport wird hier konfiguriert? *swp5* (Zeile 1)
- Welches ist das Native-VLAN? 30 (Zeile 2)
- Welche VLANs gehören zum Trunk und werden von ihm transportiert? 10 und 20 (Zeile 3). VLAN 30 aus Zeile 2 gehört implizit mit dazu.

> **Hinweis**
>
> Wenn in der Konfiguration kein natives VLAN angegeben ist, verwendet die NCLU stillschweigend VLAN Nummer 1 als Native-VLAN.

Als Referenz zum Cisco Nexus wird VLAN 30 ebenfalls zum nativen VLAN:

```
interface ethernet2/5
  switchport trunk allowed vlan 10,20
  switchport trunk native vlan 30
```

Layer-3-Ports

Im Gegensatz zum Switchport hat der Layer-3-Port eine IP-Adresse und kann damit Routingaufgaben übernehmen. Die IP-Adresse ist Voraussetzung für viele Protokolle, damit der Switch von den Clients oder von anderen Switches direkt angesprochen werden kann.

Switched Virtual Interface

Die englischsprachigen Überschriften nehmen zu, weil die deutschen Begriffe unüblich sind und eher Verwirrung als Verständnis hervorrufen. Beim *Switched Virtual Interface* (SVI) erhält das VLAN ein virtuelles Interface mit IP-Adresse. Damit kann das VLAN, welches bisher nur auf Ebene 2 des OSI-Modells tätig war, auch auf Ebene 3 agieren und darf in der IP-Welt mitspielen. Die Zusammenarbeit von Switchports, VLANs und einem SVI zeigt Abbildung 7.3.

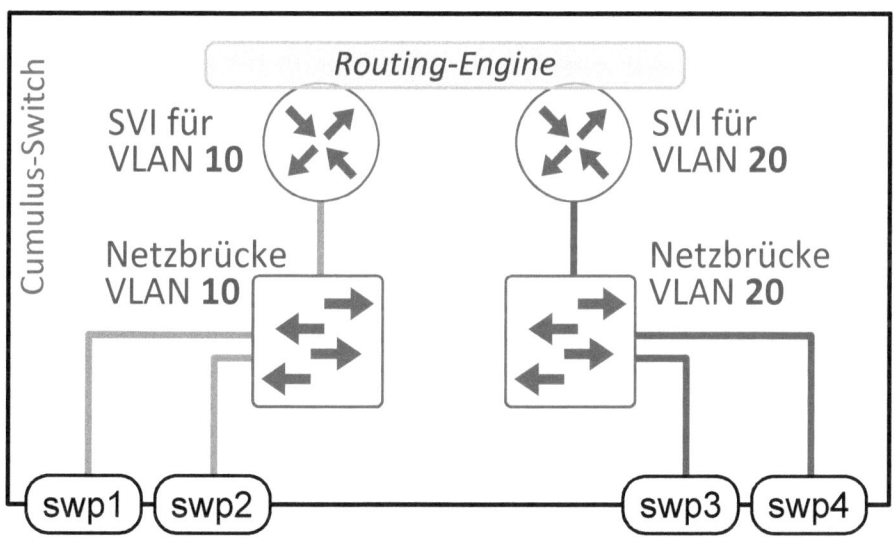

Abbildung 7.3: Das *Switched Virtual Interface* verleiht dem VLAN eine IP-Adresse

Das SVI gehört zu einem VLAN und nicht zu einem bestimmten Netzadapter. Es ist von allen Endgeräten in diesem VLAN ansprechbar. Sobald ein

Switchport das zugehörige VLAN als Access- oder Trunk-Port transportiert, ist das SVI darüber erreichbar.

Pro VLAN und Gerät gibt es maximal *ein* SVI. Für den Switch ist das SVI ein zusätzliches Interface; die normale VLAN-Tätigkeit wird nicht eingeschränkt oder abgeschaltet.

Trotz seiner virtuellen Natur, lässt sich das SVI wie ein physikalischer Netzadapter konfigurieren: Per NCLU erhält es eine IP-Adresse, eine Access-Liste (vgl. Kap. 18), ein Routingprotokoll und kann auch deaktiviert werden.

In einem kleinen Beispiel erhält VLAN 10 eine IP-Adresse und wird damit zum *Switched Virtual Interface*.

```
net add vlan 10 ip address 10.1.10.1/24
net add vlan 10 ipv6 address fd00:1:10::1/64
```

Wie sieht dieses Szenario auf einem Cisco Switch aus? Die Konfiguration ist für Nexus und Catalyst ähnlich, wobei der Nexus einmalig die Fähigkeit des VLAN-Interface aktivieren muss (Zeile 1).

```
1  feature interface-vlan
2  interface vlan 10
3    ip address 10.1.10.1 255.255.255.0
4    ipv6 address fd00:1:10::1/64
5    no shutdown
```

Routed-Port

Ernster wird die Situation bei einem gerouteten Netzadapter, welcher die Switching-Funktion abschaltet und nur im Routing tätig ist. Das Interface erhält eine IP-Adresse und verhält sich damit wie ein Router. Der geroutete Port wird auf einem physikalischen Netzadapter konfiguriert und ist nur auf diesem gültig (Abbildung 7.4).

Der Unterschied zwischen dem gerouteten Port und einem SVI liegt darin, dass das SVI zu mehreren physikalischen Netzadaptern gehören kann. Der *Routed-Port* ist ein einzelner Adapter und auf Ebene 2 von den anderen Netzadaptern getrennt.

Die Einrichtung per NCLU benötigt den geringsten Aufwand. Der Switchport erhält eine IP-Adresse und ist damit zum Routing-Port aufgestiegen.

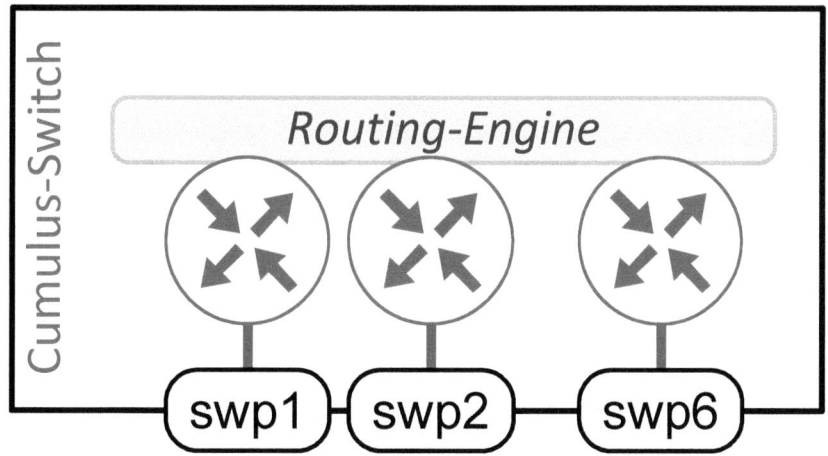

Abbildung 7.4: Der Netzadapter erhält eine IP-Adresse für das Routing

```
net add interface swp6 ip address 10.1.6.1/24
net add interface swp6 ipv6 address fd00:1:6::1/64
```

Bei den Switches der Cisco Catalyst-Serie muss die Switching-Funktion erst abgeschaltet werden, bevor die Netzadapter eine IP-Adresse akzeptieren.

```
interface ethernet2/6
 no switchport
 ip address 10.1.6.1 255.255.255.0
 ipv6 address fd00:1:6::1/64
 no shutdown
```

Beispiel

Ein Cumulus-Switch ist nicht auf einen einzelnen Porttyp beschränkt. Die Konfiguration der physikalischen Anschlüsse kann bunt gemischt sein. Ob die Wahl auf Access-, Trunk- oder Routing-Port fällt, hängt vom Netzdesign und von der umgebenden Infrastruktur ab.
Zur Demonstration kommt Switch sw11 aus dem Labornetz genauer unter die Lupe. Abbildung 7.5 auf der nächsten Seite zeigt den Aufbau mit sw11 im Mittelpunkt.

Kapitel 7. Switchports

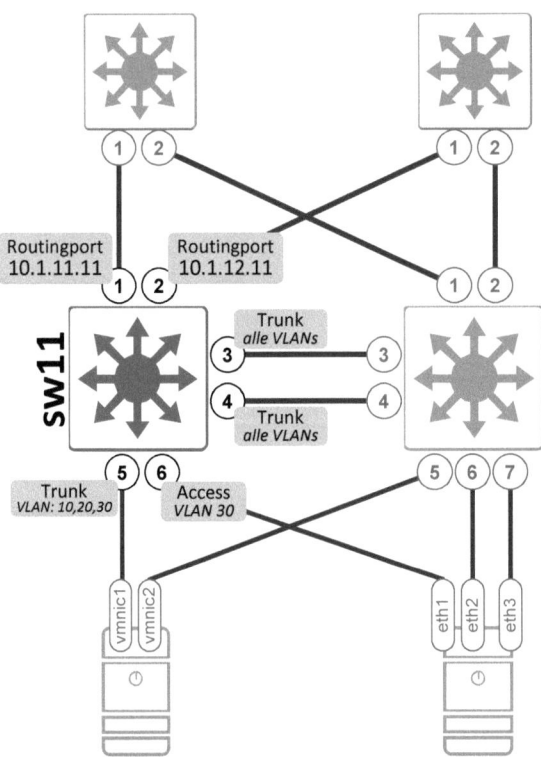

Abbildung 7.5: Das Netzdesign erfordert Access-, Trunk- und Routing-Ports

- swp1 und swp2: Routing-Ports mit IP-Adresse. Die Kommunikation zwischen den Switches in diesem Netzdesign läuft über IP und verwendet ein Routingprotokoll.
- swp3 und swp4: Trunk-Ports zum benachbarten Switch sw12. Die Funktion *Trunk* ist nötig, damit alle VLANs auch zum funktionsgleichen Nachbarswitch weitergeleitet werden.
- swp5: Trunk-Port zum Hostsystem einer VM-Umgebung. Das Beispiel nutzt die Funktion *Trunk-Port*, damit die virtuellen Maschinen in unterschiedlichen VLANs sein können.
- swp6: Access-Port für VLAN 30. Der konnektierte Server ist damit automatisch Mitglied von VLAN 30 und hat keinen Einfluss auf VLANs oder Routing.

Beispiel

- VLAN 30 erhält noch ein SVI mit IP-Adresse. Damit übernimmt Switch sw11 die Rolle des Standardgateways für die Server im VLAN 30.

Die NCLU setzt dieses Netzdesign in der Konfiguration wie folgt um:

```
1  net add interface swp1 ip address 10.1.11.11/24
2  net add interface swp2 ip address 10.1.12.11/24
3
4  net add interface swp3-4 bridge trunk
5  net add interface swp3-4 bridge vids 1-2999,4000-4095
6
7  net add interface swp5 bridge trunk
8  net add interface swp5 bridge vids 10,20,30
9
10 net add interface swp6 bridge access 30
11
12 net add vlan 30 ip address 10.4.30.11/24
```

> **Hinweis**
>
> Was hat der Trunk gegen die VLANs 3000-3999 in Zeile 5? Cumulus Linux reserviert sich diese VLANs für interne Abläufe der ASICs, Bridging und Subinterface. Falls diese VLAN-Nummern für das vorliegende Netzdesign benötigt werden, akzeptiert `switchd` auch andere VLANs, solange es mindestens 300 zusammenhängende Nummern sind.

Anschließend liefert die Übersicht der konfigurierten Netzadapter ein gutes Feedback, ob alles seine Richtigkeit hat.

```
cumulus@sw11:~$ net show interface
State  Name    Spd  MTU    Mode         LLDP          Summary
-----  ------  ---  -----  -----------  ------------  -------------------
UP     lo      N/A  65536  Loopback                   IP: 127.0.0.1/8
       lo                                             IP: ::1/128
UP     eth0    1G   1500   Mgmt                       IP: 10.5.1.11/24
UP     swp1    1G   1500   Interface/L3  sw01 (swp1)  IP: 10.1.11.11/24
UP     swp2    1G   1500   Interface/L3  sw02 (swp1)  IP: 10.1.12.11/24
UP     swp3    1G   1500   Trunk/L2      sw12 (swp3)  Master: bridge(UP)
UP     swp4    1G   1500   Trunk/L2      sw12 (swp4)  Master: bridge(UP)
UP     swp5    1G   1500   Trunk/L2      server1      Master: bridge(UP)
UP     swp6    1G   1500   Trunk/L2      server2      Master: bridge(UP)
UP     bridge  N/A  1500   Bridge/L2
UP     vlan30  N/A  1500   Interface/L3                IP: 10.4.30.11/24
```

Technischer Hintergrund

Für das Switching mit und ohne VLANs setzt Cumulus Linux auf die vorhandene Implementierung im Linux-Kernel und auf die Pakete *bridge-tools*, *vlan* und *iproute2*. Dagegen ist technisch nichts einzuwenden, da es sich um ausgereifte Software handelt, die von allen Linux-Distributionen genutzt wird. Daher ähnelt die Ausgabe vom Linux-Kommando `bridge` auch stark dem NCLU-Befehl `net show bridge`.

Die eigentliche Kunst vollführt Cumulus Linux im Hintergrund. Dort überwacht der Switch-Daemon `switchd` den Linux-Kern. Falls sich im Kernel der Zustand oder die Konfiguration ändert, wird `switchd` aktiv und programmiert die ASICs mit den neuen Werten. Mit dieser Methode kann Switching in Hardware ablaufen und damit hohe Gigabit-Raten erreichen (vgl. Anhang B).

Zusammenfassung

Als Kernkomponente für das Rechenzentrum bietet Cumulus Linux Switching und Routing auf allen Ports. Jeder Netzadapter lässt sich individuell einstellen und verwirklicht damit auch anspruchsvolle Netzdesigns.

Die Netzadapter können die Rolle Access-Port, Trunk-Port oder Routing-Port annehmen. Der Access-Port ist nur für ein einziges VLANs zuständig, während der Trunk-Port eine beliebige Anzahl von VLANs transportiert. Beide Porttypen arbeiten auf OSI-Ebene 2 und treffen ihre Entscheidungen anhand der Ethernet-Adresse. Beim Routing-Port erhält der Netzadapter eine IP-Adresse und belegt damit die OSI-Ebene 3. Pfadentscheidungen trifft der Cumulus-Switch anhand der IP-Adresse eines Pakets in Verbindung mit der eigenen Routingtabelle.

Im Hintergrund verwendet Cumulus Networks die üblichen Linux-Tools für Netzbrücken, VLANs und Trunks. Die NCLU vereinigt die Konfiguration der Tools unter der einheitlichen Kommandosyntax. Und das Zusammenspiel mit den ASICs liefert auf allen Switchports die erwarteten Durchsatzraten.

Kapitel 8

Ausfallschutz

Switches und ihre Verbindungen untereinander fallen manchmal aus. Und dann erfüllen sie ihre fundamentalste Aufgabe nicht mehr, die darin besteht, Pakete zu transportieren.

Und Switches fallen genauso gerne aus wie andere elektronische Bauteile. Das ist eine akzeptierte Tatsache und aus diesem Grund haben High-End–Geräte mehrere Netzteile, Lüfter, CPUs oder Uplinks. Zusätzlich hilft man sich meist damit, dass mehrere Switches als Gruppe (Cluster) auftreten. Dann entsteht ein Cluster für Hochverfügbarkeit und Ausfallschutz. Sehr beliebt ist auch die mehrfache Verkabelung zwischen zwei Geräten, um den Defekt einer einzelnen Verbindung abzufangen.

Cumulus Linux bevorzugt bei der Hochverfügbarkeit eine Aktiv/Aktiv-Konstellation. Dabei beteiligen sich alle Kabelverbindungen am Datentransport und verbessern damit die Verfügbarkeit und erhöhen gleichzeitig die Gesamtbandbreite.

Link Aggregation

Wenn zwei Switches über mehrere Kabel miteinander verbunden sind, wird das *Spanning-Tree Protokoll* (STP, vgl. Kap. 13) aufmerksam und sperrt alle bis auf eine Verbindung. Das ist kein böswilliges Verhalten von STP, sondern die Strategie zum Vermeiden von Schleifen im Netz. Und sobald die einzige genutzte Verbindung ausfällt, wird STP eine der anderen Netzadapter entsperren und die Daten können wieder fließen.

Das Prinzip ist ganz brauchbar, aber *alle* redundanten Leitungen sind inaktiv. Das geht besser, wenn auch bei STP nur mit Tricks. Die vorteilhaftere Methode ist die Bündelung von mehreren physikalischen Leitungen zu einer logischen Portgruppe, wobei jede Leitung aktiv ist. Neben dem Ausfallschutz steht auch noch zusätzliche Bandbreite zur Verfügung. Für STP gibt es nur noch die eine logische Verbindung und keinen Grund diese zu blockieren.

Die verschiedenen Hersteller waren bei der Namensgebung kreativ und die Bezeichnung der Kanalbündelung reicht vom standardisierten *Link Aggregation* über *Bonding* im Linux-Umfeld, *EtherChannel* bei Cisco, *Port Trunk* bei HPE und *Teaming* bei Microsoft Windows.

Grundlagen

Sobald mehrere Leitungen zwischen zwei Geräten als gemeinsamer Kanal arbeiten, hat der Sender die Aufgabe, die ausgehenden Pakete auf die verschiedenen Leitungen zu verteilen. Die parallele Nutzung kann eine höhere Bandbreite erreichen; im Maximum die Summe aller einzelnen Leitungen.

Die beiden Endpunkte eines Kanals müssen nicht unbedingt Switches sein. Üblich ist auch die mehrfache Anbindung eines Servers oder Routers an einen Switch.

Für die Bündelung gibt es den allgemein anerkannten Standard *Link Aggregation Control Protocol* (LACP nach IEEE 802.3ad) und häufig noch herstellerspezifische Erweiterungen. Cumulus Linux setzt auf LACP ohne weitere Zusätze.

Beide LACP-Partner verhandeln über ihre physikalischen Ports und bilden daraus den logischen Kanal. Im laufenden Betrieb tauschen die Partner kontinuierlich LACP-Pakete aus, um defekte Leitungen zu erkennen oder Änderungen zu propagieren.

Die Voraussetzungen für eine Kanalbündelung sind:

- Alle Leitungen müssen dieselbe Bandbreite haben.

- Alle Leitungen müssen im Vollduplexmodus arbeiten.

- Die Leitungen verbinden exakt zwei Geräte.

Interessanterweise gehört die Kenntnis von LACP nicht zu der Liste, denn ein Cumulus-Switch bündelt auch Verbindungen zu unwissenden Partnern. Der Trick liegt darin, dass beide Geräte die konfigurierten Netzadapter bedingungslos zum Bündel hinzufügen und darauf vertrauen, dass die Gegenstelle dasselbe macht.

Die Anzahl der Ports im Bündel folgt keiner festen Regel. Der Algorithmus zum Verteilen der Last streut die ausgehenden Pakete brav über alle konfigurierten Interfaces, auch wenn die Anzahl ungerade ist.
Was ist mit der alten Daumenregel, dass die Anzahl der Ports immer auf der Basis von Zwei sein muss, um die Last optimal verteilen zu können? Diese Weisheit galt für Switches mit älteren Netzwerkprozessoren, die bei Bündeln aus 3, 5 oder 7 Netzadaptern relativ schief verteilt haben. Cumulus Linux hält sich beim Austeilen strikt an den Algorithmus, ohne einen bestimmten Ausgang zu bevorzugen. Auf moderner Hardware sind alle Ports im Bündel gleichmäßig beteiligt.

Laboraufbau

Die Kanalbündelung kann zwischen beliebigen Teilnehmern stattfinden, solange mindestens zwei Kabel von derselben Quelle zum selben Ziel verlaufen. Für den praktischen Anfang bilden die Switches sw01 und sw02 über ihre jeweiligen Netzadapter *swp5* und *swp6* eine gebündelte Leitung (Abbildung 8.1).

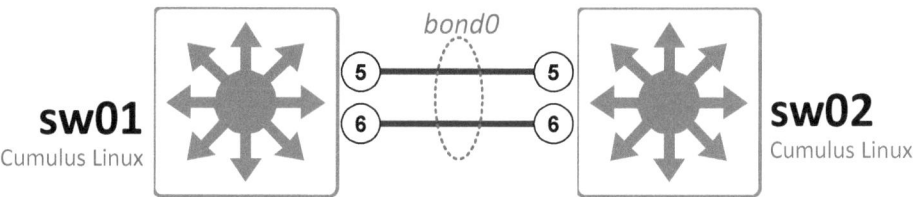

Abbildung 8.1: Die beiden Switches formen einen gemeinsamen Kanal per LACP

Das fertige Bündel erhält einen eigenen Netzadapter mit einem passenden Namen. Die Vorgabe von Linux ist *bond0*, wobei der Name auch den Zweck beschreiben kann, z. B. *bond_sw01_sw02*.

Die Planung ist das Aufwendigste, denn die Konfiguration ist ein Einzeiler. Sie erwartet auf beiden Enden den Namen des Multi-Link–Adapters und seine Teilnehmer.

```
net add bond bond0 bond slaves swp5,6
net add interface swp5,6
```

Die zweite Zeile stellt lediglich sicher, dass die Interfaces auch angeschaltet sind. Das wars – und die NCLU bestätigt nach einem `net commit` stolz den Verbund:

```
cumulus@sw01:~$ net show interface bonds
    Name   Speed  MTU   Mode  Summary
--  -----  -----  ----  ----  --------------------------------
UP  bond0  2G     1500  LACP  Bond Members: swp5(UP), swp6(UP)
```

Ausfallschutz

Die Switches sw01 und sw02 sind nun mehrpfadig verbunden und gewappnet, falls eine einzelne Leitung versagt. Dabei muss es sich nicht um einen physikalischen Defekt handeln. Geplante Umverkabelung im Serverschrank ohne Wartungsfenster ist ebenfalls eine mögliche Ursache für einen unvollständigen Leitungsverbund.

In beiden Fällen bemerkt LACP den Wegfall eines Netzadapters und schickt die Datenpakete über eine andere Leitung. Das LACP-Bündel bleibt im Status *UP*, aber nicht alle Teilnehmer sind bereit für die Arbeit. Die nutzbare Bandbreite reduziert sich um die Bandbreite des havarierten Netzadapters.

```
cumulus@sw01:~$ net show interface bonds
    Name   Speed  MTU   Mode  Summary
--  -----  -----  ----  ----  --------------------------------
UP  bond0  1G     1500  LACP  Bond Members: swp5(DN), swp6(UP)
```

Cumulus Linux protokolliert den Ausfall mit einer knappen Meldung im eigenen Logbuch.

```
Jun 01 20:29:32 sw01 kernel: bond0: link status definitely down \
  for interface swp5, disabling it
```

Im Fehlerfall wünscht sich das Monitoring-Team bestimmt eine Alarmierung und so kann Cumulus Linux seinen Besitzer per Syslog und/oder SNMP-Trap benachrichtigen (vgl. Kap. 5).

Lastverteilung

In der Voreinstellung hält sich Cumulus Linux brav an den vorgegebenen Algorithmus von LACP. Dieser berücksichtigt Quell- und Ziel-IP-Adresse und – falls vorhanden – die TCP/UDP-Portnummer. Diese Informationen wandern in eine XOR-Operation und das Ergebnis ist die Nummer des ausgehenden Netzadapters. Folglich wird eine einzelne TCP/IP-Verbindung immer über denselben Adapter versendet, denn während einer Verbindung ändert sich weder die Portnummer noch die IP-Adresse.

Interoperabilität

Sobald die ersten Switches mit Cumulus Linux im eigenen Datacenter an die Tür klopfen, beginnen die Prüfungen zur Verträglichkeit mit der Hausmarke. In der Theorie ist das kein Problem, denn LACP stellt eine gemeinsame Sprache für alle Hersteller dar. Die Praxis bringt kleinere Hürden, die einer der beiden Partner angleichen muss.
Die LACP-Implementierung von Cumulus Linux nutzt den Linux-Kernel und hat damit seine Flexibilität. Cumulus Networks hat sein Betriebssystem gegen die Switches seiner Kollegen positiv getestet. Die häufigsten Probleme während der Einrichtung eines LACP-Bündels waren:

- Die Rate der LACP-Statuspakete ist unterschiedlich. Es gibt zwei Raten: Schnell (jede Sekunde) oder langsam (alle 30 Sekunden) und beide Partner müssen dieselbe Rate nutzen. Empfohlen ist die schnelle Rate.

- Die Konfiguration und Liste der VLANs sind unterschiedlich. Die transportierten VLANs auf beiden Enden des Bündels müssen identisch sein. Das gilt auch für das *Native VLAN*.

Bei LACP gibt es noch den passiven und aktiven Modus, der bestimmt, ob die Aushandlung selbstständig begonnen werden darf, oder nur auf Rückfrage der Gegenstelle. Falls beide Partner passiv bleiben, beginnt keine Verhandlung und die Kanalbündelung bleibt aus. Cumulus Linux verzichtet auf den passiven Modus, sodass beide Teilnehmer immer aktiv werden und keine Fehlerquelle darstellen.

Wenn sich beide Partner gar nicht einigen wollen, bietet Cumulus Linux eine Alternative: Mit der Option *balance-xor* handelt der Switch nicht mehr nach Standard, sondern deaktiviert LACP und aktiviert alle Netzadapter im Bündel. Die Entscheidung für eine bedingungslose Lastverteilung trifft das Kommando:

```
net add bond bond0 bond mode balance-xor
```

Technischer Hintergrund

Die IEEE-Norm 802.3ad *Link aggregation* definiert, wie sich zwei Switches verhalten, um Datenpakete über mehrere aktive Leitungen auszutauschen. Der Standard ist seit dem Jahr 2000 verfügbar und alle namhaften Hersteller und Betriebssysteme haben gute Unterstützung dafür. 2008 strukturiert die IEEE um und führt den Standard unter der Bezeichnung 802.1AX fort. Für die Implementierung von LACP setzt Cumulus Networks auf den vorhandenen `bonding`-Treiber des Linux-Kernels. Damit übernimmt Cumulus Linux alle Fähigkeiten eines Linux-Bonds ohne in zusätzliche Programmierarbeit zu investieren. Der Ansatz ist legitim, da der Treiber unter der Lizenz GPL steht und die Weiterverwendung gestattet.
Die Einrichtung eines Bonds übernimmt die NCLU, aber das ist dem Linux-Treiber herzlich egal. Falls die Aussage der NCLU über Status und Statistik mal zu knapp ist, liefert `/proc/net/bonding/bond0` die volle Palette an Informationen über den Bond (hier `bond0`).

Multi-Chassis Link Aggregation

Der Verbund von mehreren Netzadaptern zu einem starken Multi-Gigabit–Bündel ist klasse, hilft aber nicht, wenn der gesamte Switch die Arbeit einstellt. Alternativ könnten ein paar Leitungen des Bündels zu einem weiteren Switch führen, um den Ausfall eines Chassis abzufangen, aber das macht LACP nicht mit.
Der Weg führt zur *Multi-Chassis Link Aggregation* (MLAG), die genau diesen Ansatz erlaubt. Zwei Switches stellen ein *Multi-Chassis*–System dar, welches eine gemeinsame Kanalbündelung zum Partner ermöglicht. Für den Partner sieht das Multi-Chassis-Gerät wie ein einzelner Switch aus, der sogar LACP spricht.

Multi-Chassis Link Aggregation

Der Trick bei MLAG ist, dass sich beide Teile des Chassis nach außen als *ein* Switch verkleiden und sich an den LACP-Standard halten. Nach innen gibt es zwischen den Geräten intensive Kommunikation, um den Schein nach außen zu wahren.

Abbildung 8.3 auf Seite 103 zeigt das Pärchen aus den Switches sw01 und sw02, welche eine Multi-Chassis-Gruppe bilden. Für den Partner sw11 ist es eine normale Kanalbündelung aus zwei Leitungen zu *einer* Gegenstelle.

Grundlagen

Leider hat sich MLAG nie als Standard etabliert, sodass jeder Hersteller seine eigene Implementierung zusammenstrickt. Auch die Namensgebung variiert: *Multi-Chassis Trunking* (Brocade), *Virtual PortChannel* (Cisco Nexus) oder *Distributed trunking* (HPE). Cumulus Linux benennt seine Implementierung als *Multi-Chassis Link Aggregation* (MLAG), wobei intern auch oft die Abkürzung CLAG auftaucht. Auf der Kommandozeile haben die Befehle mehrheitlich `clag` im Namen.

Die Verbindung *zwischen* den Teilnehmern des MLAG-Switches ist extrem wichtig, damit die Gegenstelle der Kanalbündelung nichts von der Täuschung bemerkt. Die Verbindung nennt Cumulus Linux *Peer-Link* und ihre Kommunikation besteht aus:

- Gemeinsame Verwaltung. Beide Switches müssen wissen, welche ihrer Netzadapter zum Bündel gehören und wie ihr Status ist.

- Synchronisierung von Protokollen. Nach außen müssen ebenfalls Infrastrukturprotokolle, wie Spanning-Tree und IGMP, überzeugt werden.

- Datenverkehr. Falls Pakete am „falschen" Switch der MLAG-Gruppe ankommen, durchqueren diese den Peer-Link und tauchen am anderen Switch beim „richtigen" Port wieder auf. Diese Umlenkung nutzen hauptsächlich Gegenstellen, die einpfadig angeschlossen sind.

Selbst in kleinen Setups haben Switches mehrere MLAG-Gruppen, und somit verwendet Cumulus Linux als Unterscheidungskriterium die `clag-id`, welche eine Zahl zwischen 1 und 65.535 annimmt. Dazu gehört eine gemeinsame MAC-Adresse `clagd-sys-mac`, die der Switch verwendet, wenn er sich als virtueller MLAG-Switch ausgibt. Die Kommunikation zwischen den MLAG-Chassis verläuft über IP, also benötigen beide Enden des Peer-Links eine IP-Adresse in einem gemeinsamen Subnetz. Die Pakete betreten nicht das reguläre Datennetz, also genügen private Adressen oder sogar der Bereich der Link-Local–Adressen 169.254.0.0/16.

Die Voraussetzungen für MLAG sind:

- Ein MLAG-Pärchen besteht aus exakt zwei Switches, auf denen Cumulus Linux Version 2.5 oder moderner schnurrt.
- Es muss eine direkte Verbindung zwischen den MLAG-Chassis bestehen. Und am besten mehrere Kabel für eine robuste Kanalbündelung.
- Jeder chassis-übergreifende Bond benötigt eine eigene CLAG-Nummer, die auf beiden Switches gleich ist.

Laboraufbau

Die beiden Switches sw01 und sw02 verschmelzen zu einem „virtuellen" Switch – zumindest aus den Augen des Gegenübers sw11. Der Aufbau in Abbildung 8.3 erweitert das Netzdiagramm aus Abschnitt *Link Aggregation* auf Seite 97, denn der vorhandene LACP-Channel wird als Peer-Link benötigt.

Zum unwissenden Partner sw11 führt jeweils nur ein Kabel, wodurch das Minimum eines Multi-Chassis-Channels entsteht. Mehrfache Anbindung ist denkbar und in der Praxis sogar sinnvoll, um Geräte- und Leitungsredundanz zu erreichen.

Die Sicht von sw11 auf das MLAG-Pärchen zeigt scheinbar einen einzelnen Switch und ist in Abbildung 8.2 dargestellt.

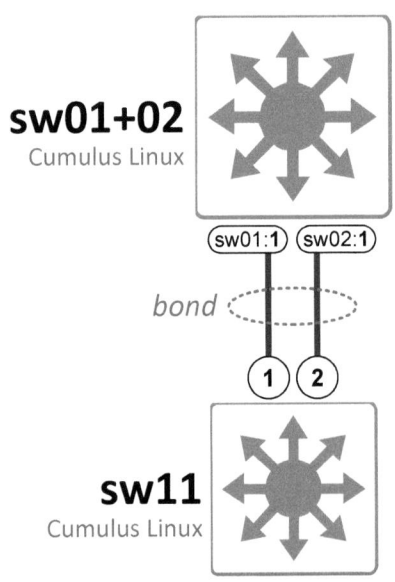

Abbildung 8.2: Das MLAG-Chassis aus der Sicht von Switch sw11

Multi-Chassis Link Aggregation

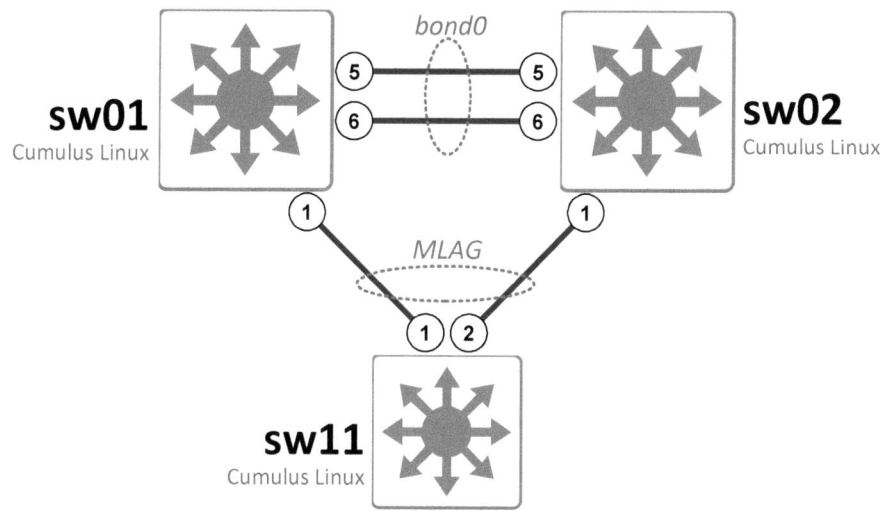

Abbildung 8.3: Zwei Switches stellen unsichtbare Redundanz auf OSI-Ebene 2 dar

Einrichtung

Sobald die drei Switches verkabelt sind, versucht die Konfiguration daraus scheinbar zwei Switches zu machen. Es beginnt mit dem Peer-Link zwischen sw01 und sw02. Dieser ist das Herz von MLAG und sollte stets redundant als Bündel ausgeführt sein.
Der Peer-Link erhält eine freie MAC-Adresse aus dem reservierten Bereich 44:38:39:ff:00:00 bis 44:38:39:ff:ff:ff.

```
1  net add bond isl bond slaves swp5,swp6
2  net add interface isl.4000 clag enable yes
3  net add interface isl.4000 ip address 192.0.2.1/24
4  net add interface isl.4000 clag peer-ip 192.0.2.2
5  net add interface isl.4000 clag sys-mac 44:38:39:00:00:11
6  net add bridge bridge ports isl
```

Der Peer-Link bekommt den beispielhaften Namen *isl* (Zeile 1) und VLAN 4000 transportiert die Inter-Chassis-Befehle. Die sys-mac (Zeile 5) ist auf beiden Chassis identisch. Die IP-Adressen zur Kommunikation (Zeilen 3 und 4) sind auf den Switches invers zueinander. Da VLAN-Tagging im Spiel ist, benötigt der Peer-Link in Zeile 6 den entsprechenden Hinweis auf eine Netzbrücke.

Damit ist der Peer-Link einsatzbereit, was die Ausgabe mit dem passenden show-Kommando bestätigt:

```
cumulus@sw01:~$ net show clag
The peer is alive
    Our Priority, ID, and Role: 32768 08:00:27:61:03:56 primary
   Peer Priority, ID, and Role: 32768 08:00:27:ec:cb:f0 secondary
         Peer Interface and IP: isl.4000 192.0.2.2
                     Backup IP: (inactive)
                    System MAC: 44:38:39:00:00:11
```

Ab jetzt verhalten sich beide Switches sw01 und sw02 wie ein gemeinsamer Switch, der aus zwei Modulen besteht. Weiter geht es mit der Kanalbündelung, die ab sofort aus Netzadaptern beider Switches bestehen kann. Dem Laboraufbau folgend wird Switchport *swp1* auf beiden MLAG-Switches Teil der Kanalbündelung. Zur normalen Einrichtung eines LACP-Channels kommt hier der MLAG-Identifier hinzu, der als clag-id in der Konfiguration auftaucht. Die ID muss innerhalb des Verbundes einmalig sein und auf beiden Switches des LACP-Bündels die gleiche Zahl verwenden. Durch die Wahl des Netzadapters sind die Kommandos auf beiden Switches identisch. Der Name des Bündels *sw11* ist nur ein *Hinweis* darauf, welches Gerät die Gegenstelle ist.

```
net add bond sw11 bond slaves swp1
net add bond sw11 clag id 1
```

Am anderen Ende des Kanals sieht die Konfigurationslage deutlich einfacher aus, denn für sw11 ist es eine handelsübliche Verbindung aus mehreren Kabeln.

```
net add bond sw0102 bond slaves swp1,swp2
```

Technischer Hintergrund

Die *Multi-Chassis Link Aggregation* ist eine Softwareimplementierung, die Cumulus Networks für seine Switches entwickelt hat. Alle Bestandteile schnürt der Hersteller in das Paket *clag*, welches als Version 1.3.0 dem Betriebssystem beiliegt.
Im Hintergrund läuft der Dienst clagd, welcher den Peer-Link hält und die konfigurierten Netzadapter bedient. Seine Aufträge erhält clagd vom

Frontend `clagctl` mittels eines Sockets. `clagctl` wiederum bekommt seine Anweisungen von der NCLU und damit vom Administrator.

Alle Programmteile sind in Python verfasst und damit im Quellcode einsehbar. Leider wird damit *clag* nicht automatisch zu Open Source, denn die Software steht unter einer proprietären Lizenz. An der Dokumentation hat Cumulus Networks nicht gespart, denn die Programmteile sind sowohl im Quellcode als auch in der Man-Page ausgezeichnet beschrieben.

Für die Inter-Chassis-Kommunikation erfindet Cumulus Networks kein neues Protokoll, sondern sendet die Befehle im XML-Format per TCP-Port 5342 durch den Peer-Link.

Im Fehlerfall hilfreich: `clagd` protokolliert Änderungen an der Konfiguration oder am Zustand der Netzadapter in der Logdatei `/var/log/clagd.log`. Und bei ausgewachsenen Problemen hat `clagd` noch die Optionen `--debug` und `--verbose` im Gepäck, um den Fehlersuchenden mit ausreichend Material zu versorgen.

Doppel-MLAG

Der Gedanke an Redundanz führt zu noch verrückteren Netzdiagrammen, denn beide Endpunkte des LACP-Kanals können ein MLAG-Pärchen sein. Also vier Switches, die sich als zwei tarnen. In dieser Königsklasse der Redundanz entsteht ein Szenario, welches bei korrekter Verkabelung den Ausfall einer beliebigen Komponente verkraftet.

Laboraufbau

In diesem letzten Labordiagramm spielen die Switches sw01 und sw02 die erste MLAG-Gruppe, welche „über Kreuz" mit dem MLAG-Pärchen sw11 und sw12 verbunden ist. Alle Verbindungen in Abbildung 8.4 auf der nächsten Seite sind redundant ausgelegt, um den optimalen Ausfallschutz zu erreichen.

Die Endgeräte außerhalb des redundanten Netzaufbaus werden dargestellt durch sw13 und Server2. Sie nehmen keine besonderen Aufgaben wahr, außer dass sie per Kanalbündelung an den MLAG-Switch angeschlossen sind und über eine IP-Adresse für die Erfolgskontrolle verfügen.

Kapitel 8. Ausfallschutz

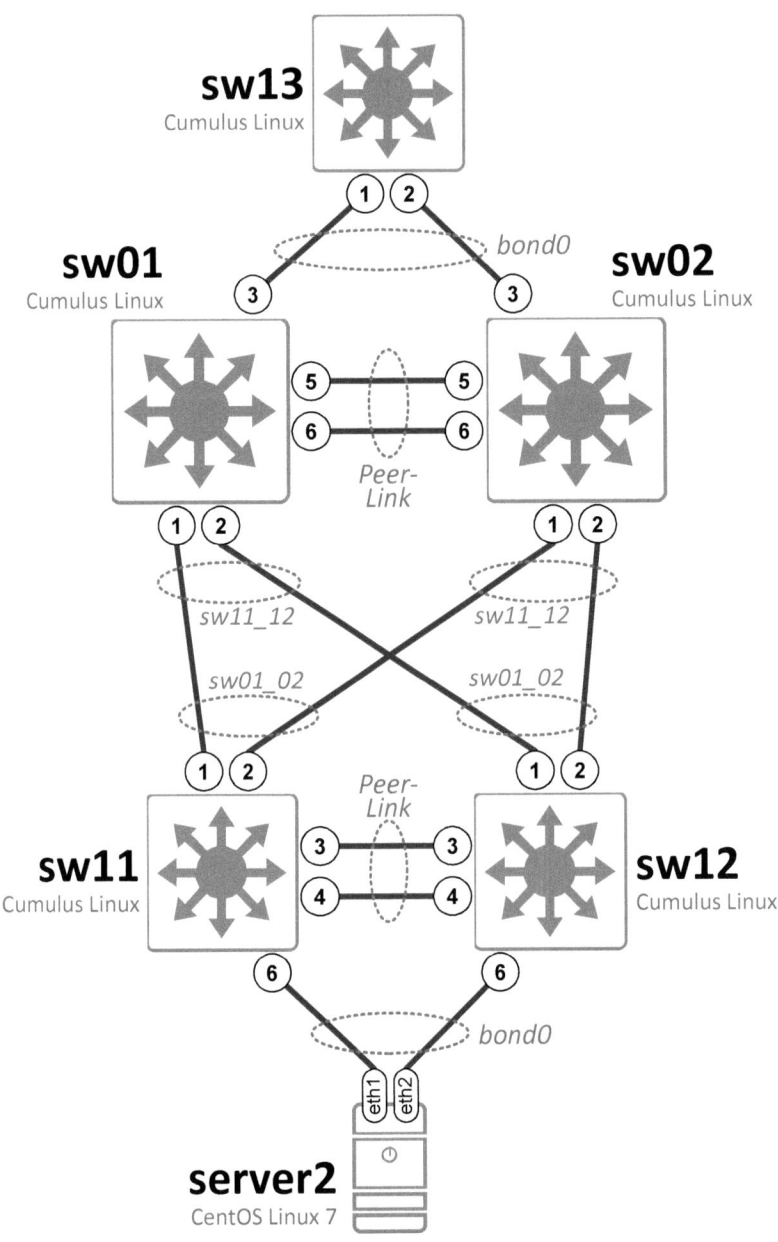

Abbildung 8.4: Din Enden des gebündelten Kanals bestehen aus mehreren Chassis

Um die Situation nicht unnötig zu verkomplizieren, verbleiben alle Netzadapter und Kanäle im VLAN 1.

> **Hinweis**
>
> Im virtuellen Umfeld akzeptiert *Cumulus VX* praktisch jeden Adaptertyp, aber im Bereich von MLAG entstehen mit *virtio-net* ungewollte Effekte. Für den Ablauf dieses Szenarios ist der Adaptertyp *e1000* stabiler.

Einrichtung

Die Konfiguration des „doppelten" MLAG-Teams benutzt die bekannten Befehle. Zum besseren Verständnis unterteilt sich die folgende Einrichtung in nachvollziehbare Schritte, die den gesamten Aufbau teilen und beherrschen.

MLAG zwischen sw13 und sw01–sw02

Die Konfigurationsreise beginnt bei sw13, der als Server fungiert und mehrpfadig an das MLAG-Team aus sw01 und sw02 angeschlossen ist. Dazu erhält sw13 ein simples LACP-Bündel aus zwei Leitungen und eine IP-Adresse obendrauf, die im letzten Schritt die Ende-zu-Ende–Verbindung bestätigt.

```
net add bond bond0 bond slaves swp1,swp2
net add bond bond0 ip address 10.1.1.13/24
```

Zuerst benötigt die MLAG-Gruppe einen Peer-Link zwischen den Teilnehmern. Die Konfiguration entspricht fast unverändert dem Abschnitt *Einrichtung* auf Seite 103, da sie das vorherige Setup um die zweite MLAG-Gruppe erweitern soll.

```
1  net add bond isl bond slaves swp5,swp6
2  net add interface isl.4000 clag enable yes
3  net add interface isl.4000 ip address 192.0.2.1/24
4  net add interface isl.4000 clag peer-ip 192.0.2.2
5  net add interface isl.4000 clag sys-mac 44:38:39:00:00:13
6  net add bridge bridge ports isl
```

Die Kommandos auf dem Partner sw02 sind identisch, bis auf die gespiegelten IPv4-Adressen in den Zeilen 3 und 4.

Peer-Link fertig? Wenn sw01 in seiner Ausgabe von net show clag „The peer is alive" vermeldet, beginnt die Kanalbündelung zum Server sw13.

```
1  net add bond sw13 bond slaves swp3
2  net add bond sw13 clag id 13
3  net add bond sw13 bridge access 1
4  net add bridge bridge ports sw13
```

Der Bond erhält den passenden Namen sw13 und zusätzlich die 13 als unglückliche clag-id. Lediglich Netzadapter *swp3* wird Mitglied des LACP-Clubs. Der zweite Adapter ist auf Switch sw02, welcher exakt dieselben Befehle erhält.

Das Szenario nutzt das neue Interface auf OSI-Ebene 2, und daher benötigt Cumulus Linux den Hinweis in Zeile 4, um daraus eine Netzbrücke zu machen.

Anschließend vermeldet Server sw13 stolz, dass zwei Leitungen dem Bündel beigetreten sind und eine Bandbreite von zwei Gbit/s zur Verfügung steht.

```
cumulus@sw13:~$ net show interface bond0
    Name   MAC                Speed  MTU   Mode
--  -----  -----------------  -----  ----  ----
UP  bond0  0c:12:24:13:ff:03  2G     1500  LACP
```

MLAG zwischen Server2 and sw11–sw12

Weiter geht es synonym im unteren Bereich des Labornetzwerks. Dort wollen Teilnehmer Server2 und das Pärchen aus sw11 und sw12 einen LACP-Kanal per MLAG bilden. Die Einrichtung entspricht inhaltlich dem oberen Aufbau. Switch sw11 und sw12 erstellen einen Peer-Link, wobei die folgenden Kommandos für sw11 passen.

```
1  net add bond isl bond slaves swp3,swp4
2  net add interface isl.4000 clag enable yes
3  net add interface isl.4000 ip address 192.0.2.11/24
4  net add interface isl.4000 clag peer-ip 192.0.2.12
5  net add interface isl.4000 clag sys-mac 44:38:39:00:00:11
6  net add bridge bridge ports isl
```

Die Konfiguration von Server2 ist abhängig von seinem Betriebssystem, da es sich bei diesem Server nicht um Cumulus Linux handelt. Das Labordiagramm nimmt ein Red Hat-basiertes Linux, aber es könnte ebenso ein Windows Server, VMware ESXi oder eine Variante von BSD sein. Praktische Beispiele für verschiedene Betriebssysteme und deren Anbindung an einen Cumulus-Switch liefert Kapitel 19. Wichtig sind hier nur die gebündelte Verbindung und eine IPv4-Adresse, die im selben IP-Netz wie Server sw13 ist.

MLAG im Kern zwischen sw01–sw02 und sw11–sw12

Die Außenstellen sind verkabelt und konfiguriert, aber der Kern ist noch Niemandsland. Die Teilnehmer der MLAG haben aus den vorherigen Abschnitten bereits den notwendigen Peer-Link und können direkt anfangen zu bündeln.

Das obere Pärchen bestehend aus sw01 und sw02 schaltet seine Netzadapter *swp1* und *swp2* zu einem 4-Port-Bündel zusammen. Die frei gewählte ID dafür ist 1112. Auch hier erhält der Bond den Namen der benachbarten Switches, um bei der späteren Fehlersuche die Bündel leichter unterscheiden zu können. Die Einrichtung ist für sw01 und sw02 identisch:

```
net add interface swp1-2
net add bond sw11_12 bond slaves swp1,swp2
net add bond sw11_12 clag id 1112
net add bond sw11_12 bridge access 1
```

Die Konfiguration der Gegenstellen sw11 und sw12 sieht ähnlich aus:

```
net add interface swp1-2
net add bond sw01_02 bond slaves swp1,swp2
net add bond sw01_02 clag id 102
net add bond sw01_02 bridge access 1
```

Von dem erstellten 4 Gbit/s-Bündel sieht jeder einzelne Switch lediglich zwei Leitungen. Und die sollten im Status UP sein, wie das folgende Kommando bestätigt.

```
cumulus@sw11:~$ net show interface bonds
    Name     Speed  MTU   Mode  Summary
--  -------  -----  ----  ----  --------------------------------
UP  isl      2G     1500  LACP  Bond Members: swp3(UP), swp4(UP)
UP  server2  1G     1500  LACP  Bond Members: swp6(UP)
UP  sw01_02  2G     1500  LACP  Bond Members: swp1(UP), swp2(UP)
```

Zum Vergleich zeigt sw01 den Status seiner Netzadapter, Peer-Links und Bündel:

```
cumulus@sw01:~$ net show interface
State  Name      Spd  MTU    Mode         LLDP          Summary
-----  --------  ---  -----  ----------   -----------   ----------------------
UP     lo        N/A  65536  Loopback                   IP: 127.0.0.1/8
       lo                                               IP: ::1/128
UP     eth0      1G   1500   Mgmt         sw12 (eth0)   IP: 10.5.1.1/24
UP     swp1      1G   1500   BondMember   sw11 (swp1)   Master: sw11_12(UP)
UP     swp2      1G   1500   BondMember   sw12 (swp1)   Master: sw11_12(UP)
UP     swp3      1G   1500   BondMember   sw13 (swp1)   Master: sw13(UP)
UP     swp5      1G   1500   BondMember   sw02 (swp5)   Master: isl(UP)
UP     swp6      1G   1500   BondMember   sw02 (swp6)   Master: isl(UP)
UP     bridge    N/A  1500   Bridge/L2
UP     isl       2G   1500   LACP                       Master: bridge(UP)
       isl                                              Bond Members: swp5(UP)
       isl                                              Bond Members: swp6(UP)
UP     isl.4000  2G   1500   SubInt/L3                  IP: 192.0.2.1/24
UP     sw11_12   1G   1500   LACP                       Master: bridge(UP)
       sw11_12                                          Bond Members: swp1(UP)
       sw11_12                                          Bond Members: swp2(UP)
UP     sw13      1G   1500   LACP                       Master: bridge(UP)
       sw13                                             Bond Members: swp3(UP)
```

Damit ist das Szenario komplett. Der robuste Aufbau erlaubt den Ausfall einer beliebigen einzelnen Komponente, ohne dass die Endgeräte dies merken.

Virtual Router Redundancy

Wenn die beiden MLAG-Switches für die angeschlossenen Server das Standardgateway darstellen, entsteht *Virtual Router Redundancy* (VRR). Die Server adressieren die virtuelle IP-Adresse des VRR-Pärchens und einer von beiden Switches wird sich der Aufgabe annehmen.

Das Prinzip ähnelt HSRP, VRRP, CARP oder GLBP mit dem wesentlichen Unterschied, dass *beide* Switches aktiv sind und Anfragen der Server beantworten. Da es keine Abstimmung zwischen MASTER und BACKUP gibt, gibt es auch kein Redundanzprotokoll, keine Heartbeat-Pakete und keinen Linux-Prozess.

Das vereinfacht die Einrichtung, wenn MLAG bereits konfiguriert ist. Beide Switches erhalten eine zusätzliche IP-Adresse, wahlweise für IPv4 oder IPv6:

```
net add vlan 1 ip address-virtual 00:00:5e:00:01:05 10.1.1.5/24
net add vlan 1 ipv6 address-virtual 00:00:5e:00:01:05 fd00:1:1::5/64
```

Um den Ausfallschutz und die Lastverteilung kümmert sich bereits MLAG, sodass die virtuelle IP-Adresse nur noch oben aufgesetzt wird. Dementsprechend gibt es auch keine zusätzlichen show-Kommandos, um den Status zu prüfen oder zu ändern.

Cumulus Linux verwendet MLAG mit VRR *oder* VRRP. Wenn Cumulus-Switches unter sich sind, ist VRR vorzuziehen, da die Geräte Aktiv/Aktiv-Verfügbarkeit bieten. VRR benutzt kein zusätzliches Protokoll zwischen den Teilnehmern und folglich wird ein echtes VRRP-Gateway den Cumulus-Partner nicht erkennen. Wenn Cumulus Linux ein VRRP-Pärchen darstellen oder ergänzen soll, gibt es seit Version 3.7.4 eine passende Implementierung dazu, die allerdings nicht gleichzeitig mit MLAG verwendbar ist.

Mit den beispielhaften Kommandos wird sw01 ein VRRP-Router und offeriert seine Dienste per IPv4 und IPv6:

```
net add interface swp1 vrrp 1 10.1.1.5/24
net add interface swp1 vrrp 1 fd00:1:1::5/64
```

Zusammenfassung

Cumulus Linux kann mehrere Netzadapter zusammenschalten und alle involvierten Leitungen aktiv benutzen. Damit erreicht der Switch höhere Bandbreiten und gleichzeitig noch Ausfallschutz. Denn wenn eine einzelne Leitung in den Status DOWN wechselt, bleibt das Bündel aktiv und benutzt die verbliebenen Verbindungen für den Datentransport. Bei der Auswahl der Gegenstelle zeigt sich Cumulus Linux offen, denn es unterstützt den marktüblichen Standard LACP, der Kanalbündelung herstellerunabhängig macht.

Die Vielzahl der parallelen Leitungen verhindert leider eins nicht: Der Single-Point-of-Failure ist der Switch, auf dem die Kabel stecken. Dazu hat Cumulus die Doppel-Chassis–Bündelung im Portfolio, die genau diese Einschränkung adressiert. Mit *Multi-Chassis Link Aggregation* dürfen die Enden des Bündels auf zwei verschiedene Switches verzweigen. Und dabei sind alle Verbindungen aktiv und tragen zur Gesamtbandbreite bei. Fällt jetzt ein Switch aus, bleibt ein Teil des Bündels online. Leider ist dieses Feature nicht standardisiert und folglich darf nicht mit anderen Anbietern gemischt werden.

Kanalbündelung mit LACP oder MLAG ist eine feine Methode für Ausfallschutz und Lastverteilung, wobei gleichzeitig die Bandbreite aller teilnehmenden Kabelverbindungen aktiv zur Paketweiterleitung beiträgt.

Kapitel 9

Zentrale Authentifizierung

Beim Zugriff auf die Managementinstrumente müssen sich die Admins gegenüber dem Cumulus-Switch ausweisen. Für die Anmeldung führt der Switch eigene Benutzerkonten oder kann auf einen externen Authentifizierungsserver zugreifen.
In diesem Kapitel koppelt Cumulus Linux die Anmeldeversuche seiner User mit dem Verzeichnisdienst *Active Directory* von Microsoft. Für den sicheren Austausch von Kennwörtern stehen die bekannten Protokolle *LDAP* und *RADIUS*, sowie der Klassiker *TACACS+* zur Verfügung.
Das *Active Directory* steht stellvertretend für einen Verzeichnisdienst, der in der eigenen Infrastruktur betrieben wird und meist über ein lokales Netz mit seinen Authentifizierung-Clients verbunden ist.

Protokolle

Zwischen dem Authentifizierungsserver und dem -client muss eine einheitliche Sprache bestehen. Ein gutes Protokoll schützt die übertragenen Informationen gegen Mitleser, verbindet Systeme unterschiedlicher Hersteller und prüft das Benutzerkennwort (Authentifizierung) sowie dessen Berechtigung (Autorisierung).
Cumulus Linux unterstützt die bewährten und weit verbreiteten Protokolle *LDAP*, *RADIUS* und *TACACS+*. Tabelle 9.1 auf der nächsten Seite zeigt das Zusammenspiel mit den verschiedenen Diensten.

Dienst	Lokal	LDAP	RADIUS	TACACS+
SSH	☑	☑	☑	☑
Konsole	☑	☑	☑	☑
API	☑	☐[1]	☐[1]	☐[1]

Tabelle 9.1: Authentifizierung mit externem Server

LDAP

Das *Lightweight Directory Access Protocol* (LDAP) ist eine Zugriffssprache zum Abfragen und Manipulieren von Datensätzen in einem Verzeichnisdienst. Da Benutzernamen und Kennwörter in einer zentralen Datenbank liegen, eignet sich LDAP auch für die Authentifizierung und Autorisierung. Das Microsoft *Active Directory* stellt seine Informationen per LDAP zur Verfügung. Ein Domänencontroller ist damit automatisch ein LDAP-Server. Der Zugriff ist natürlich kennwortgeschützt und bei Bedarf auch verschlüsselt.

RADIUS

Ein waschechtes Authentifizierungsprotokoll ist der *Remote Authentication Dial-In User Service* (RADIUS), denn ihm geht es hauptsächlich um Authentifizierung und Autorisierung. Um die Verwaltung der Benutzerkonten schert sich RADIUS nicht, sodass irgendein Verzeichnisdienst her muss. Die Möglichkeiten von RADIUS sind vielseitiger als bei LDAP, denn in die Entscheidung zur Anmeldung können auch Tag und Uhrzeit, sowie IP-Adresse des Anfragenden einfließen.

Ein Windows-Server bringt Unterstützung für RADIUS in seinem *Netzwerkrichtlinienserver* (Network Policy Server, NPS) mit, der als zusätzlicher Dienst installiert wird.

TACACS+

Das *Terminal Access Controller Access-Control System Plus* (TACACS+) wurde von Cisco entwickelt, um ein zentrales Benutzermanagement zu er-

---
[1] Nur über Anpassung der PAM-Umgebung (siehe Seite 135)

möglichen. Es basiert in vielen Ideen auf dem offenen Standard TACACS (ohne Plus), aber die Erweiterungen von Cisco machen die beiden Protokolle inkompatibel zueinander.

TACACS+ geht noch einen Schritt weiter als RADIUS und trennt die Authentifizierung von der Autorisierung. Den proprietären Ansatz hat Cisco 1995 aufgegeben und die Spezifikation veröffentlicht [10].

Ob TACACS+ oder RADIUS das „bessere" Protokoll ist, bleibt häufig eine Philosophiefrage. Tabelle 9.2 zeigt die Featurematrix der Authentifizierungsprotokolle, die Cumulus Linux unterstützt.

Merkmal	LDAP	RADIUS	TACACS+
Protokoll	TCP	UDP	TCP
Ports	389	1812, 1813	49
	636 (TLS)	oder 1645, 1646	
Verschlüsselung	Passwort	Passwort	Ganzes Paket
Authentifizierung und Autorisierung	getrennt	kombiniert	getrennt
Standard	RFC	RFC	Cisco [10]
Verfügbar seit	1993	1997	1995
Popularität	1.	2.	3.

Tabelle 9.2: Vergleich der Authentifizierungsprotokolle

Laboraufbau

Der Switch sw01 wird zur zentralen Drehscheibe der Authentifizierung, denn gegenüber diesem Host können sich Clients über alle Dienste anmelden, die eine Authentifizierung erfordern. Aktuell sind dies die Textkonsole, der SSH-Zugang und die webbasierte API. Die Zugangsdaten dieser Dienste liegen in einem zusätzlichen Server, den der Cumulus-Switch über LDAP, RADIUS und TACACS+ ansprechen wird.

In Abbildung 9.1 auf der nächsten Seite ist dieser Authentifizierungsserver ein *Windows Server 2019* mit einem *Active Directory* und dem Netzwerkrichtlinienserver für Anfragen via RADIUS.

Mit TACACS+ hat der Microsoft Server nichts am Hut, aber die Linux-Welt hat mehrere TACACS+ Implementierungen im Angebot. Als vorteil-

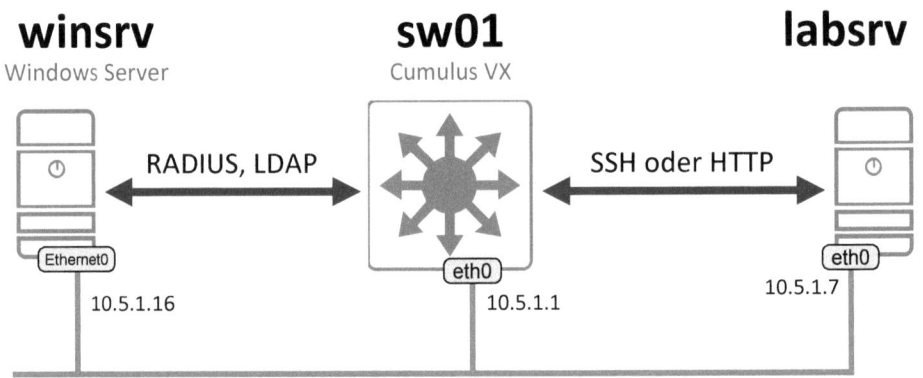

Abbildung 9.1: Laboraufbau zur Authentifizierung mit Active Directory

haft zeigt sich die Software *tac_plus* [11], da sie eine Weboberfläche für die Konfiguration mitbringt und für große Umgebungen konzipiert ist.

> **Hinweis**
>
> Alle Kommandos der folgenden Abschnitte benötigen `root`-Rechte. Also vorab mit dem Einzeiler `sudo bash` den Benutzer wechseln.

Microsoft Server

Der Directory-Server von Microsoft steht stellvertretend für ein Authentifizierungssystem, welches Benutzerdaten verwaltet und eine Anmeldung per LDAP oder RADIUS akzeptiert. Alternative Produkte sind *OpenLDAP* oder *Novell eDirectory*. Die Beispiele und Anleitungen beziehen sich auf den Microsoft Windows-Server, da diese Lösung in Unternehmensnetzen am weitesten verbreitet ist.

Der Windows Server speichert Benutzerinformationen, Kennwörter, Gruppen und -mitgliedschaften in seinem Verzeichnisdienst *Active Directory* (AD). Damit wird der Server zum *Domain Controller* und stellt automatisch einen LDAP-Dienst bereit. Für die Laborumgebung lautet die Stammdomäne *cumulus.lab* und daraus leitet sich auch der Pfad innerhalb der LDAP-Struktur ab.

> **Hinweis**
>
> Der Microsoft Windows Server wird per LDAP niemals das Kennwort eines Benutzers preisgeben.

Auf welche Weise kann der Cumulus-Switch ein Benutzerkennwort beim LDAP-Server prüfen? Die Echtheit des Kennworts kontrolliert der Switch nicht selber, sondern meldet sich mit den Zugangsdaten des Benutzers beim LDAP-Server an. Eine erfolgreiche Anmeldung zeigt, dass das Kennwort des Anwenders gültig ist.

Sicherheitsbewusste kombinieren LDAP mit TLS und schützen damit die Übertragung gegen Mitlesen und Manipulation. Aus LDAP wird LDAPS – die Funktionalität ändert sich nicht.

Ein neuinstallierter Server hat noch keine Funktionen aktiviert und benötigt die Rolle *Active Directory-Domänendienste*, um zum Domain Controller aufzusteigen. Das vorerst blanke Active Directory wird verschönert mit mehreren Organisationseinheiten (Organizational Unit, OU), in welchen sich die Objekte tummeln können.
Abbildung 9.2 auf der nächsten Seite zeigt die administrative Sicht auf das konstruierte Active Directory *cumulus.lab* mit den organisatorischen Einheiten *Admins*, *Anwender*, *Dienste* und *Gruppen*. In die OU *Dienste* kommen die AD-Objekte von nicht-personellen Konten, wie z. B. einer Firewall, die sich per LDAP verbinden möchte.

Vorbereitung

Linux-User haben stets einen Benutzernamen (`uid`), eine Benutzernummer (`uidNumber`) und eine Gruppennummer (`gidNumber`). Diese Felder sind dem Windows Server bekannt, aber anfangs leer. Wenn sich Linux-Clients per LDAP anmelden, muss der Windows LDAP-Server die entsprechenden Werte kennen.
Jedes AD-Userobjekt muss diese Felder ausgefüllt haben. Abbildung 9.3 auf Seite 119 zeigt einen beispielhaften Benutzer mit seinen Attributen.

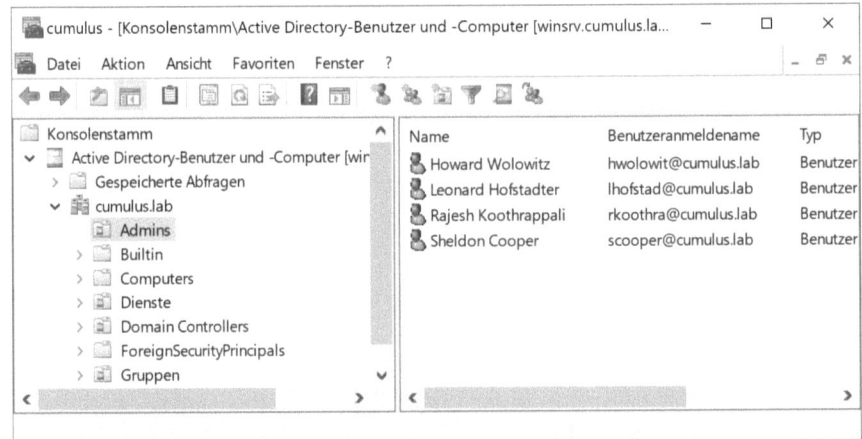

Abbildung 9.2: Active Directory mit Benutzern und Gruppen

> **Hinweis**
>
> Cumulus Linux erwartet eine UID größer als 1000.

Wenn das vorhandene AD bereits Konten enthält, deren UID kleiner als 1000 ist, lässt sich das Authentifizierungssystem von Cumulus Linux zu kleineren Nummern überreden:

```
sed -i -e 's/minimum_uid=1000/minimum_uid=300/' /etc/pam.d/common-*
```

LDAP

Die über LDAP sichtbare Verzeichnisstruktur orientiert sich an der Windows-Domäne und den Organisationseinheiten. Die Konfiguration der LDAP-Authentifizierung bei Cumulus Linux muss deshalb zum eigenen Aufbau im Active Directory passen und wird hier nur beispielhaft gezeigt.
Auf der Gegenseite erwartet Cumulus Linux zuerst eine Clientsoftware, die den Switch LDAP-fähig macht, wie beispielsweise nslcd. Cumulus Networks stellt die benötigten Pakete in seinem Repository bereit und die Installation verläuft über den Paketmanager apt:

```
apt update
apt install libnss-ldapd libpam-ldapd ldap-utils nslcd ldap-utils
```

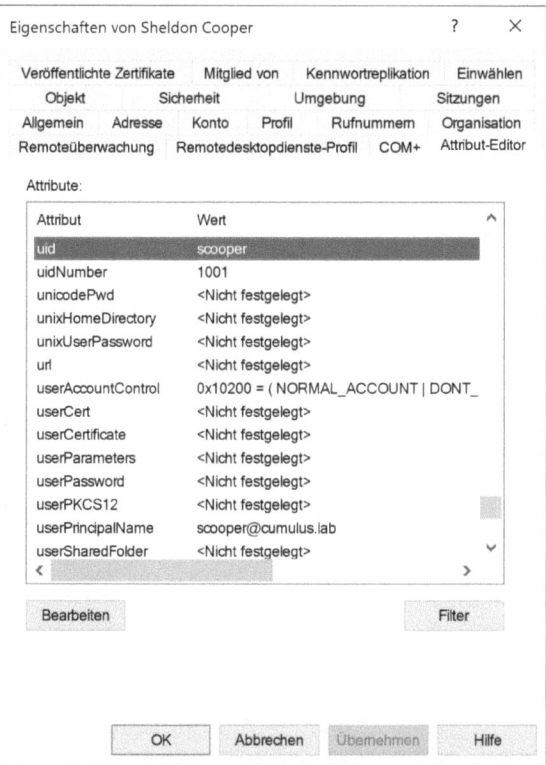

Abbildung 9.3: Active Directory Objekt mit POSIX-Attributen

Nach der Installation von nslcd ruft der Paketmanager zum Interview und befeuert den Admin mit Fragen über die LDAP-Umgebung. Diese können für den Laboraufbau mit der Voreinstellung beantwortet werden.
Die Konfiguration eines LDAP-Servers verläuft über die Konfigurationsdatei /etc/nslcd.conf. Die Werte in Listing 9.1 auf der nächsten Seite passen zum vorgestellten AD.
Bei dieser Konfiguration ist jeder Benutzer des Active Directory berechtigt, der durch den LDAP-Filter in Zeile 17 passt – ein korrektes Passwort vorausgesetzt. Dieser Filter wird bei der Anmeldung durchlaufen. LDAP-Filter haben den Operator vorne und die Bedingungen dahinter in Klammern. Die folgenden Beispiele aus der Praxis liefern Möglichkeiten, die Dienste eines Netzgeräts auf ausgewählte Benutzer oder Gruppen zu limitieren.

Kapitel 9. Zentrale Authentifizierung

```
1   uid nslcd
2   gid nslcd
3   
4   binddn cn=sw01,ou=Dienste,dc=cumulus,dc=lab
5   bindpw Cumulus22
6   
7   uri ldap://10.5.1.16/
8   base dc=cumulus,dc=lab
9   scope sub
10  ldap_version 3
11  ssl off
12  
13  pagesize 1000
14  referrals off
15  idle_timelimit 1000
16  
17  filter passwd (&(Objectclass=user) \
18    (memberOf=CN=Operator,OU=Gruppen,DC=cumulus,DC=lab))
19  map     passwd  homeDirectory   "/home/$uid"
20  map     passwd  gecos           displayName
21  map     passwd  loginShell      "/bin/bash"
```

Listing 9.1: Cumulus Linux als LDAP-Client

```
&(ObjectClass=user)(memberOf=CN=DC-Admins,OU=Gruppen,DC=cumulus, \
   DC=lab)
```

Die Bedingung des Filters ist erfüllt, wenn beide Checks innerhalb der Klammern wahr sind. Der anmeldende Benutzer muss ein user-Objekt sein, welches Mitglied (memberOf) der Gruppe *DC-Admins* ist. Das führende Zeichen & steht für eine logische UND-Verknüpfung.

```
|(memberOf=CN=Operator,OU=Gruppen,DC=cumulus,DC=lab) \
 (memberOf=CN=Helpdesk,OU=Gruppen,DC=cumulus,DC=lab)
```

Dieser Filter erlaubt den Zugriff, wenn der Anmelder Mitglied einer der beiden Gruppen ist: *Operator* oder *Helpdesk*. Das einleitende Zeichen | bedeutet eine logische ODER-Verknüpfung.

Als `bind`-Zugangsdaten kommt jeder gültige AD-Benutzer infrage, allerdings empfiehlt sich ein dedizierter Service-Account (hier *sw01*), der im Ernstfall überwacht und deaktiviert werden kann. Danach macht sich der Dienst mit `systemctl restart nslcd` an die Arbeit.

Die Anmeldeprozedur steuert Linux über den *Name Service Switch* (NSS) und seine Konfigurationsdatei `nsswitch.conf`. Dort wird die LDAP-Methode einfach an die bestehenden Authentifizierungsformen angehängt.

```
sed -i -e 's/^passwd:.*/& ldap/' /etc/nsswitch.conf
sed -i -e 's/^group: .*/& ldap/' /etc/nsswitch.conf
sed -i -e 's/^shadow:.*/& ldap/' /etc/nsswitch.conf
```

> **Hinweis**
>
> Die Anmeldung mit einem lokalen Benutzerkonto ist trotz LDAP-Authentifizierung noch möglich und sollte nicht unterbunden werden. Damit ist der Zugriff auf das System gewährleistet, falls der LDAP-Server unerreichbar ist.

Anschließend ist Cumulus Linux bereit, den LDAP-Server als Türsteher für eine Authentifizierung zu beschäftigen.

Autorisierung

Ein angemeldeter Benutzer darf erst mal nichts. *show*-Kommandos und ernsthafte Änderungen weist die NCLU zurück. Für die Autorisierung hat Cumulus Linux zwei Ebenen vorgesehen: *show* und *edit*. Die Mitglieder der jeweiligen Gruppe werden in der Datei `/etc/netd.conf` geführt. Eingriffe in Linux-Dateien und die verfügbaren Editoren behandelt Anhang A ab Seite 375.

Im folgenden Beispiel haben zwei weitere Benutzer Rechte auf dem lokalen Switch. Benutzer *lhofstad* darf mit der NCLU Änderungen machen und dem Account *rkoothra* werden nur flüchtige Blicke in Form von *show*-Befehlen gestattet.

```
users_with_edit = root, cumulus, lhofstad
users_with_show = root, cumulus, rkoothra
```

Änderungen an der Datei erwarten einen abschließenden Neustart vom Dienst netd, um die geänderte Konfiguration zu aktivieren:

`systemctl restart netd`

Die *lokale* Autorisierung passt so gar nicht zur *zentralen* Authentifizierung. Dafür kommt die Gruppennummer ins Spiel. Sobald der Authentifizierungsserver die Mitgliedschaft in der Gruppe netshow bestätigt, werden *show*-Kommandos akzeptiert, ohne dass der User in irgendeiner *lokalen* Gruppe sein muss. Dasselbe gilt für die Gruppe netedit und die Änderungsberechtigung.
Praktisch muss der LDAP-Server im Feld gidNumber den Zahlenwert 999 für netshow und die Zahl 998 für netedit liefern.

Fehlersuche

Selten ist die Konfiguration auf Anhieb perfekt und genau dafür hat Cumulus Linux kleine Helferlein. Eine gute Quelle für problematische Anmeldungen ist der LDAP-Nameservice. Im normalen Modus ist nslcd eher wortkarg; erst die Debug-Option macht den Dienst zur Quasselstrippe.
Bei gestopptem Dienst verspricht das folgende Kommando einen Wortschwall an Details, die während der Anmeldung zwischen Client, Switch und Server anfallen.

`/usr/sbin/nslcd --debug --nofork`

Wenn die Fehlersuche beendet ist, muss der Dienst wieder im Normalbetrieb laufen.

`systemctl start nslcd`

Wenn sich der LDAP-Server stur verhält, eignet sich das Suchkommando ldapsearch für eine gezielte Diagnose. Dafür muss nslcd *nicht* gestoppt werden.

```
ldapsearch -H ldap://10.5.1.16 -n -b "dc=cumulus,dc=lab" \
  -D "cn=sw01,ou=Dienste,dc=cumulus,dc=lab" -w Cumulus22
```

Das Kommando ist erfolgreich, wenn es *keine* Fehlermeldung auswirft. Durch die Option -n wird außer dem LDAP-BIND nichts weiter gemacht. Wenn es nicht klappt, gibt die Kommandozeile eine entsprechende Fehlermeldung:

ldap_bind: Invalid credentials (49)   Das Benutzerkonto ist unbekannt oder das Passwort ist falsch. Dieser Fehler tritt auch auf, wenn der *Distinguished Name* (DN) des Users inhaltlich fehlerhaft ist.

ldap_sasl_bind(SIMPLE): Can't contact LDAP server (-1)   Der LDAP-Server ist nicht erreichbar. Die Ursache reicht von einer zwischengeschalteten Firewall, über fehlende (Internet-)Konnektivität, bis zu einer falschen IP-Adresse im `ldapsearch`-Kommando.

ldap_bind: Invalid DN syntax (34)   Die Schreibweise des Anmeldekontos ist inkorrekt. Der Pfad innerhalb der Verzeichnisstruktur muss in der LDAP-Syntax angegeben sein. Im Zweifel kann man auf den grafischen LDAP-Client *LDP* zurückgreifen und durch die Verzeichnisstruktur browsen.

RADIUS

Der Windows Server bietet einen separaten RADIUS-Dienst, allerdings ist dieser nicht einfach so dabei, sondern beginnt seine Arbeit mit der zusätzlichen Serverrolle *Netzwerkrichtlinien- und Zugriffsdienste*. Nach der Installation steht der *Netzwerkrichtlinienserver* bereit, der in der englischsprachigen Dokumentation als *Network Policy Server* (NPS) bekannt ist und die Authentifizierung per RADIUS übernimmt.
Microsoft verleiht seinem RADIUS-Dienst mehr Entscheidungsfreude als bei LDAP. Die Bedingungen, ob eine Anmeldung erfolgreich sein wird oder nicht, können bei RADIUS nicht nur aus Benutzer, Windows-Gruppe oder Computer bestehen. Zusätzlich dazu kann die Anmeldung von der Uhrzeit abhängen (z. B. nur während der Arbeitszeit von 8 bis 17 Uhr) oder vom Wochentag (z. B. Montag bis Freitag). Zuletzt kann sogar die IPv4- oder IPv6-Adresse Teil der Entscheidung werden.

Bei der Authentifizierung per RADIUS übernimmt der Server die Entscheidungslogik. Dem Client sind interne Strukturen, wie Gruppen oder Organisationseinheiten, egal. Er sendet lediglich Benutzername mit Kennwort und erwartet eine Antwort. Folglich ist auch die Einrichtung des Netzwerkrichtlinienservers etwas anspruchsvoller.

Die Konfiguration beginnt im Windows Server bei *Start → Windows-Verwaltungsprogramme → Netzwerkrichtlinienserver*. Im Bereich *RADIUS-Clients* erwartet der NPS die IPv4/IPv6-Adresse jedes einzelnen RADIUS-Clients, der den Dienst benutzen darf. Beim Windows Server der *Datacenter Edition* akzeptiert die GUI auch IP-*Bereiche* und fasst damit viele Clients zusammen.

Der gemeinsame geheime Schlüssel ist ein vorbestimmter Kurztext, mit dem Teile des RADIUS-Pakets während der Kommunikation verschlüsselt werden. Abbildung 9.4 zeigt den RADIUS-Client für Switch sw01.

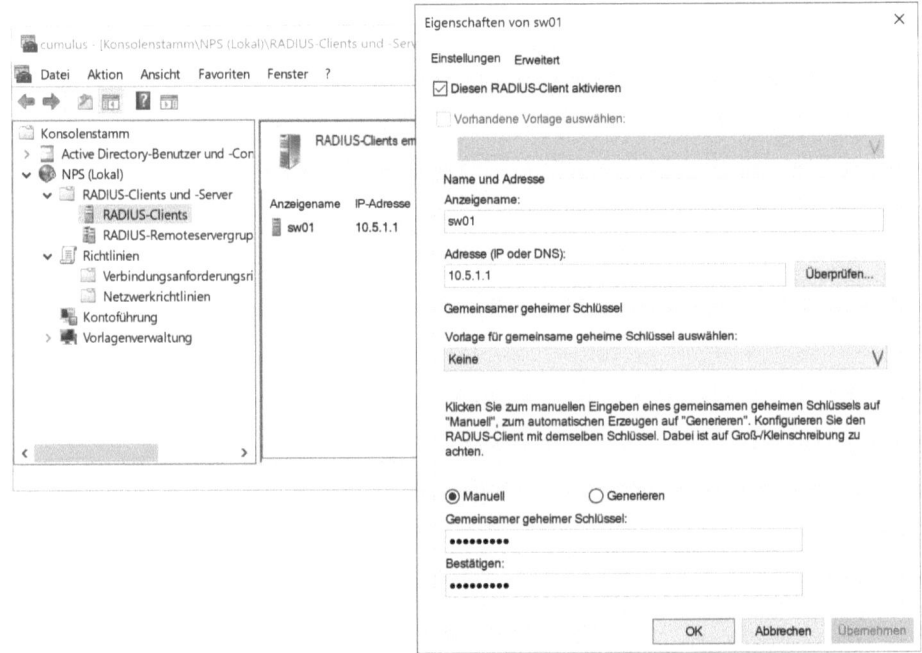

Abbildung 9.4: Netzwerkrichtlinienserver mit einem RADIUS-Client

Unter welchen Bedingungen sich ein Anwender über diesen RADIUS-Client einwählen darf, steuern die *Netzwerkrichtlinien*. Die Einstellungen in Abbildung 9.5 prüfen, ob der anmeldende User Mitglied der Gruppe *Operator* oder *Helpdesk* ist. Genau wie bei LDAP sind hier Verknüpfungen von mehreren Gruppen mit ODER möglich.

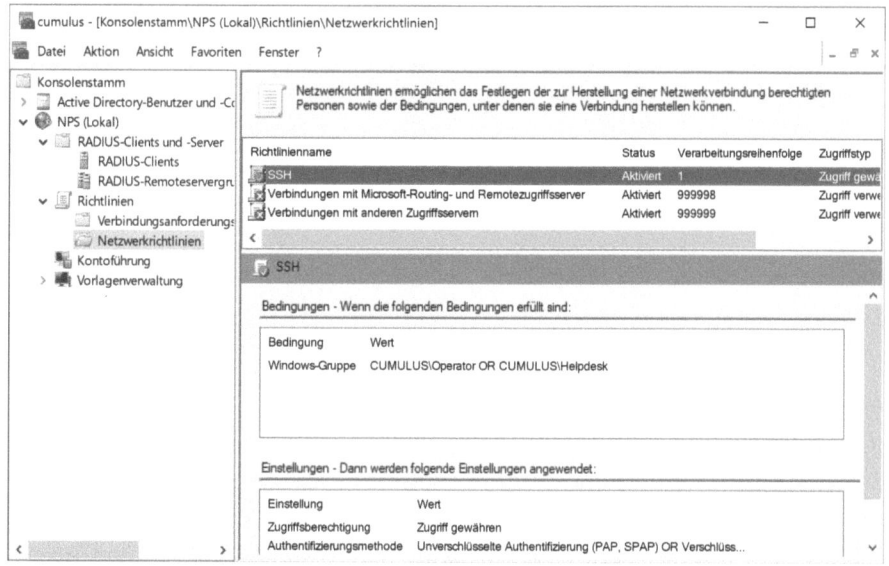

Abbildung 9.5: Netzwerkrichtlinien beim NPS

Wenn die Bedingung erfüllt ist, verhält sich der NPS so, wie unter *Einstellungen* festgelegt ist. In diesem Fall wird der Zugriff gewährt.

Die *Netzwerkrichtlinien* können aus mehreren einzelnen Richtlinien bestehen, die von oben nach unten durchlaufen werden. Sobald die Bedingung einer Richtlinie auf den einwählenden Benutzer passt, wird sie vollzogen. Wenn keine Richtlinie gefunden wird, behandelt der RADIUS-Server seine Clients stets mit Ablehnung. Die Abarbeitungslogik entspricht dem Paketfilter einer Firewall, allerdings nicht für IP-Pakete, sondern für RADIUS-Clients.

> **Hinweis**
>
> Der Netzwerkrichtlinienserver schreibt seine Entscheidungen per Voreinstellung in eine Logdatei unter C:\Windows\system32\LogFiles

Bei Cumulus Linux beginnt die Installation eines kompakten RADIUS-Clients mit:

```
apt update
apt install libnss-mapuser libpam-radius-auth
```

Da die harte Arbeit im RADIUS-Server verrichtet wird, sind die Einstellungen auf Clientseite überschaubar. Es wird lediglich die IP-Adresse des Servers und das gemeinsame Geheimnis benötigt. Listing 9.2 zeigt den Eintrag für den Windows-Server. Der Zusatz in Zeile 3 ist nur notwendig, wenn der Managementzugang per VRF erreichbar ist (vgl. Kap. 6). Wenn

```
1  # Server[:Port]      shared_secret      Timeout (secs)
2  10.5.1.16:1812       Cumulus22          5
3  vrf=name mgmt
```

Listing 9.2: RADIUS-Konfiguration per Datei /etc/pam_radius_auth.conf

die Anmeldung mit einem gültigen Benutzer erfolgreich war, honoriert der NPS diese Aktion durch einen Eintrag in seine Logdatei (gekürzt):

```
"WINSRV","IAS",04/04/2019,20:17:49,2,,"cumulus.lab/Admins/ \
   Sheldon Cooper",,,,,,,,0,"10.5.1.1","sw01",,,,,1,2,1,"SSH",0, \
   "311 1 10.5.1.16 04/04/2019 17:57:32 6", [...]
```

Auch eine gescheiterte Anmeldung wird protokolliert. Für eine Fehlersuche oder eine Sicherheitsanalyse erhält die Logdatei den (gekürzten) Eintrag:

```
"WINSRV","IAS",04/04/2019,11:24:00,3,,"CUMULUS\scooper",,,,,,,, \
   0,"10.5.1.1","sw01",,,,,,,1,,16, \
   "311 1 10.5.1.16 04/04/2019 07:43:56 24", [...]
```

Der wesentliche Unterschied der beiden Zeilen ist die markierte Antwort des RADIUS-Servers: Der Pakettyp 2 steht für eine erfolgreiche Anmeldung (Access-Accept) und Typ 3 bedeutet die Ablehnung (Access-Reject).

Autorisierung

Die Autorisierung funktioniert genau wie bei LDAP (siehe Abschnitt *Autorisierung* auf Seite 121). Angemeldete Admins mit Änderungsrechten müssen namentlich in der Zeile users_with_edit der Datei /etc/netd.conf erwähnt werden. Und die Benutzernamen der Zuschauer gehören in die Zeile users_with_show derselben Datei. Als Besonderheit muss die Gruppe der RADIUS-User zusätzlich bei den *show*-Gruppen auftauchen, aber *nicht* bei den *edit*-Gruppen!

```
groups_with_edit = netedit
groups_with_show = netshow, netedit, radius_users
```

Zuletzt benötigt der Dienst `netd` einen Neustart, um die Änderungen zu lernen.

Fehlersuche

Wenn die Anmeldung per RADIUS fehlschlägt, ist die beste Quelle für die Ursachenforschung die Logdatei des RADIUS-Servers. Wenn diese zu aussageschwach ist oder nicht zur Verfügung steht, bietet Linux ein RADIUS-Kommando für die Fehlersuche.

Falls der Fehler eher im Bereich des PAM-Subsystems vermutet wird, lassen sich die RADIUS-Module im Debug-Modus betreiben. Das simple Schlüsselwort `debug` hinter dem Modulnamen führt zur gewünschten Informationsmenge.

```
sed -i -e 's/pam_radius_auth.so\s*$/pam_radius_auth.so debug/' \
  /etc/pam.d/common-*
```

Anschließend landen die Meldungen in der Datei `/var/log/syslog` und gegen Einblick in das Leben von PAM. Im Normalbetrieb sollte das `debug`-Wort aus den PAM-Dateien wieder verschwinden, um die Logdateien nicht unnötig aufzublähen.

Einen vollständigen RADIUS-Client bringt Cumulus nicht mit. Für die Fehlersuche auf der Kommandozeile eignet sich das Paket *freeradius-utils* aus dem Debian-Repository (vgl. Kap. 3).

```
apt install freeradius-utils
```

Anschließend steht das Kommando `radtest` zur Verfügung, welches eine RADIUS-Authentifizierung vollbringen kann.

```
radtest USER PASSWORT \
  SERVER:1812 100 SHARED_SECRET
```

Benutzername und Kennwort erscheinen im Kommandotext und in der folgenden Ausgabe im Klartext. Eine erfolgreiche Anmeldung mit einem gültigen Benutzer und korrekter Gruppenmitgliedschaft meldet diese Ausgabe:

```
radtest scooper Cumulus22 10.5.1.16:1812 1 Cumulus22
Sending Access-Request of id 209 to 10.5.1.16 port 1812
        User-Name = "scooper"
        User-Password = "Cumulus22"
        NAS-IP-Address = 127.0.1.1
        NAS-Port = 1
        Message-Authenticator = 0x00000000000000000000000000000000
rad_recv: Access-Accept packet from host 10.5.1.16 port 1812 [...]
        Framed-Protocol = PPP
        Service-Type = Framed-User
        Class = 0x9b9a091600000137000102000a0501100000000094 [...]
```

Alternative Antworten liefert radtest, wenn der RADIUS-Server die Anmeldung verweigert. Aus der Fehlermeldung lässt sich auf die Ursache schließen, wobei die angegebene *Id* in jeder Antwort wechselt und nicht für die Ursachenforschung relevant ist:

Received Access-Reject Id 162 from 10.5.1.16:1812 Die Benutzeranmeldung ist fehlgeschlagen. Im einfachsten Fall ist nur der Benutzername unbekannt oder das Kennwort fehlerhaft. Möglicherweise ist das verwendete Userkonto auch nicht Mitglied der Gruppe, die der RADIUS-Server für eine erfolgreiche Anmeldung voraussetzt.

No reply from server for ID 157 Der RADIUS-Server sendet keine Antwort. Mit ping lässt sich sogleich eine Ende-zu-Ende–Kommunikation auf Netzwerkebene prüfen, aber RADIUS-Server verweigern auch ihre Aussage, wenn das *Shared Secret* unterschiedlich ist. Unbedingt überprüfen.

TACACS+

Cumulus Linux ist fit für TACACS+. Das Gegenstück auf der Serverseite ist für dieses Szenario nicht der Windows Server, sondern die freie Implementierung *tac_plus* [11] für Linux auf dem Labor-Server.
Auf die Installation und Konfiguration des TACACS+ *Servers* wird nicht weiter eingegangen. Wichtig für die Zusammenarbeit mit dem Cumulus-Client sind ein gemeinsamer Schlüssel und die Benutzerkonten der Admins.

Der Cumulus-Switch holt sich über den Paketmanager die Clientsoftware und positioniert anschließend Module, Befehle und Konfigurationsdateien im lokalen Dateisystem.

```
apt update
apt install tacplus-client
```

Die Einrichtung ist ähnlich schlank wie beim RADIUS-Client, denn auch bei TACACS+ liegt die Entscheidungslogik beim Server. Die Clients unterscheiden sich lediglich in der Syntax.

Der Client muss wissen, welchen Server er anspricht und mit welchem Kennwort er die Pakete verschlüsselt. Listing 9.3 adressiert den Laborserver in Zeile 1 für alle Angelegenheiten rund um die Anmeldung. Das gemeinsame Geheimnis in Zeile 2 muss identisch auf dem Server vorliegen.

```
1  server=10.5.1.7
2  secret=Cumulus22
3  vrf=mgmt
```

Listing 9.3: TACACS+-Konfiguration per Datei /etc/tacplus_servers

Falls der Managementzugang zum Switch per VRF (vgl. Kap. 6) abgetrennt ist, muss der Client dies in Zeile 3 wissen und berücksichtigen. Ansonsten entfällt diese Anweisung.

Autorisierung

Es folgt die Autorisierung, denn per Voreinstellung dürfen TACACS+-Benutzer erst mal nichts. Ein erstes Zugeständnis sind die *show*-Kommandos, die von `netd` über die Gruppe `tacacs` verwaltet werden. Einzelne Benutzernamen müssen nicht aufgeführt werden.

```
1  sed -i -e 's/^groups_with_show = .*/&, tacacs/'  /etc/netd.conf
2  systemctl restart netd
3  sed -i -e 's/^exclude_users=.*/&,www-data,frr/' \
4     /etc/tacplus_nss.conf
5  systemctl restart auditd
```

Die Anweisung in Zeile 3 ist ein kleiner Workaround, denn Cumulus Linux versucht manche Systemkonten per TACACS+ zu authentifizieren. Das scheitert daran, dass der Server diese Accounts nicht kennt und zurückweist. Zeile 3 entfernt die Konten für den Webserver und die Routingsoftware (vgl. Kap. 15) aus der TACACS-Falle, sodass die lokale Anmeldung greift.

Die Spielwiese von TACACS+ liegt in der Autorisierung. Die Benutzeranmeldung unterscheidet sich im Ergebnis nicht von den beiden Konkurrenten LDAP und RADIUS, aber die Autorisierung kann TACACS+ mit der *pro-Kommando*-Methode auf die Spitze treiben. Der Name verrät es bereits: Der TACACS+ Client muss für *jedes* Kommando bei seinem TACACS+ Server nachfragen und um Erlaubnis bitten.
Für die Entscheidung, welcher User was ändern darf, hat TACACS+ mehrere Möglichkeiten:

- `users_with_edit`. Diese Zeile in /etc/netd.conf kontrolliert pro Benutzer, dass dieser auf dem lokalen System Änderungsberechtigungen hat. Die Einrichtung und Verwaltung entspricht der Vorgehensweise von LDAP und RADIUS.
  Als Beispiel werden dem Benutzer *scooper* jegliche Änderungen gestattet:
  ```
  sed -i -e 's/^users_with_edit =.*/&, scooper/' /etc/netd.conf
  systemctl restart netd
  ```

  Diese Methode eignet sich für Umgebungen, in der Administratoren gleichwertige Berechtigungen haben sollen.

- Autorisierung *pro-Kommando*. Für den angemeldeten Benutzer existiert eine Liste mit erlaubten Kommandos. Alle Befehle, die nicht auf dieser Liste stehen, wird die Login-Shell zurückweisen. Die Kommandoliste gilt pro User und pro Switch.
  Diese Methode eignet sich für kleine Umgebungen, in der Administratoren unterschiedliche Berechtigungen haben sollen.

- Serverbasierte Autorisierung. Der TACACS+-Server trifft für *jedes* ausgeführte Kommando die Entscheidung, ob der angemeldete Benutzer dazu berechtigt ist. Je nach Serverimplementierung gibt es Benutzergruppen, ACLs, und Wildcards für die Kommandos, um die Administration zu vereinfachen.

Diese Methode eignet sich für große Umgebungen, in der Administratoren unterschiedliche Berechtigungen haben sollen.

> **Hinweis**
> Wenn die Latenz zum TACACS+ Server 500 Millisekunden übersteigt, wird die Nachfragerei lästig und das flüssige Konfigurieren eines Switches unhandlich.

Fehlersuche

Auf der Serverseite ist ein Blick in die Logdatei der erste Schritt zur Fehlerfindung. Ihr Inhalt und die Menge der Informationen sind abhängig von der Implementierung. Die hier verwendete Software verkündet ihre Nachrichten in die Datei /var/log/tac_plus.log abhängig vom Debuglevel.
Der TACACS+ Client kann über das PAM-System Einblick in den Ablauf erhaschen. Dazu hält das Authentifizierungsmodul pam_tacplus.so den Zauberspruch debug bereit. Sobald dieser in derselben Zeile einer Datei von /etc/pam.d/common-* auftaucht, erhält Syslog die begehrten Meldungen.
Zu den typischen Fehlerbildern gehört ein inkorrektes Passwort, welches PAM und Syslog mit den folgenden Meldungen bestätigen:

```
2019-04-09T21:21:21.291929+02:00 sw01 sshd[2732]: \
   tacacs status: TAC_PLUS_AUTHEN_STATUS_FAIL
2019-04-09T21:21:23.591534+02:00 sw01 sshd[2732]: \
   Failed password for scooper from 10.5.1.7 port 55494 ssh2
```

Falls das Benutzerkonto im Server nicht bekannt ist, gibt PAM dazu einen typischen Kommentar.

```
2019-04-07T20:31:15.494943+02:00 sw01 sshd[3269]: \
   input_userauth_request: invalid user lhofstad [preauth]
```

Wenn Benutzer und Kennwort gültig sind, ist eventuell der Server nicht erreichbar oder der Dienst ausgefallen. Dann lautet die passende Meldung:

```
2019-04-07T20:32:23.801523+02:00 sw01 PAM-tacplus[3280]: \
   connection to srv[0] 10.5.1.7:49 failed: Transport endpoint is \
   not connected
```

Eine weitere Clientmethode ist das Kommando `tacc`, welches eine waschechte TACACS+ Anmeldung durchführt, ohne dass sich tatsächlich ein Benutzer irgendwo anmeldet. Damit lässt sich prüfen, ob das gemeinsame Geheimnis passt, ein Benutzerkonto aktiv ist oder das Passwort stimmt. `tacc` hat keine Vorkenntnisse über den Server, sodass alle Informationen über die Kommandozeile bekannt gegeben werden:

```
tacc --authenticate --username=scooper --password=Cumulus22 \
  --server=10.5.1.7 --remote=10.5.1.1 --service=shell \
  --protocol=ssh --secret=Cumulus22
Authentication OK
```

> **Hinweis**
>
> Die Funktion `tacc` ist übrigens eine hervorragende Ergänzung zu einem Monitoring-System, denn es prüft gleichzeitig, ob der TACACS+ Server erreichbar ist, seine Dienste laufen und funktionieren.

Sicherheit

Wenn Kennwörter (oder ihre Hashes) über das Netz verschickt werden, ist besondere Vorsicht geboten. Denn die Vertraulichkeit und Implementierung der gewählten Authentifizierungsmethode darf das bestehende Sicherheitsniveau nicht untergraben.
LDAP arbeitet grundsätzlich unverschlüsselt. Nicht einmal das Passwort ist gegen neugierige Mitleser geschützt.
Sicherheitsbewusste kombinieren LDAP mit TLS und schützen damit die Übertragung gegen Mitlesen und Manipulation.

> **Hinweis**
>
> Per Voreinstellung bietet der Windows Server nur unverschlüsseltes LDAP. Für die verschlüsselte LDAP-Kommunikation benötigt der Server ein Zertifikat.

Dazu müssen die *Active Directory-Zertifikatsdienste* installiert sein und es muss explizit ein Zertifikat für den LDAP-Dienst angefordert werden. Danach lauscht der Server auf Port 636 und beantwortet verschlüsselte Anfragen.

Auf der Seite des Clients ändern sich der Ressourcenbezeichner und die SSL/TLS-Optionen von Listing 9.1 auf Seite 120 zu

```
uri ldaps://10.5.1.16/
ssl on
tls_reqcert never
```

Der Kollege RADIUS geht etwas professioneller vor und verschlüsselt zumindest das Kennwort während der Übertragung. Ein abgefangenes *Access-Request*–Paket der RADIUS-Kommunikation offenbart dann Benutzername, IP-Adressen und Dienste, aber *nicht* das Kennwort.
Mehr Sicherheit bringen hier stärkere Verschlüsselungsmethoden innerhalb des RADIUS-Protokolls: CHAP oder die Microsoft-Variante MS-CHAP.

Ohne weitere Mühe verschlüsselt TACACS+ alle vertraulichen Daten, bevor sie über das Netz fliegen. Das mitgeschnüffelte Paket zeigt lediglich, ob es sich um eine Authentifizierung oder einen Autorisierungswunsch handelt. Weder Usernamen, noch Kennwörter, Dienste oder Berechtigungen sind erkennbar.
Zugegeben: Wenn einem Angreifer der gemeinsame Schlüssel bekannt ist, kann dieser das TACACS+-Paket mit einfachsten Methoden entschlüsseln. Ein wirksamer Schutz dagegen ist die Absicherung der Übertragung mit IPsec oder einem gesicherten Tunnel per TLS. TACACS+ über TLS ist (noch) kein allgemeingültiger Standard[2], sodass eine Implementierung aufwendig wird und die zusätzliche Verschlüsselung per IPsec die bevorzugte Methode darstellt.

Technischer Hintergrund

Die externe Authentifizierung setzt auf *Pluggable Authentication Module* (PAM) von Linux, die exakt für diesen Zweck entwickelt wurden. Kaum ein Linux-Dienst macht sich die Mühe und bastelt seine eigene Anmeldeprozedur. Cumulus Linux bringt mit den Paketen für LDAP, RADIUS oder TACACS+ die passenden Konfigurationsdateien und Authentifizierungsmodule für PAM mit.

---

[2] https://tools.ietf.org/html/draft-dahm-opsawg-tacacs

Welcher Dienst welche Anmeldemethoden verwendet, steuert die gleichnamige Textdatei im Verzeichnis /etc/pam.d/. Ob der SSH-Server auf LDAP steht, lässt sich in der Datei

/etc/pam.d/sshd

nachlesen. Dort ist festgeschrieben, welche Formen der Authentifizierung, Autorisierung und Accounting durchlaufen werden und was erfüllt sein muss, damit der Anwender Zugriff erhält.
Cumulus Linux orientiert sich beim Aufbau der PAM-Dateien stark an der Upstream-Distribution *Debian*. Diese fasst gemeinsame Teile von unterschiedlichen Diensten als common-Datei zusammen, welche von den spezifischen Diensten inkludiert werden. Die wesentlichen Teile einer SSH-Anmeldung bestimmt common-auth, welche ebenso den Ablauf von *cron*, *sudo* und der Textkonsole vorschreibt.
Und die common-auth hat schließlich den Bezug zum Anmeldemodul. Im Fall von RADIUS lautet die verkürzte Zeile

```
auth   [authinfo_unavail=ignore success=2 ...]   pam_radius_auth.so
```

Bei TACACS+ ist die Anweisung funktionsgleich; nur der Hinweis auf die Moduldatei ändert sich.

```
auth   [authinfo_unavail=ignore success=2 default=ignore] \
   pam_tacplus.so include=/etc/tacplus_servers
```

Ebenso bringt die Verwendung von LDAP als Authentifizierungssprache keine Überraschung mit:

```
auth   [success=1 default=ignore]   pam_ldap.so use_first_pass
```

Durch geschicktes Kombinieren der auth-Zeilen sind auch mehrere Formen der Anmeldung möglich. Dieses Szenario eignet sich bei unterschiedlichen Authentifizierungsservern oder wenn RADIUS *und* TACACS+ im Einsatz sind.

Application Programming Interface

Die Programmierschnittstelle (vgl. Kap. 24) verwendet den Webserver von *Nginx*, welcher ebenfalls die PAM-Dienste benutzt. Die Beschreibungsdatei /etc/pam.d/httpapi limitiert die Möglichkeiten allerdings auf die lokale Anmeldung.

Hier sind eigene Anpassungen gefragt, wenn die Web-API ebenfalls einen zentralen Anmeldeserver befragen soll. Durch den Umbau der PAM-Datei, nebst vorheriger Sicherung, verwendet *Nginx* dieselben Methoden der Authentifizierung wie auch die anderen Linux-Dienste.

```
cp /etc/pam.d/httpapi{,.orig}
cat <<EOF > /etc/pam.d/httpapi
@include common-auth
@include common-account
EOF
```

Ein Neustart von *Nginx* oder *restserver* ist nicht erforderlich.

Zusammenfassung

Die zentrale Authentifizierung von Cumulus Linux ist eine pfiffige Methode, um die Anmeldung von Administratoren zu vereinheitlichen. Damit gehört die Zeit der fehlenden lokalen Useraccounts der Vergangenheit an, da jeder Berechtigte in seiner Rolle mitspielen darf. Ebenso schnell lassen sich Konten auch wieder sperren und der Passwortzoo bleibt übersichtlich. Die Unterstützung von Protokollen beschränkt Cumulus auf LDAP, RADIUS und TACACS+, was aber zu den üblichen Authentifizierungsservern passt. Bei unsicheren Verbindungen arbeitet LDAP mit TLS zusammen und verschlüsselt die Paketinhalte. RADIUS und TACACS+ haben von Hause aus schon eine Kryptofunktion, die mindestens das Kennwort schützt.

Für die Fehlersuche geben die Login-Dienste im „Debug"-Modus bereitwillig Auskunft und bieten damit sogar hartnäckigen Problemen eine Chance auf Lösung.

Kapitel 10

Konfiguration

Änderungen an einem Cumulus-Switch benötigen nicht mehr als die NCLU und ein abschließendes `commit`. Aber Cumulus Linux hat noch weitere Tricks auf Lager, um die vielen Modifikationen der Konfiguration transparent und nachvollziehbar zu machen. Und eine hervorragende Dokumentation gibt es obendrein.

Dieses Kapitel hat kein Laboraufbau, denn die Befehle passen für jeden Cumulus-Switch in jeder Situation.

Ablauf

Seit Kapitel 3 ist bekannt, dass die NCLU neue Befehle erst ausführt, wenn sie ein `net commit` gehört hat. An dieses zusätzliche Kommando müssen sich routinierte Cisco-Anwender erst mal gewöhnen, denn ein Cisco-Switch mit CatOS, IOS oder NX-OS reagiert *sofort* auf Befehle.
Cumulus Linux setzt auf den zweistufigen Ansatz für Konfigurationsänderung. Alle eingegebenen Kommandos befinden sich zuerst in der Phase der Vorbereitung (engl. staging). Wie bei einer Castingshow warten sie auf ihren großen Auftritt (`net commit`) oder eine Absage (`net abort`).
Dieser zweistufige Änderungsprozess bietet mehrere Vorteile:

- Vor größeren Aktionen trägt `net pending` alle Details der geplanten Änderung zusammen. Falls hier Unklarheiten auftauchen oder sich

Tippfehler eingeschlichen haben, verwirft net abort den Vorgang, ohne dass die laufende Konfiguration Schaden nimmt.

- Selbst nach einem erfolgreichen net commit gibt es die Rückgängig-Funktion per net rollback.

- Die geplante Änderung darf auch Skriptbefehle enthalten. Das eignet sich hervorragend für Switches mit sehr vielen Ports, die alle ähnlich konfiguriert werden. Der Programmcode wird dann beim net commit ausgeführt und seine Ausgabe als Änderungsbefehle interpretiert (vgl. Kap. 20).

Änderungen werden blockweise ausgeführt. Der vollständige Prozess für eine oder mehrere Modifikationen der laufenden Konfiguration beinhaltet:

1. Änderungen vorbereiten. Dazu zählen alle Befehle zum Modifizieren der laufenden Konfiguration, also net add und net del.

2. Welche Änderungen stehen an? net pending zeigt, welche Dateien die NCLU verändern wird. Ein farbiges Konsolenfenster meldet hinzugefügte Zeilen in grün und verwendet rot an allen Stellen, die nach der Änderung verschwunden sein werden.

3. Zufrieden mit der geplanten Änderung? Dann gibt net commit den Startschuss und die NCLU beginnt ihre Arbeit. Alternativ verwirft net abort die Planung und die Arbeit beginnt von vorne.

4. Wenn der gewünschte Effekt der Änderung ausbleibt, oder der Switch eine unheilvolle Arbeitsweise an den Tag legt, wird zurückgerudert. Der rettende Anker net rollback last reaktiviert die vorherige Konfiguration. Danach hat der Switch wieder einen funktionierenden Stand.

Wenn die geplante Änderung die eigene Netzverbindung trennen könnte, bietet die NCLU eine besondere Form des net commit in Abschnitt *Änderungen mit Sicherungsnetz* (Seite 329) an, die bei Problemen ein automatisches Rollback vollführt.

Archiv und Revision

Cumulus Linux speichert die Historie der Konfigurationen. Je größer das Speichermedium, desto mehr Änderungsschritte lassen sich aufzeichnen, wobei das Minimum bei fünf liegt. Ein Switch mit großer Festplatte kann sich also auf eine bewegte Geschichte freuen.

> **Hinweis**
>
> Für jede Änderung mit `net commit` macht Cumulus Linux ein Snapshot des Dateisystems. Dazu mehr in Kapitel 11 ab Seite 143.

Das Konfigurationsarchiv lebt von seiner Dokumentation. Dies kann der Admin noch unterstützen, indem er jeden *commit* mit einem Kommentar versieht.

```
net commit description "Syslog Server"
```

Wer hat wann aktiviert? Die Commits zeigen sich unter

```
net show commit history
```

inklusive Kommentar und Änderungsdatum. Wenn mit unterschiedlichen Useraccounts gearbeitet wird, sieht man sogar den Schuldigen.

```
cumulus@sw01:~$ net show commit history
  #  Date                          Description
---  ----------------------------  --------------------------------
  8  Sun 24 Feb 2019 08:01:19 PM CET  nclu 'net commit' (user cumulus)
 10  Sun 24 Feb 2019 08:55:47 PM CET  nclu Syslog Server
 12  Sun 24 Feb 2019 09:01:11 PM CET  nclu SNMP-Server eingerichtet
 14  Sun 24 Feb 2019 09:14:37 PM CET  nclu neue Zeitzone (user hwolowit)
```

Und zu jeder gelisteten Änderung hat die NCLU alle Details parat, denn sie deckt jede kleine Änderung zwischen zwei Konfigurationen auf. Im folgenden Beispiel hat sich die Zeitzone verändert.

```
cumulus@sw01:~$ net show commit 14
--- /.snapshots/14/snapshot/etc/timezone   2019-02-24 21:14:27.391 +0100
+++ /.snapshots/15/snapshot/etc/timezone   2019-02-24 21:14:38.251 +0100
@@ -1 +1 @@
-America/Montreal
+Europe/Berlin
```

Manuelles Backup

Cumulus Linux bietet zwar ein großes Archiv, aber alle Dateien liegen im lokalen Dateisystem. Ein Hardwaredefekt der Festplatte oder Flashkarte löscht auch das Archiv aus. Damit liegt der Wunsch nahe, die aktuellste Konfiguration in Textform auf einem unabhängigen Server zu sichern.

> **Hinweis**
>
> Die Konfigurationsdatei hat beschreibenden Charakter, denn ein zuverlässiger Restore ist damit nicht garantiert.

Die einfachste Form ist die Sicherung über das Transportprotokoll TFTP, so wie es Router schon seit Jahrzehnten machen. Das funktioniert selbst in einfachsten Netzumgebungen, aber die Kommunikation ist ungesichert.
Die bessere Variante ist eine verschlüsselte Übertragung per Secure Shell. Das Kommando zum Speichern der Konfiguration erwartet eine Vertrauensstellung zum Server mittels SSH-Schlüsseln (vgl. Kap. 23) oder die Angabe von Benutzernamen und Kennwort im Aufruf.
Cumulus Linux sichert die Konfiguration von sw01 an die Zieladresse des Laborservers mit

```
net show configuration commands > $(hostname).txt
scp $(hostname).txt backupuser@10.5.1.7:./
```

Die Angaben von Username, Passwort und Pfad müssen zum SSH-Server passen. Außerdem müssen die Berechtigungen im Dateisystem des Servers stimmen, denn für den Zielserver ist der Backupvorgang nur eine Dateikopie mittels Secure Copy (SCP).
Einfacher geht es per Alias, welches anschließend als Kommando `write` zum ständigen Begleiter von Konfigurationsänderungen werden sollte.

```
alias write='net show configuration commands \
  | ssh backupuser@10.5.1.7 "cat > $(hostname).txt"'
```

Automatisches Backup

Wenn ein Switch unerwartet seinen Dienst einstellt und keine (aktuelle) Konfiguration für den Reserveswitch bereitsteht, dauert eine Wiederherstellung deutlich länger. Auch wenn die Basiskonfiguration von einer Automatisierungssoftware kommt, fehlen noch die kleinen händischen Anpassungen, die Ansible & Co. nicht geschafft haben.

Leider hat die NCLU noch kein passendes Kommando griffbereit, sodass der Zeitplaner `cron` diese Aufgabe übernimmt. Das folgende Skript sichert die Konfiguration einmal täglich als Textdatei per SSH an einen bereitstehenden Server.

```
cat <<EOF > /etc/cron.daily/save_config.sh
#!/bin/bash
/usr/bin/net show configuration commands \
  | ssh backupuser@10.5.1.7 "cat > $(hostname).txt"
EOF
chmod +x /etc/cron.daily/save_config.sh
```

Cron führt das Skript ohne Userinteraktion aus, sodass die Passwortabfrage des Servers unbeantwortet bleiben wird. Hier muss vorab die Vertrauensstellung per SSH-Schlüssel eingerichtet sein. Den genauen Ablauf beschreibt Abschnitt *SSH-Login ohne Passworteingabe* ab Seite 333.

NCLU

Die NCLU ist bei der Datensicherung kein gutes Vorbild. Befehle zum Speichern oder Kopieren der Konfiguration sucht man vergebens. Sogar die offizielle Dokumentation verweist auf das hauseigene NCLU-Kommando `net show configuration` und leitet die Ausgabe in eine lokale Datei um. Weiterhin fehlen im Programmcode der NCLU Hooks, um externe Skripte einzubinden, die im Hintergrund eine Sicherung durchführen.

Die NCLU setzt sich aus vielen Skripten der Programmiersprache Python zusammen. Eigene Eingriffe sind in Abschnitt *NCLU erweitern* ab Seite 353 beschrieben. Für eine Config-Sicherung ist dieser Weg riskant, denn eventuelle Programmierfehler machen die NCLU unbrauchbar. Außerdem wird das nächste Update der NCLU seitens Cumulus Linux die eigene Änderung überschreiben.

Der bessere Weg ist die händische Sicherung mit einem kurzen Alias, so wie es andere Netzwerkausrüster in ihren Betriebssystemen auch realisieren. Die regelmäßige Sicherung per `cron` rettet ein vergessenes `write`. Die gesammelten Werke von allen Switches lassen sich mit einem System zur

Versionskontrolle ordnen und verwalten. Zwei verbreitete Kandidaten sind Subversion und Git.

Wiederherstellung

Mit der Konfigurationsdatei in der einen Hand und einem funktionstüchtigen Switch in der Anderen, kann die Wiederherstellung beginnen. Sobald der neue Switch gestartet und betriebsbereit ist, benötigt dieser die gesicherte Konfiguration in Dateiform.

```
scp sw01.txt cumulus@10.5.1.1:./config.txt
```

Danach beginnt der Restore auf dem blanken Switch mit dem *cumulus*-User und dem schlichten Kommando:

```
source config.txt
```

Sobald ein `net commit` nachgeschoben wird, beginnt die NCLU zu wirken und verwandelt die Konfigurationszeilen in einen fleißigen Switch.

> **Hinweis**
>
> Alle Veränderungen am Switch, die abseits der NCLU passiert sind, befinden sich *nicht* in der Konfigurationsdatei. Bei einer Wiederherstellung müssen diese Änderungen per Skript, Automatisierungstool oder manuell durchgeführt werden.

Zusammenfassung

Die NCLU von Cumulus Linux erwartet Konfigurationsänderungen in zwei Schritten: alle Befehle vorbereiten und gemeinsam aktivieren. Dieser zweistufige Prozess ermöglicht ein späteres Rollback, falls die Änderung fatale Folgen hat. Für kleine Modifikationen ist das eher umständlich. Im Gegenzug ergibt sich daraus eine lückenlose Dokumentation der letzten Änderungen mit Verursacher und Zeitstempel.

Der Konfigurationssicherung schenkt Cumulus Linux nur wenig Aufmerksamkeit. Falls ein defekter Switch wiederhergestellt werden muss, sollte eine aktuelle Konfiguration zeitnah vorliegen. Die händische Sicherung auf einen anderen Rechner oder das automatische Backup mit dem Linux-Zeitplaner schützen vor einem Verlust der laufenden Konfiguration.

Kapitel 11

Systemverwaltung

Wenn die Switches konfiguriert sind und stabil arbeiten, beginnt der Regelbetrieb und die kontinuierliche Systempflege und -verwaltung. Dazu gehören Aktualisierungen von Betriebssystem und Softwarekomponenten, Updatestrategie, Support und eventuell die Neuinstallation eines Austauschgeräts.

Updates

Cumulus Networks verpackt alle Aktualisierungen in regulären Debian-Paketen. Der Paketmanager *apt* installiert diese Pakete automatisiert oder manuell bei geplanten Wartungsintervallen. Der Ablauf ist marktüblich und unterscheidet sich nicht von anderen Linux-Distributionen.

Online-Updates

Die Repository-Server von Cumulus Linux sind über das Internet erreichbar und stehen jedem Anwender für die Updates seiner Switches bereit. Eine spezielle Form der Authentifizierung sieht Cumulus nicht vor.
Der schlichte Aufruf von `apt update` überprüft, ob die Updateserver neuere Versionen der installierten Pakete haben. Falls ja, informiert apt über die Updatemöglichkeit, führt aber keine Aktualisierung durch. Das Softwareupdate beginnt mit dem ähnlich klingenden Kommando

```
apt upgrade
```

Ein abschließender Reboot ist obligatorisch. Wenn alle Funktionen des Geräts redundant ausgelegt sind, könnte der Neustart im laufenden Betrieb erfolgen. Andernfalls ist ein Wartungsfenster die bessere Wahl für Update und Reboot.

Die regulären Online-Updates halten den Switch innerhalb einer Versionsnummer aktuell. Ein Update von Version 3.6 zu 3.7 ist damit machbar, aber nicht von Version 2 zu 3. Welche Version benutzt der vorliegende Switch? Die NCLU hat darauf die passende Antwort.

```
cumulus@sw01:~$ net show version
NCLU_VERSION=1.0
DISTRIB_ID="Cumulus Linux"
DISTRIB_RELEASE=3.7.6
DISTRIB_DESCRIPTION="Cumulus Linux 3.7.6"
```

Wenn neue Softwarepakete innerhalb der 3er-Version verfügbar sind, bringt ein Dreizeiler den Switch auf den neuesten Stand.

```
sudo -E apt update
sudo -E apt upgrade
sudo reboot
```

Update per Webproxy

Das Online-Update benötigt Internetzugriff aller Switches. Davon kann nicht immer ausgegangen werden, da der Managementzugang auf den Netzkomponenten besonders gesichert sein sollte und meist nicht frei im Internet herumsurfen darf. Wenn ein Proxyserver bereitsteht, kann *apt* diesen per Konfigurationsdatei ansteuern.

Das folgende Beispiel verwendet den Proxyserver 10.5.1.101 an TCP-Port 3128. Der Proxydienst erwartet eine Benutzeranmeldung mit dem Usernamen *cumulus* nebst Passwort *secret*.

```
sudo bash
cat <<EOF > /etc/apt/apt.conf.d/http_proxy
Acquire::http::Proxy  "http://cumulus:secret@10.5.1.101:3128";
Acquire::https::Proxy "http://cumulus:secret@10.5.1.101:3128";
EOF
```

Anschließend stellt *apt* seine Anfragen und Updatewünsche an den Proxy, der stellvertretend die Pakete vom öffentlichen Repositoryserver holt.

Eigenes Repository

Der Aufbau eines eigenen Update-Servers ist möglich und empfiehlt sich bei:

- wenn die Sicherheitsrichtlinie den Internetzugriff verbietet,
- wenn sehr viele Switches zum Update rufen,
- wenn die Switches beim Update nicht die neueste Version erhalten sollen, sondern eine ältere Versionsnummer.

Der lokale Repository-Server ist eine Linux-Maschine mit 20 Gigabytes freiem Speicherplatz und einem Webdienst. Die Knowledge Base von Cumulus Networks verwendet in ihrer Anleitung Debian als Betriebssystem für den Repo-Server [12]. Alternativ dazu sind auch Red Hat und CentOS häufig im Serverumfeld anzutreffen. Am Beispiel von CentOS Linux füllt der werdende Updateserver seine Dateisysteme mit Cumulus-Paketen und stellt diese per Weboberfläche zum Download bereit.

```
cd /var/www/html
ln -s repo3.cumulusnetworks.com/repo repo
wget --mirror https://repo3.cumulusnetworks.com/repo/
```

Wenn der eigene Updatemirror stets aktuell bleiben soll, muss er sich regelmäßig bei seiner Quelle auf den neuesten Stand bringen. Unter Linux erledigt cron mühelos diese Aufgabe und hält das lokale Repository mit wenigen Kommandos jung:

```
cat <<EOF > /etc/cron.daily/sync-cumulus-repo.sh
#!/bin/sh
cd /var/www/html
wget --mirror https://repo3.cumulusnetworks.com/repo/
EOF
```

Damit die anderen Switches den neuen Server als Updatequelle akzeptieren, muss die Namensauflösung von repo3.cumulusnetworks.com die IP-Adresse des eigenen Servers liefern. Alternativ erhalten die Switches einen statischen Host-Eintrag, der zum lokalen Repository-Ersatz führt:

```
sudo sh -c "echo '10.5.1.200    repo3.cumulusnetworks.com' >> /etc/hosts"
```

Anschließend bezieht der Paketmanager seine Softwareupdates vom benachbarten Server und betankt damit das Dateisystem.

Rollback

Wenn ein Update scheitert, oder die installierte Software schlechter ist als erwartet, dann führt der Weg rückwärts zur letzten stabilen Version. Der Paketmanager erlaubt ein Downgrade der Debian-Pakete, aber dieser Vorgang ist riskant, da Abhängigkeiten der Pakete untereinander unstimmig werden können und das Gesamtsystem noch instabiler wird.

Die bessere Variante sind Momentaufnahmen des Dateisystems. Cumulus Linux macht seit Version 3.2 diese *Filesystem snapshots* automatisch vor und nach einem apt upgrade. Wenn das Softwareupdate schief geht, ist ein Sprung in die Vergangenheit ratsam. Das Dateisystem stellt seinen Inhalt zum Zeitpunkt *vor* dem Update her und Cumulus Linux arbeitet nach einem Reboot entspannt weiter.

Cumulus Linux entwickelt keinen eigenen Snapshoter, sondern nutzt für die Momentaufnahmen das Dateisystem *Btrfs* und snapper für die Snapshots. Abbildung 11.1 zeigt die schützende Tätigkeit von snapper.

```
cumulus@sw01:~$ sudo snapper --iso list
Type   | #   | Pre # | Date                | User | Cleanup | Description
-------+-----+-------+---------------------+------+---------+------------------------
single | 0   |       |                     | root |         | current
single | 1   |       | 2018-05-26 00:40:03 | root |         | Empty root filesystem
pre    | 262 |       | 2018-09-04 12:04:12 | root | number  | pre-apt
post   | 263 | 262   | 2018-09-04 12:04:34 | root | number  | post-apt
pre    | 264 |       | 2018-09-04 12:05:26 | root | number  | pre-apt
post   | 265 | 264   | 2018-09-04 12:05:47 | root | number  | post-apt
pre    | 276 |       | 2018-09-04 13:12:17 | root | number  | pre-apt
post   | 277 | 276   | 2018-09-04 13:12:37 | root | number  | post-apt
pre    | 306 |       | 2018-09-11 15:54:07 | root | number  | pre-apt
post   | 307 | 306   | 2018-09-11 15:55:02 | root | number  | post-apt
pre    | 312 |       | 2018-10-23 11:11:53 | root | number  | pre-apt
post   | 313 | 312   | 2018-10-23 11:43:45 | root | number  | post-apt
pre    | 328 |       | 2018-10-30 11:47:12 | root | number  | nclu "net commit" (use
post   | 329 | 328   | 2018-10-30 11:47:32 | root | number  | nclu "net commit" (use
pre    | 330 |       | 2018-10-30 11:47:49 | root | number  | nclu "net commit" (use
post   | 331 | 330   | 2018-10-30 11:48:06 | root | number  | nclu "net commit" (use
pre    | 332 |       | 2018-10-31 11:23:38 | root | number  | nclu "net commit" (use
post   | 333 | 332   | 2018-10-31 11:23:57 | root | number  | nclu "net commit" (use
cumulus@sw01:~$
```

Abbildung 11.1: Cumulus Linux macht Snapshots vor und nach einem Update

Angenommen das letzte Update und die darauf folgenden Konfigurationsänderungen haben zu einem unhaltbaren Zustand geführt. Zur Problemlösung soll der ältere Snapshot Nummer 312 hergestellt werden. Den Rückschritt dazu vollführt ebenfalls snapper mit den Kommandos:

```
cumulus@sw01:~$ sudo snapper rollback 312
Creating read-only snapshot of current system. (Snapshot 335.)
Creating read-write snapshot of snapshot 312. (Snapshot 336.)
Setting default subvolume to snapshot 336.
cumulus@sw01:~$ sudo reboot
```

Nach einem Neustart läuft Cumulus Linux unter der älteren Version weiter.

Installation

Wenn sich ein irreparabler Softwarefehler eingeschlichen hat, sind Paketmanager und Snapshot-Zeitmaschine mit ihrem Latein am Ende. Für einen funktionierenden Softwarestand muss der Switch neu installiert werden. Die Installation per USB-Stick beschreibt Kapitel 2. Mit der Installation „übers Netzwerk" mit automatischer Konfiguration beschäftigt sich Kapitel 20.

Versionierung und Support

Cumulus Linux verwendet die semantische Versionierung. Das Schema unterteilt eine Versionsnummer in drei Zahlen, die die Aktualität der Software widerspiegelt und den Unterschied zwischen zwei Versionen verdeutlicht. Die Version besteht aus den Teilen HAUPT.NEBEN.PATCH und hat folgende Bedeutung:

- *HAUPT* (engl. *major*). Diese Zahl wird erhöht, wenn die neue Software signifikante Veränderungen mitbringt oder mit der bestehenden Software inkompatibel ist.

- *NEBEN* (engl. *minor*). Diese Nummer wird erhöht, wenn neue Funktionen hinzukommen, die kompatibel zum Rest der *NEBEN*-Releases sind.

- *PATCH*. Die *PATCH*-Zahl zeigt korrigierte Programmfehler und Sicherheitsupdates.

Eventuell hängt hinter der Versionsnummer noch ein *TAG*, welcher auf einen Releasekandidaten (RC) hinweist. Viele Anwendungen benutzen dieses Versionsschema, sodass das „Spiel mit den Zahlen" relativ geläufig sein sollte.

Cumulus Networks unterstützt seine Kunden beim Umgang mit ihrer Software, bei Programmfehlern und bei Änderungswünschen. Für einen Hersteller ist es aufwendig, auf Fehler in historischen Versionen reagieren zu können. Aus diesem Grund hat jede Neuerscheinung von Cumulus Linux einen Lebenszyklus. Er beginnt mit dem Erscheinen einer neuen Version und dauert drei Jahre.

Das erste Jahr heißt *Mainline* und bringt Updates in unregelmäßigen Abständen mit neuen Funktionen, Sicherheitsfixes und Fehlerkorrekturen. Während dieser Zeit steht der *Global Support Service* (GSS) mit Rat und Tat zur Verfügung. Anschließend geht die Software ins *Extended-Support Release* (ESR) über und verbringt dort das zweite und dritte Jahr. In diesem Zeitraum erhält die Software keine neuen Features mehr, sondern nur noch Updates zur Verbesserung der Sicherheit und bei kritischen Fehlern. Nach Ablauf des dritten Jahres ist der Lebenszyklus am Ende und die Software gilt als *End of Life*. Also: keine Updates und kein Support. Allerdings bleiben die Switches benutzbar und konfigurierbar, aber im Fehlerfall gibt es keine Hilfe mehr.

Abbildung 11.2 zeigt die Linien der Versionen von Cumulus Linux. Die Version 2 befindet sich bereits am Ende des erweiterten Supports. Version 3 ist der Hauptzug und auf Version 4 wird spekuliert.

Nicht jede Version der *Mainline* erhält automatisch Support für zwei weitere Jahre. Cumulus Networks setzt das ESR-Flag nur bei Softwareständen, die sich als stabil erwiesen haben und über die längere Laufzeit eine hohe Stabilität erreichen.

Zusammenfassung

Das Softwareupdate von Cumulus Linux besteht aus zwei Befehlen. Dabei holt der Paketmanager die aktuellen Pakete vom öffentlichen Downloadserver und verteilt sie im Dateisystem. Nach einem Reboot ist der Switch up-to-date.

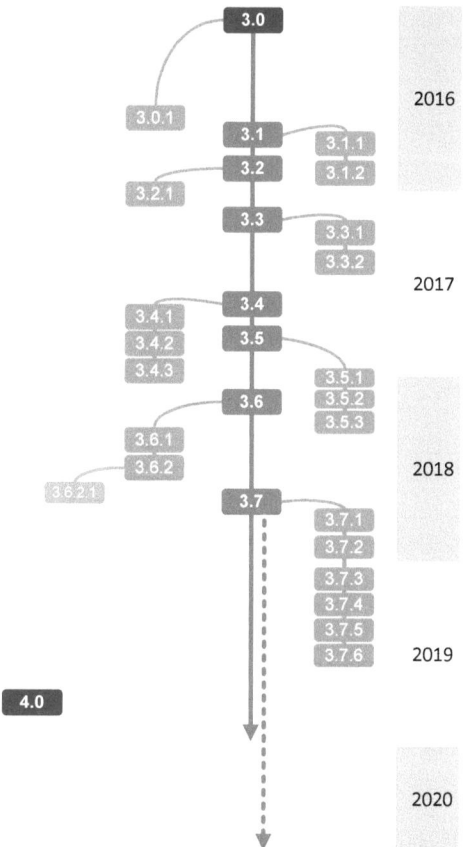

Abbildung 11.2: Versionierung und Support von Cumulus Linux

Grundsätzlich spricht nichts dagegen, die Switches auf aktuellstem Stand zu halten. Der notwendige Reboot der Geräte verträgt sich jedoch nicht mit jeder Infrastruktur, sodass das Update ein Wartungsintervall fordert.
Nach dem Update auf die neueste Software gewährt Cumulus dieser Version die Supportzusage für ein Jahr. Wenn die Version danach in den erweiterten Supportzeitraum fällt, spendiert Cumulus noch mal zwei Jahre Support und kritische Sicherheitsupdates. Danach endet der Lebenszyklus dieser Version.

Teil III

Für Experten

Kapitel 12

sFlow

Switches sind fleißig, aber schweigsam. Ihrem Besitzer geben sie einen Einblick in die Statistik der Netzadapter. Mehr als übermittelte Bytes und verworfene Pakete verrät diese Ansicht allerdings nicht.
Ein Switch wird deutlich redseliger, wenn das Zauberwort *sFlow* fällt. Damit wird Cumulus Linux zur Quasselstrippe, protokolliert die übermittelten IP-Pakete und sendet die Proben per UDP an einen sFlow-Kollektor.
Der Kollektor sammelt alle Werte von den Geräten und hat damit eine ausgezeichnete Informationsquelle für Statistiken, Analysen oder Kapazitätsplanungen. Die gesammelten Daten lassen sich auch bei der Fehlerfindung, Sicherheitsaudits oder für die Abrechnung nutzen.

Inhalt einer Probe

In einem sFlow-Paket sind die Steckbriefe mehrerer IP-Pakete. Jeder Datensatz enthält statistische Informationen und die Kopfzeilen des transportierten Pakets. Bei der gängigen sFlow-Version 5 umfasst jede Probe mindestens:

- Paketgröße in Bytes
- Quell- und Ziel-IP-Adressen
- IP-Protokoll (TCP, UDP, ICMP)
- Quell- und Ziel-Ports (bei TCP oder UDP)

- Eingehendes und ausgehendes Interface des Switches
- QoS-Informationen
- Samplingrate

Der Switch erhebt diesen Datensatz aber nicht für jedes Paket. Das würde den Kollektor und die Verbindung zu ihm schnell überfordern. sFlow pickt aus den transportierten Paketen nur Stichproben heraus und berichtet diese an den Kollektor. Wie viele Stichproben bei welcher Bandbreite vereinbart werden, beschreibt Abschnitt *Samplingrate* auf Seite 157.

sFlow basiert auf dem verbindungslosen UDP-Protokoll. Daher erhält der Switch kein Feedback, ob der Kollektor die Pakete tatsächlich erhält, oder ob diese während der Übertragung verloren gehen.

Labor

Als professionelles Betriebssystem hat Cumulus Linux einen Exporter für sFlow in seinem Repository. sFlow lässt sich nicht einfach anschalten. Die Einrichtung dreht sich um drei zentrale Fragen: An welchen lokalen Interfaces soll der Verkehr protokolliert werden? Wohin werden die Daten gesendet? Und welche Samplingrate ist sinnvoll?

In diesem Szenario berichtet der Switch sw01 an den Laborserver stichprobenartig die transportierten Pakete. Die Einrichtung hat es noch nicht in die Gunst der NCLU geschafft, sodass auf Betriebssystemebene gearbeitet wird.

Das ansonsten so ruhige Labornetz benötigt für dieses Szenario ein bisschen Datenverkehr, damit der sFlow-Exporter eifrig berichten kann. Die Rolle des Bandbreitenfressers übernimmt Server Server3, der jede Menge Daten durch Switch sw01 schiebt.

Der Laboraufbau ist in Abbildung 12.1 dargestellt. Die beteiligten Geräte sind in den gemeinsamen Netzen 10.4.1.0/24 und fd00:4::/64.

Die verschiedenen Rollen des sFlow-Konzepts zeigt Abbildung 12.2. Ein sFlow-Kollektor ist nicht auf einen einzelnen Exporter beschränkt. Je nach Hardwareausstattung können tausende von Switches ihre Verkehrsdaten an den Kollektor senden.

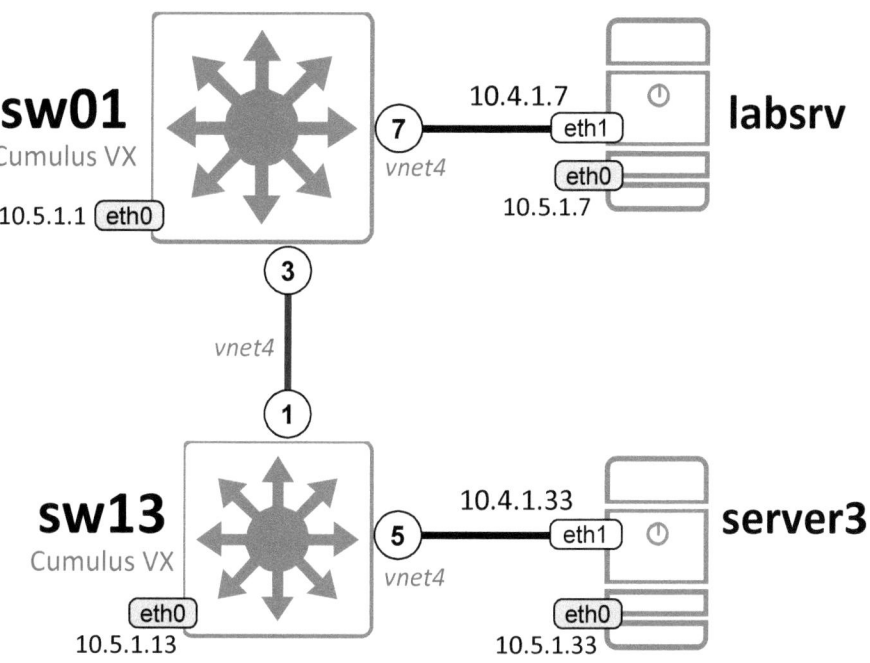

Abbildung 12.1: Switch sw01 berichtet per sFlow

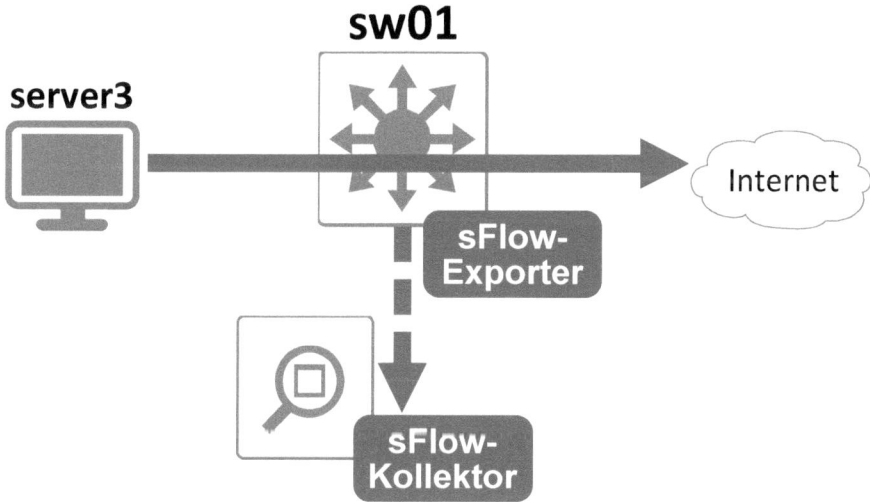

Abbildung 12.2: sFlow-Exporter und Kollektor arbeiten zusammen

Exporter

Der Cumulus-Switch sw01 übernimmt die Rolle des Exporters. Dazu betrachtet er den Datenverkehr, der durch seine Netzadapter fließt, und verschickt die Information strukturiert als sFlow-Paket an den vordefinierten Kollektor.

Die Konfiguration der Switchports von sw01 und sw13 benötigen keinen aufwendigen Aufbau. Für die Demonstration von sFlow sind alle Ports im selben Segment und lassen den Verkehr ungehindert fließen:

```
net add bridge bridge ports swp1-7
net commit
```

Die Funktionalität lernt Cumulus Linux über ein Softwarepaket, welches per Paketmanager im lokalen System Fuß fasst. Mit den Kommandos aus Listing 12.1 ist die Anwendung eingerichtet und startbereit.

```
1  sudo bash
2  apt install hsflowd
3  cat <<EOF > /etc/hsflowd.conf
4  sflow {
5    collector { ip=10.5.1.7 udpport=6343 }
6    pcap { dev=bridge }
7  }
8  EOF
9  systemctl start hsflowd
10 systemctl enable hsflowd
```

Listing 12.1: Installation und Einrichtung von *hsflowd*

Die beispielhafte Konfiguration ist minimal und bewirkt, dass alle Verbindungen protokolliert werden, die eine Netzbrücke passieren (Zeile 6). In regelmäßigen Abständen sendet der `hsflowd`-Dienst seine Proben an die hinterlegte IPv4-Adresse per UDP-Protokoll (Zeile 5).

Danach passiert erst mal nichts, denn solange kein Verkehr durch den Switch fließt, kann er auch nichts erzählen. Traffic erzeugen ist nicht das Problem: Ein paar Webzugriffe von Host Server3 und der Exporter von sw01 informiert den Kollektor über die Aktivitäten seiner Klienten.

> **Hinweis**
>
> In physikalischen Switches berichten die ASICs direkt an die sFlow-Software. In der virtuellen Umgebung mit Cumulus VX gibt es keine ASICs. Hier benötigt der sFlow-Exporter die Hilfe von `iptables`, um Einblick in die Pakete zu erhalten.
>
> ```
> iptables  -I FORWARD -j NFLOG --nflog-group 1 --nflog-prefix SFLOW
> ip6tables -I FORWARD -j NFLOG --nflog-group 1 --nflog-prefix SFLOW
> ```

Damit ist die Einrichtung auf der Seite des Exporters bereits abgeschlossen. Das Herz einer sFlow-Installation liegt im Kollektor, der mit der Fülle an Informationen sinnvoll umgehen muss.

Samplingrate

Viel Traffic erzeugt viele sFlow-Pakete. Aber ein Switch mit aktiviertem sFlow berichtet nicht über jedes transportierte Paket. Im Gegenteil: sFlow macht nur Stichproben. Je höher die Bandbreite eines Netzadapters, desto weniger Pakete schaut sich der sFlow-Exporter an. Der Mitteilungsdrang lässt sich mit der Abtastrate (sampling rate) reduzieren. Dann wird nur noch jedes N-te Paket untersucht.

Diese entspannte Arbeitsweise hat den Nachteil, dass Details verloren gehen. Was aber wie eine ungewollte Unschärfe klingt, ist die Stärke von sFlow. Denn sFlow skaliert sogar in Umgebungen, die 100-Gbit-Switchports sättigen, durch gezieltes „Weglassen" von Paketen.
Mit einer Samplingrate von „1 in 100" prüft Cumulus Linux nur noch jedes hundertste Paket. Der sFlow-Kollektor kennt die Samplingrate und vergrößert die gemessenen Bandbreiten um den Faktor 100. Folglich ist die Gesamtzahl zwar etwas ungenau, aber die Netzlast durch sFlow reduziert sich auf ein Hundertstel.

Die verwendete Software *hsflowd* [13] empfiehlt die Samplingraten aus Tabelle 12.1 auf der nächsten Seite. Diese sind nicht in Stein gemeißelt, sondern lassen sich zentral oder pro Switch justieren.
Die vorgegebenen Raten sind ein guter Ausgangspunkt für die eigene Netzinfrastruktur. Bei ungewöhnlich hohen Durchsatzraten bewirkt eine kleine-

Bandbreite	Samplingrate	Berichtintervall
100 Mbit/s	1 in 100	30 Sekunden
1 Gbit/s	1 in 1.000	30 Sekunden
10 Gbit/s	1 in 10.000	30 Sekunden
40 Gbit/s	1 in 40.000	30 Sekunden
100 Gbit/s	1 in 100.000	30 Sekunden

Tabelle 12.1: Die vorgegebenen Samplingraten von *hsflowd*

re Samplingrate weniger Arbeitslast für Kollektor und Exporter. Eine kleinere Rate für Gigabit-Adapter könnte 1-in-2000 sein, womit der Switch nur noch halb so viele Pakete analysiert.
Dagegen steht die Genauigkeit der Auswertung, die mit steigender Samplingrate bessere Ergebnisse liefert. Wenn es die Netzlast zulässt, erhebt der Exporter an den Gigabit-Adaptern bei 1-in-100 zehnmal mehr Pakete als bei der vorgegebenen Rate.

Der Exporter im folgenden Beispiel läuft auf einem Switch mit wenig Datenverkehr. Daher verwendet die sFlow-Software für die 10-Gbit-Interfaces die größere Abtastrate von 1-in-2.500 und analysiert damit mehr Pakete. Im Gigabit-Bereich steigt die Rate ebenfalls auf 1-in-500. Die Konfigurationsdatei /etc/hsflowd.conf ändert sich zu:

```
sflow {
  sampling.1G  =  500
  sampling.10G = 2500
  collector { [...] }
}
```

Die Raten lassen sich im laufenden Betrieb weiter anpassen, bis ein akzeptabler Kompromiss aus Präzision und Netzlast erreicht ist.
Wenn viele Switches im Netzwerk unterwegs sind und mehrere Änderungen geplant sind, kann die Samplingrate auch zentral festgelegt werden. Die Konfiguration erfolgt dann per DNS und ist in Abschnitt *Automatische Konfiguration* ab Seite 160 beschrieben.

Woher kennt der *Kollektor* die Samplingraten aller Switches? Jede übermittelte Probe in einem sFlow-Paket enthält die verwendete Samplingrate.

Der Kollektor benötigt also keine vordefinierte Übersicht seiner Exporter, sondern erhält mit jeder Probe auch die verwendete Rate.

Kollektor

Der sFlow-Kollektor ist eine Software, die sFlow-Pakete empfängt, versteht und die enthaltenen Informationen irgendwo ablegt. Damit verbunden ist fast immer ein sFlow-Analyser, der aus den Verbindungsdaten wichtige Schlüsse zieht.
Die Auswahl an kommerzieller und kostenfreier Kollektor-Software ist groß. Die Man-page von *hsflowd* wirbt sogar für den hauseigenen Kollektor *sFlowTrend*, der für kleine Umgebungen keinen finanziellen Invest erwartet. Für anspruchsvolle Setups mit großen Datenmengen eignen sich im Backend eher Datenbanken wie *InfluxDB* oder *ElasticStack* [6]. Das Zusammenspiel der Komponenten ermöglicht der Konverter *sFlow-RT*.
Für die Laborumgebung reicht eine schlanke Linux-Software, die den Empfang der Flow-Pakete beherrscht und auf der lokalen Festplatte ablegt.
Am Beispiel von *nfdump* [14] erhält der Labserver eine Software mit Kollektorfunktion für sFlow und NetFlow. Für das Betriebssystem CentOS 7 gibt es sogar ein fertiges Paket, sodass die Installation mit minimalem Aufwand abläuft:

```
yum install epel-release
yum install nfdump
```

Unter Debian 9 gestaltet sich die Installation noch einfacher, da das Paket im regulären Repository vorhanden ist:

```
apt install nfdump-sflow
```

Bei CentOS kommt das Paket ohne Startskript, also ist Fleißarbeit auf der Kommandozeile gefordert.

```
mkdir -p /var/sflow
/usr/bin/sfcapd -D -4 -p 6343 -S 0 -l /var/sflow
```

Die Kommandos legen ein Verzeichnis für sFlow-Daten unter /var an und starten den Dienst sfcapd. Dieser verschwindet sofort in den Hintergrund

(-D) und lauscht auf der lokalen IPv4-Adresse (-4) auf dem üblichen UDP-Port (-p). Neue eingehende Pakete werden erst mal im Speicher gehalten und nach maximal fünf Minuten auf die Festplatte geschrieben (-l). Jede Datei hat das Format `nfcapd.YYYYMMDDHHMM` und enthält Flowinformationen von exakt fünf Minuten. Einen Blick in die Binärdatei bietet das Kommando `nfdump`, welches dem Softwarepaket seinen Namen leiht. Mit verschiedenen Parametern lässt sich die Ausgabe verschönern, sortieren und zusammenfassen:

```
nfdump -r nfcapd.201805202054 -o fmt:"%ts %td %sap %dap %ibyt" -a -O bytes
2018-05-20 20:56:41.707     1.560      fd00:4::7.80          fd00:4::33.44090      4.2 G
2018-05-20 20:56:49.343     1.476      10.4.1.7:80           10.4.1.33:60110       3.5 G
2018-05-20 20:56:41.707     1.560      fd00:4::33.44090      fd00:4::7.80         11.1 M
2018-05-20 20:56:49.343     1.476      10.4.1.33:60110       10.4.1.7:80           6.2 M
Summary: total flows: 1143, total bytes: 7729971600, total packets: 457200,
   avg bps: 669515214, avg pps: 4949, avg bpp: 16907
Time window: 2018-05-20 20:55:18 - 2018-05-20 20:56:50
Total flows processed: 1143, Blocks skipped: 0, Bytes read: 89616
Sys: 0.001s flows/second: 844789.4   Wall: 0.000s flows/second: 5013157.9
```

Automatische Konfiguration

Wenn die verschickten sFlow-Proben das normale Tagesgeschäft stören oder den Kollektor überlaufen, ist die Samplingrate zu hoch angesetzt. Eine vorteilhaftere Abtastrate lässt sich empirisch ermitteln oder einfach ausprobieren.

Diese Versuch-und-Irrtum–Methode hat den Nachteil, dass jeder Test einen händischen Eingriff in die Konfigurationsdatei jedes Switches benötigt. Mit einem Automatisierer im Stil von *Ansible* (vgl. Anhang C) lässt sich das bewerkstelligen, aber die Entwickler von sFlow haben eine eigene Lösung für die zentrale Konfiguration: Die Switches erhalten ihren Feinschliff per DNS. Die Einstellungen zur Samplingrate, IP-Adresse des Kollektors und zum Berichtintervall liegen als DNS-Einträge in der Zonendatei des DNS-Servers.

Die lokale sFlow-Konfiguration von Cumulus Linux beinhaltet nur noch den Hinweis, dass der sFlow-Dienst regelmäßig das DNS nach seinen Settings fragen soll. Der Inhalt von `/etc/hsflowd.conf` verkürzt sich auf:

```
sflow {
  dns-sd { domain = .cumulus.lab }
}
```

Der Domänenname `cumulus.lab` ist beispielhaft und muss zur eigenen Umgebung passen. Danach ist ein Neustart vom sFlow-Daemon angebracht, damit die Änderung wirksam wird.

```
systemctl restart hsflowd
```

Die Switches informieren sich jetzt regelmäßig beim DNS-Server nach ihren Einstellungen. Dazu muss der Server mehrere Antworten parat haben: Einen SRV-Eintrag für den Kollektor und einen TXT-Eintrag für die Konfiguration.

- SRV-Eintrag _sflow._udp
  Der Wert listet einen oder mehrere Namen von Kollektoren und die verwendeten UDP-Ports.

- TXT-Eintrag _sflow._udp
  Der Wert listet die gewünschten Einstellungen für die sFlow-Exporter auf den beteiligten Switches.

Für ein minimalistisches Beispiel unterstützt die DNS-Software *dnsmasq*. Die vorhandenen Einstellungen in `/etc/dnsmasq.conf` werden dabei um die Zeilen in Listing 12.2 ergänzt.

```
1  srv-host=_sflow._udp.cumulus.lab,labsrv.cumulus.lab,6343
2  txt-record=_sflow._udp.cumulus.lab,txtvers=1,polling=45, \
3    sampling.1G=800,sampling.10G=5000
4  address=/labsrv.cumulus.lab/10.5.1.7
```

Listing 12.2: DNS-Server *dnsmasq* liefert die Konfiguration für sFlow

Der SRV-Eintrag in Zeile 1 informiert die Clients über den Namen des Kollektors *labsrv.cumulus.lab*, welcher ebenfalls per DNS auflösbar sein muss (Zeile 4). Die Details für `hsflowd` enthält Zeile 2 in Form des TXT-Eintrags. Das erste Wertepaar `txtvers=1` ist ein interner Hinweis für den sFlow-Daemon, der auf zukünftige Änderungen in der Syntax vorbereitet. Danach folgen die kommaseparierten Konfigurationsdirektiven für die sFlow-Exporter, wie beispielsweise die Samplingrate für Gigabit- und 10-Gigabit-Adapter, sowie ein Berichtintervall von 45 Sekunden.

Mit einem regulären DNS-Client lassen sich die Einträge überprüfen:

```
root@labsrv ~> host -t TXT   _sflow._udp.cumulus.lab.
_sflow._udp.cumulus.lab descriptive text "txtvers=1" "polling=45" \
  "sampling.1G=800" "sampling.10G=5000"
root@labsrv ~> host -t SRV   _sflow._udp.cumulus.lab.
_sflow._udp.cumulus.lab has SRV record 0 0 6343 labsrv.cumulus.lab.
root@labsrv ~> host  labsrv.cumulus.lab.
labsrv.cumulus.lab has address 10.5.1.7
```

> **Hinweis**
>
> Wenn die benötigten DNS-Einträge syntaktisch fehlerhaft sind, wird `hsflowd` nicht den Dienst verweigern, sondern mit seinen vorgegebenen Einstellungen arbeiten.

Damit ist die zentrale Konfiguration abgeschlossen. Die sFlow-Exporter auf den Cumulus-Switches erhalten bei der nächsten DNS-Anfrage ihre Einstellungen. Eine Änderung der DNS-Einträge wirkt sich somit nach kurzer Zeit auf alle Switches aus.

Fehlersuche

Die Switches arbeiten auf Hochtouren, aber der sFlow-Kollektor zeigt keine Resultate? Die Fehlerfindung beschränkt sich in diesem Abschnitt auf den Exporter, da dieser Teil von Cumulus Linux ist. Die Vorgehensweise beim Kollektor ist abhängig von der eingesetzten Software.
Ob der Exporter gestartet ist, enthüllt kurzerhand das Kommando:

```
systemctl status hsflowd
```

Wenn sich in der folgenden Ausgabe irgendwo der Text „active (running)" verbirgt, ist der sFlow-Dienst im Hintergrund tätig. Ansonsten bekommt `hsflowd` die erneute Arbeitsanweisung mit:

```
systemctl start hsflowd
```

Wenn sich die Software weigert zu starten, gibt das Logbuch erste Hinweise auf die Ursache. Mit `journalctl -f -u hsflowd` listet das Kommandofenster in Echtzeit die relevanten Systemmeldungen (vgl. Kap. 21) und liefert damit die Ausreden von `hsflowd`.

Fehlersuche

Ein laufender Dienst heißt aber noch nicht, dass die gewünschte Funktionalität erreicht wird. Vor allem bei der automatischen Konfiguration per DNS passieren viele Abläufe im Hintergrund. Die verwendeten Einstellungen von `hsflowd` liefert die Zustandsdatei `/etc/hsflowd.auto` in voller Schönheit. Hier stehen auch die Standardwerte, falls eine Variable nicht per Konfigurationsdatei oder DNS gesetzt ist.

```
root@sw01:~# cat /etc/hsflowd.auto
rev_start=1
hostname=sw01
sampling=400
header=128
datagram=1400
polling=45
sampling.1G=800
agentIP=fe80::e12:24ff:fe01:1
agent=eth0
ds_index=1
collector=10.5.1.7 6343
rev_end=1
```

Wenn hier alles stimmt scheint, lässt sich der sFlow-Exporter im „Entwickler-Modus" starten.

```
systemctl stop hsflowd
hsflowd -dd
```

Anschließend berichtet `hsflowd` seine Aktivitäten nach STDOUT und liefert hoffentlich Informationen zum gesuchten Problem. Nach abgeschlossener Fehlersuche unbedingt wieder in den normalen Modus zurückschalten, um Systemressourcen und Speicherplatz im Logbereich zu sparen.
Der sFlow-Exporter läuft mit den gewünschten Einstellungen? Dann wird der Paketanalyser ausgehende UDP-Datagramme anzeigen, die an die IP-Adresse des Kollektors gerichtet sind.

```
root@sw01:~# tcpdump -qnli eth0 host 10.5.1.7 and port 6343
19:55:15.59671 IP 10.5.1.1.42825 > 10.5.1.7.6343: UDP, length 252
19:55:16.67410 IP 10.5.1.1.42825 > 10.5.1.7.6343: UDP, length 248
19:55:17.75599 IP 10.5.1.1.42825 > 10.5.1.7.6343: UDP, length 172
```

Nach Eingabe von `tcpdump` sollten in regelmäßigen Abständen die sFlow-Proben auf dem Bildschirm erscheinen. Damit wäre der Beweis erbracht, dass der Exporter die Proben an den Kollektor sendet.

Kapitel 12. sFlow

Ob die Proben inhaltlich den Netzverkehr ausreichend beschreiben, lässt sich auf dem Kollektor-Server aufklären. Das Universalwerkzeug *sFlow Toolkit* ist ein Mini-Kollektor für die Kommandozeile mit verschiedenen Schnittstellen und Ausgabemöglichkeiten. Aus dieser Vielfalt benötigt die Fehlersuche lediglich die Ausgabe der Proben ohne weitere Analyse.

Der entsprechende Befehl `sflowtool` startet ohne Angabe von Optionen seinen Kollektor und wirft die empfangenen Proben im Terminalfenster aus. Eine einzelne Probe nimmt etwa 30 Bildschirmzeilen in Anspruch, also besser die Ausgabe mit `more` verketten oder in eine Datei umleiten. Im Labornetz hat `sflowtool` die folgende verkürzt dargestellte Probe eines Webdownloads über IPv6 erhalten:

```
startSample ----------------------
sampleType_tag 0:1
sampleType FLOWSAMPLE
sampleSequenceNo 380
sourceId 0:5
meanSkipCount 400
samplePool 152000
dropEvents 0
inputPort 5
outputPort 9
flowBlock_tag 0:1
flowSampleType HEADER
headerProtocol 1
sampledPacketSize 90
strippedBytes 4
headerLen 86
headerBytes 00-22-B0-07-04-07-00-0C-29-EB-AB-B9-86-DD-60-[...]
dstMAC 0022b0070407
srcMAC 000c29ebabb9
IPSize 72
IPTOS 0
IP6_label 0x0
IPV6_payloadLen 32
IPTTL 64
srcIP6 fd00:0004:0000:0000:0000:0000:0000:0033
dstIP6 fd00:0004:0000:0000:0000:0000:0000:0007
IPProtocol 6
TCPSrcPort 50714
TCPDstPort 80
TCPFlags 17
endSample   ----------------------
```

Wenn der Bildschirm leer bleibt oder nur unwichtige Proben enthält, dann schickt der sFlow-Agent auf dem Cumulus-Switch keine echten Daten, sondern nur Statusinformationen.

In der virtuellen Variante *Cumulus VX* erhält der sFlow-Dienst die Verbindungsdaten vom Paketfilter, wie in Abschnitt *Exporter* auf Seite 156 beschrieben ist. Die gezeigten `iptables`-Kommandos sind für eine Berichterstattung per sFlow zwingend notwendig.

Bei einem physikalischen Switch sind die ASICs in der Bringschuld und berichten direkt an den sFlow-Agenten.

Technischer Hintergrund

Cumulus Linux verwendet die Anwendung *Host sFlow* [13], welche für nahezu jedes Betriebssystem verfügbar ist und eine exzellente Dokumentation mitbringt. Die Software läuft als Systemdienst `hsflowd` im Hintergrund und erhält Paketinformationen direkt von den ASICs. Parallel dazu befragt `hsflowd` regelmäßig das Betriebssystem nach den Zählerständen der Netzadapter. Die erhaltenen Informationen verpacket der sFlow-Agent in ein sFlow-Paket und versendet es über das Netzwerk. Der Kollektor erhält die Daten aller sFlow-Agenten und errechnet aus der Datenflut Leistungsdaten und Fehlerraten.

Aus technischer Sicht betrachtet der Linux-Kernel das eigene System als regulären Computer mit vielen Netzadaptern. Diese Adapter werden von den ASICs bedient und vom Kernel gesteuert. Die Auswahl der berichtenswerten Pakete übernehmen die ASICs. Diese liefern die fertigen Proben an den sFlow-Agenten, welcher diese nur noch paketiert und verschickt (Abbildung 12.3 auf der nächsten Seite). Bei den Zählerständen läuft es ähnlich ab: Der Linux-Kernel zählt und bringt die fertigen Zahlen zum Agenten.

> **Hinweis**
>
> Im virtuellen *Cumulus VX* gibt es keine ASICs, die dem Agenten Daten bereitstellen können. Als Workaround erhebt *Netfilter* die notwendigen Informationen und leitet sie an `hsflowd` weiter. Die benötigten `iptables`-Kommandos stehen auf Seite 157.

Kapitel 12. sFlow

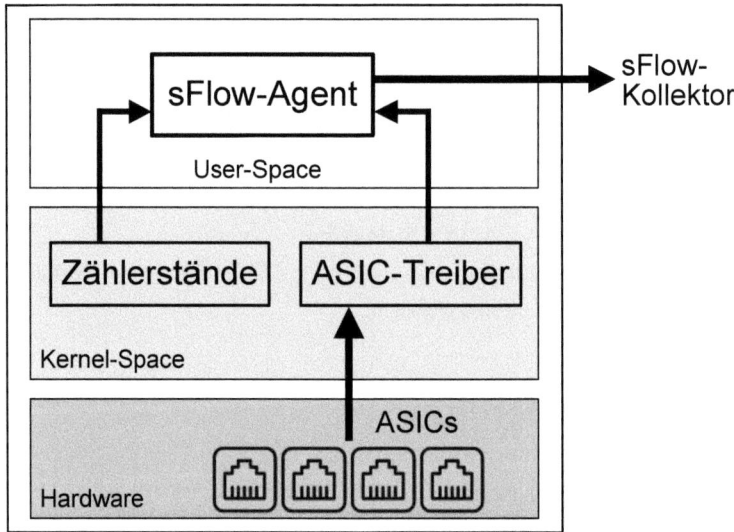

Abbildung 12.3: Das Zusammenspiel von sFlow, ASICs und dem Linux-Kernel

Einen tieferen Einblick in die ASICs und ihre Programmierung verhüllen die Hersteller mit dem Mantel des Schweigens. Hier endet der Open-Source–Gedanke und beginnt der Schutz geistigen Eigentums.

NetFlow

Der große Bruder von sFlow ist NetFlow. Das gilt allerdings nur für die umfangreichere Verbreitung von NetFlow, denn der Einsatzzweck und die Funktionalität sind gleichwertig. Die Entwickler von sFlow haben mit einem RFC begonnen, sodass alle Hersteller sFlow verwenden können und auch dürfen. Cisco, als Besitzer von NetFlow, hat einen proprietären Ansatz gewählt. Mit der zunehmenden Verbreitung von sFlow hat Cisco reagiert und drei Jahre später sein NetFlow in der Version 9 auch als RFC standardisiert.

Der Unterschied zwischen den Beiden liegt in der Genauigkeit und der Fähigkeit zu Skalieren. NetFlow untersucht die Verkehrsströme im lokalen Gerät und sendet die Ergebnisse an den Kollektor. Die erhobenen Daten sind präzise und lassen sich sogar für die Einbruchserkennung oder foren-

sische Analyse verwenden. Bei großen Datenmengen fällt für den NetFlow-Exporter und Kollektor viel Arbeit an, was in Highspeed-Umgebungen zu einem Problem werden kann. Denn jeder Flow belegt CPU und RAM in den Geräten.
Hier punktet sFlow mit seiner Samplingrate, denn von den tausenden vorbeiflitzenden Paketen gelangt nur ein einziges in die Statistik. Für Kollektor und Exporter bedeutet das eine geringe Belastung.

Aus diesen Gründen ist NetFlow eher auf Routern und in WAN-Umgebungen zu finden, während Switches sFlow favorisieren und daher sFlow im Rechenzentren anzutreffen ist.

Cumulus Linux und NetFlow?

Die enge Beziehung von NetFlow und Routern heißt nicht, dass ein Switch nicht auch mit NetFlow glücklich werden kann. Das Problem ist die zusätzliche Last, die das System für die Untersuchung aufbringen muss. Wenn die Mehrarbeit zu verkraften ist, darf der Cumulus-Switch auch NetFlow schwätzen.
Passend zum erhöhten Aufwand von NetFlow, hat Cumulus Linux keine Exporter-Software vorinstalliert. Hier unterstützt Debian mit dem Exporter pmacct, welcher im Repository auf seinen Einsatz wartet. Die Installation ist mit wenigen Kommandos abgeschlossen:

```
cat <<EOF > /etc/apt/sources.list.d/debian.list
deb http://ftp.de.debian.org/debian jessie main
EOF
apt update
apt install pmacct libpq5 librabbitmq1
```

Anschließend ist der Dienst pmacctd bereit für seine Aufgabe. Über die Konfigurationsdatei /etc/pmacct/pmacctd.conf erhält er exakte Anweisungen, welche Netzadapter und IP-Bereiche für den Export relevant sind. Die beispielhafte Konfiguration in Listing 12.3 auf der nächsten Seite überwacht *swp1* und berichtet von Datenströmen, die in den privaten Adressbereich 10.0.0.0/8 fallen. Die Exportiererei beginnt mit dem passenden Starter-Kommando von *systemd*:

```
systemctl start pmacctd
```

```
1  daemonize: true
2  pidfile: /var/run/pmacctd.pid
3  syslog: daemon
4  aggregate: src_host,dst_host
5  pcap_filter: net 10.0.0.0/8
6  interface: swp1
7
8  plugins: nfprobe[labsrv]
9  nfprobe_receiver[labsrv]: 10.5.1.7:2055
10 nfprobe_version[labsrv]: 5
11 nfprobe_direction[labsrv]: out
12 nfprobe_timeouts[labsrv]: tcp=60:maxlife=120:general=120
```

Listing 12.3: Mit *pmacctd* beherrscht Cumulus Linux auch NetFlow

Anschließend führt `pmacctd` Tagebuch über die gesichteten Verbindungen und schickt seine Berichte an den NetFlow-Kollektor in Zeile 9.

> **Hinweis**
>
> Cumulus Linux ist ein Verfechter von sFlow. Der Mehraufwand von NetFlow ist nur sinnvoll, wenn bereits eine ausgewachsene NetFlow-Installation in der umliegenden Infrastruktur vorhanden ist oder wenn die erhöhte Präzision von NetFlow den Einsatz rechtfertigt.

Zusammenfassung

sFlow ist eine hervorragende Methode für die Berichterstattung von IP-Verbindungen in Netzwerken. Cumulus Linux hat branchenüblich einen sFlow-Exporter im Programm, der mit Samplingraten und automatischer Konfiguration punkten kann.

Die Darstellung von Verkehrsinformationen gibt einen guten Einblick in die tägliche Arbeit der geswitchten Umgebung. Mit welchen Diensten und Servern kommunizieren die Anwender? Wie stark sind die Netzadapter ausgelastet? Dabei liefern die sFlow-Daten eine gute Basis für Fehlersuche, Analyse, Abrechnung und stellen Grundlagen für die Kapazitätsplanung. Kurz: sFlow macht die Vorgänge im Netz ein bisschen sichtbarer.

Kapitel 13

Rapid Spanning-Tree

In Ethernet-Topologien darf zwischen zwei Rechnern grundsätzlich nur *ein* Datenpfad existieren. Das *Spanning-Tree Protokoll* (STP) ermöglicht mehrfache Pfade im Netz und verhindert ihre verheerenden Auswirkungen. Bei mehrfacher Wegeführung wird STP die parallele Verbindung absichtlich blockieren. Die Blockade besteht solang, wie der primäre Pfad funktionsfähig ist – im Fehlerfall aktiviert STP den blockierten Netzadapter und verhindert damit den Totalausfall des Netzsegments.

Spanning-Tree ist gut für die Funktionalität des Netzwerks und schlecht für seine Verwaltung. Denn Spanning-Tree schlägt immer dann zu, wenn es am wenigsten erwünscht ist.
Das klassische Spanning-Tree ist langsam. Die Phasen von *Listening* und *Learning* erlauben noch keinen Datentransfer und dauern fast eine Minute! Welches moderne Netz akzeptiert den Ausfall von einer ganzen Minute? Diese Intervalle gehen zurück auf die 90er – bis heute sind modernere Alternativen im Einsatz, die deutlich schneller agieren und das Netz innerhalb von wenigen Sekunden schleifenfrei machen.

Spanning-Tree ist gleichzeitig kompliziert, vermeidbar, notwendig und hilfreich! Moderne Netzdesigns vermeiden Spanning-Tree durch den Einsatz von Layer-3–Topologien. Wenn ein Routingprotokoll – als Vertreter von Layer-3 – bis in den Access-Bereich der Server vordringen kann, dann ist Spanning-Tree Schnee von gestern (vgl. Kap. 16). Aber leider ist nicht jeder Ansatz so schleifenfrei und IP-orientiert. Spanning-Tree ist notwendig, um in jeder Lücke die Redundanz auf Ebene-2 zu lösen. Denn Schleifen ohne das Spanning-Tree-Protokoll bringen jedes Netz in den Abgrund.

In einem modernen Netzdesign existiert die Topologie auf Ebene-2 nur noch zwischen Servern und seinen Gateways und ist damit redundant ausgelegt. Spanning-Tree agiert demnach nur noch in überschaubaren Abschnitten. Diese Dreiecke (Server–Gateway1–Gateway2) sind das verbliebene Hoheitsgebiet von STP.

Crashkurs

Das Spanning-Tree–Protokoll abstrahiert alle Verbindungen im Netz als Baumstruktur im Sinne der Graphentheorie. Dieser Spannbaum enthält alle Netzkomponenten (Knoten) und achtet darauf, dass er keine redundanten Verbindungen (Schleifen) enthält.
In der Praxis wählen die Switches einen einzelnen Switch als Ausgangspunkt des Baums, *Root-Bridge* genannt. Dieser Switch versendet Lebenszeichen an seine Nachbarn, welche die Signale an ihre Nachbarn weiterreichen usw. bis sie die äußersten Bereiche des Netzes erreicht haben. Diese Lebenszeichen sind *Bridge Protocol Data Unit*-Pakete (BPDU) und enthalten Informationen über die Root-Bridge. Anhand der eingehenden BPDUs kann der Spanning-Tree–Prozess auf den Switches erkennen, welche Netzadapter einen redundanten Pfad zur Root-Bridge darstellen und diese blockieren.
Wenn Leitungen oder Switches ausfallen, verändert sich die Baumstruktur. Die Switches erkennen die Veränderung durch das Erhalten oder Ausbleiben der BPDUs und schalten dementsprechend ihre Interfaces an oder ab. Während der Veränderungen im Netzwerk sind Paketverluste denkbar und aus diesem Grund haben die Macher des Spanning-Tree–Protokolls großzügig mit Timern gearbeitet. Bevor ein Netzadapter im Netz mitspielen darf (Zustand *Forwarding*), muss er die Phasen *Listening* und *Learning* durchlaufen. Bis das erste Paket durch den Port wandert, vergehen in der Standardeinstellung der STP-Timer 50 Sekunden. Erst danach ist das Netz konvergent und arbeitet normal weiter.

Durch gekonnte Manipulation der Timer lässt sich die Konvergenzzeit reduzieren. Einen anderen Ansatz sind herstellerspezifische Erweiterungen, die einzelne STP-Phasen überspringen. Cumulus Networks geht einen anderen Weg und implementiert das moderne *Rapid Spanning-Tree Protocol*, welches per Design flotter konvergiert.

Rapid Spanning-Tree

Aus den Schwächen und der Trägheit von STP entstand etwa zehn Jahre später das *Rapid Spanning-Tree Protocol* (RSTP). Die erklärten Ziele waren schnellere Konvergenz und Kompatibilität zum Vorgänger. Beides ist gelungen. Nach einer Änderung in der Netztopologie dauert es wenige Millisekunden bis maximal sechs Sekunden (dreifaches Hello-Intervall), bis die Pakete wieder fließen können. Und falls ein einzelner Switch kein RSTP versteht, bemerken seine Nachbarn die Situation und sprechen mit diesem Switch dialektfreies STP – ohne schnelle Konvergenz.

Mit RSTP kann ein Switch Ausfälle von Nachbarn oder Verbindungen zügiger erkennen, da *jeder* Switch BPDUs aussendet und nicht nur die BPDUs der Root-Bridge weiterleitet, wie bei STP. Falls drei aufeinanderfolgende BPDUs fehlen, weiß der RSTP-Switch sofort, dass sein Nachbar, oder eine direkte Verbindung dahin, hinüber ist. Bei STP kann nur davon ausgegangen werden, dass *irgendwo* im Pfad zur Root-Bridge ein Problem besteht.

Weiterhin gönnt sich RSTP zwei weitere Portrollen, die einen geblockten Port besser klassifizieren. Der *Alternate Port* ist der zweitbeste Weg zur Root-Bridge und springt sofort ein, wenn der primäre Pfad gestört ist. Der *Backup Port* ist der zweitbeste Weg in ein reguläres Netzsegment. Er wird ebenfalls dann aktiv, wenn der beste Zugang fehlerhaft ist.

Laboraufbau

Ein modernes Netzdesign ersetzt die großen Ethernet-Segmente durch IP-Verbindungen (vgl. Kap. 14). Dieser Fortschritt drängt das Gebiet von STP in den Edge-Bereich und beschränkt sich auf wenige Verbindungen. Das Labornetz pickt sich zwei Designansätze heraus, die redundante Pfade einsetzen und auf STP für den Ausfallschutz beruhen.

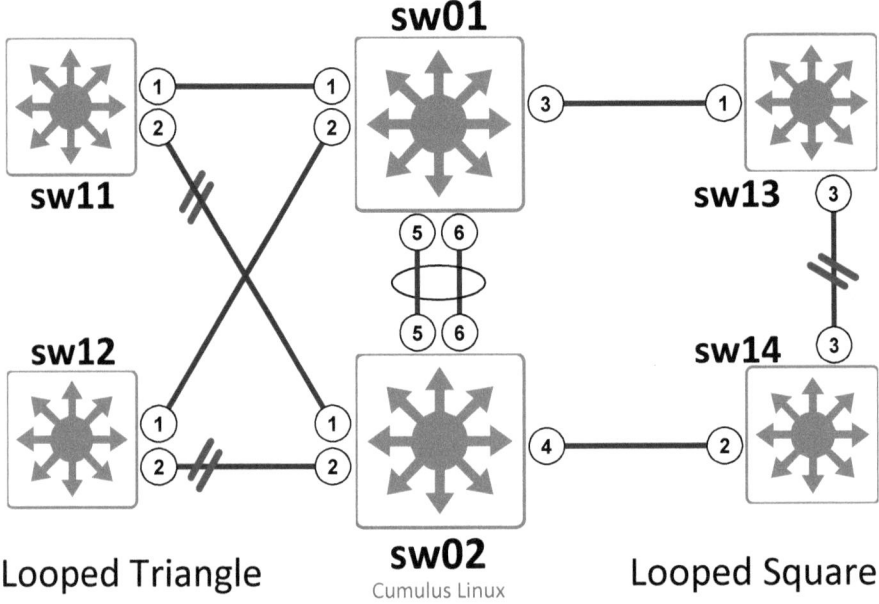

Abbildung 13.1: Redundante Anbindung von Switches im Edge-Bereich

Der Laboraufbau in Abbildung 13.1 zeigt die beiden Szenarien. Üblicherweise basiert der Edge-Bereich aus *einem* von beiden Entwürfen. Das Labornetz soll jedoch beide Designs verdeutlichen.
Ein großer Netzausrüster hat beiden Diagrammen sogar Namen gegeben: Der links dargestellte Bereich ist ein „Dreieck mit Schleifen" (Looped Triangle) und die rechts platzierten Switches nutzen das "Quadrat mit Schleife" (Looped Square). Welche Verbindung im Normalzustand geblockt sein soll, ist mit zwei knappen Strichen markiert.

Konfiguration

In Cumulus Linux ist das Spanning-Tree–Protokoll bereits aktiv. In der Voreinstellung macht STP die Netztopologie zwar schleifenfrei, aber wählt nicht selbstständig die optimale Wegeführung.
Der erste Schritt ist eine Grundvoraussetzung von Cumulus Linux: Die Bridge muss *vlan-aware* arbeiten. Bei neueren Versionen ist das bereits eingestellt, bei älteren führt ein einzelnes Kommando zum Ziel:

```
net add bridge bridge vlan-aware
```

Danach kommt die Wahl zur Root-Bridge. Diese sollte nicht der Zufall entscheiden, sondern einen Spine-Switch treffen. Im Labornetz übernimmt sw01 die Rolle der primären Root-Bridge. Dazu kündigt sich sw01 in den BPDUs mit einer höheren Priorität von 8192 an. Dieser Wert sichert sw01 den Wahlsieg zu, da die anderen Switches mit der Standardeinstellung von 32768 antreten.[1]

```
net add bridge stp treeprio 8192
```

Switch sw02 akzeptiert seine Wahl zum Stellvertreter durch eine ungünstigere Priorität. Mit 16384 ist sw02 weniger bevorzugt als sw01, aber immer noch der Favorit gegenüber den anderen Switches.

```
net add bridge stp treeprio 16384
```

Im letzten Schritt werden die benötigten Netzadapter zu Trunk-Ports (vgl. Kap. 7) oder Access-Ports. Am Beispiel von Leaf-Switch sw12 schaltet dieser seine Uplinks in den Trunk-Modus, worauf sie am STP-Prozess teilnehmen.

```
net add bridge bridge ports swp1,2
```

Sobald sich alle Switches auf die Root-Bridge geeinigt haben, entstehen die gewünschten Blockaden aus Abbildung 13.1.

Zur Kontrolle verdeutlicht sw11 in der folgenden Ausgabe, dass sein primärer Uplink zur Root-Bridge sw01 aktiv ist und sich im Status `forw` (Forwarding) befindet. Der alternative Pfad über Adapter *swp2* ist treffenderweise im Status `disc` (Discarding) und damit geblockt.

---
[1] Je höher die Priorität, desto geringer der Zahlenwert.

```
cumulus@sw11:~$ net show bridge spanning-tree
Bridge info
  enabled          yes
  bridge id        8.000.0C:12:24:11:FF:01
    Priority:      32768
    Address:       0C:12:24:11:FF:01
  designated root  2.000.0C:12:24:01:FF:01
    Priority:      8192
    Address:       0C:12:24:01:FF:01

  root port         swp1 (#2)
  path cost      20000       internal path cost   0
  max age        20          bridge max age       20
  forward delay  15          bridge forward delay 15
  tx hold count  6           max hops             20
  hello time     2           ageing time          300
  force protocol version     rstp

INTERFACE   STATE   ROLE
---------   -----   ----
swp1        forw    Root
swp2        disc    Altn
```

Best Practice

Die Theorie hinter dem Spanning-Tree–Protokoll ist tadellos. In der Praxis können ungünstige Umstände eine Schleife entstehen lassen, die STP nicht oder zu spät bemerkt. Cumulus Linux bietet mehrere zusätzliche Schutzmechanismen gegen Instabilitäten im praktischen Einsatz von STP. Wo die *Guards* am besten wirken, zeigt Abbildung 13.2.

- BPDU-Guard: Der BPDU-Wächter beschützt den Übergang von Edge-Switches zu Servern. STP geht die Server nichts an und von ihnen sollten auch keine BPDUs kommen. Falls doch, gibt der BPDU-Guard Alarm und deaktiviert den Netzadapter, der das BPDU-Paket empfangen hat.
  Diese strenge Hausordnung liegt darin begründet, dass hinter dem gebannten Port höchstwahrscheinlich kein Server, sondern ein ungewollter Switch Zugang zum Netz erhalten hat. Bei Erfolg kann dieser Switch die Topologie durcheinanderbringen und eine suboptimale Wegeführung bezwecken.

Best Practice

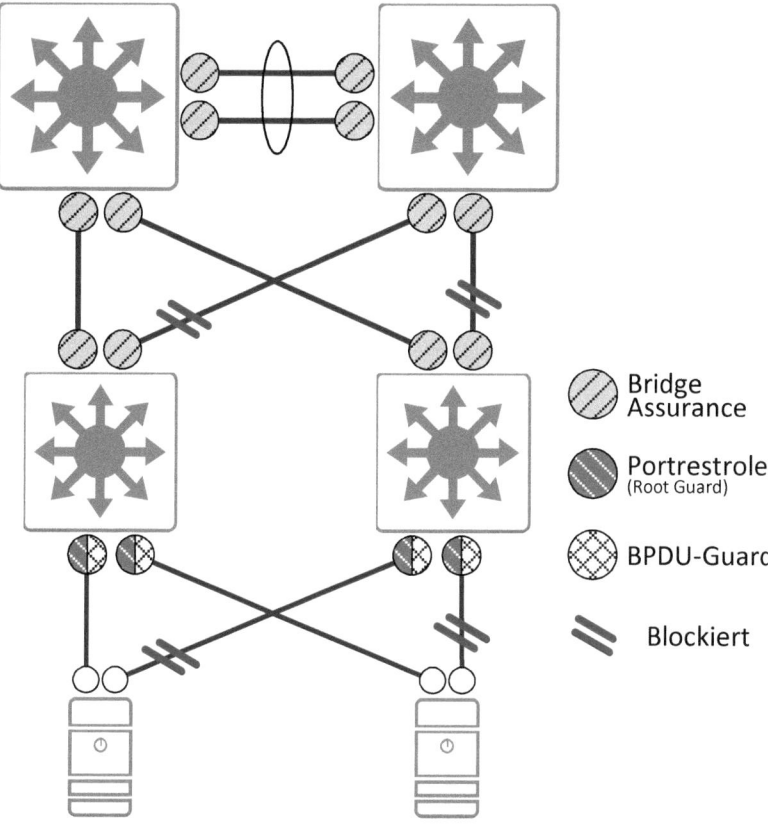

Abbildung 13.2: Schutzmechanismen zum Absichern von STP

Der Edge-Switch sw11 schützt seine server-seitigen Netzadapter per BPDU-Guard und dem Kommando:

```
net add interface swp5,6 stp bpduguard
```

Und falls doch mal ein BPDU am falschen Interface ankommt, rettet sw11 den Tag mit der knappen Logmeldung:

```
Oct 28 21.16:01 sw11 motpd[469]: error, MSTP_IN_rx_bpdu: \
    bridge:swp6 Recvd BPDU on BPDU Guard Port - Port Down
```

- Bridge Assurance: Dieser Mechanismus bewirkt, dass der Switch auf allen teilnehmenden Netzadaptern BPDUs versendet. Gleichzeitig erwartet *Bridge Assurance* auf denselben Ports eingehende BPDUs. Wenn plötzlich ein Netzadapter keine BPDUs mehr empfängt, stimmt etwas nicht und *Bridge Assurance* blockiert den Port, um Schlimmeres zu verhindern. Sobald wieder BPDUs ankommen, ist der Port von seiner Blockade erlöst.

Bridge Assurance macht nur Sinn auf Switchports, die direkt zu anderen Switches führen. Das Feature muss auf beiden Netzadaptern einer Kabelverbindung aktiv sein, um wirksam vor diesem Fehler zu schützen.

Der Spine-Switch sw01 erwartet hinter seinen Interfaces *swp1* und *swp2* jeweils einen Edge-Switch und aktiviert *Bridge Assurance* per Kommando:

```
net add interface swp1,2 stp portnetwork
```

Wenn einer der beiden Partner eine Unregelmäßigkeit bemerkt, würdigt er diesen Zwischenfall mit einem knappen Eintrag im Klassenbuch:

```
2018-10-28T21:29:03.058868+01:00 sw11 mstpd: error, \
  PISM_run: bridge:swp1:0 Bridge assurance inconsistent
```

- portrestrrole: Für diesen Bewacher hat die NCLU noch keinen passenden Namen. Cisco nennt ihn *Root Guard* und verbietet damit einzelnen Ports, die Root-Bridge dahinter zu vermuten. Grundsätzlich sollte die Root-Bridge ein zentraler Switch im Netz sein, z. B. der Spine-Switch sw01. Die Switches erfahren von der Root-Bridge, indem sie die BPDU-Inhalte lesen. Wenn der Edge-Switch sw11 diese BPDU durch einen Netzadapter erfährt, der zu den Servern führt, dann ist die Topologie durcheinander. Als Vorsichtsmaßnahme wird sw11 die Information dieser BPDU ignorieren und der bekannten Root-Bridge hinter Adapter *swp1* oder *swp2* vertrauen. Switch sw11 misstraut allen Root-Bridges hinter seinen server-seitigen Netzadaptern ab sofort mit dem Befehl:

```
net add interface swp5,6 stp portrestrrole
```

Die Methode ist hier doppelt gemoppelt, da bereits BPDU-Guard aktiv ist. Der *Root Guard* könnte auch die Spine-Switches schützen, damit bloß kein Leaf-Switch zur Root-Bridge wird. Die beste Platzierung der Features ist stark abhängig vom Netzdesign.

Wenn der *Root Guard* zuschlägt, hinterlässt er im Logfile die Nachricht:

```
Oct 29 21:10:07 sw11 mstpd[475]: error, MSTP_OUT_set_state: \
   bridge:swp6:0 role Alternate due to restricted root role
```

Technischer Hintergrund

Cumulus Networks greift für die Implementierung des Spanning-Tree–Protokolls einmal mehr in die Open-Source–Kiste und integriert die Software *Multiple Spanning Tree Protocol Daemon* [15] in sein Betriebssystem. Dagegen spricht nichts: Der Code ist lizenziert als GPLv2 und öffentlich bei GitHub erhältlich.

Die *mstpd*-Software ist eine junge Entwicklung, die noch nicht alle Features und Dialekte von STP beherrscht. Klassisches STP und RSTP spricht *mstpd* ausgezeichnet, aber beim MSTP-Standard sind große Lücken, die die Entwickler mit „mainly untested" bezeichnen und vor dem produktiven Einsatz warnen.

Hinter den Kulissen horcht der Dienst `mstpd` an den Netzadaptern und reagiert auf eingehende STP-Pakete. Das Bindeglied zwischen `mstpd` und der NCLU ist das Kommando `mstpctl`, welches die Befehle der NCLU annimmt und an den STP-Dienst weiterreicht. Über denselben Mechanismus erhält die NCLU ihre Statistiken und Status.

Scheinbar wachsen die NCLU und *mstpd* langsam zusammen. Denn nicht alle Funktionen von *mstpd* sind per NCLU konfigurierbar und die interaktive Hilfe beschreibt das Feature *portrestrrole* mit „add help text". Die Funktionalität des Cumulus-Switches ist davon nicht eingeschränkt.

Zusammenfassung

Das Spanning-Tree–Protokoll ist eine Methode zur Vermeidung von Schleifen in Ethernet-Netzen. Doppelte Wege werden kurzerhand geblockt, um das resultierende Netz schleifenfrei zu halten. Im laufenden Betrieb prüft

STP, ob es Veränderungen in der Topologie gibt und Blockaden aufgehoben werden müssen, oder an anderen Stellen zuschlagen.

Mit Spanning-Tree ist das halbe Netzwerk nicht verwendbar, weil die redundanten Pfade geblockt sind. Lastverteilung lässt sich nur mit Tricks erreichen. Und damit STP auch in den ungewöhnlichsten Situationen seinen Basisschutz behält, stehen ihm mehrere Wächter bereit. Damit solle das Netz auch bei schrägen Topologieänderungen stabil bleiben. Die Nachteile im täglichen Betrieb lösen die Netzdesigner damit, dass sie STP möglichst vermeiden. Der vorherrschende Netzaufbau in Rechenzentren hebt die Verbindungen auf OSI-Ebene 3 und streicht STP von der Tagesordnung (vgl. Kap. 14 und 15).

Kapitel 14

Spine/Leaf Topologie

Im Rechenzentrum benötigen tausende Server Anschluss ans Netz. Wie lassen sich die Maschinen am besten verbinden und das Netz am wirtschaftlichsten aufbauen?

Je größer ein Netz wird, desto wichtiger ist eine vorherige Planung. Dabei orientieren sich viele Designer an Architekturen, die sich in vergleichbaren Umgebungen bewährt haben.

Dieses Kapitel beschreibt den Wandel beim Entwurf eines Servernetzwerks vom traditionellen Ansatz zum cloud-fähigen Design.

Traditioneller Aufbau

Das klassische Design für Netze im Rechenzentrum oder auf dem Campus unterteilt die Funktionen in drei Schichten: Core, Distribution und Access (Abbildung 14.1).

Der Access-Bereich ist der Einstiegspunkt und bietet Netzanschlüsse für die Server. Die Switches im Access-Layer legen Wert auf Sicherheit, damit keine unautorisierten Geräte oder böswillige Pakete das Netz betreten.

Im Distribution-Bereich konzentrieren sich die Uplinkverbindungen der Access-Switches. Im Idealfall hat jeder Access-Switch mehrere Kabelverbindungen zu unterschiedlichen Distribution-Switches. In der Distributionsebene erledigen die Switches IP-Routing und Paketmanipulationen. Hier ist üblicherweise der Übergabepunkt von OSI-Layer 2 des Access-Bereichs zu OSI-Layer 3 des Kernnetzes.

Kapitel 14. Spine/Leaf Topologie

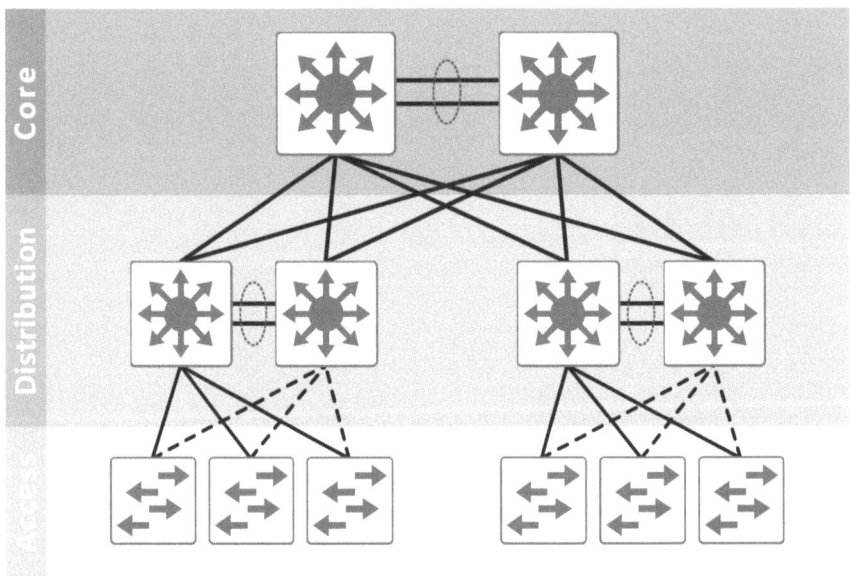

Abbildung 14.1: Traditionelles Dreischicht-Modell

Im Core-Bereich geht es um Geschwindigkeit, Skalierbarkeit und schnelle Konvergenz. Die Core-Switches verbinden die Distribution-Switches der unterschiedlichen Bereiche, Gebäude oder Standorte miteinander.
In kleineren Umgebungen kann das Kernnetz entfallen. Die Distribution-Switches müssen dann vollvermascht werden, um den Ausfallschutz zu erhalten.

Der Netzaufbau aus den beschriebenen drei Ebenen ist für Nord-Süd-Datenverkehr ausgelegt. Damit ist die Kommunikation zwischen Client und Server gemeint, also rein-und-raus aus dem Rechenzentrum.
Die Server kommunizieren auf OSI-Ebene 2, was den Access-Bereich zur Ethernetdomäne macht. VLANs unterteilen die Bereiche; das Spanning-Tree–Protokoll (vgl. Kap. 13) passt auf, dass keine Schleifen auftreten. Die Teilbereiche sind groß und bei einem Broadcast-Sturm droht der gesamte Block bis zum Distribution-Switch zu scheitern.
Den Gefahren der großen Broadcast-Domänen stehen die gute Unterstützung für älteren Anwendungen und Protokolle gegenüber. Außerdem ist das traditionelle Netzdesign einfach zu implementieren, da es mit stati-

schem Routing auskommt und kein Overlay-Netz benötigt. Routing und IP-Grenzen kommen erst ins Spiel, wenn das bestehende Netz wachsen soll.

Das Netz skaliert durch größere Switches und zusätzliche Kabelverbindungen zwischen den Ebenen („scale up").

Moderne Architektur

Die Cloud stellt neue Anforderungen an ein Netzdesign, denn der Datenfluss verändert sich. Moderne Netze zeigen deutlich mehr Ost-West–Verkehr. Eine einzelne Clientanfrage (Nord-Süd) triggert im Rechenzentrum mehrere Transaktionen *zwischen* den Servern (Ost-West).

Die Kommunikation der Server untereinander verläuft im traditionellen Design über eine unterschiedliche Anzahl Hops, was schwankende Verzögerung bewirkt. Hohe Durchsatzraten sind damit schwer zu erreichen, was zu einem Flaschenhals bei der Bandbreite zwischen den Servern führt.

Der Cloud-Gedanke ermöglicht auch den Einsatz mehrerer Rechenzentren, die sich einfach verbinden lassen.

Die großen Layer-2–Domänen des klassischen Netzdesigns bringen Risiken und Probleme bei der Lastverteilung, denn selten werden alle Links eines Bündels gleichmäßig ausgelastet. Im schlimmsten Fall blockiert STP und die Verbindung bleibt unbenutzt. Und wer mit VLANs nicht sparsam umgeht, wird an die Grenze von 4096 stoßen.

Kurzum: In einem Layer-2–Netz kann mehr schiefgehen als in einem Layer-3–Netz.

Spine/Leaf

Der moderne Netzentwurf ist schlichter aufgebaut als sein Vorgänger. Das Design beschränkt sich auf zwei Rollen: Spine und Leaf. Leaf-Switches verbinden die Server und ähneln dem Access-Bereich. Spine-Switches verbinden die Leafs und entsprechen dem Core-Bereich (Abbildung 14.2).

Im Grundsatz hat jeder Leaf-Switch eine Kabelverbindung mit jedem Spine-Switch. Damit ist der Pfad zwischen zwei Servern stets gleichlang und hat dieselbe Anzahl Hops und eine gleichmäßige Verzögerung. Es gibt keine direkte Verbindung Spine-zu-Spine oder Leaf-zu-Leaf.

Kapitel 14. Spine/Leaf Topologie

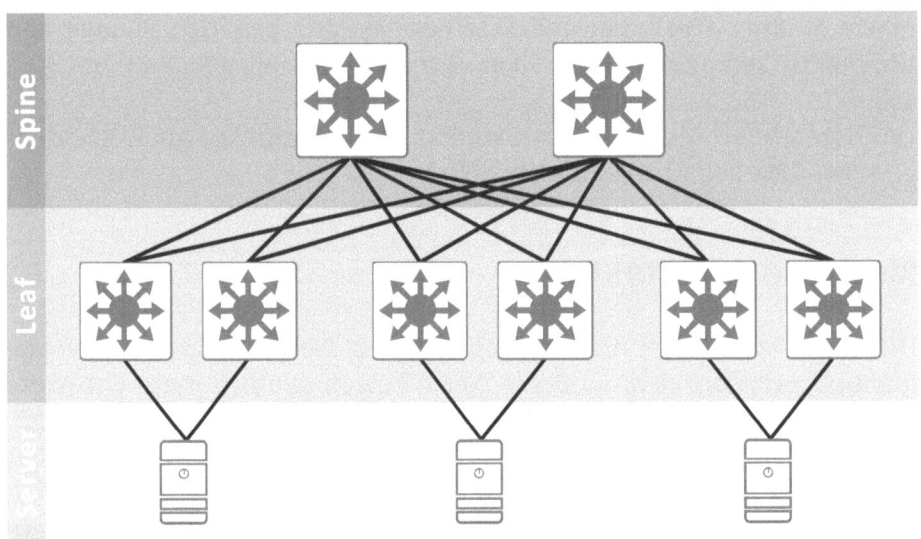

Abbildung 14.2: Spine/Leaf-Architektur

Der Aufbau skaliert: mehr Spine-Switches erhöhen die Bandbreite und mehr Leaf-Switches erhöhen die Portdichte für die Server („scale out").

Die Netzadapter der Switches arbeiten ausnahmslos auf Ebene 3. Über die Menge der IP-Adressen wacht ein Routingprotokoll, welches die Netze automatisch bekannt gibt. Kapitel 15 wägt die populären Protokolle OSPF und BGP gegeneinander ab.

Mit den Verbindungsnetzen auf Ebene 3 reduzieren sich die Ethernetsegmente auf das Kabel zwischen zwei Switches. Kleiner geht es kaum und damit ist das Spanning-Tree–Protokoll weg vom Fenster.

Die Switches verteilen die Netzlast über mehrere Leitungen an ihre Nachbarn. Als Folge werden alle Links verwendet, die verfügbare Bandbreite erhöht und besser ausgeschöpft.

Wo Licht ist, ist auch Schatten und so hat das Spine/Leaf-Design ein paar Knackpunkte, die zu berücksichtigen sind. Die Verkabelung ist nicht zu unterschätzen, denn *jeder* Leaf-Switch braucht ein Kabel zu *jedem* Spine-Switch. Während im klassischen Entwurf eine einpfadige Verbindung von Access-Switch zu Distribution-Switch toleriert war, verlangt der moderne Ansatz eine lückenlose Vermaschung.

In einem reinen IP-Netz versagen Anwendungen, die direkte Kommunikation auf Ethernetebene benötigen. Der allgemeine Workaround ist eine weitere Schicht Ethernet oberhalb des IP-Netzes. In der Branche hat sich dafür das Protokoll VXLAN (vgl. Kap. 17) durchgesetzt, denn es erreicht zwischen zwei beliebigen Access-Ports eine Ethernet-Verbindung, als wären die angeschlossenen Server per Kabel direkt miteinander verbunden.

Skalierung

Vorab ein kleines Rechenbeispiel: Ein Spine-Switch mit einer hohen Portdichte, z. B. der *Edgecore AS5610-52X*, verfügt über 48 Anschlüsse. Jeder Netzadapter führt zu einem Leaf-Switch, welcher bis zu 48 Gigabitports bereitstellt. In der Summe stellt der beispielhafte Netzaufbau aus knapp 100 Switches insgesamt ca. 2.300 Anschlüsse bereit, die für 1.150 zweipfadig angeschlossene Server ausreichen.

Wenn das eigene Netz diese Grenzen erreicht und Wachstum angesagt ist, muss die Topologie wachsen *können*. Das Spine/Leaf-Design skaliert nicht durch größere Switches, sondern durch *mehr* Switches („scale out"). Wenn das Maximum der Leaf-Switches, wie im obigen Beispiel, erreicht ist, kommt eine weitere Ebene hinzu. Dieser *Super-Spine* aggregiert mehrere Spine-Switches. Das Ergebnis ist ein dreistöckiger Netzaufbau, der ein bisschen an das traditionelle Design erinnert, aber nach Regeln von Spine-und-Leaf spielt (Abbildung 14.3).

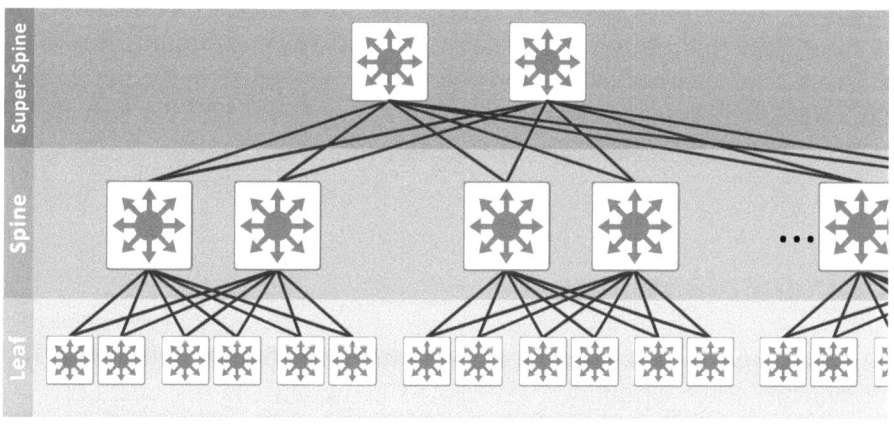

Abbildung 14.3: Dreischichtiges Spine/Leaf-Design für große Umgebungen

Overlay

Die Switches des Spine/Leaf-Verbundes transportieren alles, was sich in IP-Pakete einwickeln lässt. Theoretisch ist diese Freiheit unbegrenzt, aber meist handelt es sich dabei um Ethernet-Frames, die den Servern eine geswitchte Kommunikation vorgaukeln.
Damit teilt sich das Netz in ein Overlay- und ein Underlay-Netzwerk. Das Overlay-Netz verbindet die Server oder Hypervisoren miteinander und folgt den Regeln eines Protokolls, z. B. VXLAN (vgl. Kap. 17). Das Underlay-Netz ist ein reines Transportnetz, welches die IP-Pakete des Overlay-Netzes transportiert, ohne deren Funktion zu verstehen.
Ein Overlay-Netz ermöglicht vieles, bringt aber auch neue Komplexität ins Spiel. Der zusätzliche Protokollheader frisst ein paar Bytes vom Ethernet-Frame. Damit müssen die Switches größere Pakete transportieren und Jumbo-Frames unterstützen. Außerdem ist die Fehlersuche aufwendiger, denn anfangs ist nicht klar, ob die Ursache im Overlay oder im Underlay liegt.

Was macht Cumulus?

Cumulus Networks setzt auf die Spine/Leaf-Architektur und stattet sein Betriebssystem mit allen notwendigen Features aus: Routingprotokolle, VXLAN und eine hausgemachte Controllersoftware.
Der Spine/Leaf-Ansatz steckt die Grenze zwischen Layer 2 und Layer 3 in den Access-Bereich zwischen Leaf-Switches und Server. Cumulus Networks geht noch einen Schritt weiter und verschiebt die Grenze *in* die Server. Mit dem Konzept „Routing on the Host" (vgl. Kap. 16) werden die Server Teil der Routingdomäne. Das Ergebnis ist ein pures IP-basiertes Rechenzentrum.

Zusammenfassung

Das Netzdesign im Rechenzentrum wandelt sich. Der ursprüngliche Ansatz brachte einen optimalen Datenpfad zwischen Clients und Servern. Das Netz war geprägt von großen Broadcast-Domänen, VLANs und dem Spanning-Tree.

Zusammenfassung

Mit dem Aufkommen der Cloud hat sich der Anspruch verändert, denn die Server kommunizieren verstärkt untereinander. Dieser Datenverkehr innerhalb des Rechenzentrums benötigt hohe Bandbreiten und fixe Latenzen.

Dem neuen Anspruch begegnen die Designer mit der Spine/Leaf-Architektur. Leaf-Switches bieten Anschlüsse für die Server. Spine-Switches verbinden die Leaf-Switches. Das Konzept skaliert: mehr Spine-Switches erhöhen die verfügbare Bandbreite und mehr Leaf-Switches schaffen neue Netzanschlüsse für die Server.

Typischerweise arbeiten alle Verbindungen zwischen den Switches auf IP-Ebene. Ein Routingprotokoll sorgt für Ordnung und Lastverteilung. Das Kernnetz wird damit zu einem reinen IP-Netz und verbannt die Probleme von großen Ethernetsegmenten aus dem Data Center.

Kapitel 15

Dynamisches Routing

Switches und Router transportieren IP-Pakete in weit entfernte Netze. Diese Zielnetze sind zunächst unbekannt, bis jemand sie dem Switch bekannt gibt. In kleinen Netzen reichen statische Routen dafür aus, um jedem Switch jedes Netz anzukündigen. Die Anzahl der IP-Bereiche (Routen) ist überschaubar.

In größeren Umgebungen wird die händisch geführte Routingtabelle ein zeitintensives Hobby, da ein neues IP-Netz in allen Netzgeräten manuell eingetragen werden muss, um erreichbar zu sein.

Ein dynamisches Routingprotokoll nimmt dem Admin diese Arbeit ab. Die Switches lernen sich kennen und berichten gegenseitig über ihre lokalen Subnetze. Nach kurzer Zeit kennt jeder Switch alle bekannt gegebenen IP-Netze und wer dafür verantwortlich ist. Die nächste Aufgabe liegt darin, den kürzesten Weg zu diesen entfernten Netzen zu errechnen.

Was hier nach Standortvernetzung und Weitverkehrsnetzen klingt, lässt sich gut auf ein Rechenzentrum übertragen: Die Anzahl der Endgeräte ist groß und die Bandbreiten unterschiedlich. Und dynamisches Routing im Rechenzentrum lohnt sich auch für kleine Umgebungen, um in den Genuss von automatischem Ausfallschutz zu kommen.

Wenn die Switches ihre Nachbarn per IP-Adresse erreichen und damit auf Ebene 3 des OSI-Modells arbeiten, fallen viele Sorgenkinder weg, die auf Ebene 2 wüten: Broadcast-Stürme und der Spanning-Tree. Und die Lastverteilung muss nicht mehr auf proprietäre Protokolle zurückgreifen (vgl.

Kap. 8). Denn Linux verteilt automatisch, wenn mehrere unterschiedliche Pfade in der Routingtabelle zum selben Ziel führen.

Für die Auswahl des Routingprotokolls gibt es bei Cumulus zwei Kandidaten: *Open Shortest Path First* (OSPF) und *Border Gateway Protocol* (BGP). Welches das bessere von beiden ist, führt zu einer ähnlichen Diskussion wie „Vi versus Emacs" oder „Tabs versus Spaces". Glücklicherweise beherrscht Cumulus Linux beide Protokolle!

OSPF gegen BGP

Welches Routingprotokoll im Rechenzentrum wirken soll, ist eine Frage von Stabilität, Skalierbarkeit und technischem Hintergrund der Designer. Internet Service Provider (ISP) sind in vielen Situationen an BGP gebunden, während in Unternehmensnetzen OSPF häufiger anzutreffen ist.
Ein neutrales Design orientiert sich an der Anzahl der Server und Switches und berücksichtigt Wachstum.

OSPF konvergiert sehr schnell und die Switches lernen automatisch ihre Nachbarn und beginnen mit dem Austausch von Routinginformationen. Dagegen konvergiert BGP etwas langsamer, aber immer noch im Sekundenbereich. Dafür ist die Sache mit den Nachbarschaften ein wunder Punkt, denn grundsätzlich erwartet ein BGP-Knoten manuelle Konfiguration seiner Partner, bevor der Austausch von Pfadinformationen beginnt. Als Workaround lässt sich die Konfiguration automatisieren, sodass BGP in dieser Rubrik nicht im Nachteil ist. Auf lange Sicht könnte ein RFC diesen Vorgang standardisieren, der als Internet Draft *BGP Logical Link Discovery Protocol (LLDP) Peer Discovery* noch im Entwurfsstatus ist.
BGP gewinnt eindeutig bei der Skalierbarkeit. Der beste Beweis dafür ist das Internet.

Grundsätzlich gilt: In großen Infrastrukturen macht sich BGP besser und in normalen Umgebungen sollte die Wahl auf das Protokoll fallen, welches das IT-Team besser im Griff hat, oder welches bereits im Einsatz ist.
Aber ab wann erhält ein Rechenzentrum das Attribut *groß*? RFC 7938 spricht von mehr als hunderttausend Servern und empfiehlt BGP. Für OSPF

dürfte bei mehreren zehntausend Servern Schluss sein – jenseits dieser Schwelle nimmt der Aufwand für Nachbarschaften und Datenbanksynchronisation die Oberhand.

Auf welches Routingprotokoll die Wahl auch fällt, der Ablauf ist derselbe: Routingprozess aktivieren, Nachbarn erkennen (lassen) und Routen austauschen. Die offizielle Dokumentation von Cumulus Linux stellt BGP in den Mittelpunkt. Als Ausgleich richtet dieses Buch den Fokus auf OSPF, damit beide Protokolle ausreichend beleuchtet sind.

OSPF

Das Routingprotokoll OSPF ermöglicht es den Switches, sich gegenseitig kennenzulernen und über ihre lokalen Subnetze zu berichten. Nach kurzer Zeit kennt jeder Switch alle bekannt gegebenen IP-Netze und wer dafür verantwortlich ist. Die nächste Aufgabe liegt darin, den kürzesten Weg zu diesen entfernten Netzen zu berechnen.
Die Switches sortieren ihre Ergebnisse *shortest path first* (engl. kürzester Weg zuerst). Der beste Pfad zu einem IP-Netz und der benachbarte Switch wandern in die lokale Routingtabelle.
Wenn Geräte unterschiedlicher Hersteller plaudern wollen, muss ein offenes Protokoll her. Daraus ist *Open Shortest Path First* (OSPF) entstanden und hat sich im Unternehmensumfeld etabliert. Durch seine offene Architektur sind OSPF-Implementierungen für nahezu alle Switches und Router namhafter Hersteller und Betriebssysteme vorhanden.

OSPFv2 und OSPFv3 haben zwar das gleiche Ziel, sind aber strikt nach IPv4 und IPv6 getrennt. Wenn im Netz beide IP-Versionen rumlaufen, müssen sich die Switches über OSPFv2 (für IPv4) *und* OSPFv3 (für IPv6) unterhalten. Diese Unterteilung ist charmant, denn es erlaubt Netzbetreibern unter IPv6 ein anderes Routingprotokoll zu nutzen, ohne die stabile IPv4-Konfiguration zu gefährden.
Je nach Implementierung arbeiten dafür unterschiedliche Prozesse oder nur einer, der beide OSPF-Versionen beherrscht. Beispielsweise trennt Cumulus Linux beide Protokolle auf Anwendungsebene.

> **Hinweis**
>
> OSPF kommt aus der Welt der Router und daher ist der Begriff *Router* für ein OSPF-sprechendes Gerät geläufiger. Im folgenden Text beschreibt *Router* einen Cumulus-Switch mit aktivierter Routingfunktion.

Konzept

OSPF erwartet vor der Einrichtung ein wenig Planung, um die Skalierbarkeit des Protokolls richtig zu nutzen und um spätere Umbauten zu vermeiden.

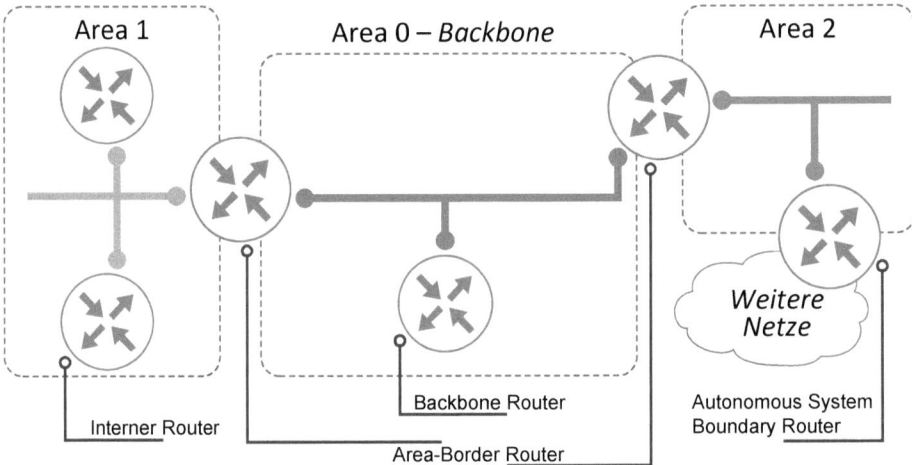

Abbildung 15.1: OSPF-Areas und Router-Typen

OSPF unterteilt seine Router nach Areas (engl. Gebiete). Eine Area ist eine zusammenhängende Gruppe von Routern. In einem großen Unternehmensnetz könnte eine Area einen Firmenstandort widerspiegeln. Innerhalb eines Rechenzentrums lassen sich die Serverschränke in Areas aufteilen. Alle Areas unterhalten sich nur über die Backbone-Area miteinander, die ebenfalls aus Routern besteht. Das sollten die Router sein, welche die Unternehmensstandorte miteinander verbinden oder das Kernnetz im Rechenzentrum bilden.

OSPF

Sobald ein Interface und sein angeschlossenes IP-Netz zum OSPF-Verbund gehören, werden sie Mitglied der ausgewählten Area. Damit ist es möglich, dass einzelne Router zu mehreren Areas gehören. Diese Router werden zum Botschafter zwischen den Areas und als *Area Border Router* (ABR) benannt. Wenn ein Router seine Interfaces in Netze steckt, die nicht über OSPF verwaltet werden, nimmt er die Rolle des *Autonomous System Boundary Router* (ASBR) ein. Abbildung 15.1 zeigt alle OSPF-Rollen in einem minimalen Beispielnetz.

Diese Rollen sind wichtig, denn

- nur zwischen zwei Areas kann der verbindende Router IP-Netze zusammenfassen und eine *Summary Route* weiterreichen.

- OSPF-Router *fluten* Änderungen ins Netz. Damit diese Flut nicht das gesamte Rechenzentrumsnetz lahmlegt, ist an der Grenze einer Area Schluss.

In kleineren Netzen ist es akzeptabel, nur die Backbone-Area zu nutzen, um die Komplexität von OSPF nicht unnötig auszureizen. Die Vorteile der Unterteilung nach Areas fallen dann weg.

Router haben viele IP-Adressen. Für die Benachrichtigungen über Netzänderungen benutzen die OSPF-Teilnehmer aber stets dieselbe IP-Adresse, um keine Verwirrung zu stiften. Diese eindeutige Kennung ist die OSPF-Router-ID.

Aufbau

Im folgenden Szenario werden alle Switches im Labornetzwerk zu OSPF-Routern und alle Verbindungen auf Ebene 3 des OSI-Modells betrieben (vgl. Kap. 14). Dazu erhalten die Netzadapter der Switches IP-Adressen, welche für den Austausch von OSPF-Paketen notwendig sind. Auch die Verbindungen zwischen den Servern und den Leaf-Switches werden von OSPF verwaltet, um das Routingprotokoll breitflächig zu nutzen.
Alle Server haben zwei Uplinks zu unterschiedlichen Switches. Damit kann OSPF seine Fähigkeiten bei Lastverteilung und Ausfallschutz demonstrieren.

Abbildung 15.2 zeigt das vollständige Labornetz mit zwei Servern, die beispielhaft für eine Serverfarm stehen.

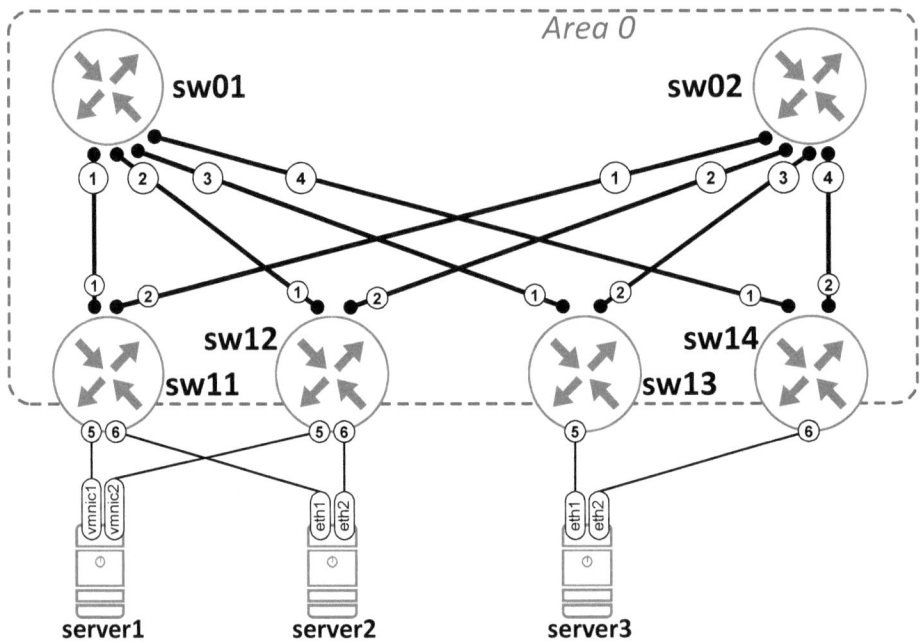

Abbildung 15.2: Spine-and-Leaf–Topologie mit OSPF als Routingprotokoll

Die Verbindungen zwischen den Switches müssen mit IP-Adressen bestückt werden. Dazu eigenen sich kleine Subnetze mit einer Maske von /30 oder /31. In großen Umgebungen wird die Verwaltung dieser Adressen unübersichtlich. Alternativ dazu bleiben die Netzadapter *unnumbered* und „leihen" sich die vorhandene IP-Adresse eines anderen Interfaces oder Loopback-Adapters.

Wo sind die Verbindungen *zwischen* den Switch-Pärchen geblieben? Switch sw01 und sw02 sind untereinander nicht verbunden – ganz im Gegensatz zum vorgestellten Netzdiagramm aus Kapitel 1. Die Ursache liegt in der fehlenden Notwendigkeit dieser Verbindungen in einem IP-basierten Netzdesign. Selbst wenn die Verbindungen vorhanden wären, würde OSPF sie nicht verwenden, da es bessere Pfade gibt. Besser noch: Die Interfaces sind frei und können weitere Switches oder Server anbinden.

Einrichtung

Bei der NCLU beginnen alle OSPF-Kommandos mit `net add ospf` oder `net show ospf`, wenn nur Informationen gefragt sind. Der OSPF-Prozess beginnt seine Arbeit, sobald er eine Router-ID erhält. Diese Kennung muss innerhalb der OSPF-Wolke eindeutig sein. Der erste Switch sw01 erhält seine beispielhafte Router-ID 1.1.1.1 per Kommando:

```
net add ospf router-id 1.1.1.1
```

Nach dem obligatorischen `net commit` startet Cumulus Linux im Hintergrund den Dienst `ospfd`. Damit ist es noch nicht getan, denn bis jetzt hat der Dienst noch keine konkreten Aufgaben.

Welche Netzadapter sollen OSPF sprechen und im dynamischen Routing mitspielen? Die Wahl fällt auf alle Interfaces, die wiederum einen Switch als Nachbarn haben. Am Beispiel von sw01 sind das die Interfaces *swp1* bis *swp4*:

```
1  net add interface swp1-4 ip address 1.1.1.1/32
2  net add interface swp1-4 ospf area 0
3  net add interface swp1-4 ospf network point-to-point
```

Kurioserweise erhalten alle Netzadapter dieselbe IPv4-Adresse, die sich auch noch mit der Router-ID überschneidet. Das ist die Erwartungshaltung der NCLU, um ein Interface „unnumbered" zu machen.

In diesem überschaubaren Labornetz können alle Netzadapter in derselben Area sein (Zeile 2). Die Angabe vom Netzwerktyp `point-to-point` in Zeile 3 verrät, dass in jedem Netzsegment exakt zwei Switches sind. Das bewirkt intern, dass die OSPF-Geräte keinen *Designated Router* (DR) und *Backup Designated Router* (BDR) wählen. Diese beiden Rollen sind nur in Umgebungen sinnvoll, wo viele OSPF-Router im selben Ethernetsegment aktiv sind.

Sobald die OSPF-Konfiguration auf den Switches vollständig ist, sollten sich die Geräte als Nachbarn sehen, wobei die Router-ID auf allen Teilnehmern unterschiedlich ist.

```
cumulus@sw01:~$ net show ospf neighbor

Neighbor ID    Pri State         Dead Time Address     Interface   [...]
11.11.11.11      1 Full/DROther  33.624s 11.11.11.11   swp1:1.1.1.1
12.12.12.12      1 Full/DROther  33.285s 12.12.12.12   swp2:1.1.1.1
13.13.13.13      1 Full/DROther  33.935s 13.13.13.13   swp3:1.1.1.1
14.14.14.14      1 Full/DROther  33.623s 14.14.14.14   swp4:1.1.1.1
```

Sobald eine Nachbarschaft im Status Full ist, tauschen die Geräte Linkstate-Informationen aus, um damit ihre Datenbank zu befüllen. Die relevantesten Datensätze schaffen es dann in die Routingtabelle.

Timer Tuning

In der Voreinstellung halten sich die Partner durch *Hello*-Pakete auf dem Laufenden, die alle zehn Sekunden erfolgen (*hello-interval*). Wenn sich ein Nachbar vierzig Sekunden lang nicht meldet (*dead-interval*), werden alle betroffenen Geräte die Linkstate-Informationen dieses Nachbarn verwerfen und nach Alternativen suchen, um die Routingtabelle aufzufüllen. Vierzig Sekunden sind eine lange Zeit und die meisten Applikationen werden dem Anwender eine Fehlermeldung präsentieren.

> **Hinweis**
>
> Wenn OSPF bemerkt, dass eine Netzverbindung getrennt ist („linkdown"), wird sofort gehandelt und nicht erst nach dem langen Timeout.

Der niedrigste Wert für das Hello-Intervall ist *eine* Sekunde. Die Empfehlung für die Ausfallerkennung liegt beim vierfachen Hello-Intervall und damit bei vier Sekunden.
Cumulus Linux erhält diese verbesserten Intervallwerte für alle benutzten OSPF-Schnittstellen:

```
net add interface swp1-4 ospf hello-interval 1
net add interface swp1-4 ospf dead-interval 4
```

Anschließend sind auf jeder Kabelstrecke zwei OSPF-Hellos pro Sekunde sichtbar – jeweils eins von jedem Nachbarn.

> **Achtung**
>
> Benachbarte Switches müssen identische Intervalle benutzen, um eine Nachbarschaft zu bilden.

Bei ungleichen Intervallen meckert der Routingdienst in seiner Logdatei:

```
2018-09-12T15:14:39.164482+02:00 sw01 ospfd[3304]: Packet 2.2.2.2 \
   [Hello:RECV]: RouterDeadInterval mismatch (expected 4, but received 40).
2018-09-12T15:14:59.164151+02:00 sw01 ospfd[3304]: Packet 2.2.2.2 \
   [Hello:RECV]: HelloInterval mismatch (expected 1, but received 10).
```

Lastverteilung

Wenn der OSPF-Prozess mehrere gleichwertige Pfade zu einem Zielnetz ermittelt hat, wird der Kernel diese Informationen in die Routingtabelle aufnehmen. Als Folge schickt Cumulus Linux ausgehende Pakete zu diesem IP-Netz über die verfügbaren Leitungen (Abbildung 15.3 auf der nächsten Seite). Es entsteht eine Lastverteilung, ohne dass diese gesondert konfiguriert werden muss.

Unterschiedliche Pfade zum selben Zielnetz benutzt der Kernel nur, wenn beide vom selben Routingprotokoll stammen, dieselbe Metrik haben (engl. equal cost) und damit beide Pfade (engl. multipath) gleichwertig sind. Dieses Routing per *Equal-cost multi-path* (ECMP) ist nicht auf zwei Nachbarn beschränkt. Das Limit liegt bei 256 parallelen Next-Hops pro Zielnetz. Beispielsweise erreicht Switch sw01 die IP-Adresse 10.19.0.32 über beide Leaf-Switches sw11 und sw12:

```
cumulus@sw01:~$ net show route 10.19.0.32
RIB entry for 10.19.0.32
========================
Routing entry for 10.19.0.32/32
  Known via "ospf", distance 110, metric 20, best
  Last update 00:11:26 ago
  * 11.11.11.11, via swp1 onlink
  * 12.12.12.12, via swp2 onlink
```

Wenn Datenpakete für 10.19.0.32 anstehen, wird der Weiterleitungsprozess beide Netzadapter *swp1* und *swp2* berücksichtigen und sich für einen entscheiden, um das Paket auf den Weg zu schicken.

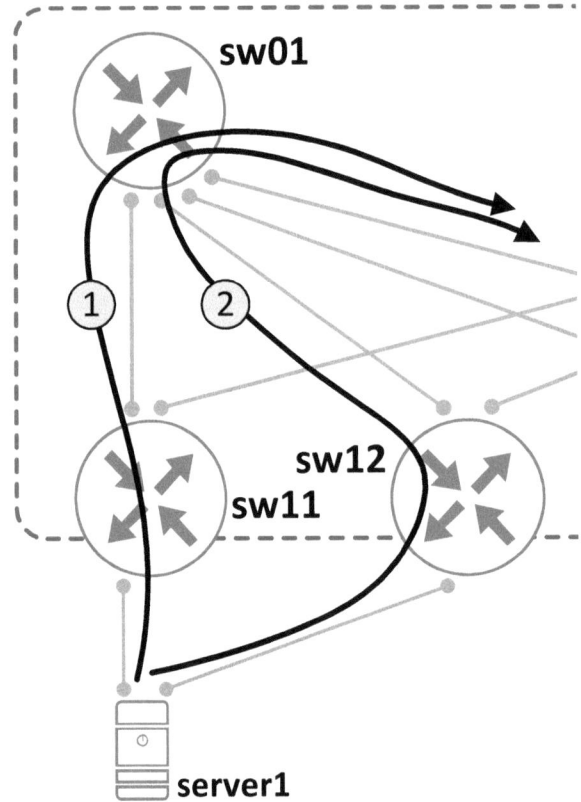

Abbildung 15.3: Cumulus Linux benutzt mehrere Pfade gleichzeitig

Cumulus Linux entscheidet sich nicht zufällig für ein ausgehendes Interface. Für die Wahl bildet ECMP eine Hashfunktion über:

- IP-Protokoll
- eingehendes Interface
- Quell- und Ziel-IP-Adresse
- TCP/UDP-Portnummer

Das Ergebnis ist für alle Pakete einer einzelnen Verbindung dasselbe, sodass die Pakete nicht durcheinander beim Ziel ankommen.

Sicherheit

Sollte der Switch auf *allen* Netzadaptern OSPF-Informationen bereitstellen und neue Nachbarschaften eingehen? Falls nicht, lassen sich die OSPF-freien Interfaces in den passiven Modus umstellen. Anschließend senden die ausgewählten Schnittstellen keine OSPF-Hello-Pakete mehr und ignorieren eingehende Hellos.
Allen voran sollte das Management-Interface nicht am dynamischen Routing teilnehmen, oder die anderen Geräte zu OSPF verführen.

```
net add ospf passive-interface eth0
```

Diese Liste sollte alle weiteren Netzadapter enthalten, die ebenfalls zum OSPF-Prozess nichts beitragen, z. B. Verbindungen zu statischen Servern. Falls nur wenige Interfaces OSPF-Nachbarn erwarten, lohnt es sich, *alle* Interfaces passiv zu machen und mit Ausnahmen zu arbeiten. Die folgenden Anweisungen bewirken in der NCLU, dass ausschließlich *swp5*, *swp19* und *swp23* mit ihren Nachbarn eine OSPF-Partnerschaft eingehen dürfen.

```
net add ospf passive-interface default
net del ospf passive-interface swp5
net del ospf passive-interface swp19
net del ospf passive-interface swp23
```

Der stärkere Schutz gegen ungewollte Nachbarschaften und das Einschleusen von bösartigen OSPF-Paketen ist die Authentifizierung. Der sendende Router fügt der OSPF-Nachricht eine kryptografische Signatur hinzu, die der empfangende Router prüft. Nur wenn die Signatur gültig und der Paketinhalt unverändert ist, wird er das Paket akzeptieren und verarbeiten.
Das Routingprotokoll ist beim Angebot der Hashverfahren sparsam, denn die Auswahlliste besteht ausschließlich aus dem MD5-Algorithmus. Vor diesem Algorithmus wird heutzutage in manch anderer Software aus Sicherheitsgründen abgeraten.
Die fehlende Auswahl hat zumindest den Vorteil, dass die Konfiguration simpel ist. Wenn der Nachbar hinter Netzadapter *swp5* nur signierte OSPF-Meldungen erwartet und verschickt, erledigt die NCLU diesen Wunsch mit zwei Befehlen.

```
net add interface swp5 ospf authentication message-digest
net add interface swp5 ospf message-digest-key 1 md5 EIN_PASSWORT
```

Wenn es etwas Stärkeres sein soll, kann IPsec aushelfen und die OSPF-Pakete mit robusten Algorithmen verschlüsseln. Abschnitt *Sicherheit* für OSPFv3 auf Seite 203 zeigt die Absicherung mittels IPsec.

Skalierung

In kleinen Umgebungen bringt dynamisches Routing die Vorzüge der Lastverteilung und des Ausfallschutzes. In großen Umgebungen führt kein Weg dran vorbei, um die Berge an IP-Netzen zu kontrollieren und allen Geräten beizubringen.
OSPF hat auch für große Netze und hohe Bandbreiten eine paar Asse im Ärmel. Dieser Abschnitt will kein Buch über OSPF-Design ersetzen, möchte aber die Skalierungstipps kurz anreißen.

Areas

OSPF flutet Zustandsänderungen ins Netz, damit sie jeden Teilnehmer derselben Area erreichen. Bei vielen Routern oder vielen Änderungen steigt die Belastung für Netzwerk und CPU, denn die Router müssen auf jede Änderung reagieren und eventuell ihre Routen neu bewerten.
Wie die OSPF-Landschaft aufgeteilt wird und welche Rolle die Areas einnehmen, ist eine Frage von Design und Größe. Wenn sich die einzelnen Server am Routing beteiligen (vgl. Kap. 16), könnte eine Area aus einem Serverschrank bestehen. Wenn die Leaf-Switches nur IP-Netze zusammenfassen und über ihre Uplinks verteilen, können mehrere Schränke zu einer Area gehören.
Die OSPF-Router innerhalb einer Area benötigen nicht das Detailwissen über externe Routen oder die IP-Netze anderer Bereiche. Es reichen mehrere Summary-Routen oder eine einzelne Default-Route.
Wenn die Area auf externe Routen verzichten soll, wird sie zur *Stub-Area*. Die Routingtabelle der betroffenen Router schrumpft, sobald die ABRs die Area als stub deklarieren:

```
net add ospf area 19 stub
```

Die Router dieser Stub-Area erhalten immer noch die Netz-Informationen anderer Areas. Wenn die verbleibende Menge der Routen immer noch den

Rahmen sprengt, kommt die *Totally Stubby Area* ins Spiel. In diese Area kommt nichts hinein, mit Ausnahme einer Default-Route. Die Entscheidung über die Totally Stubby Area fällen die Area Border Router, die zwischen den Areas filtern und die Default-Route verteilen.

```
net add ospf area 19 stub no-summary
```

Die Unterteilung nach Areas wird im Abschnitt *OSPFv3* auf Seite 200 genutzt.

Zusammenfassen von IP-Bereichen

Wenn sich Netzbereiche zusammenfassen lassen, spart das Platz in den Routingtabellen der Router einer anderen Area. Wenn *alle* einzelnen Routen, die mit 10.19 beginnen, zur selben Area gehören, dann sollten die Area Border Router die Summary-Route 10.19.0.0/16 an die Backbone-Router formulieren. Durch das Backbone erreicht die neue Route alle anderen Router und belegt dort *eine* Zeile in der Routingtabelle.

Die Zusammenfassung von Routen erfolgt in Richtung Backbone. Der ABR von Area 1 und Area 0 generiert diese Route und flutet sie in die Backbone-Area. Leider ist die Konfiguration einer Summary-Route noch nicht per NCLU möglich, sodass die Kommandozeile der Routingsoftware dafür herhalten muss.

```
sudo vtysh
config term
router ospf
area 19 range 10.19.0.0/16
end
write
```

Anschließend sehen die Router anderer Areas den Inhalt von Area 19 als einzelne Route.

```
O>* 10.19.0.0/16 [110/101] via 10.1.2.2, swp2, 00:03:29
```

Hohe Bandbreiten

OSPF berechnet seine Metrik anhand der Bandbreite der Netzadapter. Die Formel ist relativ simpel: Teile 100 Mbit/s durch die tatsächliche Bandbreite des Interfaces und runde zur nächsten ganzen Zahl auf. Für kleine

Bandbreiten im WAN funktioniert das ganz gut, aber alle Raten oberhalb von FastEthernet ergeben dieselbe Zahl 1. Per Voreinstellung kann OSPF nicht zwischen FastEthernet und 100 Gbit/s unterscheiden.

Für höhere Bandbreiten muss die Referenzbandbreite wachsen. Anstatt der üblichen 100 Mbit/s kann Cumulus Linux auch 40 Gbit/s verwenden.

```
net add ospf auto-cost reference-bandwidth 40000
```

Die Kosten eines Gigabit-Interfaces zeigen sich dann nicht mehr als 1, sondern als 40:

```
cumulus@sw01:~$ net show ospf interface
swp2 is up
  ifindex 7, MTU 1500 bytes, BW 1000 Mbit <UP,BROADCAST,RUNNING,MULTICAST>
  Internet Address 10.1.2.1/30, Area 0.0.0.0
  MTU mismatch detection: enabled
  Router ID 1.1.1.1, Network Type POINTOPOINT, Cost: 40
[...]
```

> **Hinweis**
>
> Die Referenzbandbreite muss auf allen OSPF-Routern denselben Wert haben.

Der maximale Referenzwert liegt bei 4.294.967, was noch solange ausreichen wird, bis die Netzadapter den Bereich von *Terabit Ethernet* betreten.

OSPFv3

Die Version 3 von OSPF wagt den Vorstoß in die Welt von IPv6. Das klingt mutig, aber das Grundprinzip ist dasselbe, wenn auch die Adressen länger und weniger übersichtlich erscheinen.

Cumulus Linux behält die Kommandostruktur bei, aber stets mit der notwendigen Unterscheidung, ob ein Befehl für OSPFv3 gilt, und damit für IPv6, oder für das „klassische" OSPF mit IPv4.

OSPFv3 verwendet für die Kommunikation die link-lokale IPv6-Adresse, die sich jeder Netzadapter selbstständig generiert. Damit ist die Konfiguration noch bequemer als die *unnumbered* Adressen von IPv4.

Labor

Das Labor für OSPFv3 nutzt die Methoden der Skalierung, verbesserte Timer und Areas. Diese Techniken wurden im Verlauf des Kapitels bereits behandelt und sind direkt auf IPv6 übertragbar. In Abbildung 15.4 wandern die Access-Links der Server in eine separate Area und die Leaf-Switches werden zu ABRs. Die Backbone-Area bleibt damit von den einzelnen Serverpräfixen verschont.

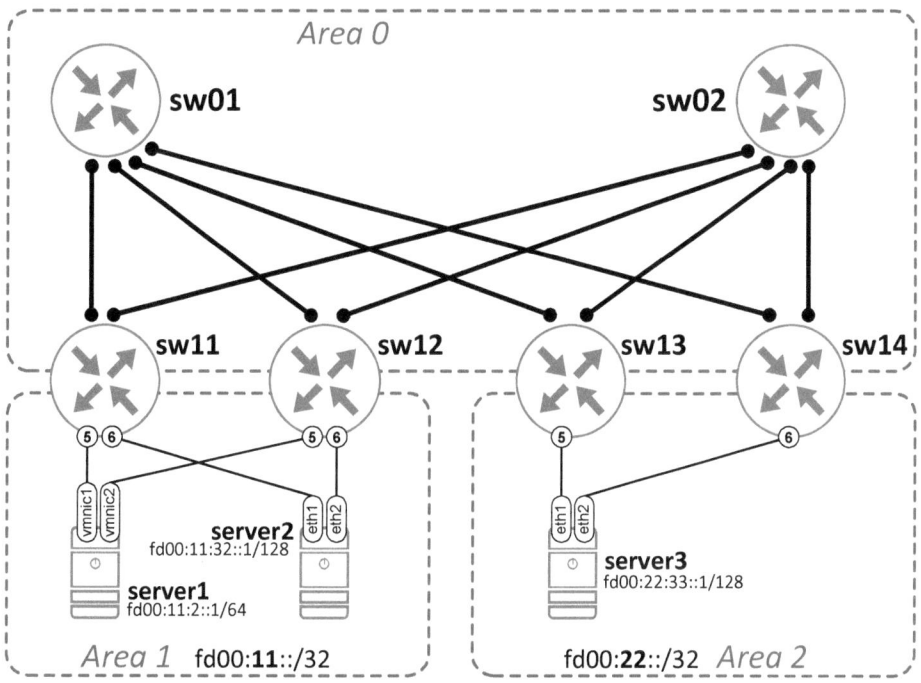

Abbildung 15.4: OSPFv3 unterteilt IPv6-Bereiche in Areas

Dieser Laboraufbau stellt ein Netzdesign dar, welches vollständig auf Ebene 3 des OSI-Modells setzt. Alle Verbindungen zwischen Teilnehmern benutzen IP-Adressen. Eine Broadcast-Domäne reicht damit maximal bis zum anderen Ende des Kabels.

Areas

Die offizielle Dokumentation der Routingengine äußert sich über Areas mit: „Area support for OSPFv3 is not yet implemented". Hier sind die Entwickler unnötig bescheiden, denn Areas funktionieren bei OSPFv3 tadellos. Und das gilt auch für Filter und das Zusammenfassen von Präfixen.
In älteren Versionen musste der ABR die Präfixe aus den Areas als externe Routen in die Backbone-Area einschleusen. Das war ein akzeptabler Workaround, der jedoch am ABR entsprechende Konfiguration erforderte.

Einrichtung

Die Ersteinrichtung läuft genau wie bei IPv4 ab: Zuerst OSPFv3-Prozess aktivieren, Router-ID bestimmen, Areas zuweisen, (Referenz-)Bandbreite festlegen und schließlich auf die OSPF-Nachbarschaften warten.

```
net add ospf6 router-id 1.1.1.1
net add ospf6 interface swp1-6 area 0.0.0.0
net add interface swp1-4 ospf6 hello-interval 1
net add interface swp1-4 ospf6 dead-interval 4
net add interface swp1-4 ospf6 network point-to-point
```

Danach verteilen sich die IPv6-Routen und tauchen in den Routingtabellen der benachbarten Geräte auf.

> **Hinweis**
>
> Die Router-ID und Area-ID sind 32-bit-Zahlen, welche die Form einer IPv4-Adresse annehmen, ohne tatsächlich eine Adresse zu sein.

Die Nachbarschaftstabelle von Switch sw01 sieht noch wenig nach IPv6-Routing aus:

```
cumulus@sw01:~$ net show ospf6 neighbor
Neighbor ID  Pri  DeadTime  State/IfState    Duration  I/F[State]
11.11.11.11   1   00:00:03  Full/DROther     00:38:37  swp1[PointToPoint]
12.12.12.12   1   00:00:03  Full/DROther     00:38:42  swp2[PointToPoint]
```

Die Leaf-Switches halten ihre angeschlossenen Server in einer gesonderten Area, sodass sich die Einrichtung ihrer Netzadapter von den Spine-Switches unterscheidet. Am Beispiel von sw12 ändert sich die Area-ID:

```
net add ospf6 interface swp5-6 area 0.0.0.1
```

Sicherheit

OSPFv3 kümmert sich nicht um Sicherheit. Das ist kein fehlendes Sicherheitsbewusstsein, sondern die klare Entscheidung, dass es bereits hervorragende Sicherheitsprotokolle gibt, auf die OSPFv3 zurückgreifen kann. Gemeint ist IPsec und seine Fähigkeit zu verschlüsseln und zu signieren. Eine fertige Implementierung ist für jedes populäre Betriebssystem bereits vorhanden. Weiterhin ist die Einrichtung nicht auf MD5 beschränkt (vgl. Seite 197), sondern kann stärkere Algorithmen verwenden.

Cumulus Networks hat die Konfiguration von IPsec nicht in die NCLU integriert. Wenn OSPFv3 vor neugierigen Blicken geschützt über die Leitungen wandern soll, muss das Betriebssystem für den Schutz sorgen.

Die notwendige Software steht im Repository bereit und ist per Paketmanager ohne Aufwand nutzbar:

```
apt install ipsec-tools
```

Das Prinzip ähnelt einem VPN-Tunnel: Ein Endpunkt verschlüsselt und verschickt, der andere Endpunkt empfängt und entschlüsselt. Alle Geräte dazwischen sehen nur unleserliche Paketinhalte.

Welche Teile der Kommunikation verschlüsselt sein sollen, entscheidet das neue Kommando `setkey`. Seine Anweisungen erhält `setkey` per Skriptdatei. In dieser Datei lassen sich die Algorithmen für Verschlüsselung (Tabelle 15.1 auf der nächsten Seite und Signierung (Tabelle 15.2 auf Seite 205) auswählen und mit einem Passwort versehen.

```
1   flush;
2   spdflush;
3
4   # OSPFv2
5   spdadd 0.0.0.0/0[0] 224.0.0.5[0] any \
6     -P out ipsec esp/transport//require;
7   add 0.0.0.0 224.0.0.5 esp 0x10003 -m transport \
8     -E rijndael-cbc "12345678901234567890123" \
9     -A hmac-sha1 "12345678901234567890";
10
11  # OSPFv3
12  spdadd ::/0 ff02::5 any -P out ipsec esp/transport//require;
13  add :: ff02::5 esp 0x10003 -m transport \
14    -E rijndael-cbc "12345678901234567890123" \
15    -A hmac-sha1 "12345678901234567890";
```

Die Schlüssel in den Zeilen 8, 9, 14 und 15 sind beispielhaft. Sie sollen zeigen, dass der Schlüssel eine exakte Länge haben muss, die abhängig vom Algorithmus ist. In den Tabellen 15.1 und 15.2 ist die benötigte Länge in der Spalte *Schlüssellänge (Bytes)* aufgeführt.
Sobald die Datei angefertigt ist, sendet das `setkey`-Kommando ihren Inhalt an den Kernel, welcher mit der Kryptierung beginnt.

```
setkey -f <Dateiname.txt>
```

> **Hinweis**
>
> Die `setkey`-Datei ist adressunabhängig, sodass sie auf allen Switches ohne weitere Anpassung die OSPF-Pakete verschlüsselt und signiert.

Algorithmus	Schlüssellänge (Bits)	Schlüssellänge (Bytes)
blowfish-cbc	40–448	5–56
cast128-cbc	40–128	5–16
des-cbc	64	8
des-deriv	64	8
3des-cbc	192	24
des-deriv	64	8
null	0–2048	0–256
rijndael-cbc	128/192/256	16/24/32
aes-ctr	160/224/288	20/28/36
camellia-cbc	128/192/256	16/24/32
twofish-cbc	0–256	0–32

Tabelle 15.1: Nutzbare Algorithmen zur Verschlüsselung bei IPsec

Da die Verschlüsselung nicht im OSPF-Prozess stattfindet, wissen die *show*-Kommandos der NCLU auch nichts über die Vertraulichkeit der Pakete. Feedback dazu liefern die Befehle `setkey -D` und `setkey -D -P` aus dem Softwarepaket von *ipsec-tools*.

Zuletzt sollte der Wunsch nach Verschlüsselung auch einen Neustart des Systems überleben. Dazu gehört der Aufruf von `setkey -f` in die Startdatei /etc/rc.local vor die finale `exit`-Zeile.

Algorithmus	Schlüssellänge (Bits)	Schlüssellänge (Bytes)
keyed-md5	128	16
hmac-md5	128	16
keyed-sha1	160	20
hmac-sha1	160	20
hmac-sha2-256	256	32
hmac-sha2-384	384	48
hmac-sha2-512	512	64
hmac-ripemd160	160	20
aes-xcbc-mac	128	16
tcp-md5	8–640	1–80
null	0–2048	0–256

Tabelle 15.2: Nutzbare Algorithmen zur Signierung bei IPsec

Die Konfiguration zur Absicherung der OSPF-Nachbarn benutzt statische Schlüssel. Der *automatische* Austausch von Schlüsseln passt nicht zu OSPF, denn die Zieladresse von OSPF-Hello-Paketen ist eine Multicast-Adresse. Und leider verträgt sich der Dienst zum *Internet Key Exchange* (IKE) nicht mit Multicast.

Fehlersuche

Wenn Nachbarschaften nicht entstehen oder Pfade in den Routingtabellen fehlen, kann OSPF vielfältige Auskunft geben. Die erste Informationsquelle sind die show-Kommandos der NCLU. Diese kommunizieren mit den OSPF-Prozessen und liefern die gewünschten Ergebnisse als Kommandoausgabe. Wenn zwei Router keine Nachbarschaft eingehen wollen, prüft der folgende Befehl, ob OSPF auf dem verbindenden Netzadapter überhaupt aktiviert ist.

```
net show ospf interface
```

Anschließend kommt der visuelle Vergleich beider Gegenstellen, ob MTU, Area, IP-Subnetz und kryptografische Prüfsumme übereinstimmt.

> **Hinweis**
>
> Die verwendeten Befehle betreffen OSPF Version 2. Wenn die Fehlersuche auf OSPFv3 abzielt, muss das Argument `ospf` durch `ospf6` ausgetauscht werden:
>
> `net show ospf6 interface`

Die Liste der OSPF-Nachbarn bringt der Befehl `net show ospf neighbor`. Die gewünschte Ausgabe ist auf den Seiten 194 und 202 gelistet. Eine vollwertige Nachbarschaft hat den Status `Full`. Alle anderen Zustände sollten vorübergehend sein und betreffen das Kennenlernen zweier Geräte oder den Austausch von Link-State–Informationen.

Wenn alle Nachbarschaften vollwertig sind, verteilen die Router ihre IP-Informationen untereinander. Welches IP-Netz es in die Routingtabelle geschafft hat, zeigt einer der folgenden Befehle.

```
net show route ospf
net show ospf route
ip route list
netstat --route
```

Die nicht aufgeführten Pfade behält OSPF in seiner Datenbank. Dort befindet sich ebenfalls zu jedem IP-Netz der Ankündigungstyp, sein Alter und der verteilende Router. Warum der Kernel einen Pfad oder ein IP-Netz *nicht* in die Routingtabelle aufgenommen hat, ist eine Frage von Metrik und Filter.

Bei der Metrik ist die Entscheidung einfach: Die Route(n) mit der besten Metrik (kleinster Zahlenwert) kommt in die Routingtabelle. Die Filter sind hinterhältiger, denn jeder Area-Border-Router könnte zwischen den Areas Routen rausfiltern. Ob ein ABR die Weitergabe von bestimmten Routen unterbindet, verrät die NCLU in ihrer aktuellen Konfiguration oder der Befehl:

`sudo vtysh -c "show ip prefix-list detail"`

Debug-Modus

Wenn der OSPF-Router nicht so arbeitet, wie erwartet, dann startet der debug-Modus die detaillierte Protokollierung.

1. In der Voreinstellung protokolliert Cumulus Linux die Debugmeldungen nicht. Also muss vor der allerersten Session das Logginglevel auf das Maximum (debugging) erhöht werden.

   ```
   net add routing log syslog debugging
   ```

2. Welche Zustände soll der OSPF-Prozess anzeigen? Als Beispiel könnte ein Problem mit der Verarbeitung von Hello-Nachrichten bestehen und der Router soll zeigen, welche Pakete er empfängt und sendet.

   ```
   net add ospf debug packet hello
   ```

3. Nach einem bestätigen `net commit` passiert scheinbar nichts. Die Debugmeldungen landen im Journal und sind erst mit dem folgenden Kommando sichtbar:

   ```
   sudo journalctl -u frr -f
   ```

4. Die debug-Session endet nicht automatisch, sondern erwartet eine Konfigurationsänderung für den Abschluss:

   ```
   net del ospf debug packet hello
   ```

Das aufgeführte Beispiel beschränkt sich auf Hello-Pakete. Die Debug-Abteilung liefert weitere Echtzeitinformationen zu Netzadaptern, Timer, Link-State-Ankündigungen, Nachbarschaften oder listet die übermittelten und empfangenen OSPF-Pakete. Bei OSPFv3 sind die Auswahlmöglichkeiten sogar noch umfangreicher.

> **Achtung**
>
> Wenn der Switch seine Logmeldungen an einen entfernten Syslogserver sendet (vgl. Kap. 5), sind davon auch Debugmeldungen betroffen. Wenn viele Debug-Themenbereiche ausgewählt sind, könnte dadurch eine erhöhte CPU-Last entstehen.

Die Debugmeldungen verbleiben im lokalen Switch, wenn im ersten Schritt eine Textdatei als Ziel bestimmt wird.

```
net add routing log file /var/log/frr/ospf.debug.txt
```

Die Anzeige der Nachrichten ändert sich zu:

```
sudo tail -f /var/log/frr/ospf.debug.txt
```

Praxistest

Wie stabil verhalten sich das vorgestellte Design und seine Implementierung, wenn Switches ausfallen oder eine Verbindung wackelt? Da alle Komponenten redundant ausgelegt sind, sollte die Ende-zu-Ende–Verbindung zwischen Servern nicht betroffen sein. Die Gesamtbandbreite leidet, da die ausgefallene Leitung nicht mehr zur Verfügung steht.

Die Teststrecke beginnt bei Server2 und endet bei Server3. Dazwischen liegt das Switch-Pärchen sw11/sw12, gefolgt vom Spine-Paar sw01/sw02 und zuletzt das Team von sw13/sw14. Zuerst zeigt *traceroute* und Abbildung 15.5, welchen Pfad die Testpakete zum Zielserver nehmen.

```
root@server2 ~> traceroute -In server3
traceroute to 10.22.33.1 (10.22.33.1), 30 hops max, 60 byte packets
 1  10.1.112.11  0.419 ms  0.313 ms  0.333 ms
 2  1.1.1.1      1.215 ms  1.155 ms  1.147 ms
 3  14.14.14.14  3.577 ms  3.467 ms  3.530 ms
 4  10.22.33.1   3.464 ms  3.476 ms  3.552 ms
```

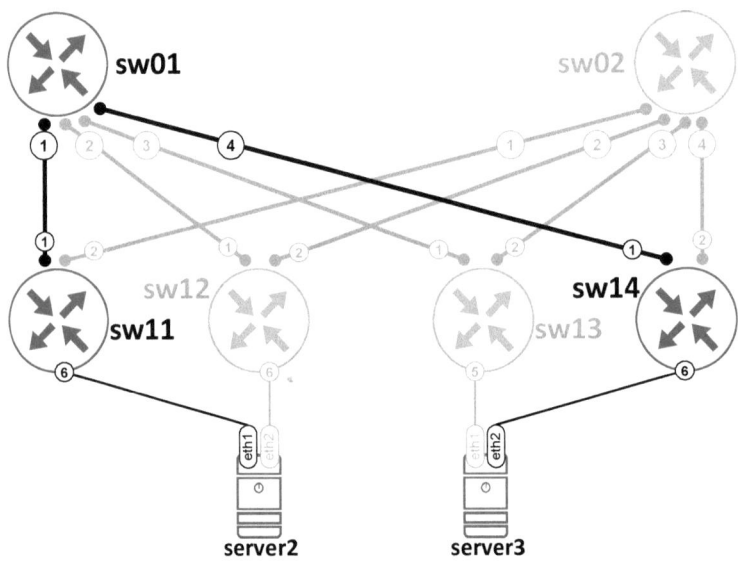

Abbildung 15.5: Ein möglicher Pfad zwischen den Servern

Zugegeben, *traceroute* ist recht sparsam bei der Netzbelastung. Für einen Test der Lastverteilung muss *iperf3* ran, welches per Dauerfeuer den Server und die Leitungen beschießt (vgl. Kap. 22).

Das Ergebnis der Messung ist weniger wichtig als die Auslastung der Netzadapter von den betroffenen Switches. Während *iperf3* zwischen den Servern wütet, liefert der Befehl `bwm-ng` auf Switch sw01 eine ausgewogene Verteilung der Bandbreite.

```
bwm-ng v0.6 (probing every 2.000s), press 'h' for help
input: /proc/net/dev type: rate
  -      iface                   Rx                   Tx                Total
=============================================================================
        swp3:             53.63 KB/s         43819.76 KB/s         43873.40 KB/s
        swp2:          41421.45 KB/s           102.11 KB/s         41523.56 KB/s
        swp1:          41347.53 KB/s             0.20 KB/s         41347.73 KB/s
        swp4:             48.65 KB/s         43938.28 KB/s         43986.93 KB/s
-----------------------------------------------------------------------------
       total:          82871.26 KB/s         87860.35 KB/s        170731.61 KB/s
```

Die Momentaufnahme von *bwm-ng* ergibt fast die gleiche Bandbreite auf den eingehenden Switchports *swp1* und *swp2*, was eine harmonische Lastverteilung bedeutet.

Wie verhält sich das Netz, wenn ein unerwarteter Stromausfall sw01 zur Strecke bringt? Die benachbarten Switches erhalten vom defekten Gerät keine OSPF-Meldungen mehr und werden diesen Nachbarn nach vier Sekunden (*dead-interval*) aus ihren Pfadentscheidungen entfernen. Nach diesem kurzen Stillstand fließt der Netzverkehr weiter. Der erneute Aufruf von *traceroute* zeigt den geänderten Pfad zum Ziel:

```
root@server2 ~> traceroute -In server3
traceroute to 10.22.33.1 (10.22.33.1), 30 hops max, 60 byte packets
 1  10.1.112.11  0.264 ms  0.169 ms  0.445 ms
 2  2.2.2.2  2.817 ms  2.980 ms  2.924 ms
 3  14.14.14.14  2.857 ms  2.859 ms  3.125 ms
 4  10.22.33.1  3.070 ms  3.008 ms  7.812 ms
```

Die Ausfallzeit von vier Sekunden betrifft nur Anwendungen, die durch Switch sw01 gewandert sind. Alle anderen Verbindungen haben davon nichts mitbekommen.

Für Echtzeit-Applikationen sind vier Sekunden eine Ewigkeit und nicht tolerierbar. Mit dem Zusatzprotokoll *Bidirectional Forwarding Detection* (BFD, siehe Seite 212) erkennen die OSPF-Nachbarn den Ausfall der Ge-

genstelle innerhalb von einer Sekunde und können früher mit dem Umrouten beginnen.
Und tatsächlich: Egal was jetzt im OSPF-Netz passiert, innerhalb von einer Sekunde finden die Geräte einen Weg um das Problem herum. Die Ursache ist dabei nebensächlich: Switch rebootet, Stromausfall, Kabel gezogen, Kabel vertauscht – mit BFD ist die Störung nach einer Sekunde umgangen. Sogar ein absichtlich gekillter OSPF-Daemon macht dem Netz nichts aus.

Wenn eine Verbindung hohe Paketverluste erleidet, wird OSPF erst bei einer Verlustrate oberhalb von 5% ungehalten. Dann könnten sich vereinzelt Nachbarschaften auflösen und neu bilden, was die Routingtabelle durcheinanderbringt. Wenn mehr als 10% der Pakete verschwinden, bleibt die Nachbarschaft eher getrennt und OSPF routet um die verlustbehaftete Leitung herum.

Ausblick

OSPF hat noch weitere Features im Portfolio, die in speziellen Umgebungen das Verhalten verbessern oder die Sicherheit erhöhen.

Redistribution

OSPF ist nicht das einzige Routingprotokoll im Netz. Gelegentlich muss OSPF von anderen Protokollen Routen lernen oder soll Informationen abgeben. Diese Form des Austauschs heißt Redistribution. Kurz: Redistribution holt Informationen aus einer anderen Routingquelle, schiebt diese durch einen Filter und markiert die neuen Pfade als externe Routen.
Ein braver Router lässt die anderen OSPF-Router im Netz an den neu erlernten Routen teilhaben. Kurz darauf haben sich die externen Routen bis in die Areas verteilt. Grundsätzlich ist diese Verhaltensweise korrekt, aber praktisch sollte die OSPF-Tabelle nicht unnötig viele Informationen eines anderen Protokolls beinhalten.
Der eingangs erwähnte Filter funktioniert wie eine Access-Liste für Routen. Nur wenn eine gelernte Route auf ein permit-Eintrag in der ACL trifft, wird der OSPF-Prozess die neue Route aufnehmen. Andernfalls bleibt sie wortlos vor der Redistribution-Tür stehen.

In Cumulus Linux kann der OSPF-Prozess aus den folgenden Quellen seine Routen redistribuieren:

- `connected`. Routen zu den lokalen Netzadaptern. Diese stehen zwar bereits in der eigenen Routingtabelle, aber die OSPF-Nachbarn sollen diese Netze ebenfalls kennen.
- `bgp`. OSPF holt sich die Routen aus der BGP-Tabelle. Da BGP in großen Umgebungen zuhause ist, lohnt sich hier eine `route-map`, die *vor* der Redistribution filtert.
- `static`. Der OSPF-Prozess nimmt die statisch konfigurierten Routen und verteilt sie an seine Nachbarn.
- `table`. Falls mehrere Routingtabellen aktiv sind, kann OSPF sich aus einer alternativen Tabelle bedienen.
- `kernel`. Der OSPF-Daemon fragt beim Linux-Kernel nach Routen und holt sie in die OSPF-Welt. Woher der Kernel die Routen hat, ist für den Daemon zweitrangig.

Egal wo die Routen herkommen, OSPF wird sie als externe Routen betrachten, damit sie von „echten" (internen) Routen unterscheidbar sind.

Filter

Nicht jeder OSPF-Router kann Routen ausfiltern. Bei OSPF wirkt ein Filter nur *zwischen* zwei Areas. Dieser Umstand muss beim Area-Design berücksichtigt werden, denn filtern können nur die ABRs.

Ein Cumulus-Switch kann implizit und explizit filtern. Ein impliziter Filter wird aktiv, wenn eine Area zur Stub-Area oder Totally-Stubby-Area wird (siehe Abschnitt *Areas* auf Seite 198). Dann filtern die ABRs automatisch externe Routen und/oder Inter-Area–Routen aus.

Den expliziten Filter konfiguriert der Administrator händisch per Präfix-Liste. Die Präfix-Liste ist eine OSPF-Firewall für den Austausch von Routen zwischen Areas. Sie funktioniert wie eine Access-Liste, indem sie ausgewählte Routinginformationen erlaubt oder verbietet. Dabei wirkt sie in einer Area sowohl eingehend als auch ausgehend.

Die Präfix-Liste verbietet nicht die Datenkommunikation dieser IP-Bereiche, sondern lediglich die Routen, die der ABR von seinen Nachbarn lernt.

Bidirectional Forwarding Detection (BFD)

Das BFD-Protokoll baut zwischen OSPF-Nachbarn eine zusätzliche Verbindung auf, um Fehler schneller zu erkennen. Dazu sendet BFD eigene Hello-Pakete in beliebigen Abständen, wobei das minimale Intervall bei 50 Millisekunden liegt. Wenn das Timeout bei zwei verpassten Paketen abläuft, wird der Ausfall nach 100 Millisekunden erkannt und gehandelt.
In einem weniger extremen Beispiel senden die Partner im Abstand von 300ms und alarmieren nach drei verpassten Paketen. Damit sind ausgefallene Switches oder Verbindungen innerhalb von einer Sekunde erkannt.
BFD lässt sich in der NCLU pro Netzadapter einrichten. Die Syntax für obiges Beispiel lautet:

```
net add interface swp1 ospf bfd 3 300 300
```

BFD ist nicht auf OSPF beschränkt und kann auch andere Routingprotokolle zu schnellerer Konvergenz verhelfen.

Instabile Verbindungen

Wenn die Verbindung zwischen zwei OSPF-Geräten „wackelt" oder die Nachbarschafts-Timeouts aufgrund einer hohen Verlustrate auslösen, dann berechnen die OSPF-Router der Area jedes Mal neue Pfade. Das belastet die CPU und die Paketverluste ärgern die eine oder andere Softwareanwendung.
Cumulus Linux kann die Neuberechnung der Routen verzögern. In der Voreinstellung rennt der *Shortest Path First*–Algorithmus sofort los, wenn es Neuigkeiten im Netz gibt. Aber es gibt Stellschrauben, um den Beginn der Berechnung etwas aufzuschieben. Der Verzögerungstimer ist adaptiv und ändert sich dynamisch mit der Stabilität des Netzes. Bei wenigen Netzänderungen schrumpft er auf den konfigurierten Minimalwert und bei häufigen Statusänderungen von Netzadaptern wächst er auf das voreingestellte Maximum.
Das folgende Beispiel bewirkt eine erstmalige Verzögerung von einer halben Sekunde. Alle nachfolgenden SPF-Berechnungen müssen mindestens 800 Millisekunden pausieren. Die maximale Wartezeit des SPF-Timers liegt bei zwölf Sekunden.

```
net add ospf timers throttle spf 500 800 12000
```

Die absichtliche Verzögerung wirkt sich auch auf die Konvergenzzeit aus. Wenn ein Switch ausfällt müssen die Nachbarn abwarten, bis die SPF-Timer ablaufen, bevor sie alternative Pfade benutzen können.

Als Alternative bietet Cumulus Linux über das Zusatzpaket *ifplugd* ein Startup-Delay (Einschaltverzögerung) für Netzadapter. Dieser Workaround zwingt das Interface zu einer Pause, bevor es seine Arbeit aufnehmen kann und vom Routingprozess wahrgenommen wird.

```
1  apt install ifplugd
2  cat <<EOF > /etc/default/ifplugd
3  INTERFACES="swp1 swp2 swp3 swp4"
4  HOTPLUG_INTERFACES=""
5  ARGS="-q -f --delay-up=15 --delay-down=5 -w -I"
6  SUSPEND_ACTION="none"
7  EOF
8  systemctl restart ifplugd
```

Damit überwacht *ifplugd* die aufgeführten Netzadapter in Zeile 3. Die künstliche Pause kommt als Argument in Zeile 5 ins Spiel.
Nach einer Bedenkzeit von fünfzehn Sekunden bekommt der Netzadapter *swp1* eine weitere Chance, sich von einer besseren Seite zu zeigen.

Technischer Hintergrund

Für die Routingfunktion setzt Cumulus Networks auf *Free Range Routing* (FRR), eine Open-Source-Software für alle gängigen Routingprotokolle. FRR ist ein Fork von *Quagga* [16], der bekannten Routingsuite von Linux. Eine treibende Kraft von FRR ist Cumulus Networks, die mit der Entwicklung von Quagga unzufrieden war und für ihr hauseigenes Linux etwas Besseres brauchte.
Und im August 2017 war es soweit, als Cumulus Linux Version 3.4.0 den Wechsel von Quagga zu FRR durchzieht. Der Wechsel passiert unter der Oberfläche, sodass die Konfiguration der NCLU unverändert ist.
FRR ist eine vollständige Routingsoftware, die unabhängig von Cumulus Linux ist. Sie funktioniert auf BSD und Linux und stellt für die gängigsten Distributionen vorkompilierte Pakete bereit. Aus der großen Protokollfamilie integriert Cumulus Linux lediglich OSPFv2, OSPFv3 und BGP.

Die Architektur von FRR ist modular: Jedes Routingprotokoll bekommt seinen eigenen Dienst, z. B. `ospf6d` für OSPFv3. Die Prozesse kommunizieren mit dem zentralen Dienst `zebra`, den die Dokumentation passend als „IP Routing-Manager" betitelt. `zebra` berichtet die Änderungen im Routing direkt an den Kernel, welcher die Routingtabelle entsprechend aktualisiert.

Die Konfiguration der FRR-Dienste läuft über die Kommandozeile *vtysh*, die wie eine exakte Kopie von Cisco IOS aussieht. Cumulus Linux verdeckt diese Ähnlichkeit hinter der Maske der NCLU, die ausschließlich `net`-Befehle verarbeitet.

Die Ursache für den veralteten MD5-Algorithmus zur Authentifizierung von Nachbarn, liegt im ursprünglichen RFC 2328 von OSPF. Dieser stammt aus dem Jahr 1998 und listet als höchstes Sicherheitsniveau MD5. Zwanzig Jahre später ist MD5 in vielen Produkten gar nicht mehr enthalten und auch OSPF hat sich in RFC 5709 weiterentwickelt. Dort erhält das Protokoll Unterstützung für SHA-1 bis SHA-512, aber leider steht dieses RFC nicht mal auf der Roadmap von FRR.

Zusammenfassung

Das Routingprotokoll OSPF ist eine gängige Methode zur Lastverteilung, Ausfallschutz und zum Verteilen von IP-Informationen im Rechenzentrum und weiteren angeschlossenen Netzbereichen. Es baut zwischen den Switches feste Beziehungen auf und prüft regelmäßig ihren Zusammenhalt. Darüber tauschen die Nachbarn ihre Informationen aus und berechnen aus allen Fakten die Pfadinformationen im Netz und befüllen damit ihre Routingtabelle.

OSPF im Rechenzentrum ist eine Designentscheidung, wenn die Verbindungen zwischen den Switches auf Ebene 3 des OSI-Modells wirken. Damit ist der Pfad eines Pakets mit *traceroute* nachvollziehbar.

Das Protokoll unterteilt sich in Version 2 für IPv4 und Version 3 für IPv6, wobei Cumulus Linux beide Versionen beherrscht. OSPF skaliert recht gut, wenn das Netzdesign Areas einsetzt und IP-Bereiche zusammenfasst. Und wenn OSPF an seine Grenzen stößt, gibt es immer noch den großen Bruder BGP.

Kapitel 16

Routing on the Host

Das bevorzugte Netzdesign von Cumulus Networks verteilt an alle Switchports eine IP-Adresse und verwaltet die entstehenden Pfade mit einem dynamischen Routingprotokoll. Mit *Routing on the Host* (ROH) soll nun auch die „Letzte-Meile" auf OSI-Ebene 3 arbeiten und die angeschlossenen Server ins Routing integrieren.
Technisch betrachtet wird der Server zum Router und trifft seine eigenen Pfadentscheidungen. Damit das funktioniert, benötigt er eine Routingsoftware und die passende Konfiguration. Die Anwendungsprogramme sind davon nicht betroffen, denn ihnen ist es egal, welchen Weg die Verbindung nimmt, solange die Clients ihren Server erreichen.

Damit kann die Serverfarm die Vorteile des dynamischen Routings nutzen (vgl. Kap. 15) und sich am Ausfallschutz und an der Lastverteilung bedienen. Darüber hinaus kann und muss der Server seine IP-Adresse(n) im Netz bekannt geben. Diese Pflichtaufgabe ist ein Pluspunkt, denn Serveradressen müssen nicht mehr zu den Subnetzen passen und können von einem Switch zu anderen „wandern". Denn die Server nehmen ihre persönliche IP-Adresse einfach mit.
Ein weiterer Vorteil liegt im vereinfachten Wartungsmodus eines Switches. Dieser kann außer Betrieb genommen werden, indem der Admin die Pfadkosten erhöht. Die umgebenden OSPF-Router werden diesen überteuerten Pfad nicht mehr nutzen und der Switch ist vorbereitet für Wartungsarbeiten, Updates oder Reboot.

Lastverteilung per OSPF skaliert besser als Lastverteilung per MLAG (vgl. Kap. 8). Die Multi-Chassis Link-Aggregation ist auf zwei ausgehende Leitungen beschränkt. Bei OSPF liegt das Limit höher, sodass ein Server auch vier Netzadapter für seinen Datenhunger gleichzeitig belasten kann.

Die einzige Voraussetzung ist der Betrieb einer Routingsoftware auf dem Server und die ist nicht für jedes Betriebssystem verfügbar. Abschnitt *vRouter* auf Seite 223 beschreibt Alternativen.

Allerdings bringt das Netzdesign auch Nachteile mit sich. Wenn Server Verbindungen auf Ebene 2 zu anderen Servern aufbauen wollen, wird die Ebene-3–Grenze sie daran hindern (vgl. Kap. 17).
Und in Umgebungen mit unterschiedlichen Kunden darf nicht davon ausgegangen werden, dass sich jede Konfiguration brav an die Vorgabe hält. Wie ungewollte Adressen blockiert werden, bevor sie Schaden anrichten, zeigt Abschnitt *Sicherheit* auf Seite 231.

Labor

Der Laboraufbau ist eine Erweiterung des Netzdiagramms aus Kapitel 15, wobei in diesem Abschnitt die Server an den Leaf-Switches besondere Aufmerksamkeit bekommen. Abbildung 16.1 zeigt das Labornetz mit zwei Servern, die beispielhaft für eine Serverfarm stehen.
Die Server werden Teil der Routingdomäne. Aus der Sicht von OSPF sind es normale Router, die Netze bekannt geben und Pfadentscheidungen treffen.

Installation

Cumulus Linux unterstützt offiziell Red Hat, CentOS und Ubuntu, sowie Docker-Container. Die angebotene *Routing on the Host*–Anwendung ist die bekannte Open-Source-Software *FRRouting*. Auf einem Server mit Red Hat Enterprise Linux Version 7 treffen die FRRouting-Pakete auf den Paketmanager und sind kurz darauf nutzbar.

Installation

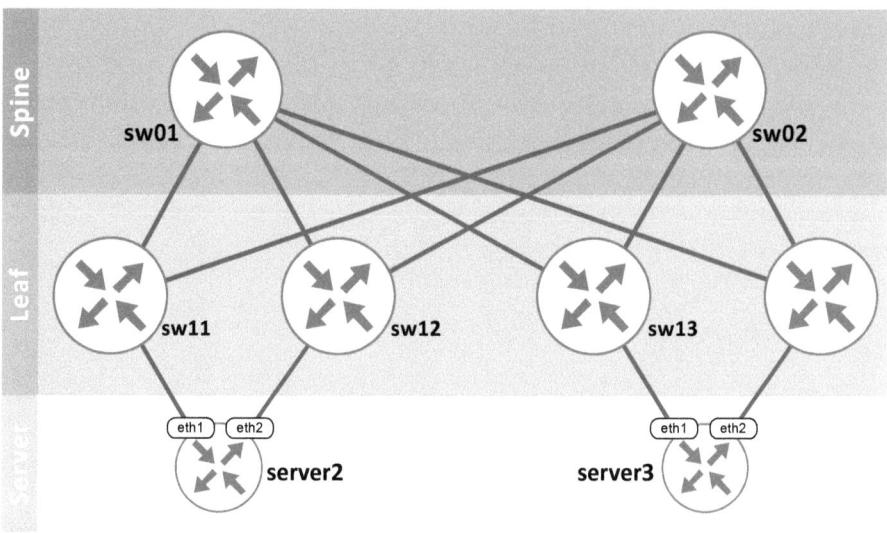

Abbildung 16.1: Beim *Routing on the Host* nehmen die Server am Routing teil

```
rpm --import https://apps3.cumulusnetworks.com/setup/ \
  cumulus-apps-rpm.pubkey
wget -O /etc/yum.repos.d/cumulus-apps-rpm-el7.repo \
  https://apps3.cumulusnetworks.com/setup/cumulus-apps-rpm-el7.repo
yum-config-manager --enable cumulus-arch-roh-3
yum install frr
```

Für andere Linux-Distributionen und Varianten von BSD stellt die Webseite von *FRRouting* vorkompilierte Pakete bereit. Alternativ hilft nur der Quellcode und ein Compiler.

Die Beispiele dieses Kapitels setzen auf *FRRouting* in der Version 5, da es eine stabile Implementierung für OSPF hat und exzellent mit Cumulus Linux harmoniert.

```
1  yum install https://github.com/FRRouting/frr/releases/download/ \
2    frr-5.0.1/frr-5.0.1-2018070501.el7.centos.x86_64.rpm
3  sed -i -e 's/^ospfd=no/ospfd=yes/' /etc/frr/daemons
4  sed -i -e 's/^ospf6d=no/ospf6d=yes/' /etc/frr/daemons
5  sed -i -e 's/^zebra=no/zebra=yes/' /etc/frr/daemons
6  systemctl start frr
7  systemctl enable frr
```

Der Paketmanager holt sich in Zeile 1 die Software direkt von GitHub und installiert sie samt Abhängigkeiten. Aus der großen Auswahl der Routingprotokolle aktivieren Zeilen 3 bis 5 lediglich OSPF Version 2 und 3, sowie den IP-Manager. Die Dienste gehen in Zeile 6 an den Start und Zeile 7 machen sie Reboot-Safe.
Anschließend laufen die Dämonen für OSPF im Hintergrund und nehmen ihre Befehle per VTY-Shell entgegen.

Konfiguration

Die Interaktion mit der Routingsoftware erfolgt über die VTY-Shell, die sehr stark an Cisco IOS erinnert. Mit dem Kommando vtysh beginnt die interaktive Session und die Konfiguration von FRRouting.
Leider unterscheidet sich die Syntax der NCLU von der vtysh. Änderungen an den Einstellungen passieren im Konfigurationsmodus, der mit dem Einzeiler conf term eingeleitet wird und mit dem knappen Finale end endet. Einblick in die laufenden Geschäfte, Zustände von Protokollen und Eigenschaften von Interfaces liefern die zahllosen show-Kommandos.

> **Hinweis**
>
> Die Routingsuite unterhalb von Cumulus Linux ist ebenfalls FRRouting. Die NCLU übersetzt dazu ihre eigene Kommandostruktur ins Format von FRRouting und leitet sie an die vtysh weiter. Was dabei rauskommt, enthüllt der Befehl:
>
> ```
> sudo vtysh -c "show running-config"
> ```

Zurück zu FRRouting: Am Beispiel von Server2 erhält der Netzadapter *eth1* eine IPv4-Adresse nebst Beschriftung.

```
conf term
interface eth1
 description Uplink zu sw11:swp6
 ip address 10.1.112.32/24
end
```

Sobald Server2 seinen Switch sw11 per ping erreicht, wird es Zeit für eine OSPF-Partnerschaft. Die Funktionalität der folgenden Befehle entspricht der Arbeitsweise aller Switches aus Kapitel 15, allerdings in der Syntax von FRRouting.

```
1  router ospf
2    ospf router-id 0.0.0.32
3    auto-cost reference-bandwidth 10000
4    passive-interface eth0
5  !
6  interface eth1
7    ip ospf area 1
```

Das ausgeklammerte Interface *eth0* in Zeile 4 ist der Verwaltungszugang, der nicht im dynamischen Routing auftauchen soll.

Bei IPv6 ist die Konfiguration etwas einfacher, da sich die Netzadapter automatisch eine link-lokale Adresse generieren und diese für OSPF benutzen. Die Einrichtung beschränkt sich auf den Routingprozess:

```
router ospf6
  ospf6 router-id 0.0.0.32
  auto-cost reference-bandwidth 10000
  interface eth1 area 0.0.0.1
```

Nördlich von Server2 wacht die NCLU über die Einrichtung von Switch sw11. Die Kommandos bereiten den Netzadapter *swp6* auf OSPF vor. Der Unterschied zur üblichen Konfiguration liegt darin, dass die Gegenstelle ein Server ist.

```
1  net add interface swp6 ip address 10.1.112.11/24
2  net add interface swp6 ospf hello-interval 1
3  net add interface swp6 ospf dead-interval 4
4  net add interface swp6 ospf network point-to-point
5  net add interface swp6 ospf area 1
6  net add interface swp6 ospf6 hello-interval 1
7  net add interface swp6 ospf6 dead-interval 4
8  net add interface swp6 ospf6 network point-to-point
9  net add ospf6 interface swp6 area 0.0.0.1
```

Die Kommunikation zwischen Server und Switch kann reguläre, link-lokale oder *unnumbered* Adressen verwenden. Das Beispiel setzt in Zeile 1 auf normale IP-Adressen, da sie von jeder Routingsoftware unterstützt werden.

Nach demselben Prinzip erhält auch der Netzadapter *eth2* sowie die anderen Server und Switches ihre Adressen und Einstellungen für OSPFv2 und OSPFv3.

Warum werden die Server noch keine vollwertigen OSPF-Nachbarn der Leaf-Switches? Die Switches haben schon die aggressiven Timer für schnelleres Failover. Die Server müssen sich in ihren Settings danach richten, wenn sie in die OSPF-Landschaft einziehen wollen.
Am Beispiel von Server2 erhält der Netzadapter *eth1* die passenden Settings für eine erfolgreiche Nachbarschaft.

```
interface eth1
 ip ospf hello-interval 1
 ip ospf dead-interval 4
 ip ospf network point-to-point
 ipv6 ospf6 hello-interval 1
 ipv6 ospf6 dead-interval 4
 ipv6 ospf6 network point-to-point
```

Danach taucht der Server als OSPF-Partner von Switch sw11 auf.

```
cumulus@sw11:~$ net show ospf neighbor

Neighbor ID   Pri State         Dead Time Address      Interface    [...]
1.1.1.1         1 Full/DROther  3.505s 1.1.1.1         swp1:11.11.11.11
2.2.2.2         1 Full/DROther  3.505s 2.2.2.2         swp2:11.11.11.11
0.0.0.32        1 Full/DROther  3.502s 10.1.112.32    swp6:10.1.112.11
```

Andersherum hat Server2 bereits einiges an Routingmaterial gelernt und seine Tabelle damit gefüllt. Der folgende Output zeigt einen beispielhaften Teil der Routingtabelle von Server2.

```
server2# show ip route
[...]
O>* 10.2.133.0/24 [110/40] via 10.1.112.11, eth1, 5h09m
  *                        via 10.1.122.12, eth2, 5h09m
O>* 10.22.33.1/32 [110/40] via 10.1.112.11, eth1, 5h09m
  *                        via 10.1.122.12, eth2, 5h09m

server2# show ipv6 route
[...]
O>* fd00:22:33::1/128 [110/41] via fe80::e12:24ff:fe11:ff06, eth1, 5h11m
  *                            via fe80::e12:24ff:fe12:ff06, eth2, 5h11m
O>* fd00:22:34::1/128 [110/41] via fe80::e12:24ff:fe11:ff06, eth1, 5h11m
  *                            via fe80::e12:24ff:fe12:ff06, eth2, 5h11m
```

Erreichbarkeit

Nach Abschluss der Basiskonfiguration sind die Server gleichberechtigte OSPF-Router und treffen Pfadentscheidungen dynamisch anhand vom Netzzustand. Aber noch kennt niemand im OSPF-Verbund die IP-Adressen der Server und damit sind ihre Dienste noch nicht nutzbar. Die Server müssen ihre Adresse(n) per OSPF verteilen, um erreichbar zu werden.
Grundsätzlich gibt es zwei Möglichkeiten, um Routen in die OSPF-Welt zu bringen:

- Route aus einer externen Quelle ins OSPF „redistributen". Die Route wird in den Tabellen der anderen Router als *extern* auftauchen.

- OSPF auf einem lokalen Netzadapter aktivieren und damit die konfigurierten IP-Adressen ins dynamische Routing aufnehmen. Die Route wird bei den anderen Teilnehmern in derselben Area als normale OSPF-Route sichtbar sein. Router in anderen Areas sehen diesen Pfad als *Inter-area*–Route.

Externe Routen haben den Anschein, dass sie aus einem anderen autonomen System stammen und künstlich ins eigene Netz eingebracht wurden. Außerdem bleiben externe Routen in einer Stub-Area am Border-Router hängen. Zwar gibt es mit einer *Not-So-Stubby*–Area (NSSA) Möglichkeiten und Workarounds, aber viel einfacher sind die *internen* Routen.
Dazu erhält Server2 eine weitere IP-Adresse, die später den Clients per DNS bekannt gegeben wird. Die IP-Adresse kündigt der Server per OSPF als Summary-Route an. Die Area-Border–Router werden diese Route in andere Areas weiterleiten, sodass alle Teilnehmer den Weg zum Server kennen.
Die zusätzlichen Adressen und die Eintrittskarte in die OSPF-Show läuft über die `vtysh`.

```
1  interface lo
2    ip address 10.11.32.1/32
3    ip ospf area 1
4    ipv6 address fd00:11:32::1/128
5  !
6  router ospf6
7    interface lo area 0.0.0.1
```

Da der Server über beide Zugänge ansprechbar sein soll, kommen die neuen IP-Adressen ans Loopback-Interface. Damit bleibt die Adresse sogar dann erreichbar, wenn ein Uplink zerstört ist. Und alle Adressen des Loopback-Adapters gelangen zu OSPFv2 in Zeile 3 und zu OSPFv3 in Zeile 7.
Falls der Server weitere Adressen bekommen soll, lassen sich diese einfach am Loopback-Adapter anhängen. Die existierenden Adressen werden dabei nicht überschrieben und der Hinweis secondary-address ist nicht nötig.

Damit ist Server2 und sein Adresspool im ganzen Netz bekannt. Server3 erhält eine entsprechend angepasste Konfiguration mit ähnlichen IP-Adressen und gelangt in Area 2. Anschließend validiert Server2 mit *ping* die Erreichbarkeit von Server3 und visualisiert den Pfad durch das Netz per *traceroute* oder *tracepath*:

```
root@server2 ~> traceroute -In 10.22.33.1
traceroute to 10.22.33.1, 30 hops max, 60 byte packets
 1  10.1.112.11  0.256 ms  0.442 ms  0.414 ms
 2  1.1.1.1  1.447 ms  2.308 ms  2.437 ms
 3  13.13.13.13  3.725 ms  3.681 ms  3.589 ms
 4  10.22.33.1  5.510 ms  5.522 ms  5.456 ms

root@server2 ~> tracepath6 fd00:22:33::1
 1?: [LOCALHOST]                        0.088ms pmtu 1500
 1:  fd00:5::e12:24ff:fe11:11           0.481ms
 2:  fd00:5::e12:24ff:fe02:2            0.760ms
 3:  fd00:5::e12:24ff:fe14:14           1.089ms
 4:  fd00:22:33::1                      1.592ms reached
     Resume: pmtu 1500 hops 4 back 4
```

Beim IPv6-Traceroute benutzt Linux stets die IPv6-Adresse des ersten Interfaces als Antwortadresse. Und das ist im Laboraufbau die Managementadresse, die eigentlich *nicht* für das Routing benutzt werden sollte und den Betrachter der Kommandoausgabe eventuell verwirrt. Bei genauerer Untersuchung verläuft der Pfad durch die IPv6-Welt andere Bahnen als bei IPv4 und passiert sw11, sw02 über sw14 zum Zielhost Server3. Die Pakete durchqueren dabei nicht den Managementadapter.

vRouter

Das Konzept *Routing on the Host* verwandelt das Rechenzentrum in eine pure Layer 3-Umgebung. Allerdings unterstützt Cumulus Networks nur die Linux-Distributionen von Red Hat und Ubuntu. Falls eine andere Distribution im Einsatz ist, muss das RoH-Konzept in die Trickkiste greifen. In virtuellen Umgebungen benötigt der Kunde meist eine größere Auswahl an Betriebssystemen für seine virtuellen Maschinen (VM) und kann auf RoH-Support keine Rücksicht nehmen.

Der Workaround besteht darin, dass ein Stellvertreter die OSPF-Aufgaben übernimmt und für alle VMs bereitstellt. Dieser Stellvertreter ist ein virtueller Router (vRouter) mit schlankem Betriebssystem und OSPF-Daemon. Mit mindestens zwei Netzadaptern stellt er die Kommunikation mit den Uplink-Switches her und ein weiterer Netzadapter wird das Default-Gateway für die VMs. Durch ihn fließt der gesamte Datenverkehr der virtuellen Server, bevor der Traffic das Hostsystem in Richtung Rechenzentrum verlässt (Abbildung 16.2).

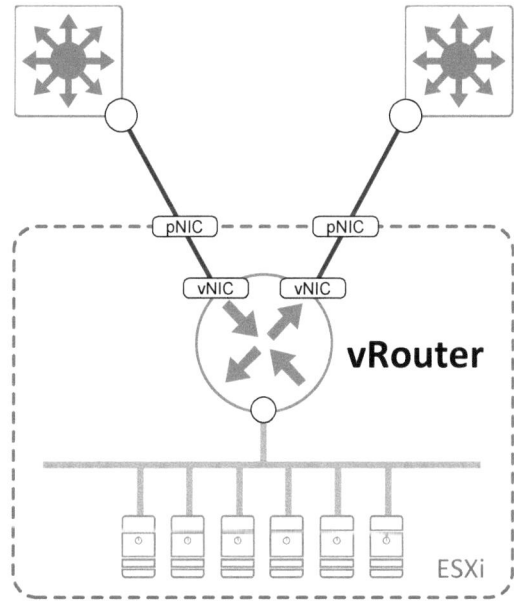

Abbildung 16.2: Der vRouter ist das Bindeglied zwischen Server und Switches

Woher kommt dieser vRouter? Dafür gibt es mehrere Möglichkeiten: Ein vRouter lässt sich aus einer Linux-Distribution mit FRRouting oder Quagga [16] leicht selber bauen. Für anspruchsvollere Umgebungen gibt es fertige Distributionen und für kommerzielle Setups existieren kostenpflichtige Lösungen mit Support und Dokumentation.

Tabelle 16.1 zeigt eine Liste der verfügbaren Routingsuiten mit OSPF-Support. Einen kleinen Überblick an schlüsselfertigen vRoutern liefert Tabelle 16.2. Die Auswahl orientiert sich an Open-Source–Produkten und stellt keinen vollständigen Marktüberblick dar.

Produkt	Version	Features						OS			Tauglich als vRouter
		IPv6	Multi-Area	Stub Area	Authentifizierung	Referenzbandbreite	Netzwerktypus	Linux	BSD	Windows	
Cisco CSR	16.06.04	☑	☑	☑	☑	☑	☑	☑	☐	☐	☑
OpenOSPFD	6.1	☑	☒[3]	☑	☑	☐	☐	☐	☑	☐	☒
BIRD	2.0.2	☑	☑	☑	☑	☐	☑	☑	☑	☐	☑
FRRouting	5.0.1	☑	☑	☑	☑	☑	☑	☑	☑	☐	☑
XORP	1.8.5	☑	☑[2]	☑	☐[4]	☐	☑[1]	☑	☑	☑	☒
Quagga	1.2.2	☑	☑	☑	☑	☑	☑	☑	☑	☐	☑

Tabelle 16.1: Routingsoftware mit OSPF-Support

[1] Beim Linktyp *point-to-point* muss die IP-Adresse der Gegenstelle vorkonfiguriert werden.
[2] Die Routen aus anderen Areas sind nicht als *Intra-Area*-Routen, sondern als externe Routen vom Typ 2 sichtbar.
[3] Laut Dokumentation wird dieses Feature unterstützt, aber im praktischen Umfeld zeigt sich keine Funktion.
[4] Die Authentifizierung der Nachbarn erfolgt über das Betriebssystem oder eine IPsec-fähige Software.

Produkt	Version	Software	Betriebssystem
Cisco CSR 1000V	16.06.04	*proprietär*	Linux
VyOS	1.2-dev	FRRouting	Linux
SecurityRouter	6.3	OpenOSPFD	OpenBSD
BSD Router Project	1.91	FRRouting und BIRD	FreeBSD

Tabelle 16.2: Virtuelle Router mit Unterstützung für OSPF

Der vRouter ist das Default-Gateway für die virtuellen Maschinen. Er hat eine OSPF-Verbindung zu jedem Uplink-Switch und kündigt darüber die IP-Bereiche der Server an. Gleichzeitig lernt er die umliegenden Netzbereiche. Abbildung 16.3 zeigt den internen Aufbau des VM-Hosts Server1. Die verwendeten Netzadapter und deren Adressen listet Tabelle 16.3.

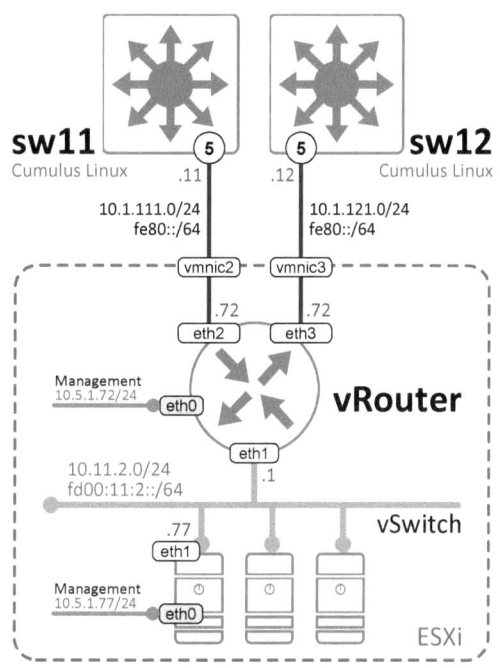

Abbildung 16.3: Der vRouter ist der virtuelle Vorarbeiter der Server

Netzadapter	IPv4-Adresse	IPv6-Adresse	Nachbar
eth0	10.5.1.72/24	fd00:5::72/64	*Management*
eth1	10.11.2.1/24	fd00:11:2::1/64	Server-VMs
eth2	10.1.111.72/24	fe80::/64	sw11:swp5
eth3	10.1.121.72/24	fe80::/64	sw12:swp5

Tabelle 16.3: Anbindung des vRouters an die Server und Switches

Einrichtung ESXi

Der vRouter ist eine reguläre virtuelle Maschine mit vier Netzwerkkarten. Der Adapter *eth1* führt zu einer Portgruppe mit vSwitch, die keine Verbindung zur Außenwelt hat. Sie wird lediglich für die Kommunikation mit den virtuellen Servern benutzt, die durch den vRouter ihren Netzzugang erhalten.

Die weitere Netzkarte *eth2* ist mit einer Portgruppe nebst vSwitch verbunden, die über einen physikalischen Netzadapter am Leaf-Switch sw11 endet. Weder die Portgruppe noch der vSwitch benutzen eine Form von Ausfallschutz oder Lastverteilung (Abbildung 16.4). Diese Fähigkeiten erreicht der vRouter dadurch, dass das verbleibende Interface *eth3* über einen separaten Pfad zum Leaf-Switch sw12 führt.

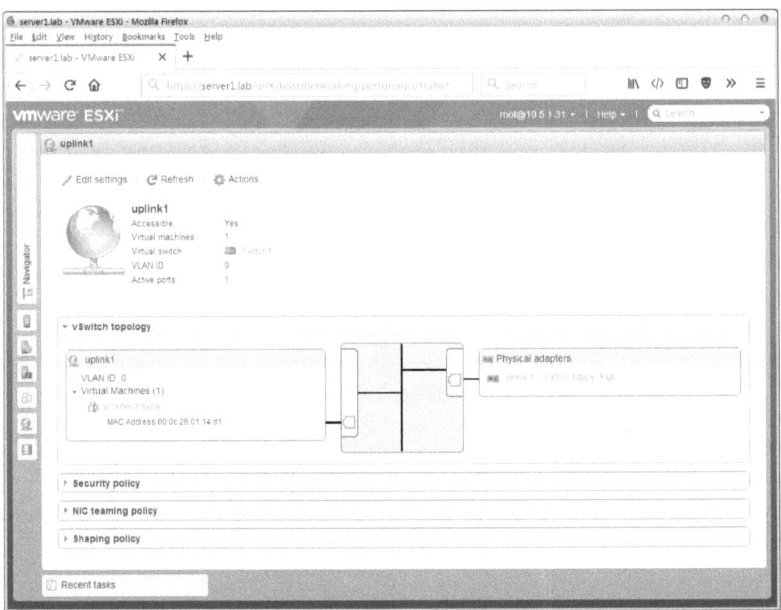

Abbildung 16.4: Der vRouter vermittelt zwischen Servern und Switches

Wenn einer der Uplinks gestört ist, darf *nicht* der ESXi-Server ein Failover beginnen. Das Interface *muss* im Fehlerzustand bleiben, damit vRouter, Cumulus-Switch und OSPF den Ausfall bemerken und ein Re-Routing durchführen. Nur für die Server bleiben Uplinkprobleme transparent.

Konfiguration vRouter

Die Syntax von FRRouting ist durch die vorherigen Abschnitte hinlänglich bekannt. Daher basiert der vRouter in diesem Kapitel auf VyOS [17], als Beispiel für eine quelloffene Lösung, und Cisco CSR, als Vertreter der kommerziellen Produkte.
Die Konfigurationen in Listings 16.2 und 16.3 auf Seite 238 beinhalten nur die relevanten Zeilen. Die vollständige Ausgabe von show config ist über Anhang D erhältlich.

Funktionstest

Jetzt liegt die Verantwortung von Lastverteilung und Ausfallschutz beim vRouter. Ob dieser beide Uplinkverbindungen parallel nutzen würde, zeigt ein kurzer Blick in die Routingtabelle.

```
vyos@vrouter2:~$ show ip route ospf
O>* 10.22.33.1/32 [110/1030] via 10.1.111.11, eth2, 00:19:34
  *                          via 10.1.121.12, eth3, 00:19:34
[...]
vyos@vrouter2:~$ show ipv6 route ospfv3
O>* fd00:11:32::1/128 [110/12] \
                      via fe80::e12:24ff:fe11:ff05, eth2, 00:00:28
  *                   via fe80::e12:24ff:fe12:ff05, eth3, 00:00:28
```

Zu jeder Route existieren *zwei* Einträge, die unterschiedliche Netzadapter gebrauchen. Ob der vRouter tatsächlich beide Uplinks benutzt und diese gleichmäßig mit Paketen belastet zeigt eine Bandbreitenmessung (vgl. Kap. 22). Die Vorgehensweise entspricht dem Abschnitt *Praxistest* aus Kapitel 15, wobei hier der Fokus auf dem vRouter liegt.
Der Versuchsaufbau ist übersichtlich: Eine virtuelle Maschine im Server-Netz vom vRouter sendet an Switch sw01. Gemessen wird die Auslastung beider Netzwerkkarten am vRouter. *iperf3* erzeugt die Paketflut und *bmon* oder *bwm-ng* informiert über den Durchsatz.
Bei mehreren parallelen Pfaden verteilt Linux nicht willkürlich, sondern sendet alle Pakete derselben Verbindung über denselben Netzadapter. Eine einzelne TCP-Verbindung benutzt folglich immer denselben Ausgang. Eine gleichmäßige Verteilung der Netzlast erreicht der vRouter nur bei *vielen* Verbindungen. Aus diesem Grund muss *iperf3* mehrere Sessions aufbau-

en, die der vRouter dann brav auf die beiden Uplinks aufteilen kann. Der Aufruf von *iperf3* zur multiplen Paketflut lautet:

```
iperf3 --parallel 8 --client 10.22.33.1
```

VyOS veranstaltet seine Lastverteilung auf Basis von IP-Adressen. Wenn zusätzlich die Informationen von TCP und UDP einfließen sollen, benötigt der Kernel den Hinweis per `sysctl` oder als Konfigurationszeile:

```
set system sysctl custom net.ipv4.fib_multipath_hash_policy value 1
```

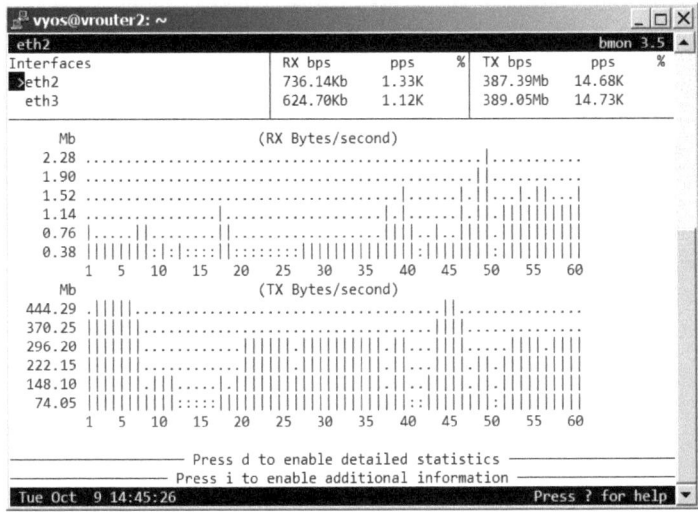

Abbildung 16.5: VyOS als vRouter versendet gleichmäßig über beide Uplinks

Der vRouter zeigt in Abbildung 16.5 eine einigermaßen harmonische Auslastung seiner Netzadapter, die zu den Upstream-Switches führen. Eine exakt gleiche Belastung lässt sich nicht erzwingen, da viele Clientprotokolle sprunghaft sind und ihre Netzlast nicht absehbar ist.

Lastverteilung per Anycast

Eine Unicast-Adresse bezeichnet ein einzelnes Endgerät im Netz. Bei Multicast möchte der Sender eine Gruppe aus mehreren Endgeräten erreichen und bei Broadcast muss jeder Teilnehmer des Subnetzes zuhören.

Bei Anycast wird ebenfalls eine Gruppe von Computern adressiert, allerdings soll die Anfrage nur den Computer erreichen, der die kürzeste Entfernung zum Anfragenden hat. Die anderen Rechner bekommen von der Kommunikation nichts mit (Abbildung 16.6).

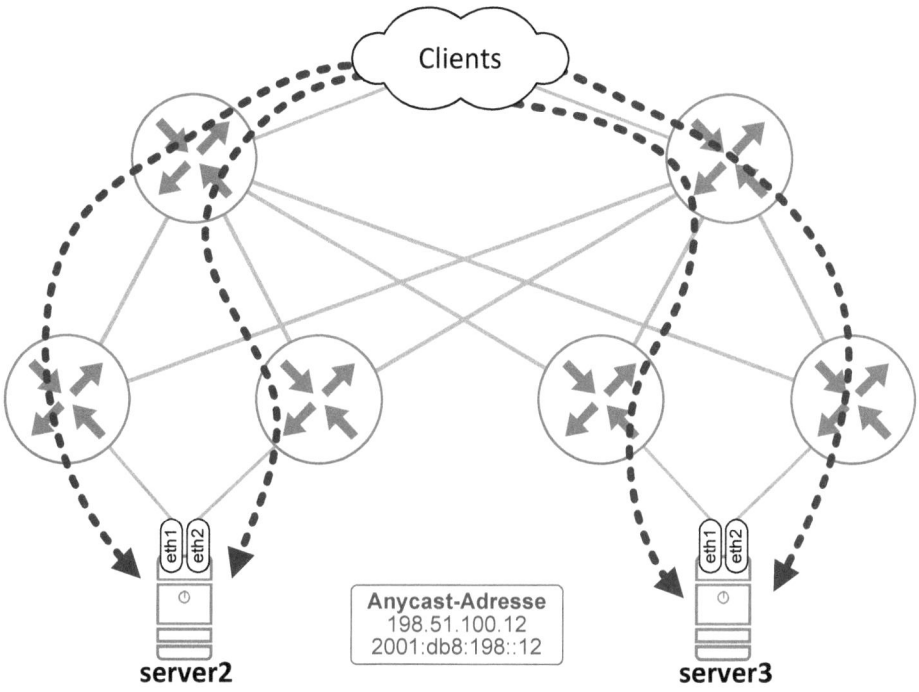

Abbildung 16.6: Beim Anycast-Routing gewinnt der Server mit der kürzesten Route

Ein Beispiel für eine Anycast-Anwendung ist die Namensauflösung per DNS. Der DNS-Dienst eines Providers ist über eine Anycast-Adresse erreichbar. Auf die DNS-Anfrage eines Clients antwortet der DNS-Server im selben Land, weil dieser deutlich geringere Laufzeiten aufweist als ein DNS-Server in Brasilien.

Das Thema hat in diesem Kapitel Relevanz, da die Anycast-Adresse von jedem beteiligten Server per OSPF angepriesen wird. Die anderen Router entscheiden anhand der besseren Metrik, welchen Server sie aus der Anycast-Gruppe verwenden wollen.

Als Beispiel bieten die Server 2 bis 4 einen Webdienst an. Clients aus anderen Netzbereichen greifen per Anycast-Adresse auf diesen Dienst zu und werden an einen der Server vermittelt.

Die Konfiguration per OSPF ist einfacher als vermutet. Die einzige Aufgabe des OSPF-fähigen Servers liegt im Ankündigen der gemeinsamen Anycast-Adresse. Und die muss auf allen Servern identisch sein, was die Konfiguration per Copy-and-Paste vereinfacht. Der wesentliche Unterschied zwischen den verschiedenen Servern ist die Area-Nummer, die in der Konfiguration in Listing 16.1 hervorgehoben ist und für Server2 in Area 1 passt.

```
1  interface lo
2    ip address 198.51.100.12/32
3    ipv6 address 2001:db8:198::12/128
4    ip ospf area 1
5  !
6  router ospf6
7    interface lo area 0.0.0.1
```

Listing 16.1: Jeder Server verkündet dieselbe Adresse per OSPF

Das Beispiel bindet die frei wählbaren Anycast-Adressen in Zeilen 2 und 3 an das Loopback-Interface. Anschließend erhält OSPF die Aufgabe der Verteilung (Zeile 4 und 7).

Ob die Lastverteilung per Anycast funktioniert, kann ein einzelner Server nicht beurteilen. Die anderen Switches können zumindest bestätigen, dass die Adresse mehrfach in der Routingtabelle erscheint.

```
cumulus@sw01:~$ net show route ospf
O>* 198.51.100.12/32 [110/20] via 11.11.11.11, swp1 onlink, 00:02:23
  *                           via 12.12.12.12, swp2 onlink, 00:02:23
  *                           via 13.13.13.13, swp3 onlink, 00:02:23
  *                           via 14.14.14.14, swp4 onlink, 00:02:23
[...]
O>* 2001:db8:198::12/128 [110/21] \
                        via fe80::e12:24ff:fe11:ff01, swp1, 00:02:24
  *                     via fe80::e12:24ff:fe12:ff01, swp2, 00:02:24
  *                     via fe80::e12:24ff:fe13:ff01, swp3, 00:02:24
  *                     via fe80::e12:24ff:fe14:ff01, swp4, 00:02:24
```

Wenn ein unbeteiligter Client einen Zugriff auf die Anycast-Adresse versucht, wird seine Anfrage von *einem* der Server beantwortet. Für einen finalen Test sind die Server mit einem Webdienst ausgestattet, der lediglich den eigenen Hostnamen preisgibt. Im ersten Versuch erhält Server3 den Zuschlag und stellt sich namentlich vor.

```
root@client1 ~> curl http://198.51.100.12/hostname.txt
server3
```

Alle weiteren Zugriffe von diesem Client landen ebenfalls bei Server3. Damit garantiert Cumulus Linux, dass Clients nicht zwischen den Server hin- und herwandern. Die Verteilung der Last erfordert demnach *viele* Clients. Der Webaufruf per IPv6-Adresse hat ähnliche Gestalt, wobei die Antwort nicht zwingend von demselben Server kommen muss wie bei IPv4 im vorherigen Beispiel.

```
curl --ipv6 --globoff http://[2001:db8:198::12]/hostname.txt
```

Wenn ein einzelner Server ausfällt, wird seine Nachbarschaftsbeziehung zum Leaf-Switch innerhalb von vier Sekunden beendet. Anschließend „vergessen" die OSPF-Router alle Informationen dieses Servers und bereinigen ihre Routingtabellen. Glücklicherweise sind noch weitere Routen zur Anycast-Adresse vorhanden, sodass die Clients nach wie vor ihren Dienst erreichen.
Nach demselben Prinzip kann ein einzelner Server im Anycast-Verbund in den „Wartungsmodus" versetzt werden. Es reicht, die IP-Adresse vom Loopback-Interface zu entfernen oder das Loopback-Interface zu deaktivieren.

```
int lo
 shutdown
```

Nach beendeter Wartung nimmt der Server seinen Loopback-Adapter mit `no shutdown` wieder in Betrieb.

Sicherheit

Wenn Server Einfluss auf die Routingtabellen der Switches haben, können sie diese auch gehörig durcheinanderbringen. Es ist Aufgabe der Leaf-Switches, nicht alles zu glauben, was die Server erzählen. Dazu durchlaufen alle Ankündigungen der Server in den Switches eine Filterliste, die nur glaubwürdige Routen zulässt. Die Filterliste ist eine „Firewall für Routing-updates".

Diese Vorgehensweise ist empfehlenswert für Server, die nicht unter eigener Verwaltung sind, sondern von Kunden oder Partnern administriert werden.

In den folgenden Beispielen wird Server4 zum „feindlichen" Server, der durch Fehlkonfiguration oder böse Absicht etwas Unruhe in die OSPF-Welt bringen will.

Zuerst sendet Server4 eine neue Route ins Netz, die gegen eine Peering-Vereinbarung verstößt. Die Konfiguration dazu entspricht Listing 16.1 auf Seite 230. Nun sind die Leaf-Switches in der Pflicht die Fake-Route auszusieben.

FRRouting hat dazu Präfixfilter im Angebot. Sie funktionieren wie eine Accessliste für Routen, die auf einem Area-Border–Router wirken und *zwischen* den Areas filtern.

```
1  net add routing prefix-list ipv4 AREA2-to-AREA0 \
2    seq 5 permit 10.22.0.0/16 ge 24
3  net add routing prefix-list ipv4 AREA2-to-AREA0 \
4    seq 10 permit 10.2.0.0/16 ge 24
5  net add routing prefix-list ipv4 AREA2-to-AREA0 seq 15 deny any
6  net add ospf area 0.0.0.2 filter-list prefix AREA2-to-AREA0 out
```

Auf den Switches sw13 und sw14 unterdrückt die Präfixliste alle eingehenden Routen (Zeile 5), die nicht die vereinbarten Netze ankündigen (Zeilen 1–4). Die Präfixliste behandelt alle Updates, die von Area 2 kommen (Zeile 6).

Sobald die Filterliste auf den ABRs aktiv ist, werden die Router der anderen Areas die böse Route vergessen haben. Denn die ABRs von Area 2 lassen nur noch Routen passieren, die zu ihrer Präfixliste passen.

Bei OSPFv3 ist die Luft etwas dünner, denn die NCLU verweigert die entsprechenden Befehle bei IPv6. Also muss die `vtysh` herhalten, die auf Seite 218 zur OSPF-Konfiguration der Server die erste Wahl war. Ausgehend vom normalen Linux-Prompt erreichen die folgenden Kommandos einen ähnlichen Filtereffekt für IPv6-Routen.

```
1  sudo vtysh
2  ipv6 access-list AREA2-to-AREA0 permit fd00:22::/32
3  ipv6 access-list AREA2-to-AREA0 deny any
4  !
5  router ospf6
6    area 0.0.0.0 export-list AREA2-to-AREA0
```

Die Filterliste ist hierbei eine ACL, welche die ABRs als Export-Liste auf Area 0 anwenden. Das Ergebnis ist dasselbe: Alle IPv6-Präfixe, die zur ACL passen (Zeile 2) dürfen Area 2 verlassen und die Backbone-Area betreten (Zeile 6).

Die NCLU kennt die Befehle der vtysh zwar nicht, aber sie berücksichtigt sie in ihrer Konfiguration. Daher müssen die „Spezial"–Kommandos der vtysh nicht zusätzlich gesichert werden.

Was filtern die Area-Border-Router weg? Die passenden Antworten hat nur die vtysh im Programm:

```
sudo vtysh -c "show ip prefix-list detail"
sudo vtysh -c "show ipv6 prefix-list detail"
```

Im nächsten Versuch injiziert der böse Server externe Routen ins Netz. Die konfigurierten Filterlisten sollten die Routen wegdroppen. Sie haben aber einen Schönheitsfehler, denn sie berücksichtigen nur *interne* Routen – bei *externen* Routen sind sie völlig wirkungslos.

In dieser Situation zahlt sich das Netzdesign mit Areas aus. Jegliche Filter funktionieren nur *zwischen* den Areas. Der beste Schutz gegen externe Routen ist eine *Stub Area* (vgl. Kap. 15, Seite 198). Wenn Area 2 die Eigenschaft *stub* innehat, werden die ABRs externe Routen ignorieren, ohne dass dafür eine ACL oder ein Präfixfilter die Konfiguration verwüsten muss.

> **Hinweis**
>
> Die verwendete Version von FRRouting in Cumulus Linux 3.7 hat noch *keine* Unterstützung von *Stub Areas*.

Wenn das Feature vor Fertigstellung von FRRouting benötigt wird, kann die vtysh mit einer Exportliste für IPv6 aushelfen.

Zuletzt ist Server4 dazu bereit, bekannte Routen zu verkünden, die eine bessere Metrik haben. Als Folge werden die anderen Router ihren Datenstrom zu Server4 umlenken und das ursprüngliche Ziel ist unerreichbar. Im schlimmsten Fall agiert Server4 als Man-in-the-Middle und spioniert im Datenstrom.

In derartig feindseligen Umgebungen stößt OSPF an seine Grenzen in Bezug auf Sicherheit. Mit Tricks bei *Administrativer Distanz* (AD), Manipulation der Metrik und mehreren Instanzen lässt sich ein einigermaßen brauchbarer Lösungsansatz bilden:

Die ABRs benutzen mehrere OSPF-Instanzen. Die erste Instanz ist die vertrauenswürdige Umgebung von Area 0 und die bösen Kundenserver kommen in eine zweite Instanz. Jede Instanz ist ein eigener OSPF-Prozess mit einer eigenen Routingtabelle. Damit trennen die Instanzen die OSPF-Welt in zwei Teile, die nicht miteinander kommunizieren. Einer der ABR wird zum Vermittler und schiebt Routen der bösen Instanz in die gute Instanz. Als Strafe bekommen die Routen eine schlechte Metrik, damit sie die vorhandenen Routen nicht beeinflussen.

Wenn sw13 beide Instanzen führt, könnte die folgende Konfiguration als OSPF-Firewall fungieren.

```
1  interface swp6
2    ip ospf 2 area 2
3  !
4  router ospf 2
5    ospf router-id 13.13.13.13
6    distance 210
7  !
8  router ospf 1
9    redistribute ospf 2 metric 123456
```

Der serverseitige Netzadapter bleibt in Area 2 und gehört per Zeile 2 zur zweiten Instanz. Diese Instanz erhält die obligatorische Router-ID (Zeile 5) und eine denkbar schlechte *Administrative Distanz* (Zeile 6). Wenn dem Router zwei Pfade zum selben Netz bekannt sind, kommt nur der Pfad mit der kleineren AD in die Routingtabelle. Per Voreinstellung hat OSPF eine AD von 110, sodass diese Routen besser sind als die Routen der zweiten Instanz.

Im letzten Schritt schleust Zeile 9 die Routen durch die Instanzen und verpasst ihnen zusätzlich noch eine schlechte Metrik. Damit wird jede Route vom Kundenserver auf zwei Arten gebrandmarkt. Die anderen OSPF-Router werden diese Route nur verwenden, wenn es keine identische Route eines anderen Servers gibt.

Der Nachteil von diesem Lösungsansatz liegt darin, dass das Kommando `redistribute` die Pfade als *externe* Routen ankündigt. Externe Routen bleiben an den Grenzen der andern Areas hängen, wenn diese als Stub-Area konfiguriert sind.

Fazit: Wenn sich die Server nicht an die Peering-Vereinbarungen halten und die OSPF-Landschaft ins Schwitzen bringen, gibt es bessere Ansätze als OSPF. Wenn OSPF bereits flächendeckend im Einsatz ist, sollten fragwürdige Kundenserver über statische Routen angebunden werden, sodass keine OSPF-Verbindung mit diesem Server bestehen muss. Die statische Route kündigt der vertrauenswürdige OSPF-Router dem Netz an, und der Kundenserver ist über seine IP-Adresse(n) erreichbar.

Damit ist die Umgebung gesichert, aber die Dynamik von *Routing on the Host* geht verloren.

Ausblick

Routing on the Host ist Teil der *Host Pack*-Sammlung. Damit möchte Cumulus Networks die Endgeräte stärker ins Netzwerk einbeziehen, um die Server sichtbar zu machen und ihre Anbindung robuster zu gestalten.

Die Komponenten des *Host Pack* sind:

- *FRRouting on the Host*: Der Server (*Host*) wird Teil der Routingdomäne und trifft eigene Routingentscheidungen. Gleichzeitig beglückt er die anderen Router mit seinen IP-Adressen und stellt damit seine Erreichbarkeit sicher. Die beiden unterstützten Routingprotokolle sind OSPF und BGP.

- *Container Advertiser*: Server können ihre Applikationen in Container verpacken und darüber anbieten. Die Aufgabe vom *Container Advertiser* liegt darin, die IP-Adressen der Container im Netz zu verteilen. Und wenn der Container nicht mehr gebraucht und gestoppt wird, verschwindet die IP-Adresse von der Bildfläche.

Das Prinzip entspricht *Routing on the Host*, allerdings angepasst für Containerumgebungen.

- *NetQ on the Host*: Selbst wenn die Server ein bisschen im Routing mitspielen dürfen, bleiben sie für die Netzwerk-Admins unbekanntes Terrain. NetQ gewährt Einblick in die Server und macht die Serverfarm etwas transparenter. Der NetQ-Agent läuft auf jedem Server und sammelt Informationen über netzwerknahe Dienste, Konfigurationen und Ereignisse. Die Daten von allen Agenten laufen zentral zusammen und befüllen ein mächtiges Dashboard. Dies ermöglicht ein zentrales Monitoring und netzweite Fehlersuche.

Alle Disziplinen des *Host Pack* bietet Cumulus Networks nur für Ubuntu, Red Hat Enterprise Linux und CentOS. Auf der Seite der Container werden *Apache Mesos* und *Docker* unterstützt.

Zusammenfassung

Noch nie hat ein Titel so viel über das enthaltene Konzept verraten wie *Routing on the Host*. Der Plan dahinter macht den Server zum Router und damit zu einem festen Bestandteil des Netzwerks. Server verkünden ihre IP-Adressen im Netz und machen sie damit überall bekannt. Andersherum lernen die Server ihre Umgebung durch das Routingprotokoll OSPF kennen und können selbstständig entscheiden, welchen Netzadapter sie für den Datenverkehr auswählen.
Wenn die Bandbreiten der Netzadapter eines Servers identisch sind, entsteht ohne weitere Konfiguration sogar eine Lastverteilung mit automatischem Ausfallschutz gegenüber einzelnen Verbindungsfehlern.
Konzeptionell verschiebt *Routing on the Host* die Grenze der OSI-Ebene 3 von den Switches zu den Servern und macht damit das Rechenzentrum zur puren IP-Wolke.

Zusammenfassung

```
interface Loopback0
 description OspfRouterId
 ip address 7.1.7.1 255.255.255.255
!
interface GigabitEthernet2
 description server
 ip address 10.11.2.1 255.255.255.0
 ip ospf 1 area 1
 ipv6 address FD00:11:2::1/64
!
interface GigabitEthernet3
 description uplink sw11:swp5
 ip address 10.1.111.71 255.255.255.0
 ip ospf network point-to-point
 ip ospf dead-interval 4
 ip ospf hello-interval 1
 ip ospf 1 area 1
 ipv6 enable
 ipv6 ospf 1 area 1
 ipv6 ospf network point-to-point
 ipv6 ospf hello-interval 1
 ipv6 ospf dead-interval 4
!
interface GigabitEthernet4
 description uplink sw12:swp5
 ip address 10.1.121.71 255.255.255.0
 ip ospf network point-to-point
 ip ospf dead-interval 4
 ip ospf hello-interval 1
 ip ospf 1 area 1
 ipv6 enable
 ipv6 ospf 1 area 1
 ipv6 ospf network point-to-point
 ipv6 ospf hello-interval 1
 ipv6 ospf dead-interval 4
!
router ospfv3 1
 address-family ipv6 unicast
   router-id 7.1.7.1
   auto-cost reference-bandwidth 10000
!
router ospf 1
 router-id 7.1.7.1
 auto-cost reference-bandwidth 10000
```

Listing 16.2: Cisco CSR 1000V als vRouter

```
set interfaces ethernet eth1 address 10.11.2.1/24
set interfaces ethernet eth1 address fd00:11:2::1/64
set interfaces ethernet eth2 address 10.1.111.72/24
set interfaces ethernet eth2 ip ospf hello-interval 1
set interfaces ethernet eth2 ip ospf dead-interval 4
set interfaces ethernet eth2 ip ospf network point-to-point
set interfaces ethernet eth2 ipv6 ospfv3 hello-interval 1
set interfaces ethernet eth2 ipv6 ospfv3 dead-interval 4
set interfaces ethernet eth3 address 10.1.121.72/24
set interfaces ethernet eth3 ip ospf hello-interval 1
set interfaces ethernet eth3 ip ospf dead-interval 4
set interfaces ethernet eth3 ip ospf network point-to-point
set interfaces ethernet eth3 ipv6 ospfv3 hello-interval 1
set interfaces ethernet eth3 ipv6 ospfv3 dead-interval 4
set protocols ospf area 1 network 10.11.2.0/24
set protocols ospf area 1 network 10.1.0.0/16
set protocols ospf auto-cost reference-bandwidth 10000
set protocols ospf parameters router-id 7.2.7.2
set protocols ospf passive-interface eth0
set protocols ospf passive-interface eth1
set protocols ospfv3 area 0.0.0.1 interface eth2
set protocols ospfv3 area 0.0.0.1 interface eth3
set protocols ospfv3 area 0.0.0.1 interface lo
set protocols ospfv3 parameters router-id 7.2.7.2
```

Listing 16.3: VyOS als vRouter

Kapitel 17

VXLAN

Das Netzdesign eines modernen Rechenzentrums benutzt mehrheitlich IP-Verbindungen und vermeidet switchübergreifende Ethernetsegmente. Damit wird die Infrastruktur robust und ausfallgeschützt. Aber manche Anwendungen und Protokolle erwarten direkte Kommunikation auf Ebene 2 des OSI-Protokolls, was durch ein geroutetes Netz nicht mehr möglich ist. Hier kommt das *Virtual Extensible LAN* (VXLAN) ins Spiel. VXLAN bietet den Servern gegenseitige Erreichbarkeit auf Ethernet-Ebene. Dazu mogelt sich VXLAN nicht am IP-Netz vorbei, sondern spannt einen unverschlüsselten Tunnel quer durch das Kernnetz.

Der VXLAN-fähige Switch vor Server A verpackt das Ethernet-Frame in einem IP-Paket und sendet es an den VXLAN-Switch vor Server B. Dieser Switch entpackt das Paket und leitet seinen Inhalt an Server B. Für die Server besteht eine echt Ethernetverbindung. Für die Leaf-Switches besteht ein VXLAN-Tunnel. Für die Spine-Switches besteht eine IP-Verbindung.

VXLAN ist ein Overlay-Netzwerk mit eigenem Protokoll und Adressierung. Es benutzt die vorhandene Infrastruktur als Underlay-Netz für den Datentransport. Abbildung 17.1 auf der nächsten Seite zeigt das Zusammenspiel beider LAN-Technologien.

Der logische Ansatz von VXLAN entspricht in etwa dem von *Voice over IP*. Beide Techniken verpacken ihre Daten (Ethernet-Frames / Sprache) in UDP-Pakete und benutzen ein unterliegendes IP-Netz für den Transport. Beide Techniken haben ihre eigene Adressierung (VXLAN Network Identifier / Telefonnummer) und stülpen damit ein eigenes Netz über das

Transportnetz. Beiden Techniken ist das Underlay-Netzwerk egal: Das Paket muss lediglich schnell und zuverlässig am anderen Ende ankommen.

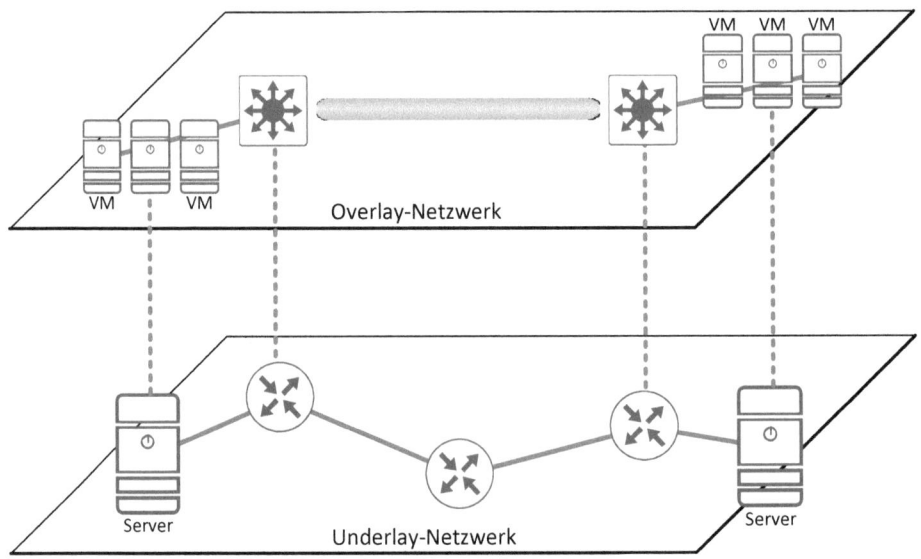

Abbildung 17.1: VXLAN tunnelt Ethernet-Frames durch ein IP-Netz

Grundlagen

VXLAN ist eine Netzvirtualisierung auf Basis von IP-Tunneln. Das VXLAN ist die scheinbar reale („virtuelle") Erweiterung („extensible") des lokalen Netzes („LAN"). Der VXLAN-Tunnel ähnelt einer VPN-Verbindung, mit Ausnahme der Verschlüsselung.

Die *virtuellen Tunnel-Endpunkte* (VTEP) sind Switches, die auf ihren serverseitigen Netzadaptern Ethernet-Frames annehmen und auf den Uplinks eingepackte VXLAN-Pakete aussenden. Ihre Funktion entspricht einem VPN-Router.

Das VXLAN ist eine Multipunkt-Verbindung. Der Tunnel hat so viele Endpunkte, wie an der LAN-Erweiterung teilnehmen wollen. Da die VLANs des Edge-Bereichs sich nicht in der VXLAN-Wolke vermischen dürfen, hat jedes VXLAN eine eindeutige Kennung. Dieser *VXLAN Network Identifier* (VNI)

ist vergleichbar mit einer VLAN-Nummer und unterteilt die Netzbereiche. Da VXLAN sehr auf Skalierbarkeit bedacht ist, reicht der VNI bis 16 Millionen. Zum Vergleich: Beim VLAN ist nach 4096 Schluss.
Abbildung 17.2 zeigt ein reguläres Ethernet-Paket und die zusätzlichen Kopfzeilen bei seiner Reise durch den VXLAN-Tunnel.

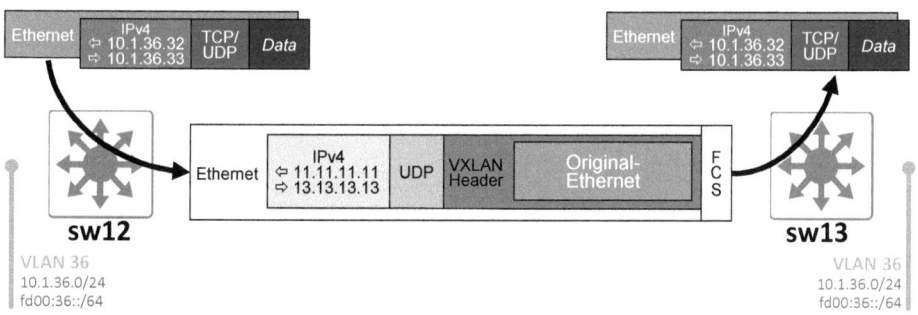

Abbildung 17.2: Ein Ethernet-Frame mit und ohne VXLAN-Kopfzeile

Controller

VXLAN funktioniert ganz gut ohne irgendwelche zentralen Managementfunktionen – aber es skaliert nicht. Jeder Tunnelendpunkt muss jeden anderen Tunnelendpunkt per Konfiguration vorab kennen. Die bekannte Formel n*(n-1)/2 ermittelt die Anzahl der notwendigen Tunnel zwischen den VTEPs. Bei zehn teilnehmenden Leaf-Switches sind bereits 45 Tunnel erforderlich. Sobald ein elfter VTEP hinzukommt, sind zehn weitere Tunnel notwendig, die auf *allen* anderen Switches vorkonfiguriert werden müssen.

Mit einem Automatisierer im Stil von *Ansible* wird der Aufwand machbar, aber Cumulus Linux bringt seine eigene Geheimwaffe für die Skalierung mit: einen Controller, der die Dynamik der Konfiguration verwaltet.
Der Controller ist eine zentrale Datenbank, die die Zuordnung von IP/MAC-Adresse zu VTEP speichert. Er gibt seinen VTEPs bereitwillig Auskunft und sammelt gleichzeitig alle Informationen über die VXLAN-Landschaft.
Wenn ein VTEP einen unbekannten Zielhost erreichen muss, meldet sich der VTEP zuerst beim Controller und fragt nach dem Weg. Der Controller wählt den passenden VXLAN-Switch, worauf beide Endpunkte einen

Tunnel aufbauen. Anschließend können die angeschlossenen Server kommunizieren, ohne dass die VTEPs Pakete ins Netz fluten müssen.

Das Konzept von VXLAN bietet mehrere Möglichkeiten, wenn es um die Wahl eines Controllers geht.

- *Ohne Controller*: Alle VXLAN-Switches haben statische Einstellungen mit vorkonfigurierten Tunneln. Pakete an alle Teilnehmer, zu unbekannten Zielhosts, sowie Multicast (Broadcast, unknown Unicast, Multicast – BUM), gehen an alle VTEPs.

- *Leichte Controller-Aufgaben*: Ein vorausgewählter Switch übernimmt einfache Tätigkeiten eines Controllers. Seine Auskünfte ermöglichen dynamisch konfigurierte Tunnel. BUM-Pakete behandelt der leichtgewichtige Controller durch Replikation an die passenden VTEPs. Cumulus Linux kann mit *Lightweight Network Virtualization* (LNV) als Controller fungieren.

- *Ausgewachsene Controller-Lösung*: Ein professioneller VXLAN-Controller steuert die Switches und übernimmt die Konfiguration per Weboberfläche. Beispiele dafür sind *VMware NSX* und *Midokura MidoNet*.

Die Beispiele in diesem Kapitel beschränken sich auf die Möglichkeiten von Cumulus Linux ohne zusätzliche Software.

Laboraufbau

Das Labornetz stellt einen Teil des Rechenzentrums dar. Die Switches der Spine- und Leaf-Ebenen haben IP-Verbindungen untereinander und verteilen ihre IP-Netze durch das Routingprotokoll OSPF (vgl. Kap. 15). Abbildung 17.3 zeigt das Netzdiagramm mit den angeschlossenen Servern. Die Konfiguration der Switches entspricht den Geräten aus Kapitel *Dynamisches Routing* ab Seite 187.

Die Leaf-Switches erhalten jetzt die Aufgabe, für ihre Server eine Ethernetverbindung herzustellen. Am Ende dieses Kapitels soll Server2 per Ethernet mit Server3 kommunizieren können, als wären beide Geräte durch ein

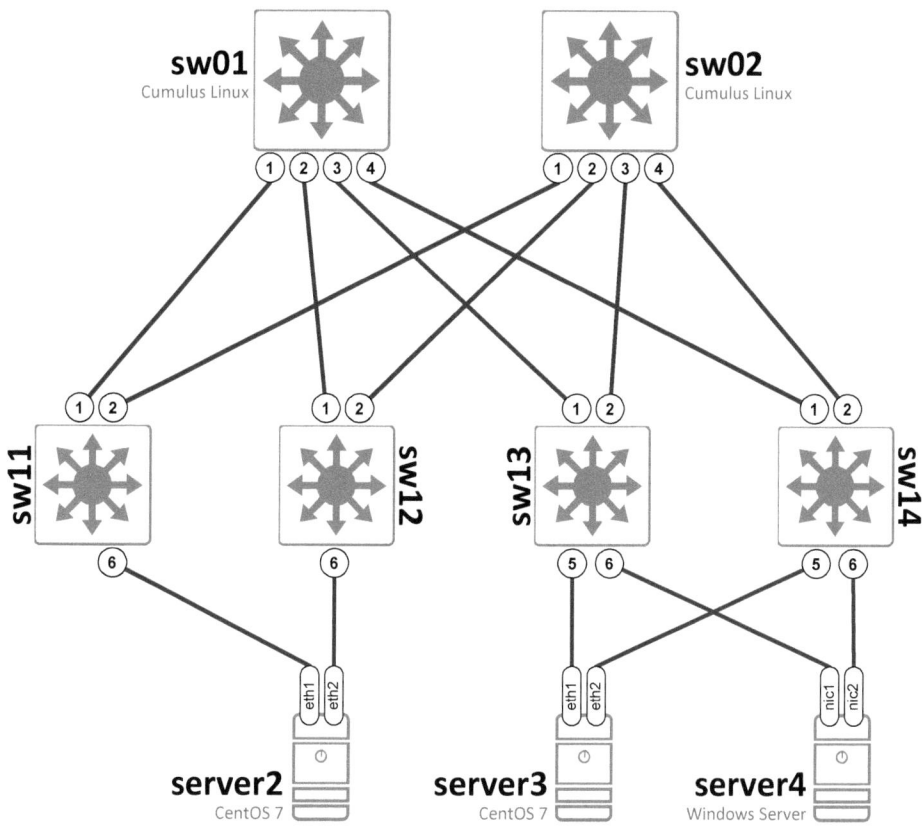

Abbildung 17.3: Das Underlay-Netzwerk für den späteren VXLAN-Aufsatz

einzelnes Kabel verbunden. Die Switches stellen diese Pseudo-Verbindung per VXLAN her und nutzen gleichzeitig die Vorteile des gerouteten Kernnetzes. Die VXLAN-Tunnel führen dabei kreuz-und-quer durch das Backbone-Netz. Abbildung 17.4 auf der nächsten Seite zeigt die Erweiterung des Ethernets durch VXLAN.

Das Underlay-Netzwerk benutzt die Adressierung und das Routingprotokoll aus Kapitel 15. Innerhalb der VXLAN-Tunnel benutzen die Server den IP-Bereich 10.1.36.0/24.

Kapitel 17. VXLAN

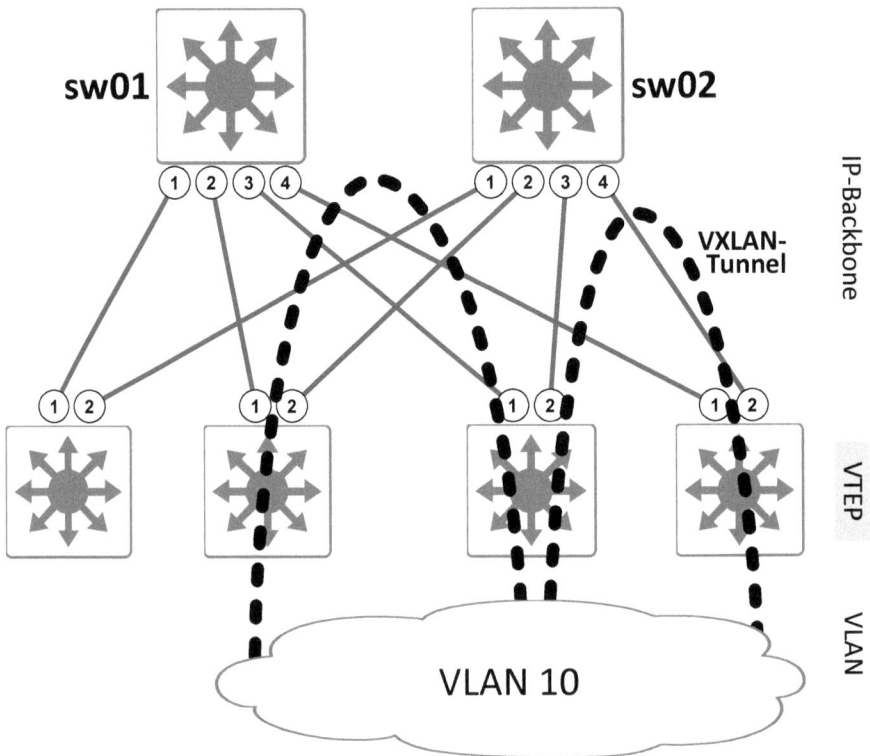

Abbildung 17.4: VXLAN-Tunnel verbinden Server auf Ethernet-Ebene

Konfiguration

Im ersten Schritt übernehmen die Switches einfache VXLAN-Tätigkeiten und formen statische Tunnel zwischen ihnen. Darauf aufbauend erhält ein Spine-Switch verwaltende Tätigkeiten und steuert die VTEPs als Controller bzw. *Service Node*. Die Konfigurationskommandos sind für alle VTEPs ähnlich und werden nur für einen Switch beschrieben.

Zuerst müssen sich die Leaf-Switches per IP-Adresse gegenseitig erreichen können, denn ein stabiles Underlay-Netz ist die Voraussetzung für ein reibungsfreies Overlay-Netz. Die Switches kommunizieren per Loopback-Adapter und verteilen ihre Adressen per OSPF. Am Beispiel von sw11 erhält und verkündet der Switch seine Adressen.

```
1  net add loopback lo ip address 11.11.11.11/32
2  net add loopback lo ospf area 0
3  net add loopback lo ipv6 address fd00:ad::11/128
4  net add ospf6 interface lo area 0.0.0.0
```

Sobald die anderen Switches ihre Konfiguration erhalten haben, können sich alle gegenseitig erreichen. Auf dieser Basis bekommt der Demo-Switch sw11 drei VXLAN-Tunnel verpasst – jeweils einen zu den drei anderen Leaf-Switches.

```
1  net add vxlan vni36 vxlan id 36
2  net add vxlan vni36 bridge access 10
3  net add vxlan vni36 stp bpduguard
4  net add vxlan vni36 stp portbpdufilter
5  net add vxlan vni36 vxlan local-tunnelip 11.11.11.11
6  net add vxlan vni36 vxlan remoteip 12.12.12.12
7  net add vxlan vni36 vxlan remoteip 13.13.13.13
8  net add vxlan vni36 vxlan remoteip 14.14.14.14
```

Die controllerfreie VXLAN-Konfiguration erwartet stets die Angabe der eigenen IP-Adresse für die VXLAN-Tunnel (Zeile 5) und eine Liste aller Gegenstellen (Zeilen 6-8).

Zeile 1 reserviert VXLAN-ID 36 und erhält damit das neue Interface *vni36*. Serverseitig verbindet Zeile 2 den virtuellen Adapter *vni36* mit VLAN 10. Damit ist *vni36* eine Netzbrücke zwischen VXLAN 36 und VLAN 10 (vgl. Kap. 2).

Wenn der Switch irgendwo im Spanning-Tree mitspielt, bringen der BPDU-Guard (Zeile 3) und BPDU-Filter (Zeile 4) einen Basisschutz gegen verirrte STP-Pakete oder Verkabelungsfehler (vgl. Kap. 13).

Die Zeilen 1-4 sind für alle Leaf-Switches gleich. Die Konfigurationszeilen 5 bis 8 verlangen eine Anpassung an die lokale Adressierung.

Zuletzt erhalten die angeschlossenen Server das passende VLAN und damit die Eintrittskarte ins VXLAN. Das Kommando ist auf allen Leaf-Switches identisch:

```
net add interface swp5,6 bridge access 10
```

Kurze Kontrolle: Ist die Tunnelinformation in der Forwarding-Datenbank (FDB) von VXLAN angekommen? Bei drei konfigurierten Tunneln erwartet das folgende Kommando drei Zeilen als Ausgabe.

```
cumulus@sw11:~$ sudo bridge fdb show | grep 00:00:00:00:00:00
00:00:00:00:00:00 dev vni36 dst 13.13.13.13 self permanent
00:00:00:00:00:00 dev vni36 dst 12.12.12.12 self permanent
00:00:00:00:00:00 dev vni36 dst 14.14.14.14 self permanent
```

Die Server sollten bereits über ihre IP-Adressen im selben Subnetz kommunizieren können. Der Laboraufbau benutzt IP-Netz 10.1.36.0/24, aber grundsätzlich ist jedes Netz akzeptabel, da das VXLAN nur die Ethernet-Frames betrachtet.

Ein Blick in die Forwarding-Tabelle des VTEP sw11 zeigt, dass sich Server2 (MAC 0c:12:24:32:ff:03) und Server3 (MAC 0c:12:24:33:ff:02) bereits unterhalten haben.

```
cumulus@sw11:~$ sudo bridge fdb show | grep vlan
0c:12:24:32:ff:02 dev swp6 vlan 10 master bridge
0c:12:24:34:ff:03 dev vni36 vlan 10 master bridge
0c:12:24:34:ff:02 dev vni36 vlan 10 master bridge
0c:12:24:33:ff:03 dev vni36 vlan 10 master bridge
0c:12:24:33:ff:02 dev vni36 vlan 10 master bridge
0c:12:24:32:ff:03 dev vni36 vlan 10 master bridge
```

MTU

Der VXLAN-Header macht das Ethernetframe während seiner Reise um 50 Bytes größer. Damit volle Pakete mit den zusätzlichen Kopfzeilen durch das Netz „passen", muss die *Maximum Transmission Unit* (MTU) der Ethernet-Adapter um 50 Bytes wachsen. Wenn die eingesetzten Switches das unterstützen, vergrößert ein knapper Befehl die erlaubte Rahmengröße im Ethernet auf sichere 1600 Bytes:

```
net add interface swp1-6 mtu 1600
```

Data-Center–Switches sollten bei der MTU flexibel sein. Bei fehlender Unterstützung und maximalen 1500 Bytes müssen die VTEPs die übergroßen Frames fragmentieren, was den Leistungsdurchsatz schmälert. Dafür gibt es einen unschönen Workaround, der die MTU des virtuellen VXLAN-Interfaces auf 1450 Bytes reduziert. Auf diese Weise dürfen die Server nicht mehr als 1450 Bytes pro Frame senden. Durch die zusätzlichen VXLAN-Kopfzeilen wächst das Paket auf 1500 Bytes und passt damit durch das Backbone.

Adressen lernen

Woher kennen alle VXLAN-Endpunkte die MAC-Adressen der Server? Das VXLAN soll sich für die Server so anfühlen wie Ethernet. Daher lernen die VTEPs alle MAC-Adressen wie ein klassischer Ethernet-Switch: aufpassen und merken.

Wenn Server2 ein Ethernetframe an Server3 schickt, passiert die Nachricht die beiden VTEPs sw12 und sw13. Switch sw12 merkt sich also, dass die MAC-Adresse von Server2 hinter dem lokalen Netzadapter *swp6* wohnt. Switch sw13 hat die dieselbe MAC-Adresse am VXLAN-Tunnel gesichtet und merkt sich folglich den VXLAN-Partner als Wohnort von Server2.

Sobald alle Server ein paar Ethernetframes von sich gegeben haben, können die VTEPs ihre Forwarding-Tabellen füllen. Aber was passiert mit Paketen an unbekannte Zieladressen, Multicast- und Broadcast-Adressen? Auch hier handeln die VTEPs wie traditionelle Switches und senden die Nachrichten an *alle* involvierten Tunnelendpunkte des VXLANs.

Als Beispiel sendet Server2 eine ARP-Anfrage (Broadcast) für Server4. Der VTEP sw11 erhält die Nachricht, verpackt sie in VXLAN-Header und sendet Kopien dieses Pakets an seine bekannten Tunnelpartner sw12, sw13 und sw14 (siehe Abbildung 17.5). Die ARP-Meldung wird Server4 schließlich erreichen und die Antwort kommt per Unicast zurück an Server2. Durch das Antwortpaket lernen alle beteiligten Switches die MAC-Adresse und die nächsten Pakete wandern zielgerichtet durch das Overlay-Netzwerk.

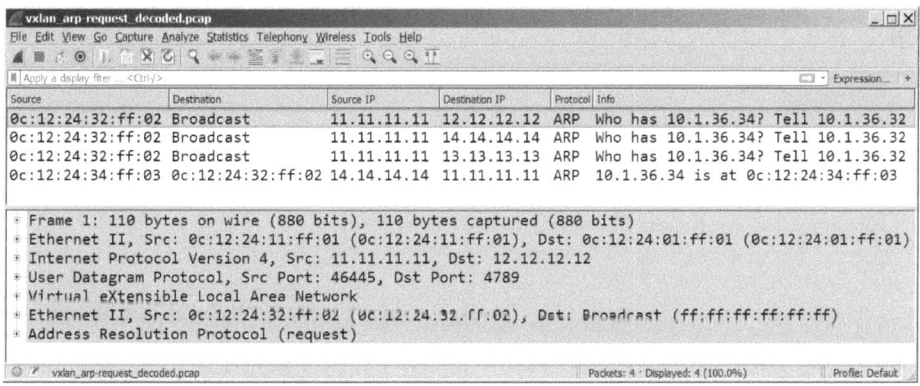

Abbildung 17.5: ARP-Broadcasts erreichen alle VTEPs per Unicast

In großen Umgebungen mit vielen VTEPs ist die Paketflut von BUM-Traffic nicht zu vernachlässigen. Besserung schafft eine zentrale Instanz, die den VXLAN-Endpunkten genaue Anweisungen zu Tunneln und Adressen gibt, wie es im nächsten Abschnitt vorgestellt wird.

Lightweight Network Virtualization

Es ist absehbar, dass in größeren Umgebungen die Einrichtung von vielen statischen VXLAN-Tunneln schnell in Arbeit ausartet. Die zusätzliche Belastung durch BUM-Traffic lässt sich eventuell durch bandbreitenstarke Netzadapter abfedern, aber ein schönes Design wird das nicht!
Cumulus Linux hat einen leichtgewichtigen VXLAN-Controller im Handschuhfach, der in gewachsenen Umgebungen den Überblick behält. Da es sich hierbei nicht um eine vollwertige Controller-Lösung handelt, nennt Cumulus Networks seinen VXLAN-Meister vorsichtig *Service Node*.
Bei dieser *Lightweight Network Virtualization* (LNV) handelt es sich um einen dynamischen Zusatz zum bekannten VXLAN. Die Dynamik besteht darin, dass alle Informationen an einem zentralen Punkt, dem *Service Node*, zusammenlaufen. Die einzelnen VTEPs kennen anfänglich nur den Service Node und kontaktieren diesen für Fragen und Auskünfte. Durch die Frage-und-Antwort–Spiele lernt der Service Node die Umgebung kennen und die VTEPs können ihrem Tagesgeschäft nachkommen. Der Service Node ist sozusagen der VXLAN-Controller des kleinen Mannes.

> **Achtung**
>
> Cumulus Networks empfiehlt *Ethernet VPN* für die Netzwerkvirtualisierung und als Control-Plane für VXLAN. LNV wird ab Cumulus Linux Version 4.0 nicht mehr offiziell unterstützt.

Die Rolle des Service Nodes übernimmt ein zentral platzierter Cumulus-Switch. Er hält keine VXLAN-Tunnel, sondern informiert lediglich die anderen VTEPs. Die Kommunikation erfolgt per IP-Adresse über die vorhandene Infrastruktur. Der Laboraufbau für die folgenden Beispiele ist unverändert.

Konfiguration

Der Spine-Switch sw01 ist ideal platziert und erhält die Beförderung zum Service Node. Durch die bestehende OSPF-Konfiguration (vgl. Kap. 15) können sich alle Switches per Loopback-Adresse erreichen. Damit sind die Voraussetzungen bereits erfüllt.
Switch sw01 nimmt seine neue Tätigkeit wahr, sobald der *Service Node*-Dienst vxsnd läuft. Hier kann die NCLU nicht punkten, denn die Kommandos dazu sind reguläre Linux-Befehle.

```
sudo systemctl start vxsnd
sudo systemctl enable vxsnd
```

Für einen einzelnen Service Node ist die Einrichtung hier abgeschlossen. Im produktiven Einsatz ist ein zweiter Service Node ratsam, zumal der Einsatz keine zusätzliche Hardware oder Lizenz erfordert. Abschnitt *Service Node Cluster* auf Seite 251 beschreibt den Aufbau.

Die Leaf-Switches wissen noch nichts von der neuen Auskunftsstelle, die ihnen einmal händisch vorgestellt werden muss. Vorher müssen alle statischen Tunnel aus der Konfiguration verschwinden. Mithilfe der NCLU und dem net del-Befehl müssen alle Zeilen das Weite suchen, die remoteip und vxlan führen.
Das folgende Beispiel zeigt die vollständige Konfiguration für Switch sw11.

```
1  net add vxlan vni36 vxlan id 36
2  net add vxlan vni36 vxlan local-tunnelip 11.11.11.11
3  net add vxlan vni36 bridge access 10
4  net add loopback lo vxrd-src-ip 11.11.11.11
5  net add loopback lo vxrd-svcnode-ip 1.1.1.1
```

Die Zeilen 1 bis 3 beschreiben den Zusammenhalt von VXLAN und VLAN und unterscheiden sich nicht von den statischen Tunneln auf Seite 245.
Auf den lokalen Switches startet der *VXLAN Registration Daemon* (VXRD) in Zeile 4. Dieser stellt die Kommunikation mit dem Service Node her, der per IP-Adresse in Zeile 5 offiziell präsentiert wird.

Nach dem obligatorischen net commit sendet sw11 sogleich Registrierungsmeldungen an seinen Service Node. Dieser merkt sich seinen neuen

Mandanten und befüllt damit seine Kundenkartei, die Forwarding-Datenbank (FDB).

```
cumulus@sw01:~$ sudo vxsndctl fdb
VNI         Address         Ageout
===         =======         ======
36          11.11.11.11     82
```

Sobald alle Leaf-Switches die passende Konfiguration haben und ihren Service Node kennen, füllt sich die FDB und die Ansicht ist komplett.

```
cumulus@sw01:~$ sudo vxsndctl fdb
VNI         Address         Ageout
===         =======         ======
36          14.14.14.14     86
36          13.13.13.13     83
36          11.11.11.11     86
36          12.12.12.12     83
```

Dynamische Tunnel

Die sparsame Konfiguration war nur der erste Vorteil der leichtgewichtigen Netzwerkvirtualisierung. Ein weiterer Vorteil sind die dynamischen Tunnel, die sich bei Bedarf aufbauen. Die Teilnehmer eines VXLANs informieren sich gegenseitig durch ihren Service Node und kennen anschließend alle Mitspieler. Ein flüchtiger Blick in die Teilnehmerliste sollte auf allen Switches das gleiche Bild liefern.

```
cumulus@sw11:~$ sudo vxrdctl peers
VNI         Peer Addrs
===         ==========
36          11.11.11.11, 12.12.12.12, 13.13.13.13, 14.14.14.14
```

Da ein VXLAN-Tunnel keine Authentifizierung braucht und keine Verschlüsselung aushandeln muss, ist er ohne weitere Vorbereitung einsatzbereit für den Datenverkehr.

Adressen lernen

Die VTEPs lernen die Adressen anhand der Absenderadresse auf den Ethernetframes. Der Lernprozess ist für statische und dynamische Tunnel gleich. Aber nicht alle Adressen können zielgerichtet zugestellt werden.

Broadcast-, Multicast- und unbekannte Unicast-Adressen (BUM) müssen *alle* VTEPs im Netz erreichen, da hinter jedem beteiligten Switch ein möglicher Empfänger auf das Paket wartet. Für diese Netzbelastung hat Cumulus Networks zwei Ansätze, die auf unterschiedliche Größen abgestimmt sind.

Head-End Replication Der Tunnelendpunkt versendet selbstständig die BUM-Pakete an alle bekannten VTEPs dieses VXLANs. Diese Methode ist die Voreinstellung, da die Switches den Versand in Hardware realisieren können und dadurch keine Leistungseinbußen hinnehmen müssen. Cumulus Networks empfiehlt diese Replikation bei 128 VTEPs oder weniger.

Service Node Replication Bei dieser Methode ist der VTEP für BUM-Traffic nicht mehr zuständig. Stattdessen sendet er die Pakete weiter an seinen Service Node mit der Bitte um Verteilung. Cumulus Networks empfiehlt diese Replikation erst ab einer Größe von 128 VTEPs. Vorsicht ist geboten bei der zusätzlichen Belastung des Service Node Switches, denn dieser bearbeitet die Pakete in Software.

Service Node Cluster

In der Spine-and-Leaf–Topologie sind alle Komponenten redundant vorhanden. Jeder einzelne Switch könnte im laufenden Betrieb rebooten oder ausfallen. Die Rolle des Service Nodes darf sich diesem Konzept anschließen und einen weiteren Switch beschäftigen.
Damit kann der zweite Service Node einspringen, wenn der primäre Switch seine Funktion unerwartet einstellt (Ausfallschutz). Beide Service Nodes können sich auch die Anfragen der VTEPs teilen und damit eine Lastverteilung erreichen.

Wenn Spine-Switch sw02 den bestehenden Service Node ergänzen soll, muss dort ebenfalls der *Service Node*–Dienst vxsnd laufen. Der Start ist unspektakulär und entspricht den Befehlen aus Abschnitt *Konfiguration* auf Seite 249.
Anschließend ist etwas Planung gefragt, denn die beiden Service Nodes kennen sich gegenseitig noch nicht. Jeder der Beiden muss die IP-Adresse

des jeweiligen Partners kennen und in der Datei /etc/vxsnd.conf eintragen. Weiterhin kontaktieren die VTEPs ihren bevorzugten Service Node ab sofort über eine neutrale IP-Adresse, z. B. 198.51.100.19, die *einer* der beiden Kandidaten beantwortet.

Der Inhalt von /etc/vxsnd.conf für Service Node sw01 und das beschriebene Szenario benötigt folgende Zeilen:

```
[common]
svcnode_ip = 198.51.100.19
src_ip = 1.1.1.1

[vxsnd]
svcnode_peers = 2.2.2.2
```

Die Gruppe der Service Nodes soll unter der neuen IPv4-Adresse aus Zeile 2 antreten. Der lokale Service Node kommuniziert mit seiner eigenen Adresse (Zeile 3) per IP mit seinem Partner (Zeile 6). In der Konfiguration von sw02 sind die IP-Adressen der Zeilen 3 und 6 vertauscht.

Woher kommt diese ominöse neue IP-Adresse 198.51.100.19? Grundsätzlich benötigt die Service Node Gruppe eine zusätzliche IP-Adresse, die alle VTEPs erreichen können. Die gewählte Adresse ist beispielhaft – die Besonderheit liegt darin, dass *beide* Service Nodes die Adresse benutzen und Anfragen darauf beantworten. Wenn die Switches per OSPF ihre IP-Bereiche weitersagen, kommt die Gruppenadresse bei beiden Spine-Switches zum Loopback-Adapter und wird vom OSPF-Prozess mitverteilt.

```
net add loopback lo ip address 198.51.100.19/32
```

Die laufenden Prozesse vxsnd erfahren diese Änderung durch einen Neustart:

```
sudo systemctl restart vxsnd
```

Damit wird die IPv4-Adresse zur Anycast-Adresse (vgl. Kap. 16) und ist fortan allen Leaf-Switches bekannt. Ebenso erhalten unbeteiligte OSPF-Router Kenntnis von der Adresse. Bis auf einen zusätzlichen Eintrag in der Routingtabelle sollte das keine Auswirkungen haben.

Die Tunnelendpunkt-Switches sprechen ab sofort die Gruppe der Service Nodes anhand der neuen Anycast-Adresse an. Leider gibt es von Cumulus keinen zentralen Mechanismus, der alle VTEPs darüber informiert. Die

Änderung passiert klassisch mit einer Konfigurationszeile, welche die bisherige Adresse des Service Nodes wortlos überschreibt.

```
net add loopback lo vxrd-svcnode-ip 198.51.100.19
```

Nach der Änderung haben die Teilnehmer im VXLAN mehrere Ansprechpartner für ihren BUM-Traffic, die sie über die neue Anycast-Adresse belästigen können.

```
cumulus@sw11:~$ sudo vxrdctl vxlans
VNI         Local Addr      Svc Node
===         ==========      ========
36          11.11.11.11     198.51.100.19
```

Bei einer gleichberechtigten *Service Node*-Ehe muss jeder Partner eine vollständige Liste aller VTEPs vorzeigen können:

```
cumulus@sw01:~$ sudo vxsndctl fdb
VNI         Address         Ageout
===         =======         ======
36          14.14.14.14     85
36          12.12.12.12     77
36          13.13.13.13     83
36          11.11.11.11     73
```

Die Forwarding-Database muss auf Switch sw02 dieselben Teilnehmer führen. Wenn einzelne VTEPs in der Liste fehlen, läuft die Replikation nicht sauber. Dann kontrolliert ein geschultes Auge auf den Service Nodes die Angaben in der Datei /etc/vxsnd.conf und auf den VTEPs die Konfiguration für vxrd-svcnode-ip und vxrd-src-ip.

Technischer Hintergrund

Für das normale VXLAN-Geschäft verwendet Cumulus Networks etwas Programmcode vom Linux-Kern, der bereits seit Kernel-Version 3.6 (Oktober 2012) im Standardumfang enthalten ist. Die Implementierung lädt bei Bedarf das Modul `vxlan.ko` und beginnt damit die Verarbeitung von VXLAN-Paketen direkt im Kernel. Die Prozessliste wird keinen VXLAN-Daemon anzeigen und bei den offenen Ports tarnt sich ein Kernelmodul nur mit einem schlichten Sternchen:

```
root@sw11:~# netstat -pan | grep 4789
udp        0      0 0.0.0.0:4789            0.0.0.0:*
```

Auf einem regulären Linux-System übernehmen die Kommandos `ip` und `bridge` die Konfiguration von VXLAN. Bei Cumulus Linux ist das die Aufgabe der NCLU, die im Hintergrund mit den besagten Befehlen operiert.
Die Wahl der Portnummer ist seit 2013 standardisiert, sodass alle Hersteller mit UDP-Port 4789 arbeiten und eine Chance of Kompatibilität besteht.

Für die leichtgewichtige Netzvirtualisierung à la LNV schickt Cumulus Networks zwei eigene Dienste ins Rennen. Der Registrierungsdienst `vxrd` läuft auf den VTEPs und kommuniziert mit dem Dienst `vxsnd` auf dem Service Node. Beide Komponenten stehen unter dem Titel *VXLAN Flooding Service* und sind Eigenentwicklungen in Python.
Zugriff auf die Dienste für Konfigurationsänderungen oder Auskünfte läuft über die Kommandos `vxrdctl` bzw. `vxsndctl`. Die NCLU benutzt sie bereits für Änderungen, aber der lesende Zugriff auf Zustandstabellen erfolgt, wie in den obigen Beispielen, direkt über die Kommandos der Linux-Konsole.
In der Voreinstellung benutzen die Dienste UDP-Port 4789 für die Datenkommunikation und UDP-Port 10001 für die Steuerung. Das Steuerungsprotokoll ist nicht standardisiert und so hat Wireshark keine Infos, wenn er die UDP-Pakete abfängt und anzeigen möchte. Die Bedeutung der einzelnen Felder ist nicht geheim und in der Bibliothek `vxfld.py` verankert. Vielleicht schafft es das Protokoll zu einem RFC, oder zumindest eine Erklärung in die Dokumentation von Cumulus Linux.

Ausblick

VXLAN bereitet anderen Techniken den Weg, die das Leben im Data Center noch einfacher gestalten wollen. Und wie wäre es, wenn VXLAN nicht am Leaf-Switch endet, sondern bis in den Server führt?

Ethernet VPN

VXLAN schafft es herstellerunabhängig, ein Ethernet-Netz über eine bestehende IP-Infrastruktur zu betreiben. Aber dabei geht es nur um die Forwarding-Plane, denn die ursprüngliche Beschreibung von VXLAN in RFC 7348 schweigt bei der Control-Plane.

Die *Lightweight Network Virtualization* ist der vorübergehende Ansatz von Cumulus Networks für etwas Struktur im Netz. Der *Service Node* übernimmt einfache Aufgaben der Control-Plane. Die Lösung ist kein Zusatzprodukt, sondern in Cumulus Linux enthalten. Die Software steht unter einer freien Lizenz, sodass andere Hersteller sie in ihr Betriebssystem einbauen könnten.

Besser geht es mit *Ethernet VPN* (EVPN). EVPN ist kein Nachfolger von VXLAN, sondern ein Partner mit zusätzlichen Features.

> **Hinweis**
>
> EVPN ist die Control-Plane und VXLAN ist die Forwarding-Plane.

Für *Internet Service Provider* ist EVPN eine schicke Lösung, um bestehende VPN-Dienste zu verbessern, oder in den Ruhestand zu schicken. Betreiber von Rechenzentren können mit EVPN (und VXLAN) ihre virtuellen Maschinen zwischen Standorten verschieben. Zusätzlich macht EVPN die Leitungen zwischen den Rechenzentren mandantenfähig, sodass der Datenverkehr von unterschiedlichen Kunden auf OSI-Ebene 2 getrennt bleibt.

Der Betrieb von EVPN benötigt *Multiprotocol BGP* (MP-BGP) für den Informationsaustausch. Darüber läuft die automatische Entdeckung von VTEPs und Daten zur Erreichbarkeit. Zusätzlich erreicht EVPN den optimalen Datenpfad durch das Netz und minimiert die Flut von BUM-Traffic. Die feste Verbindung von EVPN und BGP macht Service Providern den Wechsel zu

EVPN einfach, da BGP in vielen Providernetzen und großen Rechenzentren bereits vorhanden ist.

Cumulus Linux verspricht eine kompatible EVPN-Implementierung, deren Funktionen sich an den Anforderungen eines Rechenzentrums orientieren.

Netzwerk Virtualisierung

Virtualisierung macht auch vor dem Netzwerk nicht halt. Das Konzept ähnelt der Virtualisierung für Server: Virtuelle Netze sind unabhängig von den physikalischen Switches und lassen sich programmieren, automatisieren und besser verwalten. Bei den Schlagwörtern darf natürlich „Kosteneinsparung" nicht fehlen, wobei der zeitliche Vorteil im Vordergrund steht. Änderungen und Updates passieren nur noch in der virtuellen Welt und erwarten keine Modifikation am physikalischen Aufbau.
Virtualisierungslösungen behandeln das Netzwerk als Software und abstrahieren die physikalischen Netzkomponenten durch logische Elemente: logische Switches, Firewalls, Router und sogar VPN. Das unterliegende Netz ist relativ egal, solange es die Pakete an den richtigen Empfänger zustellt.
Zu einem virtuellen Server (VM) gehören jetzt auch die virtuellen Netzeinstellungen. Wenn eine VM per vMotion seinen Host wechselt, wandert auch das virtuelle Netz mit zum neuen Zuhause. Die Anwendungen auf dem Server erfahren keine Unterbrechung.

Cumulus Linux unterstützt *VMware NSX* und *MidoNet Midokura*. In beiden Produkten kommen alle Switches, die im VXLAN einen Tunnelendpunkt darstellen, unter die Kontrolle der Softwarelösung. Bei VMware kommuniziert der *NSX Manager* mit den Switches und teilt ihnen ihre Aufgaben im VXLAN zu. Sobald die Switches einmalig mit dem Manager verheiratet sind, erfolgt die restliche Konfiguration über die grafische Oberfläche vom *VMware vCenter* oder *MidoNet Manager*. Die Cumulus-Switches sind damit nur noch Arbeitspferde und bekommen von der Komplexität der Netzumgebung nichts mehr mit.

Zusammenfassung

VXLAN vertauscht die OSI-Ebenen, denn es setzt ein Ethernet-Netz (Ebene 2) *auf* ein IP-Netz (Ebene 3). Damit schafft VXLAN eine Ethernet-Verbindung zwischen zwei Servern, die durch ein geroutetes Netz verbunden sind.
Mit VXLAN können die Betreiber von Rechenzentren die Vorteile des IP-Backbones nutzen, und gleichzeitig Konnektivität auf Ebene 2 anbieten, wenn die Applikationen das fordern. VXLAN ist für große Umgebungen ausgelegt und separiert seine Teilnetze, damit mehrere Kunden die Infrastruktur nutzen können.
Hinter den Kulissen benutzt VXLAN unverschlüsselte Tunnel, die bestehende Ethernet-Frames einpacken, mit einer Netz-ID versehen und an den gegenüberliegenden Tunnelendpunkt schicken. Dieser entpackt das Ethernet-Frame und leitet es an den Empfänger weiter.
In großen Umgebungen setzt VXLAN auf einen zentralen Software-Controller, der die Switches mit Informationen versorgt und Anweisungen erteilt. Die Software bestimmt die Konfiguration der einzelnen Geräte und definiert das Netz. Willkommen bei *Software-Defined Networking* (SDN).

Kapitel 17. VXLAN

Kapitel 18

Firewall

Eine Firewall ist kein einzelnes Gerät, sondern ein Konzept! Das erklärte Ziel dieses Konzepts ist die Sicherheit zwischen Computernetzen, um Zugriffe zu kontrollieren und Angriffen so lange wie möglich standzuhalten.

Umgesetzt wird das Sicherheitssystem meist mit Paketfiltern, Anwendungsgateways (Proxy), demilitarisierter Zone (DMZ), Verschlüsselung und Logging. Ob die Adressumsetzung im Sinne von NAT zur Steigerung der Sicherheit beiträgt, ist umstritten.
Vereinfacht ausgedrückt: Switches verbinden Computernetze und Firewalls trennen sie.

Für ein erhöhtes Maß an Sicherheit können auch große Geschütze aufgefahren werden: Systeme zum Erkennen und Verhindern von Einbrüchen suchen im internen Netz nach Paketen, die aufgrund des Regelwerks dort gar nicht sein dürfen.
Beliebt ist auch der Honeypot, welcher ein realistisch aussehendes Netz nachbaut. Genau wie eine Filmkulisse, die aussieht wie eine echte Straßenszene. Der Honeypot lenkt den Angreifer von den wirklichen Zielen ab und erlaubt es, Angriffsmuster zu studieren.
Allgemein ist der Begriff *Firewall* nicht mit dem Sicherheitskonzept belegt, sondern wird synonym mit *Paketfilter* verwendet. Daher bezeichnet das folgende Kapitel einen einzelnen Cumulus-Switch und sein Regelwerk als *Firewall*.

Cumulus Linux als Firewall

Ein Paketfilter besteht aus mehreren Regeln, die IP-Pakete oder Ethernet-Frames klassifizieren. Jede Regel hat eine oder mehrere Bedingungen, zu denen das Paket passen muss, um weiter bearbeitet zu werden. Sobald ein Paket zu einer Regel passt, werden die hinterlegte Aktion ausgeführt und das Paket weitergeleitet, verworfen oder anderweitig behandelt.
Diese Beschreibung trifft grundsätzlich auf alle Paketfilter zu. Die meisten Anbieter von Firewalls unterscheiden sich äußerlich dadurch, wie das Regelwerk konfiguriert wird und wie granular die Regeln sein können.

Bei Cumulus Linux arbeitet das Regelwerk nach dem *First Match*-Prinzip. Die Prüfung des IP-Pakets beginnt bei der ersten Regel und endet, sobald eine der Regeln zutrifft. Wenn keine passende Regel dabei ist, gibt es noch die Standardprozedur, die alles erlaubt.
Der Paketfilter von Cumulus Linux arbeitet verbindungsorientiert. Die Antwortpakete einer Verbindung benötigen keine separate Regel, sondern sind automatisch erlaubt.

Durch das *First Match*-Prinzip ist die Reihenfolge der einzelnen Regeln entscheidend. Eine streng blockierende Regel zu Beginn des Regelwerks macht nachfolgende einzelne Regeln wirkungslos.
Das fertige Regelwerk kann nichts ausrichten, solange es nicht an ein Interface gebunden ist und sich für eine Richtung (eingehend oder ausgehend) entschieden hat. Danach gelten die hinterlegten Aktionen, sobald eine Bedingung im Regelwerk zugrifft.

Laboraufbau

Firewallregeln können lang und komplex werden. Daher reicht bereits eine kleine Auswahl an Geräten, um die Möglichkeiten der Cumulus-Firewall zu untersuchen. Der Switch sw11 wird zur Firewall befördert und filtert zwischen seinem Netz hinter *swp1*, *swp2* und dem Servernetz bei *swp5* und *swp6* (siehe Abbildung 18.1).
Hohe Durchsatzraten bei Cumulus-Switches sind nur möglich, wenn die Filterlogik in den ASICs stattfindet. Daher wird in diesem Labor cin phy-

sikalischer Switch als Firewall eingesetzt. Die umgebenden Geräte sind Teilnehmer mit IP-Adresse, die den Zugriff auf die Firewall sw11 prüfen sollen. Das schützenswerte Ziel im Servernetz ist der Host Server1.

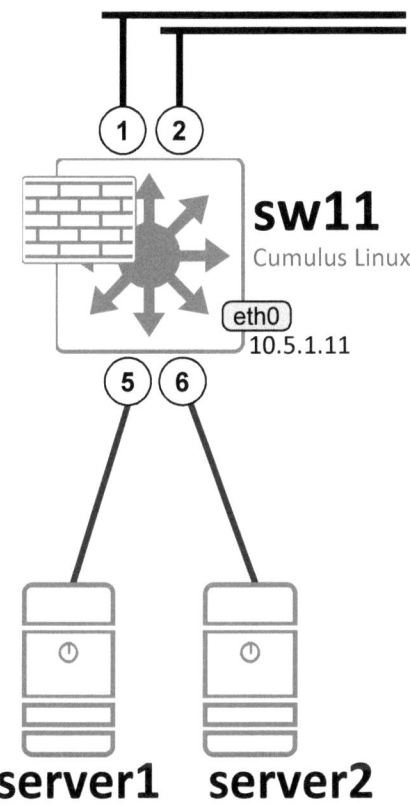

Abbildung 18.1: Cumulus Linux wird im Labor zur Firewall

Paketfilter

Im einfachsten Fall wird Cumulus Linux zum Filter, der die eingehenden Pakete in *Gut* und *Böse* aufteilt. Die Entscheidung trifft das Regelwerk, welches nach IPv4-, IPv6- und MAC-Adressen unterscheiden kann. In feineren Kreisen untersucht der Paketfilter auch Protokollnummern, TCP/UDP-Portnummern oder DSCP-Werte.

Für die Konfiguration des Regelwerks gibt Cumulus drei Möglichkeiten:

- `iptables`. Dieses Kommando hat die meisten Features, aber die erstellten Regeln schaffen es nicht bis zu den ASICs und bremsen die Durchsatzrate.

- `cl-acltool`. Das alternative `cl-acltool` kennt die unterliegende Hardware, aber leider ist die Konfiguration über viele Dateien verteilt. Das ist typisch für Linux aber ungewohnt für ein seriöses Netzgerät.

- NCLU. Die empfohlene Methode ist die NCLU. Sie erwartet die Access-Listen (ACL) in Befehlsform, macht eine Syntaxprüfung und gibt die fertigen Regeln an den Switch-Daemon `switchd`, welcher die ASICs damit betankt (vgl. Anhang B).

Das Zusammenspiel mit den ASICs ist wichtig, damit die *CPU* die Pakete nicht untersuchen muss. Nur wenn die Paketverarbeitung hardwarenah erfolgt, kann der Switch Durchsatzraten im hohen zweistelligen Gigabit-Bereich leisten.

Welche Bereiche von `iptables` und `ebtables` von der Hardwarebeschleunigung profitieren, zeigt Abbildung 18.2.

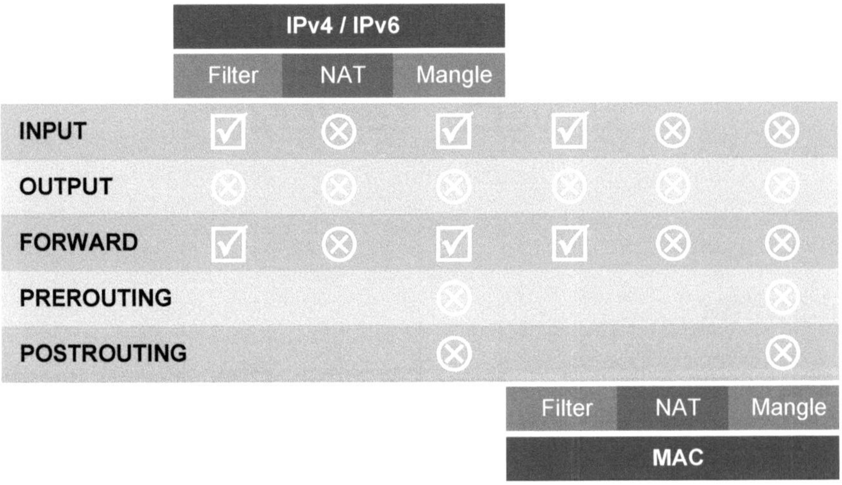

Abbildung 18.2: Die Netzwerkchips unterstützen die Arbeit von *iptables*

Eine Firewallregel wird in zwei Stufen wirksam:

1. Access-Liste definieren. Die ACL legt Aktionen und Bedingungen fest. Die Aktion bestimmt, ob das Paket passieren darf oder verworfen wird. Die Bedingung definiert, auf *welche* Pakete die Aktion zutreffen soll.

2. Access-Liste anwenden. Die fertige ACL gilt nur für das Interface, an welches sie gebunden ist. Und die Richtung ist auch wichtig: eingehend, ausgehend oder beides.

Mit einem kleinen Beispiel kommt die praktische Umsetzung. Switchport *swp1* soll keine IPv4-Pakete aus dem Netz 198.51.100.0/24 annehmen. Die NCLU erfüllt diesen Wunsch mit zwei `acl`-Kommandos:

```
net add acl ipv4 DROP198 drop source-ip 198.51.100.0/24 dest-ip any
net add interface swp1 acl ipv4 DROP198 inbound
```

Eine weitere Regel ist nicht notwendig, weil alle Pakete automatisch erlaubt sind, auf die keine Regel zutrifft. Damit unterscheidet sich eine reguläre Firewall von einem Cumulus-Switch.

> **Achtung**
>
> Cumulus Linux erlaubt alle Pakete, außer sie werden von einer Firewallregel explizit verboten.

Aktionen

Der Paketfilter kann noch mehr als Pakete erlauben oder verbieten. Die Aktion *police* beschränkt die Bandbreite eines Datenstroms, *dscp* und *setqos* manipulieren das Quality-of-Service–Feld und *span* fertigt unbemerkt Kopien an.

Die Softskills von `iptables` zeigt Tabelle 18.1 auf der nächsten Seite, wobei einige Features eine Eigenentwicklung von Cumulus Networks sind und im normalen Linux „fehlen". Die Spalte CL kennzeichnet die proprietären Erweiterungen.

Aktion	CL	IPv4	IPv6	MAC	Beschreibung
accept		☑	☑	☑	Erlaubt die nachfolgende Bedingung
drop		☑	☑	☑	Verbietet die nachfolgende Bedingung
dscp		☑			Manipuliert das DSCP-Feld im IPv4-Header
erspan	☑	☑			Extended Switched Port Analyzer
police	☑	☑	☑	☑	Limitiert die Bandbreite oder die Anzahl die Pakete pro Sekunde
priority	☑[1]	☑	☑	☑	Neue Regel an einer bestimmten Stelle im Regelwerk einfügen
set-class	☑	☑	☑	☑	Setzt eine interne Klassifizierung für die ASICs
set-qos	☑[1]	☑			Setzt das DSCP-Feld im IPv4-Header
span	☑	☑			Spiegelt den Netzverkehr eines Ports auf einen anderen (lokalen) Port

Tabelle 18.1: Weitere Aktionen von *iptables*

Die zusätzlichen Fähigkeiten von `iptables` sind in den folgenden Abschnitten kurz erläutert und mit Beispielen aufbereitet.

Police

Ein Policer verringert absichtlich die Übertragungsrate eines Datenstroms. Die Begrenzung betrifft entweder die Bandbreite (in Kilobytes/s) oder die Anzahl der Pakete pro Sekunde. Wenn der betroffene Datenstrom mehr Pakete sendet, als der Policer akzeptiert, werden die überschüssigen Pakete verworfen. Das Ergebnis ist eine Obergrenze für bandbreitenhungrige Applikationen.

Der Policer hat stets zwei Grenzen: Die untere Grenze bestimmt die erlaubte Übertragungsrate. Wenn der Datenstrom unterhalb dieser Grenze liegt, bleibt der Policer passiv und greift nicht ein. Die obere Grenze ist die Burst-Rate. Wenn der Datenstrom zwischen den beiden Grenzen liegt, wird der Policer gelegentlich aktiv und verwirft zufällig Pakete. Damit wird

---
[1] Dieses Feature ist mit regulärem *iptables* in einer abweichenden Syntax möglich

die Datenrate etwas geglättet. Oberhalb der Burst-Rate kennt der Policer keinen Spaß und verwirft gnadenlos alle Pakete.
Beispielsweise soll die IP-Kommunikation von einem Server auf 500 Pakete pro Sekunde gedrosselt werden. Eine kleine Überschreitung von 100 Paketen pro Sekunde ist geduldet.

```
net add policer-template PPS500 mode packet rate 500 burst 100
net add acl ipv4 POLICE17 police PPS500 \
   source-ip 10.2.20.17/32 dest-ip any
net add interface swp5 acl ipv4 POLICE17 inbound
```

Eine anschließende Durchsatzmessung zeigt eine maximale Bandbreite von 5,4 Mbit/s. Der Messwert ist verständlich, denn der Policer erlaubt 500 Pakete pro Sekunde bei geschätzten 1400 Bytes pro Paket. Das Produkt ist 700 KB/s und umgerechnet in Bits 5600 Kbit/s.

Die NCLU bietet dem Policer (noch) keine Möglichkeit, die maximale Bandbreite einer Verbindung festzulegen. Wenn dieses Limit gewünscht ist, führt kein Weg an den Konfigurationsdateien von cl-acltool vorbei. Die folgenden Kommandos legen eine entsprechende Regel an und Zeile 5 aktiviert sie.

```
1  cat <<EOF >> /etc/cumulus/acl/policy.d/50_nclu_acl.rules
2  -A FORWARD --in-interface swp5 -j POLICE --set-mode KB \
3     --set-rate 5000 --set-burst 1024 -s 10.2.20.17/32
4  EOF
5  cl-acltool -i
```

Quality of Service

Das *Type of Service*-Feld im IPv4-Header und das *Traffic Class*-Feld im IPv6-Header geben eine Priorität an. Je höher die Priorität, desto wichtiger ist der unmittelbare Transport dieses Pakets, um die Anwendung zu bedienen oder die Netzstabilität zu gewährleisten. Im Gegenzug dazu werden Pakete mit niedriger Priorität mit größerer Wahrscheinlichkeit verworfen, wenn es Engpässe im Netz gibt.
Das Headerfeld bietet Platz für acht Bits, von denen RFC 2474 nur die ersten 6 Bits als *Differentiated Services Codepoint* (DSCP) definiert. Die Übersicht der Prioritätsklassen präsentiert die NCLU beim Erstellen einer

ACL per Fragezeichen- oder Tabulator-Taste. Der Paketfilter von Cumulus Linux kann das DSCP-Feld setzen oder überschreiben, bevor das Paket auf seine weitere Reise geht.

Im folgenden Beispiel erfordert eine Echtzeit-Anwendung die bevorzugte Abarbeitung seiner Pakete. Die passende ACL klassifiziert die Applikation anhand seiner TCP-Portnummer und markiert die Pakete mit Priorität 2.

```
1  net add acl ipv4 APP21 set-qos set-dscp af21 tcp source-ip any \
2      source-port any dest-ip 10.2.20.23/32 dest-port 21141
3  net add interface swp1-5 acl ipv4 APP21 inbound
```

Die gewählte Güteklasse af21 in Zeile 1 ist willkürlich. Sie soll nur zeigen, dass die passenden Pakete eine Priorität erhalten und die anderen Pakete ohne Prio weiterreisen.

Interne Klassen

Eine weitere Möglichkeit für die bevorzugte Behandlung von IP-Paketen ist die Aktion *SETCLASS*. Mit dem ACL-Kommando set-class lässt sich das betroffene Paket in eine Güteklasse von Null bis Sieben einsortieren, wobei eine höhere Nummer zügigere Bearbeitung verspricht.

Die Klassen sind für die *interne* Verarbeitung gedacht und verlieren ihre Gültigkeit, sobald das Paket den Switch verlässt. Es wird kein Eintrag im IP-Header vorgenommen. Die Klassifizierung ist wichtig für Routingprotokolle, damit eine ausgelastete CPU oder ein saturierter Netzadapter nicht die Stabilität von OSPF- oder BGP-Nachbarschaften gefährdet.

Ein einfaches Beispiel zeigt die Behandlung von SNMP-Anfragen, die zu einem Echtzeit-Monitoring gehören und bevorzugte Abarbeitung genießen sollen. Der Monitoringserver benutzt die Adresse 10.2.10.11:

```
net add acl ipv4 SNMP_PRIO_2 set-class 2 udp \
    source-ip 10.2.10.11 source-port any dest-ip any dest-port 161
net add interface swp1-52 acl ipv4 SNMP_PRIO_2 inbound
```

Das besondere an der *SETCLASS*-ACL ist, dass sie die Abarbeitung des Regelwerks nicht beendet. Wenn ein eingehendes Paket Regel für Regel mit der ACL verglichen wird, und die *SETCLASS*-Regel zutrifft, dann gelangt das Paket in die ausgewählte Prioritätsklasse *und* es wird weiter nach einer passenden Zeile gesucht.

SPAN

Das Spiegeln von Netzwerkverkehr hat viele Namen: *Port mirroring*, *Port monitoring*, *Switched Port Analyzer* (SPAN) oder *Mirror port*. Gemeint ist stets dasselbe: Die ein- und ausgehenden Netzpakete von einem Interface werden auf ein anderes Interface kopiert. Der Originalverkehr bleibt davon unberührt. Hinter dem Port mit den Paketkopien lauscht meistens irgendeine Art von Netzwerkanalyser oder *Intrusion Detection*-System.
Cumulus Linux integriert SPAN in den Paketfilter. Damit lässt sich unterscheiden, ob *ein*gehende, *aus*gehende oder beide Arten von Paketen gespiegelt werden sollen.
Im folgenden Beispiel sollen alle Pakete des Netzadapters *swp5* in Kopie an Interface *swp6* gesendet werden.

```
1  net add acl ipv4 SPAN span destination swp6 \
2    source-ip any dest-ip any
3  net add interface swp5 acl ipv4 SPAN inbound
4  net add interface swp5 acl ipv4 SPAN outbound
```

Die Schlüsselwörter von Quell- und Ziel-IP in Zeile 2 erlauben einen zusätzlichen Filter anhand der IP-Adresse. Mit einem Filter spiegelt der Netzadapter nicht mehr *alle* Pakete, sondern nur noch solche, die zur Bedingung passen.

> **Hinweis**
>
> Die Angabe von `ipv4` in der ACL ist notwendig, aber irreführend, denn SPAN spiegelt auch IPv6-Pakete an den Zielport.

ERSPAN

Beim normalen *Switched Port Analyser* ist das Ziel der Kopien stets ein Netzadapter im lokalen Switch. Der *Encapsulated Remote SPAN* (ERSPAN) erstellt ebenfalls Kopien von Paketen, aber versendet diese getunnelt über das IP-Netz an einen Zielrechner. Dieser erhält die heiße Ware, als wäre er lokal mit dem Switch verbunden.
Im nächsten Beispiel wird erneut der Server an Switchport 5 überwacht und seine Pakete kopiert. Die Kopien verpackt Cumulus Linux als *Generic Routing Encapsulation* (GRE) mit den Tunnel-IP-Adressen aus Zeile 2.

Danach gehen die verpackten Inhalte an den Rechner mit der Adresse 10.2.30.23.

```
1  net add acl ipv4 ERSPAN erspan \
2    source-ip 10.2.20.1 dest-ip 10.2.30.23 ttl 5 \
3    source-ip any dest-ip any
4  net add interface swp5 acl ipv4 ERSPAN outbound
5  net add interface swp5 acl ipv4 ERSPAN inbound
```

Das ACL-Kommando erwartet eine Vielzahl von IP-Adressen, die unterschiedliche Bedeutungen haben: Das erste Pärchen aus Quell- und Zieladresse in Zeile 2 gehört zum GRE-Header und bestimmt, welchen Host die Paketkopien erreichen sollen. Das zweite Pärchen in Zeile 3 (hier: any) stellt die Bedingung dar, *welche* IP-Pakete zur Überwachung auserwählt werden.

ERSPAN ist eine unschätzbare Hilfe für die Fehlersuche, denn die verpackten Paketkopien lassen sich mit den Protokollanalyser *Wireshark* [18] untersuchen und auswerten. Dazu muss Wireshark in den Protokolloptionen von ERSPAN (*Bearbeiten* → *Einstellungen...*, *Protokolle* → *ERSPAN*) ungültige Kopfzeilen akzeptieren.

Voreingestellte Regeln

Cumulus Linux kommt mit vielen vorinstalliert Regeln, die den Switch absichern und vor angriffslustigen Nachbarn beschützen. Die Regeln beziehen sich fast nur auf den Netzverkehr, der an den Switch gerichtet ist und nicht durch ihn hindurchfließt.

Die NCLU zeigt diese Regeln nicht an und erlaubt auch keine Modifikation. Dafür muss das alternative Kommando `cl-acltool` herhalten. Im laufenden Betrieb vermischen sich die eigenen Zeilen mit den voreingestellten Regeln. Die beste Übersicht des initialen Regelwerks gibt der folgende Befehl auf einem blanken Switch:

`sudo cl-acltool -L all`

Bei genauerer Betrachtung filtert das initiale Regelwerk unsinnige IP-Adressen, Multicast und Loopback-Adressen. Die meisten Regeln blockieren allerdings nicht, sondern limitieren die Bandbreite oder vergeben Prioritäten.

Wenn die mitgebrachten Regeln nicht zur eigenen Umgebung passen, lassen sich diese anpassen oder löschen. Die Regeln sind in der Syntax von `iptables` verfasst und liegen in der Datei:

`/etc/cumulus/acl/policy.d/00control_plane.rules`

Nach einer möglichen Modifikation informiert `cl-acltool -i` den Switch-Daemon und schließlich die ASICs. Im Fehlerfall hält `cl-acltool` seine schützende Hand über die Situation und rollt zurück zur letzten funktionierenden Konfiguration.

Grenzen

Mal ganz ehrlich: Cumulus Linux wird durch die Hardwarebeschleunigung und `iptables` nicht zur ultimativen Firewall. Es bleibt ein Paketfilter, der ziemlich genau nach Ethernet- und IP-Adressen mit verschiedenen TCP/UDP-Portnummern filtern kann. Eine moderne Firewall hebt sich davon ab und bietet zusätzlich Anwendungserkennung, SSL-Inspection, Intrusion-Detection, Sandboxing und vielfältiges Reporting.

Aber auch als Paketfilter sind dem Switch Grenzen gesetzt. Die Anzahl der Filterregeln ist limitiert durch die unterliegende Hardware, die Menge der vorinstallierten Regeln und den Update-Modus (siehe folgender Abschnitt). In Zahlen ausgedrückt reicht die Palette von 256 nutzbaren, eingehenden IPv4-Regeln (beim Broadcom Tomahawk im Atomic-Modus) bis zu 6.144 nutzbaren Regeln (beim Broadcom Trident II+ im Nicht-Atomic-Modus). Diese Beschränkungen sind wichtig für die richtige Dimensionierung der Switches. Die exakten Zahlen zu jedem Chipsatz liefert der Abschnitt *Hardware Limitations on Number of Rules* im Handbuch des Herstellers.

> **Hinweis**
>
> Alle Switches auf Basis des Broadcom-Chipsatzes bieten deutlich weniger Regeln für *aus*gehenden Netzverkehr als für eingehenden. Je nach Modell erreicht der Unterschied das Achtfache.

Bei den *Mellanox Spectrum*-Switches ist der Speicherbereich nicht unterteilt und lässt sich flexibel aufteilen. Die obere Grenze für Filterregeln gilt also für beide Richtungen.

Update-Modus

Wenn eine Konfigurationsänderung mit `net commit` auch die Filterregeln aktualisiert, müssen die ASICs der Netzadapter neu programmiert werden. Darum kümmert sich zwar der Switch selber, aber für die Aktion benötigt er Platz im Speicher der ASICs. Je nach Platzbedarf stehen mehrere Update-Modi zur Verfügung:

- *Atomic-Update–Modus.* In diesem voreingestellten Modus lädt der Switch-Daemon die neuen Regeln in den Speicher und löscht anschließend die alten Regeln. Als Folge bleibt im laufenden Betrieb der halbe Speicher unbenutzbar. Dafür erfolgen die Updates unauffällig und unterbrechungsfrei.

- *Non-Atomic-Update–Modus.* Falls mehr Filterregeln benötigt werden, als mit dem vorherigen Modus realisierbar sind, lassen sich Aktualisierungen auch *non-atomic* einspielen. In diesem Modus liegt der reservierte Speicher frei für ACLs und die maximale Anzahl der Regeln verdoppelt sich. Der große Nachteil liegt in der Zeitspanne *während* der Neuprogrammierung der ASICs. Denn solange es sich die neuen Regeln im Speicher bequem machen, muss `switchd` den Netzverkehr unterbinden.

- *Inkrementeller Non-Atomic-Update–Modus.* Der inkrementelle Modus kommt als Kompromiss zwischen den beiden Extremen ins Spiel. Er aktualisiert eine Speichertabelle nach der anderen und versucht unterbrechungsfrei zu arbeiten. Nur wenn der freie Speicherplatz an seine Grenze kommt, verhält sich dieser Modus *non-atomic* und stört kurzzeitig die Netzkommunikation.

Cumulus Networks wählt den sicheren Atomic-Update–Modus als Voreinstellung. Wenn der Platz nicht reicht oder wenn kurze Unterbrechungen toleriert sind, schalten die folgenden Befehle in den großzügigen „Pause"-Modus:

```
sed -i -e 's/^\(acl.non_atomic_update_mode\).*/\1 = TRUE/' \
   /etc/cumulus/switchd.conf
systemctl restart switchd
```

Den Sprung zurück in den sicheren Modus erreichen dieselben Befehle, wobei in Zeile 1 der Wahrheitswert auf FALSE lauten muss.

> **Hinweis**
>
> Der Non-Atomic-Update–Modus arbeitet automatisch inkrementell. Nur wenn die freien Speicherbereiche nicht ausreichen, unterbricht das Update die Netzverbindungen während der Aktualisierung.

NCLU

Die NCLU hält Wache über die neuen ACLs, denn sie erlaubt nur Regeln, die sich in Hardware abbilden lassen. Filterkonstrukte für *iptables*, die *nicht* zum ASIC passen, schickt der Linux-Kernel an die CPU. Die macht zwar einen guten Job bei der Abarbeitung, aber hohe Datenraten sind damit nicht möglich. Was `iptables` an die ASICs auslagern kann und was die CPU übernehmen muss, liefert Abbildung 18.2 auf Seite 262.

Und wie stark sind die Speicherbereiche des ASIC ausgelastet? Darüber erstattet ein separates Kommando Bericht und informiert über alle möglichen Ressourcen und deren Verwendung.

```
cumulus@sw11:~$ sudo cl-resource-query | grep ACL
Ingress ACL entries:                  188,    9% of maximum value     2048
Ingress ACL counters:                 688,    2% of maximum value    32768
Ingress ACL meters:                    21,    0% of maximum value     4096
Ingress ACL slices:                     3,   37% of maximum value        8
Egress ACL entries:                    58,   11% of maximum value      512
Egress ACL counters:                   58,    5% of maximum value     1024
Egress ACL meters:                     29,    5% of maximum value      512
Egress ACL slices:                      2,  100% of maximum value        2
Ingress ACL ipv4_mac filter table:     36,    4% of maximum value      768
Ingress ACL ipv6 filter table:         29,    7% of maximum value      384
Ingress ACL mirror table:               0,    0% of maximum value        0
Ingress ACL 8021x filter table:         0,    0% of maximum value        0
Ingress ACL ipv4_mac mangle table:      0,    0% of maximum value        0
Ingress ACL ipv6 mangle table:          0,    0% of maximum value        0
Egress ACL ipv4_mac filter table:      29,   11% of maximum value      256
Egress ACL ipv6 filter table:           0,    0% of maximum value        0
ACL L4 port range checkers:             2,    8% of maximum value       24
```

Wenn im Eifer des Gefechts ein Limit überschritten wird, meckert die NCLU kurz und rollt zur letzten Konfiguration zurück. Im Konsolenfenster zeigt sich dieser Exzess als:

```
Installing acl policy
error: hw sync failed (ACL EGRESS filter V4MAC table: \
  Entry alloc failed:  Out of entry resource)
Rolling back ..
failed.
```

Schutz für die Control-Plane

Die Architektur moderner Switches unterteilt die anfallenden Aufgaben in drei Bereiche:

- Control-Plane (Kontrollschicht). Netzwerkgeräte tauschen ihre IP-Informationen über ein Routingprotokoll aus. Die Kontrollschicht steuert die Routingprozesse und füllt die Routingtabelle für Pfadentscheidungen. Hierzu gehören OSPF und BGP.

- Management-Plane (Verwaltungsschicht). Wenn der Admin auf das Gerät zugreift, dann über eine Software der Management-Plane. Anwendungen und Protokolle der Verwaltungsschicht sind SSH, Web-API und SNMP.

- Data-Plane (Datenschicht). Hier geht es um das Weiterleiten von Paketen, Datagrammen und Ethernetframes. Und das so schnell wie möglich.

Die Management-Plane stellt kein großes Geheimnis dar, denn auf diese Schicht greift das IT-Personal mit Software für Netzwerkmanagement oder -monitoring zu. Die Control-Plane beherbergt neben den bekannten Routingprotokollen auch noch weitere Methoden, mit denen sich die Switches unterhalten: LLDP, CDP, ARP und IPv6 Neighbor Discovery.
Diese Gewaltenteilung ist hilfreich für das Verständnis, zeigt aber auch, an welchen Stellen ein Switch verwundbar ist. Eine überlastete Control-Plane trennt den Switch auf IP-Ebene und dynamisch gelernte Routen verschwinden aus der Routingtabelle. Als Folge sind IP-Netze nicht mehr erreichbar und die Data-Plane ist arbeitslos.
Eine überlastete Management-Plane macht das IT-Team „blind" gegenüber dem Netz, denn es hat keinen Einblick mehr in Datenströme, Auslastung von Switchports und Fehlerzuständen.

Die nachhaltige Absicherung der Control-Plane ist wichtig für den regulären Betrieb der Netzinfrastruktur. Denn es ist nicht selbstverständlich, dass sich alle Anwendungen und Skripte brav verhalten. Das gilt besonders in Umgebungen, die von mehreren Kunden genutzt werden.

Ein Switch mit Cumulus Linux hat stets ein voreingestelltes Regelwerk, welches die Wichtigkeit der Planes berücksichtigt und den Zugriff mit vielen Police-Regeln sichert. Im normalen Betrieb sind diese Limitierungen nicht spürbar und schränken die Kommunikation nicht ein.

Beispielsweise akzeptiert die Voreinstellung für OSPF und BGP nicht mehr als 2.000 Pakete pro Sekunde. Wenn sich alle benachbarten Router an die Spielregeln halten, muss der Policer nicht einschreiten. Spannender wird es während einer *Denial of Service*-Attacke, die ihr Opfer absichtlich mit einer Paketflut überlasten möchte. Jetzt wird der Policer aktiv und verwirft so viele Pakete, dass die gewünschte Rate nicht überschritten wird.

Wenn die jeweilige Datenrate der Defaultregeln zu gering ist, lassen sich die Werte in der Konfigurationsdatei von *iptables* anpassen:

/etc/cumulus/acl/policy.d/00control_plane.rules

Das schützende Regelwerk ist sogar über die NCLU erweiterbar. Die fertige ACL wird dann nicht an einen Switchport oder ein VLAN-Interface gebunden, sondern direkt an die Control-Plane. Das Ergebnis sind iptables-Regeln, die für *alle* eingehenden Pakete gelten, die an den lokalen Switch gerichtet sind.

> **Hinweis**
>
> Die eigenen Regeln werden stets *nach* den voreingestellten Regeln abgearbeitet.

Ein kleines Beispiel erweitert den Basis-Schutz, falls der Cumulus-Switch als EIGRP-Router arbeiten soll.

```
1  net add policer-template EIGRP mode packet rate 2000 burst 2000
2  net add acl ipv4 EIGRP priority 10 set-class 7 source-ip any \
3     dest-ip 224.0.0.10/32
4  net add acl ipv4 EIGRP priority 20 police EIGRP source-ip any \
5     dest-ip 224.0.0.10/32
6  net add control-plane acl ipv4 EIGRP inbound
```

Der Policer in Zeile 1 verwendet dieselbe Paketrate, die Cumulus für die anderen Routingprotokolle der Control-Plane verwendet. Die Priorisierung und Limitierung orientieren sich ebenfalls an den voreingestellten Regeln.

EIGRP-Pakete sind stets an eine feste Multicastadresse gerichtet, die in den Zeilen 2 bis 5 als Zieladresse zur Identifizierung dient.

Firewallregeln sind ein guter Schutz der Control-Plane vor äußeren Angriffen. Für die Sicherheit und Harmonie der Prozesse untereinander, setzt Cumulus auf die Kontrolle von *cgroups*. Damit lässt sich der Verbrauch von Systemressourcen beschränken. *cgroups* gewährt einem Dienst nur eine vorkonfigurierte Menge an CPU-Leistung, Arbeitsspeicher, Plattenzugriffe und/oder Netzaktivität.
Der Exkurs zur Ressourcenkontrolle ist bewusst kurz gehalten, da dieses Kapitel die Firewall thematisiert.

Technischer Hintergrund

Die Firewall von Cumulus Linux setzt auf *Netfilter*, welches unter seinem Kommandonamen `iptables` besser bekannt ist. Die vielfältigen Tabellen, Regeln und Ketten von `iptables` bleiben glücklicherweise verborgen, denn Cumulus Linux bringt eine ganz eigene Syntax für die Konfiguration mit.
Die Firewall-Befehle werden von `cl-acltool` interpretiert und in reguläre `iptables`-Kommandos übersetzt. Von dort aus geht es weiter an Netfilter im Linux-Kernel und zuletzt an die Hardware.

Die selbstentwickelten Targets implementieren die Cumulus-Entwickler als `iptables`-Module. Falls bestimmte Aufgaben im Kernel-Space laufen müssen, kommen diese Teile des Programmcodes in ein Kernelmodul. Beispielsweise integriert sich der Policer als ladbares Modul `libxt_POLICE.so` in `iptables`. Die hardwarenahen Befehle kommen per Linux-Kernelmodul `xt_POLICE.ko` direkt hinterher. Auf die gleiche Weise realisieren die Programmierer auch SETQOS, ERSPAN, SPAN und SETCLASS.

Fehlersuche

Warum ist die neue Regel völlig wirkungslos und erlaubt den eingerichteten Datenverkehr nicht? Cumulus Linux gibt für diese Situation Einblick in interne Abläufe, Logdateien und den Netzverkehr. Die folgenden Tipps wollen Orientierung geben, wenn sich der Fehler schwer finden lässt:

1. Logische Prüfung. Gehört die Regel zum richtigen Interface? Umfassen die Regeldetails die gewünschte Auswahl von Quelle, Port, Protokoll und Ziel?
   Kommando: `net show configuration acl`

2. Reihenfolge. Ist die Regel an einer passenden Position im Gesamtregelwerk? `iptables` arbeitet die Filterlisten von oben nach unten ab. Eventuell schlägt eine andere Regel vorher zu, sodass die problematische Regel gar nicht zum Zug kommt. Für die Dauer der Fehlersuche darf die neue Regel ausnahmsweise an den Anfang des Regelwerks.

3. Adressumsetzung. Verändert eine NAT-Regel das ursprüngliche Aussehen des Pakets, sodass es von der Gegenstelle abgewiesen wird?

4. Logbuch. Cumulus Linux ist sehr sparsam mit Logmeldungen, denn sie involvieren die CPU. Außerdem loggt das angepasste `iptables` nur in Verbindung mit *deny*-Regeln. Für die Fehlersuche in einem produktiven Switch ist das Logbuch nur bedingt hilfreich.

5. Zähler. Die Übersicht des Regelwerks zeigt auch, *wie viele* Pakete durch die einzelnen Regeln gelaufen sind. Zeigt die fragwürdige Regel in den Spalten *pkts* und *bytes* einen Zählerstand größer als Null? Falls nein, fängt eine vorherige Regel im Gesamtwerk den Traffic ab.

Zugang zum vollständigen Regelwerk, inklusive Zählerständen und Defaultregeln, liefern die folgenden Kommandos in unterschiedlicher Detailtiefe.

```
sudo cl-acltool -L all
sudo iptables -L -v
```

Wenn das Logbuch keine Einträge über die neue Verbindung hat, kommen die Pakete eventuell gar nicht beim Netzadapter an. Den Beweis dazu liefert unter Cumulus VX der Paketanalyser `tcpdump`, der einen Blick auf die eingehenden Pakete erhascht, bevor `iptables` wüten darf.
Auf Hardware-Switches ist diese Methode wirkungslos, denn `tcpdump` zeigt nur Pakete an, die an den Switch adressiert sind oder von ihm versendet werden – durchfließende Pakete sieht `tcpdump` nicht.

Einen Blick auf die durchreisenden Pakete ermöglicht der *Mirror-Port* auf Seite 318, der Paket*kopien* erstellt und verschickt. Hilfreich, aber weniger detailliert, sind auch die Kommandos aus Kapitel 22 ab Seite 321.

Zusammenfassung

Ein Cumulus-Switch ist zwar keine waschechte Firewall, aber zumindest ein solider Paketfilter. Als solcher implementiert Cumulus Linux eine Richtlinie, die eingehende Pakete nur dann akzeptiert, wenn sie zu den hinterlegten Regeln passen.
Der Paketfilter erkennt IPv4-, IPv6- und MAC-Adressen und kann Pakete erlauben, verwerfen, priorisieren, an einen anderen Port spiegeln oder die Durchsatzrate einschränken.
Aber Vorsicht: Die ASICs beherrschen nur manche Features und Protokolle! Wenn der Paketfilter eine Regel benötigt, die Cumulus Linux nur in Software abbilden kann, sind die hohen Bandbreiten dahin.
Mit dem Paketfilter schützt Cumulus Linux seine Control-Plane und gibt dem umliegenden Netzwerk einen Basisschutz. Für anspruchsvollere Anforderungen mit tiefer Paketinspektion oder Einbruchserkennung empfiehlt sich eine professionelle Firewall.

Teil IV

Für Praktiker

Kapitel 19

Server

Wenn ein Server nur einen einzelnen Zugang zum Netzwerk hat, war der Designer mutig. Denn Netzwerkkarten, Kabel und Switches sind manchmal ausfallend. Und dann ist ein Fußmarsch zur Hardware angesagt.
In professionellen Umgebungen haben die Server mehrere Anbindungen ans Netzwerk. Und meistens noch einen *Lights-Out*–Adapter, der unabhängig vom installierten Betriebssystem arbeitet.
Cumulus Linux bietet für die Server Medien- und Geräteredundanz. In Kapitel 8 *Ausfallschutz* lag der Fokus hauptsächlich auf den Netzkomponenten. Aber welche Einstellungen benötigen die Server, um die angebotene Redundanz richtig zu nutzen? Dieses Kapitel beschäftigt sich mit der Einrichtung von Netzadaptern in Betriebssystemen, die im Rechenzentrum häufig anzutreffen sind: Linux, Windows Server und VMware ESXi.

Laboraufbau

Der Netzaufbau in diesem Szenario konzentriert sich auf die Server und ihre zweipfadige Anbindung ans Netzwerk. Für die Einrichtung von Server und Switch ist es unwesentlich, ob zwei oder acht Netzadapter im Bündel sind. Um den Aufbau einfach zu halten, haben die Server stets die minimale Anzahl von zwei Leitungen zu zwei Switches. Wie viele Verbindungen der Server im produktiven Einsatz benötigt, entscheidet der Bedarf an Bandbreite, Verfügbarkeit und natürlich das Budget.

Kapitel 19. Server

Abbildung 19.1 zeigt die verwendeten Server und deren Konnektivität zu den Leaf-Switches. Die Konfiguration besteht aus einer *Multi-Chassis Link Aggregation* (vgl. Kap. 8) von zwei Leitungen, die je nach Gegenstelle mit und ohne LACP arbeitet.

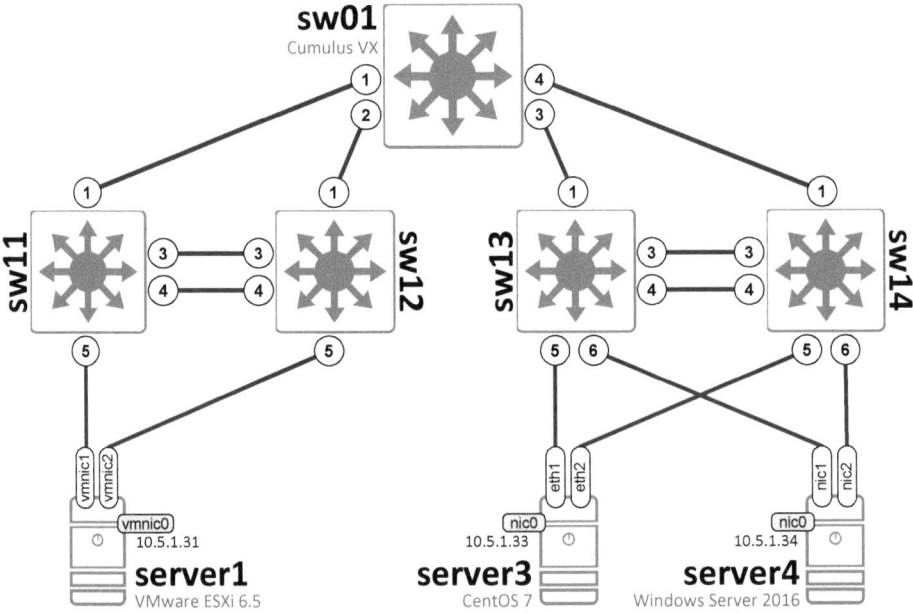

Abbildung 19.1: Die Server sind mehrpfadig an die Leaf-Switches angebunden

Die Betriebssysteme der Server verwenden sehr unterschiedliche Methoden zur Einrichtung der Kanalbündelung, wie die folgenden Abschnitte zeigen werden.

Linux

Die großen Linux-Distributionen haben unterschiedliche Methoden zum Verwalten der Netzadapter. Damit die folgenden Beispiele unabhängig von einer bestimmten Distribution funktionieren, verwenden sie Befehle der Kommandozeile, die in einem ordentlichen Linux präsent sein sollten. Linux unterstützt LACP ohne Zusatzpakete, also kann sich das Medienbündel per LACP formen und verständigen.

Die Befehle zum Aufbau des Bündels stammen aus den Paketen *kmod*, *iproute* und *iputils*. Die Bezeichnung der Netzadapter im folgenden Listing passt zum Host Server3.

```
1  modprobe bonding mode=802.3ad lacp_rate=fast \
2    xmit_hash_policy=layer3+4
3  ip address add 10.4.1.33/24 dev bond0
4  ip link set bond0 up
5  for nic in $(seq 1 2) ; do
6    ip address flush dev eth${nic}
7    ip link set eth${nic} up
8    ifenslave bond0 eth${nic}
9  done
```

Zeile 1 lädt den Treiber mit denselben Einstellungen wie Cumulus Linux. Damit ist die Kompatibilität gewährleistet. Anschließend erwacht der neue Netzadapter *bond0* zum Leben und erhält direkt eine IPv4-Adresse.
Die for-Schleife in Zeile 5 iteriert über die physikalischen Netzadapter, um Tipparbeit zu sparen, falls es sich um mehrere Adapter handelt. Wenn die bestehenden Netzadapter bereits in Verwendung sind, löscht Zeile 6 die vorhandene Konfiguration und Zeile 7 schaltet das Licht ein. Ein fester Teil des Bündels werden sie erst in Zeile 8.
Den Zustand des fertigen Bonds beschreibt der Kernel ausführlich in der Pseudodatei /proc/net/bonding/bond0, die per `cat` oder `more` Auskunft erteilt.

Vor dem Shutdown oder Reboot des Servers sollte der Bond korrekt deaktiviert werden. Dazu sind zwei knappe Kommandos ausreichend:

```
ip link set bond0 down
rmmod bonding
```

Lastverteilung und Ausfallschutz

Der Linux-Bond stellt den Admin vor die Wahl, welche Methode im vorliegenden Szenario den besten Ausgleich bringt. Tabelle 19.1 auf der nächsten Seite zeigt, wie die Verfahren schützen und verteilen.

- balance-rr. Ausgehende Pakete werden ohne viel Aufwand reihum an die Netzadapter verteilt.

- active-backup. Ein Netzadapter ist aktiv, während der andere im Backupmodus bleibt. Der passive Adapter kommt zur Hilfe, sobald sein Partner aufgibt. Hierbei gibt es keine Lastverteilung, denn es arbeitet maximal ein Netzadapter.

- balace-xor. Die Wahl des ausgehenden Netzadapters trifft ein Algorithmus, in den MAC- oder IP-Adressen, sowie TCP/UDP-Ports einfließen können.

- broadcast. Alle Pakete werden über alle teilnehmenden Netzadapter verschickt.

- 802.3ad. Alle Adapter im Bündel halten sich brav an die Regeln von IEEE 802.3ad (vgl. Kap. 8).

- balance-tlb. Alle Netzadapter sind aktiv und werden abhängig von ihrer Auslastung verwendet. Damit versucht Linux alle Adapter in ausgehender Richtung gleichmäßig auszulasten.

- balance-alb. Hier versucht Linux auch die eingehenden Pakete so zu verteilen, dass alle Leitungen gleichviel Netzlast erhalten. Der Treiber informiert den sendenden Switch per ARP, welche Leitung gerade bevorzugt wird.

Richtlinie	Lastverteilung	Ausfallschutz
balance-rr	☑	☑
active-backup	☑	☐
balace-xor	☑	☑
broadcast	☐	☑
802.3ad	☑	☑
balance-tlb	☑	☑
balance-alb	☑	☑

Tabelle 19.1: Verfügbare Richtlinien des Bonding-Treibers unter Linux

> **Hinweis**
> Für die Kanalbündelung mit einem Cumulus-Switch eignet sich der Modus 802.3ad, da beide Systeme ihn unterstützen und er auch indirekte Verbindungsfehler erkennt.

Die verwendete Version ist CentOS Linux 7.5.1804.

Windows Server

Der Microsoft Windows Server ist in den letzten Jahren zu einem stabilen Betriebssystem gereift. Anfangs kamen die Netzwerkfeatures durch die Treiberpakete der Hersteller, aber seit 2008 versteht Windows NIC-Teaming und LACP ohne fremde Hilfe. Durch diese Unterstützung kann der Windows Server beliebige Netzadapter bündeln, auch wenn es sich um Low-end–Produkte handelt.

Der Laboraufbau von Seite 19 beschreibt einen Windows Server mit zweipfadiger Anbindung an ein Switch-Pärchen. Das erklärte Ziel ist die gleichzeitige Benutzung von beiden Adaptern und dem jeweiligen Ausfallschutz. Die Unterstützung von LACP gönnt Microsoft seinem Server nur, wenn dieser auf einem Bare-Metal–Server läuft. Auf einer virtuellen Plattform weigert sich der Setupdialog, den Teammodus von LACP anzunehmen.

Am Beispiel vom Windows Server 2016 kommt ein neues NIC-Team über den *Servermanager* ins Spiel.

1. *Servermanager* starten. Auf einem frisch installierten System passiert das automatisch nach der Anmeldung. In den Eigenschaften von *Lokaler Server* verbirgt sich die Rubrik *NIC-Teamvorgang*. Ein Klick auf den Status *Deaktiviert* führt zur Konfiguration.

2. Der Dialog *NIC-Teamvorgang* (Abbildung 19.2) listet links unten die bestehenden Teams und rechts unten die verfügbaren Netzadapter. Ein Rechtsklick auf den ersten freien Adapter *Ethernet1* bringt das gewünschte Kommando *Zum neuen Team hinzufügen*.

3. Es beginnen teambildende Maßnahmen. Beide Netzadapter *Ethernet1* und *Ethernet2* benötigen das Häkchen in der Spalte *Im Team*.

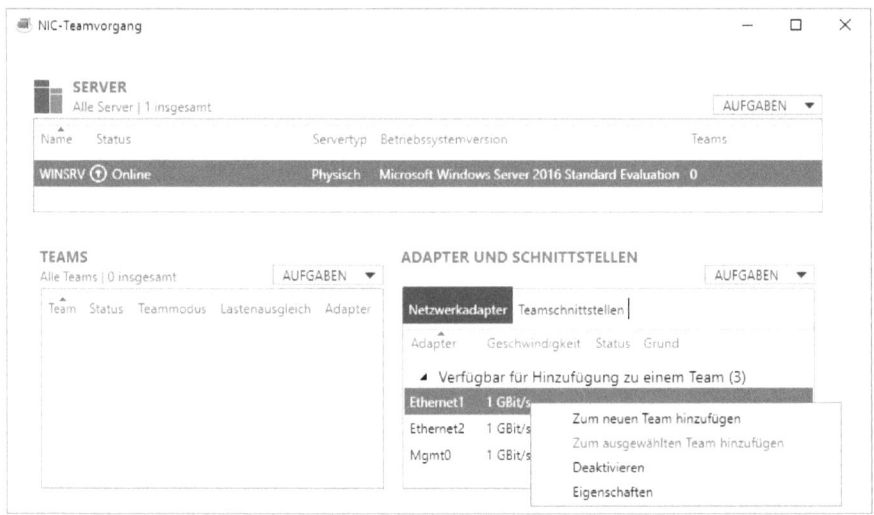

Abbildung 19.2: Windows Server bündelt seine Netzadapter bei
NIC-Teamvorgang

Unter *Weitere Eigenschaften* kommen die Einstellungen zum Ausfallschutz und zur Lastverteilung. Im virtuellen Umfeld zeigt sich das Dialogfenster sehr restriktiv und erlaubt nur die Settings aus Abbildung 19.3.

4. Nach einem Klick auf OK beginnt das Team mit seiner Arbeit. Abbildung 19.4 zeigt die gewählten Einstellungen und den Status der einzelnen Netzadapter.

Das fertige NIC-Team taucht bei den Netzwerkverbindungen unter seinem neuen Namen *bond0* auf. Es wird wie eine normale Netzwerkkarte konfiguriert und mit IPv4-/IPv6-Adresse versehen.

Ausfallschutz

Wenn ein Netzadapter des Teams ausfällt und seinen Linkstatus ändert, reagiert Windows und leitet die Netzlast auf den anderen Adapter (Abbildung 19.5 auf Seite 286).
Falls der Linkstatus aktiv bleibt und die Leitung dennoch fehlerhaft ist, entsteht ein ernsthaftes Problem, denn das NIC-Team erkennt in dieser Ein-

Windows Server

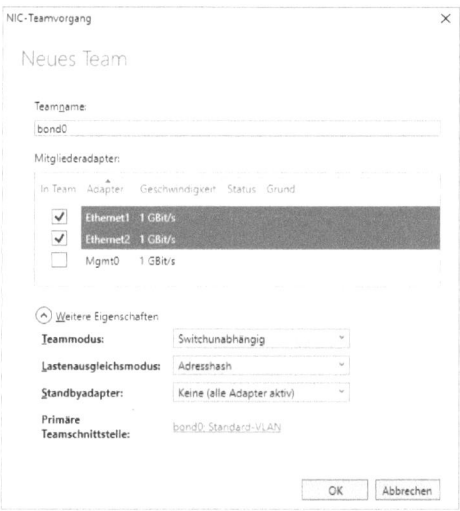

Abbildung 19.3: Teambildende Maßnahmen beim Windows Server 2016

stellung keinen Fehler und sendet die Pakete über den defekten Adapter. Als Folge wird etwa die Hälfte der Verbindungen scheitern. Abhilfe schafft hier nur ein händischer Eingriff in die Konfiguration, bei der der fehlerhafte Adapter deaktiviert wird.

Der Mangel an LACP oder einer unabhängigen Methode zum Erkennen von Verbindungsfehlern stellt ein hohes Risiko im produktiven Einsatz dar. Wenn Windows Server auf einer virtuellen Infrastruktur betrieben wird,

Abbildung 19.4: Zwei Netzadapter arbeiten zusammen als Team

285

Abbildung 19.5: Der Linkstatus meldet einen fehlerhaften Netzadapter

sollte das Hostsystem die Redundanz der Netzadapter anbieten. Die Gastsysteme profitieren von der höheren Verfügbarkeit durch eine einzelne virtuelle Netzwerkkarte.

Lastverteilung

Microsoft bietet seinen NIC-Teams als *Lastenausgleichsmodus* mehrere Verfahren an, wobei auf einer virtuellen Plattform nur *Adresshash* möglich ist.

- Adresshash. Für die Entscheidung des ausgehenden Netzadapters verwendet Windows die Quell- und Ziel-IP-Adressen sowie Quell- und Ziel-TCP-Ports. Über die PowerShell können auch die MAC-Adressen der Pakete in die Entscheidungslogik aufgenommen werden. Dieser Schritt ist sinnvoll, falls die Pakete aufgrund von Verschlüsselung keine sichtbaren TCP-Kopfzeilen haben.

- Hyper-V-Port. Wenn der Windows Server als Hostsystem fungiert und virtuelle Gäste aufnimmt, kann die Lastverteilung *pro Gast* erfolgen. Ein Gastsystem wird dann stets über denselben physikalischen Adapter bedient. Ein einzelner Gast profitiert damit *nicht* von der gebündelten Bandbreite.

- Dynamisch. Grundsätzlich verwendet dieser Modus einen Adresshash. Falls dadurch ein Adapter mehr Last bekommt als die anderen, kommt die Dynamik ins Spiel und verteilt die Datenpakete gerecht um.

Die verwendete Version ist Microsoft Windows Server 2016 Standard (Version 10.0.14393).

VMware ESXi

VMware ESXi arbeitet direkt auf der physikalischen Hardware und kann als Typ-1–Hypervisor nicht auf ein ausgeprägtes Betriebssystem zurückgreifen. Der Hypervisor benutzt zwar einen Linux-ähnlichen Kernel, aber die Umgebung ist minimalistisch und die meisten Userspace-Kommandos fehlen. Die Konfiguration der virtuellen Netze und Maschinen erfolgt über einen grafischen Webclient.

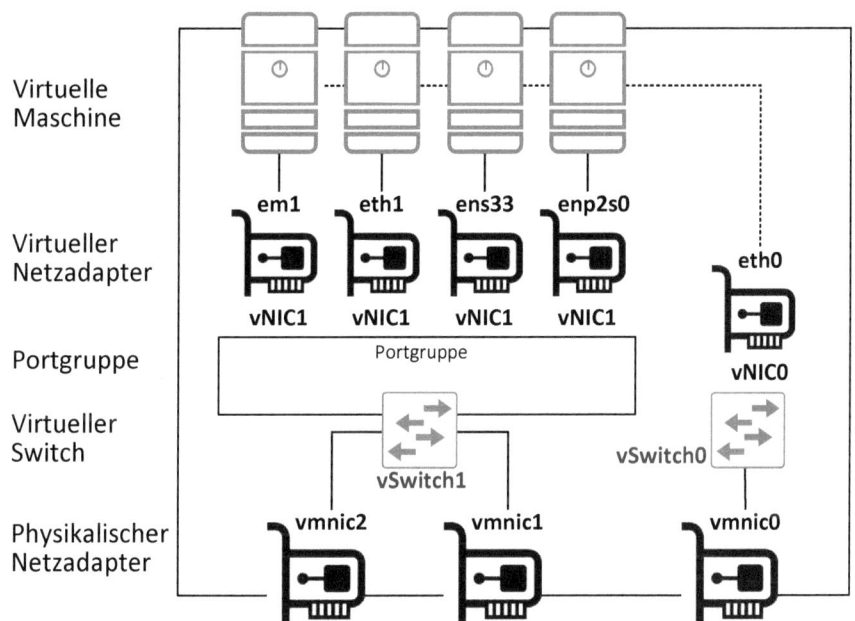

Abbildung 19.6: Das Zusammenspiel der virtuellen Komponenten

Eine virtuelle Maschine erhält durch eine Portgruppe Zugriff auf das umgebende Netzwerk. Die Portgruppe wiederum gehört zu einem virtuellen Switch. Und dieser vSwitch ist intern mit einem oder mehreren physikalischen Netzadaptern verbunden. Abbildung 19.6 zeigt die Schichten zwischen virtueller Maschine und realer Umgebung.

Die Konfiguration im Webclient von ESXi arbeitet von unten nach oben: physikalische NIC, vSwitch, Portgruppe, virtuelle Maschine. Die Web-UI zeigt die physikalischen Netzadapter bei *Navigator* → *Netzwerk* → *Physikalisches Netzwerk*. Mehr als knappe Informationen zur Hardware gibt es hier nicht zu sehen. Falls die verbauten Netzadapter in der Ansicht fehlen, unterstützt ESXi den Adaptertyp nicht und ignoriert sie. Welche Hersteller bei ESXi mitspielen dürfen, beantwortet der *VMware Compatibility Guide* im Bereich *I/O Devices*.

Die Konfiguration bezieht sich auf den Laborserver Server1 mit vorinstalliertem ESXi Version 6.5 und zwei freien Netzadaptern *vmnic1* und *vmnic2*.

1. Virtuellen Switch einrichten. Im Navigationsbereich *Virtuelle Switches* beginnt der Button *Virtuellen Standard-Switch hinzufügen* den Dialog über die nutzbaren Netzadapter (Abbildung 19.7). Sobald der neue Switch zwei (oder mehr) Uplinks hat, wird er sich um Lastverteilung bemühen. Ein bestätigendes *Hinzufügen* legt den neuen

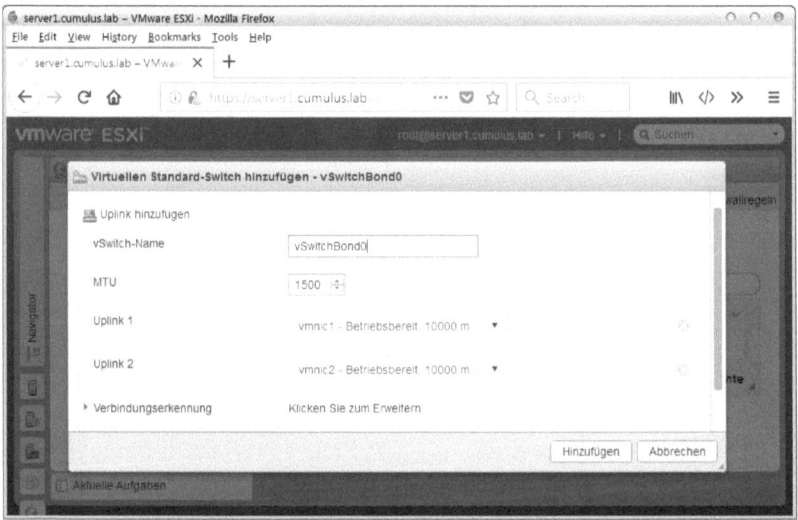

Abbildung 19.7: Virtuellen Standard-Switch hinzufügen

vSwitch mit dem gewählten Namen an und zeigt die voreingestellten Richtlinien.

2. Portgruppe anlegen. Der Wechsel zur Registerkarte *Portgruppen* zeigt die vorgegebenen Gruppen. Eine neue Portgruppe erwacht per Button *Portgruppe hinzufügen* zum Leben. Im folgenden Dialogfenster lässt sich die Portgruppe mit dem virtuellen Switch aus dem vorherigen Schritt verbinden. Außerdem stehen hier die Einstellungen zu Lastverteilung und Ausfallschutz bei *NIC-Gruppierung* zur Auswahl.

> **Hinweis**
>
> Wenn die Portgruppe ohne VLAN-Kennung arbeiten soll, erwartet VMware ESXi die VLAN-ID 0.

Abbildung 19.8 zeigt die erstellte Portgruppe und die topologische Verbindung zum vSwitch.

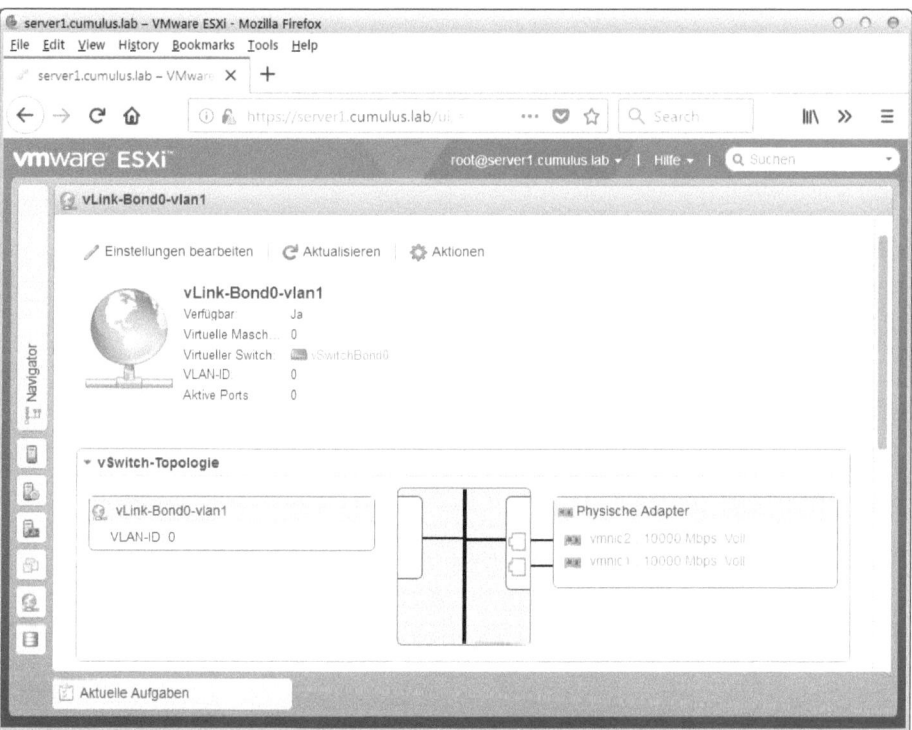

Abbildung 19.8: Portgruppe und virtueller Switch sind fest verbunden

Die erstellte Portgruppe steht nun den virtuellen Maschinen als Netzwerk zur Verfügung. Wenn die VMs sie verwenden, unterliegen sie den gewählten Einstellungen zur Lastverteilung.

> **Hinweis**
>
> Die kostenfreie Variante vom ESXi-Server bietet nur den *Standard Switch*, welcher kein LACP unterstützt. Erst der kostenpflichtige *Distributed Switch* liefert LACP-Kenntnisse.

Lastverteilung

Die konfigurierte Portgruppe kann die Einstellungen zum Lastausgleich vom vSwitch übernehmen oder eigene Settings definieren, denn zu einem vSwitch dürfen mehrere Portgruppen gehören, die unterschiedliche Richtlinien implementieren können. Die Möglichkeiten sind in beiden Fällen dieselben (Abbildung 19.9), wobei die letzte Option einen Aktiv/Passiv-Modus darstellt:

- Anhand des IP-Hashs routen

- Anhand des Quell-MAC-Hashs routen

- Anhand der Quelle der Port-ID routen

- Ausdrückliche Failover-Reihenfolge verwenden

Ausfallschutz

VMware entzieht seinem Standard-vSwitch das LACP-Feature. Die *Netzwerk-Failover-Ermittlung* kann in der Auswahl *Nur Verbindungsstatus* den Linkstatus verfolgen und damit einen fehlerhaften Adapter erkennen. Aber der Standardswitch versteckt hinter dem unscheinbaren Titel *Nur Signal* eine viel robustere Failover-Ermittlung.
Das „Signal" sind Heartbeat-Pakete, die ESXi sekündlich auf den involvierten Netzadaptern verschickt und auf dem jeweils anderen erwartet. Bleiben die Antwortpakete aus, gibt es irgendwo im Pfad eine Störung und der

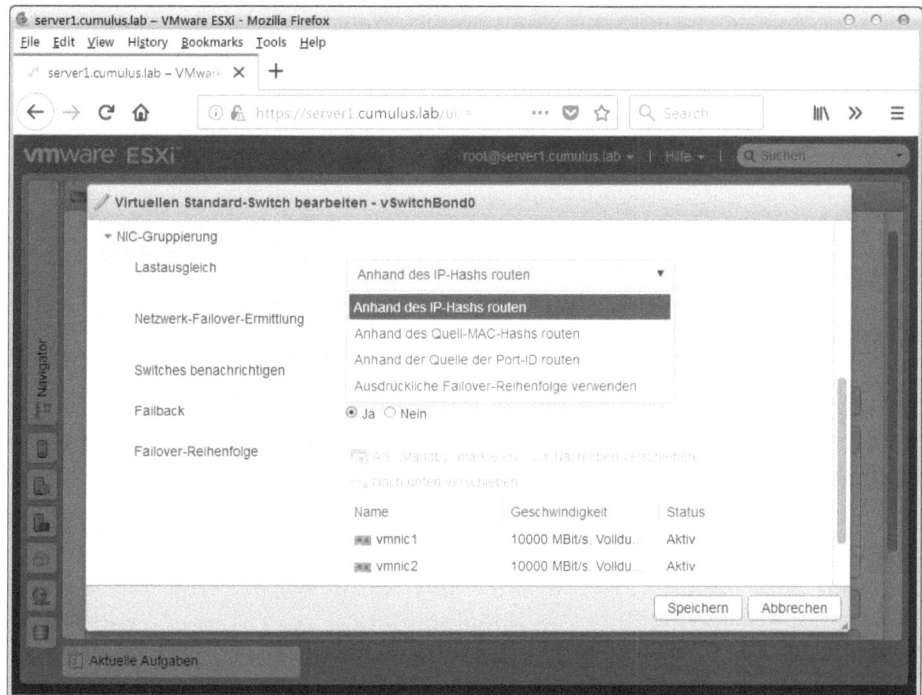

Abbildung 19.9: Portgruppe und vSwitch können Lastausgleich schaffen

vSwitch wird den lokalen Netzadapter nicht mehr verwenden. Der Ausfallschutz per *Signal* ist zuverlässiger als der Linkstatus, da er mehr Fehlerszenarios abdeckt.

Die physikalischen Switches müssen das Signalpaket nicht verstehen oder beantworten. Für sie ist es ein normales Ethernet-Paket, welches eine bestimmte MAC-Adresse erreichen möchte.

Leider ist die *Signal*-Methode im Handbuch von VMware nur oberflächlich dokumentiert. Aber ESXi scheint ein Timeout von ca. 3 Sekunden zu verwenden. Denn nach dem Ausfall einer Leitung oder eines Switches schwenkt der vSwitch nach maximal vier Sekunden den Datenverkehr auf die verbliebene Leitung.

Während der Failover in allen Fällen seine vier Sekunden benötigt, zeigt der Failback unterschiedliche Muster. Sobald wieder der Normalzustand herrscht, nimmt der vSwitch den restaurierten Netzadapter wieder in Betrieb. Das geschieht manchmal ohne Paketverlust und nach einem indirekten Leitungsfehler durch eine Unterbrechung von zwei Sekunden. Nach einem direkten Leitungsfehler kommt es zwar nicht zu einer Unterbrechung, aber zu doppelten Paketen.

Die verwendete Version ist VMware ESXi 6.5U2 ohne vCenter.

Zusammenfassung

Die mehrfache Anbindung von Servern an die Netzkomponenten ist eine hervorragende Methode, um den Applikationen mehr Bandbreite zur Verfügung zu stellen. Und mit jedem weiteren Kabel steigt der Durchsatz, denn die Netzlast lässt sich über alle konfigurierten Netzadapter verteilen. Die aktuellen Serverbetriebssysteme haben die nötigen Softskills implementiert und bieten Lastverteilung und Ausfallschutz. Und selbst wenn die Switches keine Ahnung von Kanalbündelung oder vom LACP-Protokoll haben, bringen die Server ihre eigenen Methoden mit, um mehrere Leitungen parallel zu benutzen.

Kapitel 20

Massenbereitstellung

Wenn die Zahl der Switches im eigenen Rechenzentrum steigt, wird die individuelle Betreuung jedes einzelnen Geräts eine zeitraubende Beschäftigung, denn jede Netzkomponente braucht Betriebssystem, Ersteinrichtung, Pflege, Updates und Konfigurationsänderungen. Bei der massenhaften Einrichtung von Switches ist das händisch nicht mehr zu bewerkstelligen.
Cumulus Networks stellt für das Ausrollen vom eigenen Betriebssystem zeitsparende Methoden bereit, die den Switch vom „unboxing" bis zum schlüsselfertigen Gebrauch bringen. Die täglichen Konfigurationsarbeiten an der Switchfarm überlässt der Hersteller den Automatisierern, die seit Jahren erfolgreich Linux-Server mit Änderungen versorgen.

Die Ersteinrichtung von Cumulus Linux verläuft zweistufig: In Schritt Eins kommt das Betriebssystem auf den Switch. Anschließend startet das Provisioning und holt sich seine Basiseinstellungen, die den Switch im Netz erreichbar machen und eine Lizenz einspielen.

In Kapitel 2 hat der Switch sein Betriebssystem vom USB-Stick erhalten. Die Konfiguration folgte in Kapitel 3 per NCLU und manueller Texteingabe. Dieses Kapitel beschreibt Methoden zur automatischen Installation von OS und Konfiguration auf beliebig vielen Switches ohne zeitlichen Mehraufwand.

Betriebssystem

Der Cumulus-Switch erhält sein neues Betriebssystem von einem zentralen Server. Dieser hält die Installationssoftware bereit und bietet sie per HTTP an. Der Vorgang verläuft grundsätzlich wie die Installation per USB-Stick (vgl. Kap. 2), abgesehen von der Datenquelle.

Aus der Vogelperspektive läuft das Geschehen in wenigen Schritten ab: Der Switch erhält den Befehl zur Neuinstallation. Beim anschließenden Reboot startet der Bootloader nicht sein vorhandenes Betriebssystem, sondern leitet den Installationsprozess ein. Dieser holt sich über das Netzwerk die passende Installationsdatei. Anschließend beginnt die normale Installation. Sie endet mit einem Neustart, woraufhin der Switch das neue Betriebssystem lädt.

Für ein reguläres Update vom Betriebssystem oder einzelner Softwarepakete empfiehlt der Hersteller den Paketmanager *apt* (vgl. Kap. 3). Die *Neu*installation von Cumulus Linux empfiehlt sich, wenn:

- ein Update zu einer speziellen Version angestrebt wird,
- ein Downgrade zu einer älteren Version notwendig ist,
- eine frische Installation erforderlich ist,
- der Switch noch kein Betriebssystem hat,
- der Switch unter einem anderen Betriebssystem läuft.

> **Hinweis**
>
> Die Installation von Cumulus Linux ist *kein* Update und wird das vorherige Betriebssystem inklusive der Konfiguration fraglos überschreiben.

Repository-Server

Der anbietende Server muss für den reibungslosen Ablauf einer Installation vorbereitet sein. Dazu muss der Cumulus-Switch als Client seinen Server über das Netzwerk erreichen können. Weiterhin benötigt der Server in seinem Angebot die passende Installationsdatei.

Cumulus Networks bietet für alle unterstützten Switches das jeweilige Betriebssystem in einer handlichen Binärdatei. Auf der Webseite unterscheiden sich die Installationsdateien nach Version, CPU und SOC (System-on-Chip).

Welcher Prozessor im Gehäuse die Arbeit verrichtet und welcher Netzwerkchip die Pakete beschleunigt, liefert das Datenblatt oder die NCLU. Im folgenden Beispiel hat der Switch einen ARM-Prozessor und ein Broadcom-Chipsatz verbaut.

```
cumulus@sw01:~$ net show system
Accton AS4610
Cumulus Linux 3.6.1
Build: Cumulus Linux 3.6.1

Chipset: Broadcom Helix4 BCM56340
Port Config: 48 x 1G-T_PoE & 4 x 10G-SFP+
CPU: (ARMv7) ARM ARMv7-A Cortex-A9 1.20GHz
Uptime: 2 days, 1:12:36.780000
```

Die passende Installationsdatei zu dieser Hardware ist:

```
cumulus-linux-3.6.1-bcm-armel.bin
```

Es empfiehlt sich nach dem Download vorsichtshalber die Prüfsumme zu errechnen. Wenn die angezeigte Zeichenkette von der Angabe im Downloadportal von Cumulus Networks abweicht, ist Vorsicht geboten. Im einfachsten Fall handelt es sich um einen Übertragungsfehler. Im Zweifel unbedingt den Hersteller kontaktieren.

```
root@labsrv ~> md5sum cumulus-linux-3.6.1-bcm-armel.bin
40d0144bb65638bee0c119d5387da358  cumulus-linux-3.6.1-bcm-armel.bin
```

Im Labornetz übernimmt der einzige Server die Rolle des Respository-Servers. Die Installationsdatei kommt in das Verzeichnis /var/www/html/ des Apache-Webservers. Falls dieser noch nicht installiert ist, wird dies mit dem Paketmanager von CentOS nachgeholt.

```
yum install httpd
systemctl start httpd
mv cumulus-linux-3.6.1-bcm-armel.bin /var/www/html/
```

Unter Debian ändern sich die Kommandos für den Webserver zu:

```
apt install apache2
systemctl start apache2
mv cumulus-linux-3.6.1-bcm-armel.bin /var/www/html/
```

> **Hinweis**
>
> Cumulus Linux unterstützt alternativ noch die Protokolle FTP und TFTP, um das Image vom Respository-Server zu laden.

Namensgebung

Damit ist der Repository-Server bereit für Webanfragen der Switches. Diese stellen ihre Anfrage aber auf eigentümliche Weise. Und der Server muss sie trotzdem korrekt beantworten, damit das passende Image auf die richtige Hardwareplattform gelangt.

Der Installationsprozess wird mehrere Dateinamen anfragen, die sich aus den Komponenten seiner Hardware zusammensetzen. Erwartet wird die Betriebssystemdatei unter dem Namen:

```
onie-installer-<arch>-<vendor>_<machine>-r<machine_revision>
```

`arch` zeigt die Prozessorarchitektur als *x86_64*, *arm* oder *powerpc*. Hinter `vendor` verbirgt sich der Hersteller. Viele Geräte werden auch unter anderem Label verkauft, sodass der Name auf dem Gehäuse vom Namen des Herstellers abweichen kann. Bei `machine` ist es ähnlich. Sie bezeichnet das Modell, so wie es der Netzausrüster auf dem Markt anbietet. Die `machine_revision` zeigt die Generationsnummer, damit ähnliche Baureihen unterscheidbar sind.

Falls der Webserver die angefragte Binärdatei nicht im Angebot hat, bohrt der Installer weiter. Mit jedem Versuch wird die Anfrage weniger spezifisch.

```
onie-installer-<arch>-<vendor>_<machine>
onie-installer-<vendor>_<machine>
onie-installer-<cpu_arch>-<switch_silicon_vendor>
onie-installer-<arch>
onie-installer
```

Dieser „Wasserfall" der Fragerei hat Flexibilität und Vielseitigkeit als Ziel. Wenn viele *unterschiedliche* Cumulus-Switches in der Umgebung tätig sind, sollte der Name der angebotenen Binärdatei mit Details nicht geizen und bei den ersten Antworten dabei sein. Falls wenige verschiedene Modelle im Einsatz sind, reicht eventuell schon die Angabe der Architektur, um die Geräte zu unterscheiden.

> **Hinweis**
>
> Im Zweifelsfall sollte der Name der Binärdatei so genau wie möglich angegeben werden.

Welches Installationsimage erwartet beispielsweise der Switch *AS4610-54T* vom Ausrüster Edgecore? Ein kleiner Blick ins EEPROM liefert den Namen der Plattform:

```
cumulus@sw01:~$ decode-syseeprom | grep Platform
Platform Name          0x28   23  arm-accton_as4610_54-r0
```

Zusammen mit dem Präfix *onie-installer* lautet der vollständige Name der Binärdatei:

```
onie-installer-arm-accton_as4610_54-r0
```

Falls der Installationsprozess diese Datei vom Webserver nicht erhält, wird er noch weitere Anfragen nach dem Wasserfall-Prinzip stellen.

```
onie-installer-arm-accton_as4610_54
onie-installer-accton_as4610_54
onie-installer-arm-bcm
onie-installer-arm
onie-installer
```

Installation

Cumulus Linux installiert sein Betriebssystem nicht selber, sondern überlässt diese Aufgabe dem Subunternehmer *Open Network Install Environment* (ONIE). Damit holt sich Cumulus Networks keine Konkurrenz ins Haus, denn ONIE ist ein Softwareprojekt, welches von Cumulus initiiert und unterstützt wird. Diese Aufspaltung hat strategische Gründe, denn

ONIE ist quelloffen und soll auch auf Switches von anderen Herstellern laufen und sie mit Cumulus Linux versorgen.
Im Wesentlichen ist ONIE ein kleines Betriebssystem mit der einzigen Aufgabe, ein anderes Betriebssystem zu installieren.

ONIE sucht ein neues Betriebssystem nur auf Anfrage. Der Befehl für die Anweisung ist `onie-select`. Den Wunsch nach einer Neuinstallation erfährt ONIE per Kommandozeile:

```
cumulus@sw01:~$ sudo onie-select -i
WARNING:
WARNING: ONIE install mode requested.
WARNING: This will wipe out all system data.
WARNING: Make sure to back up your data.
WARNING:
Are you sure (y/N)? y
Enabling ONIE install mode at next reboot... done.
Reboot required to take effect.
cumulus@sw01:~$ sudo reboot
```

Beim anschließenden Neustart übergibt der Bootloader an ONIE, welches beim Repository-Server nach dem Installationsimage fragt. Wenn eine der Anfragen mit einer positiven Antwort gewürdigt wurde, beginnt die Installation.
Dazu lädt ONIE die Binärdatei auf das lokale System und führt sie aus. Die ersten hundert Zeilen der Datei sind Skriptanweisungen, die eine unbeaufsichtigte Installation durchziehen (Abbildung 20.1). Über die serielle Konsole lassen sich die Schritte begutachten, was allerdings für ein erfolgreiches Deployment unwesentlich ist.
Zuletzt rebootet das Installationsskript und nach wenigen Minuten steht das frische Cumulus Linux bereit. Um die Konfiguration kümmert sich *Zero Touch Provisioning* im nächsten Abschnitt.

> **Hinweis**
>
> Wenn ONIE trotz seiner Anfragen keine Antwort erhält, wartet der Installationsprozess für ein paar Sekunden und versucht es danach erneut. Das läuft solange, bis eine Installationsdatei gefunden ist oder der Admin den Vorgang abbricht.

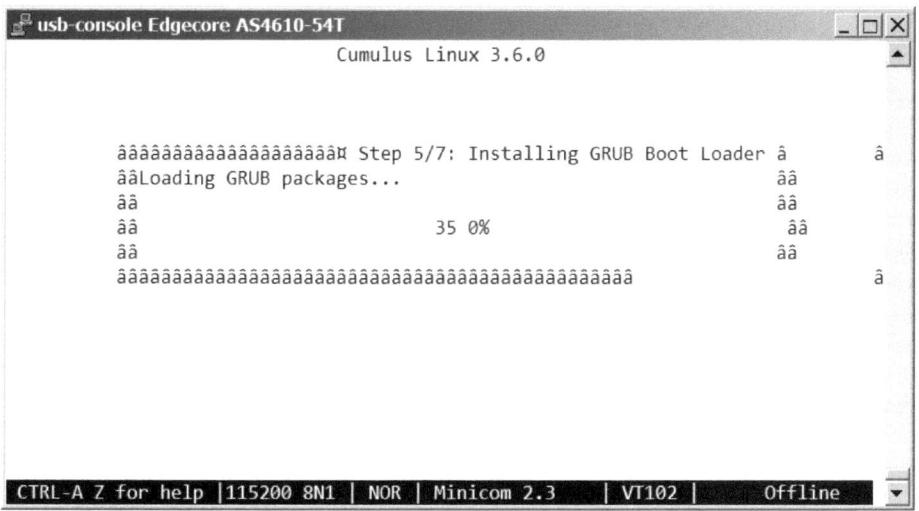

Abbildung 20.1: ONIE beginnt mit der Installation des Betriebssystems

Der Abbruch erfordert Zugriff auf die ONIE-Konsole. Diese ist per seriellen Zugang oder mittels SSH erreichbar. Von dort aus lässt sich die Installationsschleife abbrechen und das normale Betriebssystem starten.

```
ONIE:/ # onie-env-set onie_boot_reason
Deleting environment variable: 'onie_boot_reason'
Proceed with update [N/y]? y
ONIE:/ # reboot
```

Installationspfad

Woher weiß der zu installierende Switch, mit welchem Server er Kontakt aufnehmen soll? Damit die Installationsumgebung gut skaliert, erhalten die Switches diese Information vom DHCP-Server. Wenn die DHCP-Option nicht zur Verfügung steht oder testweise ein anderer Server benutzt werden soll, akzeptiert der ONIE-Installer die händische Angabe einer Installations-URL.

ONIE probiert nacheinander seine Installationsmethoden in folgender Reihenfolge:

1. *Manuell.* Im einfachsten Fall hinterlegt der Administrator die Webadresse schon vor der Installation. Dann erwartet ONIE die Angabe einer URL per Kommandozeile. Die Neuinstallation einer spezifischen Version von Cumulus Linux startet der Befehl:

   ```
   onie-install -a -i http://10.5.1.7/cumulus-linux-3.6.1-bcm-armel.bin
   ```

2. *Lokal.* Falls ein USB-Stick mit passender Datei im Gehäuse steckt, benutzt ONIE diese Quelle für die Installation (vgl. Kap. 2).

3. *DHCP.* Der DHCP-Server verteilt mit den IP-Adressen noch die Adresse des Resporitory-Servers. Die URL zur Installationsdatei oder zum -verzeichnis steckt in der DHCP-Option 114.
   Am Beispiel der DHCP-Implementierung des *Internet Systems Consortium* (ISC) präsentiert der Server den Installationspfad in der Option `default-url` (Zeile 3).

   ```
   1  subnet 10.5.1.0 netmask 255.255.255.0 {
   2    range 10.5.1.1 10.5.1.50;
   3    option default-url = "http://10.5.1.7/";
   4  }
   ```

   Der vollständige Ablauf ist in Abbildung 20.2 dargestellt.

4. *Automatisch.* Wenn sich der Switch und der Server im selben Netzsegment befinden, kann die Befragung der IPv6-Nachbarn zum Erfolg führen. ONIE klappert alle IPv6-Adressen ab, die sich gerade in der Nachbarschaftstabelle befinden. Einer der Nachbarn sollte der Repository-Server sein, der das Installationsimage bereitstellt.

5. *Klassisch.* Wenn das alles nicht hilft, fällt ONIE auf das altertümliche TFTP-Protokoll zurück. Mit der Wasserfall-Methode befragt ONIE den Server *onie-server* nach Installationsdateien. Damit die Kommunikation funktionieren kann, muss *onie-server* per DNS auflösbar sein und die IP-Adresse vom Repository-Server liefern.

Das Ergebnis ist dasselbe, wobei die Verteilung per DHCP bei der Skalierbarkeit überwiegt. Allerdings geht die manuelle Methode besser auf das jeweilige Switchmodell ein.

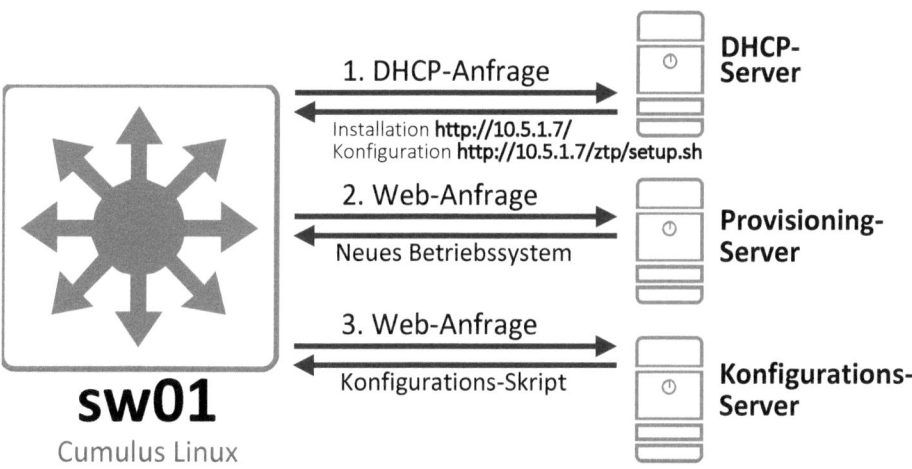

Abbildung 20.2: ONIE bekommt seine Anweisungen vom DHCP-Server

Konfiguration

Das Betriebssystem ist installiert und der Switch bootet mit der angestrebten Version von Cumulus Linux. Die Konfiguration ist blank. In der Voreinstellung fragt das Gerät auf seinem Managementadapter per DHCP nach einer IP-Adresse – mehr nicht. Das Einklimpern der Befehle von Hand (vgl. Kap. 3) ist in großen Umgebungen keine Option.
Für die Konfiguration setzt Cumulus Networks auf *Zero Touch Provisioning* (ZTP). Hinter diesem schönen Namen verbirgt sich ein einfaches Konzept: Beim Booten erfährt der Switch vom DHCP-Server eine Webadresse, die ein Installationsskript bereitstellt. Nach Abschluss des Bootvorgangs fragt der Switch nach diesem Skript und führt es lokal aus.
Das Skript ist ein reguläres Programm für die Bash, welches Shell-Code, NCLU-Befehle oder weitere Skripte aufrufen kann.

Die Webadresse für das ZTP-Skript und der Repository-Server können unterschiedlichen Maschinen sein. In der Laborumgebung liegen beide Dateien auf demselben Webserver. Der zuständige DHCP-Server verteilt den Pfad zum Skript in seiner DHCP-Option 239. Die Konfiguration des ISC-DHCP erweitert sich um Zeilen 1 und 5 zu:

```
1  option cumulus-provision-url code 239 = text;
2  subnet 10.5.1.0 netmask 255.255.255.0 {
3    range 10.5.1.1 10.5.1.50;
4    option default-url = "http://10.5.1.7/";
5    option cumulus-provision-url "http://10.5.1.7/ztp/setup.sh";
6  }
```

> **Hinweis**
>
> Bei der Suche nach dem Skript verwendet ZTP *nicht* die Wasserfallmethode – der Pfad zum Skript muss vollständig angegeben werden.

Best Practices

Wer kein großer Skriptkünstler ist, kann sich auf der Webseite von Cumulus Networks und GitHub an den Beispielen orientieren. Kenner der Bash werden hier auf wenig Neues stoßen. Im Allgemeinen gibt es für ein ZTP-Skript ein paar *Best Practices*:

- *Exit Codes.* Der ZTP-Prozess erfährt anhand des Exitcodes, ob das Skript erfolgreich war. Im Fehlerfall (Exitcode größer als Null) markiert ZTP es als „disabled" und die Erstkonfiguration gilt als gescheitert. Wenn das Skript fehlerfrei durchgelaufen ist, darf sich der Programmcode stolz mit `exit 0` beenden.

- *Skript testen.* Selbstverständlich wird ein Skript getestet. Aber es sollte im Rahmen der ZTP-Umgebung ablaufen, um die zusätzlichen Variablen zu erhalten und die Exitcodes zu nutzen. Ein ZTP-Skript startet mit:

  `sudo ztp --run http://10.5.1.7/ztp/setup.sh`

  Wie die Partie ausgeht, erzählt `sudo ztp -s`

- *Marker.* Im ZTP-Skript muss die Zeichenkette CUMULUS-AUTOPROVISIONING vorkommen. Das ist keine Empfehlung, sondern eine Voraussetzung. Aber es reicht, wenn der Text als Kommentar kurz vor Ende eingefügt wird.

- *Logging.* Falls etwas schief geht, sollte eine strukturierte Fehlersuche möglich sein. Das Skript ist herzlich eingeladen, Programmausgaben und Fehler in eine Logdatei oder an Syslog zu berichten.

- *NCLU.* Das ZTP-Skript läuft unmittelbar nach dem Bootvorgang. Bei schwacher Hardware ist die NCLU zu diesem Zeitpunkt noch nicht nutzbar. Das Skript muss also zuerst prüfen, ob die NCLU einsatzbereit ist und sich eventuell noch ein paar Sekunden gedulden.

- *Variablen.* Der Webaufruf des Clients sendet zusätzliche HTTP-Variablen an den Server, die Details über die Hardwareplattform enthalten. Der Webserver kann aus diesen Variablen dynamisch ein Skript erstellen, das auf die anfragende Hardware optimiert ist. Beispielsweise sendet der mehrfach erwähnte *Edgecore AS4610-54T* die Variablen aus Tabelle 20.1 an den Webserver.

Variable	Inhalt (Beispiel)
HTTP_CUMULUS_ARCH	armv7l
HTTP_CUMULUS_BUILD	Cumulus Linux 3.6.1
HTTP_CUMULUS_LICENSE_INSTALLED	0
HTTP_CUMULUS_MANUFACTURER	Cumulus Networks
HTTP_CUMULUS_PRODUCTNAME	4610-54T-O-AC-F
HTTP_CUMULUS_SERIAL	EC1716000355
HTTP_CUMULUS_VERSION	3.6.1

Tabelle 20.1: Der ZTP-Client liefert Informationen als HTTP-Variablen

- *Lizenz.* Ohne Lizenz startet ein Cumulus-Switch nur den Netzadapter für das Management. Das ZTP-Skript ist also der optimale Ort, um die Lizenzdatei einzuspielen. Da es sich bei der Lizenz nur um eine einzelne Textzeile handelt, lässt sich ihr Inhalt über den Webserver laden und lokal auf dem Switch aktivieren.

Skript

Mit guten Ratschlägen und etwas Programmierkenntnissen lässt sich ein einfaches ZTP-Skript zusammenstellen. Zur Orientierung und als Beispiel zeigt Listing 20.1 den Skriptcode für die Ersteinrichtung eines frisch installierten Switches. Das vollständige Skript ist online verfügbar (siehe Anhang D).

Die Ausgabe der Kommandos lenkt Zeile 10 in eine Logdatei um. Wenn es zu einem Fehler kommt, vermeldet die Funktion aus Zeile 3 wo genau das Problem steckt.

Wenn die NCLU etwas träge ist, wartet die Schleife in Zeile 15 ein paar Sekunden und versucht es dann erneut. Anschließend dürfen die NCLU-Befehle folgen (Zeile 23). Für die spätere Administration sind SSH-Schlüssel sehr vorteilhaft und Zeile 30 hinterlegt den öffentlichen Schlüssel eines Ansible-Servers. Und wenn ein Kommando oder Skript für seinen Erfolg mal *root*-Rechte braucht, wird durch Zeile 35 nicht nach dem Kennwort gefragt.

Ohne gültige Lizenz bleiben die LEDs der Switchports dunkel, also holt sich Zeile 39 vom Webserver seine Lizenz und aktiviert sie. Damit der ZTP-Client das Skript akzeptiert und ausführt, muss der Marker aus Zeile 42 vorhanden sein. Zuletzt berichtet das Skript mit dem Exitcode Null über seinen Erfolg.

Zusammenfassung

Große Umgebungen mit vielen Switches erfordern einen automatisierten Ablauf, der ein einzelnes Gerät ohne viel Mühe in einen einsatzfertigen Zustand versetzt.

Der Switch bezieht und installiert das Betriebssystem über das *Open Network Install Environment*. Es wird lediglich ein Server benötigt, der die Dateien per HTTP oder (T)FTP bereitstellt. Nach erfolgreicher Installation läuft ein *Willkommen-im-Netz*–Skript und erledigt die Ersteinrichtung: Managementadapter, Zugangsdaten, Lizenz. Zuletzt kommt die spezifische Konfiguration, die für jedes Gerät unterschiedlich ist. Das kann per Automatisierungssoftware oder durch ein weiteres Skript erfolgen.

Die Switches erfahren per DHCP, mit welchen Servern sie Kontakt aufnehmen müssen und welches Skript sie ausführen sollen.

Die Installationsumgebung erfordert nicht viel Aufwand und nimmt die wiederkehrenden Arbeiten ab, die Switches bei der Ersteinrichtung oder beim Restore erwarten. Und wenn kein Server bereitsteht, kann sogar ein Cumulus-Switch diese Aufgabe übernehmen und für seine Kollegen Betriebssystem und Skripte bereitstellen.

```bash
#!/bin/bash

function error() {
   echo -e "\e[0;33mERROR: Fehler im Zero Touch Provisioning Skript.
   Bei Kommando $BASH_COMMAND in Zeile $BASH_LINENO.\e[0m" >&2
   exit 1
}

# Kommandoausgaben in eine Logdatei umlenken
exec >> /var/log/autoprovision 2>&1
date "+%FT%T ztp Skript $0 Start"
trap error ERR

# Kurze Pause bis die NCLU nutzbar ist
for i in $(seq 1 20); do
   net show version >/dev/null
   if [ $? -eq 0 ] ; then break ;    # Pause beenden
   else   sleep 5
   fi
done

# NCLU ist jetzt bereit für Befehle
net add time zone Europe/Berlin
net add hostname ${HOSTNAME}
net del dns nameserver ipv4 10.20.249.1
net commit

# SSH-Login mit Schlüssel aber ohne Passwort
mkdir -p ~cumulus/.ssh/
cat << EOF >> ~cumulus/.ssh/authorized_keys
ssh-rsa AAAAB3NzaC1yc2EAAAABJQAAAQEA1iCLr6uIu0S7bt[...] rsa-key-ansible
EOF

# Der "cumulus"-Benutzer darf ohne Kennwort root werden
echo "cumulus ALL=(ALL) NOPASSWD: ALL" >> /etc/sudoers

# Passende Lizenz einspielen (Cumulus VX benötigt keine Lizenz)
if [ ! -e /etc/cumulus/.license.vx ] ; then
   /usr/cumulus/bin/cl-license -i http://10.5.1.7/license/${HOSTNAME}.lic
fi

# CUMULUS-AUTOPROVISIONING
date "+%FT%T ztp Skript $0 Ende"
exit 0
```

Listing 20.1: *Zero Touch Provisioning* per Bash-Skript

Kapitel 20. Massenbereitstellung

Kapitel 21

Fehlersuche im Netz

Wenn sich irgendeine Applikation merkwürdig verhält, steht zuerst das Netzwerk unter Generalverdacht und der Netzwerkadministrator ist in der Beweislast. Glücklicherweise hat Cumulus Linux eine Vielzahl von Befehlen und Informationsquellen, die jedem Problem eine Chance auf Lösung bieten.
Aber dieses Kapitel möchte den Leser nicht mit einer weiteren Erklärung von `ping`, `traceroute` oder `netstat` langweilen, sondern setzt den Fokus auf Cumulus-spezifische Kommandos und gibt tiefe Einblicke in den Zustand der Hardware.

cl-support

Der schlichte Befehl `cl-support` hat wenig sichtbare Ausgabe und agiert im Hintergrund. Im Wesentlichen sammelt `cl-supprt` alle relevanten Informationen des Switches und stopft sie in ein Tarball. Die gepackte Datei ist für den Supportfall gedacht, damit der Hotline-Mitarbeiter sich ein vollständiges Bild vom Problemkind machen kann. Die knappe Ausgabe verdeutlicht den Verwendungszweck:

```
cumulus@sw01:~$ sudo cl-support
Please send /var/support/cl_support_sw01_20180810_122340.txz \
  to Cumulus support.
```

Aber der Systembericht lässt sich auch hausintern verwenden, denn die enthaltenen Daten lassen sich mit Bordmitteln herausfischen und betrachten.

```
sudo xz -d /var/support/cl_support_sw01_20180810_122340.txz
sudo tar xf /var/support/cl_support_sw01_20180810_122340.tar
cd cl_support_sw01_20180810_122340/
```

Bei regelmäßiger Verwendung entsteht eine Art Tagebuch der Switches. Damit lassen sich auch Fragen zur Historie („Warum war das Netzwerk letzten Donnerstag so langsam?") nachdrücklich beantworten.
Manchmal ist es auch beruhigend zu wissen, *welche* Informationen über das eigene Netzwerk im Fehlerfall preisgegeben werden.

In der `cl-support`-Datei befinden sich:

- die Ausgaben von vielen Kommandos zur Fehlersuche,
- die Konfigurationsdateien in `/etc`,
- Informationen von ZTP (vgl. Kap. 20) und dem Zeitplaner *cron*,
- alle Logdateien (vgl. Kap. 5),
- eine Kopie des `/proc`-Dateisystems (ohne einzelne Prozesse),
- eine Kopie von `/sys` und damit viele Infos über Netzadapter und Bündel (vgl. Kap. 8),
- Status und Konfiguration vom Herzstück `switchd` (vgl. Anhang B),
- die Konfiguration des Paketmanagers (vgl. Kap. 3).

Netzadapter

Cumulus Linux zählt die übermittelten Pakete für jeden einzelnen Netzadapter und führt damit Statistik, wie viele und welche Pakete den Switch durchquert haben. Interessant für die Problembehandlung sind die Zählerstände, die Übertragungsfehler protokollieren.
Die NCLU liefert die Fehlerzähler in zwei Detailtiefen. Eine gute Übersicht bringt `cl-netstat`, welches seine Informationen von `netstat` und damit

vom Kernel erhält. Wesentlich mehr Details erhebt *ethtool*, welches fehlerhaft übertragene Pakete in knapp zehn Kategorien unterteilt.
Beide Statistiken führt die NCLU in einem einzelnen Befehl zusammen.

```
net show interface Netzadapter detail
```

Unter dem Schlagwort *cl-netstat counters* bringt die NCLU erste Infos zu problematischen Übertragungen. Die Spalten mit ERR, DRP und OVR im Namen listen fehlerhafte Pakete, die es nicht zum Switch oder durch den Switch geschafft haben.

```
[...]
cl-netstat counters
-------------------

RX_OK   RX_ERR  RX_DRP  RX_OVR    TX_OK    TX_ERR  TX_DRP  TX_OVR
------  ------  ------  ------  --------   ------  ------  ------
208816      13   37247       0   1058703        0       0       0
```

Die Bedeutung der einzelnen Zähler deutet oft schon auf die Lösung hin:

- RX-OK. Der Netzadapter hat das Paket korrekt empfangen und der ASIC und/oder die CPU haben das Paket korrekt verarbeitet.

- RX-ERR. Der Netzadapter hat das Paket erhalten, aber die enthaltene Prüfsumme unterscheidet sich von der errechneten Prüfsumme. Die typische Ursache dafür sind schlechte Kabel oder minderwertige Transceiver.

- RX-DRP. Der Switch musste das erhaltene Paket verwerfen, weil der Empfangspuffer voll ist. Das passiert, wenn zu viele Pakete in einem kurzen Zeitintervall den Switch erreichen.

- RX-OVR. Der Kernel konnte nicht zeitnah das Paket bearbeiten und musste es verwerfen. Dieser Zustand tritt auf, wenn das lokale System überlastet ist.

Eine Schwierigkeit dieser Statistik liegt darin, dass sie nicht berücksichtigt, *wann* die Übertragungsfehler entstanden sind. Wenn alle Pakete von *RX-ERR* gestern gemessen wurden, wird dieser Zähler *heute* nur Verwirrung stiften und die Fehlersuche in eine falsche Richtung treiben.

Leider lassen sich die Zählerstände im Linux-Kernel nicht auf Null setzen. Cumulus Linux hat dafür einen Workaround, den `cl-netstat --clear` aktiviert. Die Zählerstände erscheinen bei der Betrachtung leer, weil das Kommando `cl-netstat` sie entsprechend manipuliert und so einen frischen Zählerstand vorgaukelt.

Noch mehr Details liefert die Treibersoftware des Netzadapters. Leider ist die Ausgabe der NCLU nicht einheitlich, was die Fehlersuche bei Switches verschiedener Hersteller erschwert. Wer die Zählerstände unterschiedlicher Geräte im Blick behalten muss, greift besser auf das *sysfs*-Dateisystem zu, welches unformatierte Daten von den Gerätetreibern zu jedem einzelnen Netzadapter enthält.
Alle erhobenen Zählerstände vom Switchport *swp11* bringt das Kommando[1]

```
grep . /sys/class/net/swp11/statistics/*
```

Ein weiterer Vorteil dieser Informationsquelle ist seine Dokumentation. Da es sich um Kernel-Code handelt, ist jeder einzelne Wert gut beschrieben. Die weniger offensichtlichen Titel sind hier kurz erläutert:

- `rx_compressed`. Anzahl der komprimierten Pakete, z. B. bei PPP oder SLIP.

- `rx_dropped`. Pakete werden aus verschiedenen Gründen verworfen, z. B. bei Platzmangel im Empfangspuffer oder bei falscher Fragmentierung.

- `rx_fifo_errors`. Das sind Pakete, welche die Hardware des Netzadapters verworfen hat, noch bevor sie den Treiber erreichen.

- `rx_frame_errors`. Das empfangene Paket hat einen *Alignment error*, denn seine Größe ist nicht durch acht teilbar und damit ungültig.

- `rx_length_errors`. Das empfangene Paket war länger als die MTU oder kürzer als das Minimum.

---
[1] `grep` macht die Auflistung der Dateien übersichtlicher

- `rx_missed_errors`. Lokal stehen keine Ressourcen zur Verfügung, um das eingehende Paket zu bearbeiten. Also voller Puffer oder volle Warteschlangen.

- `rx_over_errors`. Der Kernel ist stark ausgelastet und konnte das Paket nicht verarbeiten.

- `tx_aborted_errors`. Das Paket wurde *während* des Verschickens unterbrochen. Die Ursache liegt meist in einer Kollision auf dem Medium.

- `tx_carrier_errors`. Das Paket ließ sich nicht senden, weil der Träger (Carrier) nicht erkennbar war. Die Ursache reicht von flatternden Verbindungen, schlechten Kabeln bis zum defekten Netzadapter.

- `tx_heartbeat_errors`. Gemeint ist der Herzschlag zwischen NIC-Hardware und Treiber-Software. Ein Heartbeat-Error tritt auf, wenn das Betriebssystem oder der Treiber nicht reagiert.

- `tx_window_errors`. Das Paket ließ sich nicht vollständig senden aufgrund einer *Window collision*. Damit ist normalerweise eine späte Kollision gemeint.

Leider sind nicht alle Rubriken von den Herstellern gefüllt. Allzu häufig spart sich der Programmierer die Mühe und setzt den Zählerstand bedingungslos auf Null.

Wenn eine Zeile einen hohen Wert aufweist, muss das noch kein Problem darstellen, denn der Kernel liefert *absolute* Werte. Erst in Verbindung mit der Gesamtzahl der ein- oder ausgehenden Pakete lässt sich abschätzen, ob die Menge alarmierend ist.
Beispielsweise liefert `rx_frame_errors` eine Zahl von 130, während die Anzahl der empfangenen Pakete bei `rx_packets` bei einer Viertelmillion liegt. Die verworfenen Pakete nehmen damit weniger als 0,001% ein und sind vernachlässigbar.

Hardware überwachen

Der Zustand der verschiedenen Hardwarekomponenten eines Switches ist auch ohne Netzprobleme einen Blick wert. Denn diese Informationen sind die Grundlage für eine Prognose, ob in naher Zukunft ein Problem entstehen könnte. Beispielsweise wird ein ausgefallener Lüfter in Verbindung mit ansteigender Temperatur in einem Totalschaden enden.

Temperatur

Die Switches haben an verschiedenen Stellen im Chassis Sensoren zur Temperaturmessung. Kleine Modelle haben meist nur eine Temperaturquelle, während die großen Kisten bis zu 20 Sensoren haben.
Ein Leaf-Switch mit einzelner Bauhöhe liefert seine aktuelle Temperatur durch das passenden Kommando `sensors` und berichtet:

```
cumulus@sw01:~$ sensors
lm77-i2c-9-48
Adapter: i2c-1-mux (chan_id 7)
ambient temp:  +42.5°C   (low  = +10.0°C)
                         (high = +64.0°C, hyst = +59.0°C)
                         (crit = +75.0°C, hyst = +70.0°C)
```

Wenn die genauen Zahlen weniger interessant sind und der Switch nur melden soll, ob er sich innerhalb seiner Wohlfühltemperatur befindet, gibt `smonctl` (vgl. Kap. 5) darüber tabellenförmig Auskunft.

```
cumulus@sw01:~$ smonctl
PSU1                                          :  OK
PSU2                                          :  OK
Temp1     (Ambient Temperature            ):  OK
```

Bauteile

Welche Komponenten sind im vorliegenden Switch verbaut? Cumulus Linux liefert detailgetreue Antworten, die jede Information aus dem EEPROM offenbaren. Für eine erste Orientierung hat die NCLU eine knappe Zusammenfassung.

Hardware überwachen

```
cumulus@sw01:~$ net show system
Accton AS4610
Cumulus Linux 3.6.2
Build: Cumulus Linux 3.6.2

Chipset: Broadcom Helix4 BCM56340
Port Config: 48 x 1G-T_PoE & 4 x 10G-SFP+
CPU: (ARMv7) ARM ARMv7-A Cortex-A9 1.20GHz
Uptime: 14 days, 6:29:08.580000
```

Wenn es etwas genauer sein darf, ist decode-syseeprom die bessere Informationsquelle. Die Detailschärfe ist erschlagend und häufig sind nur einzelne Werte bedeutsam (vgl. Kap. 20).

```
cumulus@sw01:~$ decode-syseeprom
TlvInfo Header:
   Id String:    TlvInfo
   Version:      1
   Total Length: 167
TLV Name               Code Len Value
--------------------   ---- --- -----
Product Name           0x21  15 4610-54T-O-AC-F
Part Number            0x22  13 F0PEC4654000Z
Serial Number          0x23  12 EC1716000355
Base MAC Address       0x24   6 A8:2B:B5:17:AD:80
Manufacture Date       0x25  19 05/08/2017 15:55:57
Label Revision         0x27   3 R01
Platform Name          0x28  23 arm-accton_as4610_54-r0
ONIE Version           0x29  13 2016.05.00.04
MAC Addresses          0x2A   2 55
Manufacturer           0x2B   6 Accton
Manufacture Country    0x2C   2 TW
Vendor Name            0x2D  16 Cumulus Networks
Diag Version           0x2E   5 001.9
CRC-32                 0xFE   4 0xDED17371
```

Neben den allgemeinen Daten berichtet der EEPROM-Decoder auch über Netzteile und Lüfter. Ein beispielhafter Blick in die Hardware-Specs des zweiten Netzteils offenbart den taiwanesischen Hersteller nebst Modell- und Seriennummer.

```
cumulus@sw01:~$ decode-syseeprom -t psu2
manufacturer        : 3Y POWER
part_num            : URM1A151AM
model_num           : YM-1151D
revision            : A03R
serial_num          : SA010P151702000301
```

313

Feuerwerk

Je nach Hersteller sind vorne am Chassis bunte LEDs angebracht, die verschiedene Systemzustände und Fehler anzeigen. Bei voll verkabelten Switches können die Leuchtdioden verdeckt sein, was ihre Warnmöglichkeit einschränkt. Welche LED gerade welche Farbe anzeigt, liefert ebenfalls das CLI-Kommando `ledmgrd`. Denn dieser Daemon steuert die Leuchtdioden und passt ihre Farbe dem Gesundheitszustand der Komponenten an.

```
cumulus@sw01:~$ ledmgrd -d
    System LED: yellow
      PSU1 LED: green
      PSU2 LED: green
```

In vollen Rechenzentren tummeln sich häufig identisch aussehende Switches. Wenn die Beschriftung fehlt oder unleserlich ist, können die LEDs den gesuchten Switch identifizieren. Leider haben erst wenige Switches eine blaue Lokations-LED verbaut, sodass die LEDs der Switchports für die Erkennung vorübergehend umfunktioniert werden.

Über die Kommandozeile wird die LED eines ausgewählten Switchports zum Blinken gebracht. Bei der anschließenden Sichtprüfung der Hardware lässt sich der gesuchte Switch dadurch erkennen, dass die grüne LED des Netzadapters leuchtet und die orange LED blinkt.

```
sudo ethtool --identify swp1
```

Geblinkt wird solange, bis `ethtool` den Abbruch per Tastenkombination Strg–C erhält.

Falls der Kabeldschungel vor den Switches so dicht ist, dass mehrere Leuchtdioden verdeckt sind, dann dürfen sich die anderen LEDs am Feuerwerk beteiligen. Leider lässt `ethtool` nicht mehrere Ports gleichzeitig aufblinken. Das folgende Skript lässt also die ersten 24 LEDs nacheinander aufblitzen.

```
1  for nic in 1..24 ; do
2    swp=swp$nic
3    echo "LED von $swp blinkt"
4    ethtool --identify $swp 1
5  done
```

> **Hinweis**
>
> Der Netzadapter arbeitet während der Lokalisierung normal weiter. Es entsteht keine Unterbrechung für die angeschlossenen Geräte.

> **Achtung**
>
> Die Identifizierung per LED ist nicht auf allen Modellen mit Cumulus Linux möglich. Leider informiert `ethtool` bei fehlender Funktionalität nicht – eine Sichtprobe ist zuverlässiger.

Logbuch

Wenn ein Fehler seine Existenz im Logbuch verewigt, hat er meist eine treffende Beschreibung. Cumulus Linux protokolliert mit dem klassischen Syslog sowie mit dem modernen Journal vom *systemd*. Während beide Methoden inhaltlich identisch sind, unterscheiden sie sich in der Benutzung. Syslog packt alle Meldungen in verschiedene Dateien und lässt den Admin mit `more`, `tail` und `grep` darin rumgraben. Das Prinzip von Syslog gibt es seit den 1980er Jahren und ist jedem Netzwerker bestens bekannt. Das neuere Journal dagegen speichert alle Meldungen binär und hat sein eigenes Tool `journalctl` für die Auswertung. Aus Skepsis und Unwissenheit wird das Journal gerne links liegen gelassen, obwohl es ein paar schicke Features mitbringt. Dieser Abschnitt bringt etwas Licht in den Umgang mit `journalctl`, denn *während* einer Fehlersuche ist meist wenig Zeit, ein neues Kommando zu lernen.

> **Hinweis**
>
> Logmeldungen sind Chefsache. Also muss `journalctl` als *root*-User laufen, oder jeder Aufruf erwartet `sudo` als Präfix.

- `journald` ist der Logging-Daemon und `journalctl` zeigt die Meldungen an.
- Alle Logmeldungen seit dem letzten Systemstart liefert `journalctl` ohne weitere Optionen.

- Zeitliche Einschränkungen liefern die beiden Argumente --since und --until, die einzeln und gemeinsam nutzbar sind. Alle Meldungen seit letztem Montag um acht Uhr bringt das Kommando:

```
journalctl --since "2018-08-13 08:00:00"
```

Der Zeitstempel kann auch aus Prosa bestehen, denn beide Optionen verstehen englische Wörter, wie *yesterday*, *today* oder *now*.

- Welcher Dienst meldet? Dazu kann journalctl nach *Unit* filtern. Eine Unit ist grundsätzlich ein Systemdienst. Ausschließlich die Wortmeldungen von switchd bringt der Befehl:

```
journalctl --unit=switchd
```

Weitere Bereiche, die zur Fehlersuche beitragen können, sind: asicmonitor, cl-acltool, clagd, frr, kernel, lldp, mstpd, netd, networking, ntpd, poed, portwd, ptmd, sensors, sshd, systemd und zebra.

- Wie kritisch sind die Meldungen? Hier nutzt das Journal dieselben Prioritäten wie Syslog. Tabelle 21.1 ruft die verschiedenen Stufen ins Gedächtnis. Eine Übersicht aller Warnungen listet:

```
journalctl --priority=warning
```

Die wirklich schweren Meldungen der obersten drei Prioritäten beschafft das Kommando:

```
journalctl --priority=crit..emerg
```

- Die aktuellen Meldungen bringt journalctl -f auf den Bildschirm, wobei sich dieser Befehl mit den vorherigen Beispielen kombinieren lässt. Wenn beispielsweise der Switch unter schwankender Last leidet, informiert journalctl, wann es so weit ist:

```
journalctl -f --unit=sysmonitor --priority=warning..alert
```

Stufe	Bezeichnung	Beschreibung
0	emerg	Höchste Alarmierung; das System steht kurz vor dem Scheitern
1	alert	Schwerer Fehler, der sofort behoben werden muss
2	crit	Ein oder mehrere kritische Zustände
3	err	Ein nicht-fataler Fehler ist aufgetreten
4	warning	Das System warnt mehrfach, um einen Fehler zu vermeiden
5	notice	Ungewöhnliche Situation, die aber keinen Fehler darstellt
6	info	Normale operative Meldungen
7	debug	Nachrichten für Entwickler

Tabelle 21.1: Die möglichen Prioritäten einer Syslogmeldung

Kleine Werkzeuge

Cumulus Linux hat weitere Helferlein, die sehr spezielle Aufgaben übernehmen und zumindest kurz erwähnt werden sollten.

Systemmonitor

Unter hoher Last arbeiten Switches träge und neigen zu Fehlern. Der Dienst *sysmonitor* wacht über den Systemzustand und speichert minütlich seinen Bericht. In seiner Tätigkeit prüft er den Füllstand der Dateisysteme, Speicherauslastung, Systemlast und CPU-Benutzung. Und wenn die gemessenen Werte oberhalb der Schwellenwerte liegen, gibt *sysmonitor* Alarm per Syslog. Welche Schwellenwerte sinnvoll sind, legt Cumulus Networks direkt im Quellcode in der Datei /usr/lib/cumulus/sysmonitor fest.

Die aktuellen Ergebnisse von *sysmonitor* liegen in

```
/run/sysmonitor/status
```

und Einblick in die letzten 24 Stunden liefern die Dateien

```
/run/sysmonitor/history*
```

Wie hat sich beispielsweise die Auslastung des lokalen Switches innerhalb der letzten vier Minuten verändert?

```
cumulus@sw01:~$ tail -n 4 /run/sysmonitor/history
2018-08-18T15:17:41.604026171 memavail:1811288KB,91% rootfs:17% \
   loadavg:1m:0.69,5m:0.53,15m:0.53 cpu_used:-67%
2018-08-18T15:18:41.690453315 memavail:1812224KB,91% rootfs:17% \
   loadavg:1m:0.74,5m:0.57,15m:0.55 cpu_used:-69%
2018-08-18T15:19:41.795514218 memavail:1812228KB,91% rootfs:17% \
   loadavg:1m:0.71,5m:0.59,15m:0.55 cpu_used:-69%
2018-08-18T15:20:41.891909319 memavail:1812376KB,91% rootfs:17% \
   loadavg:1m:0.53,5m:0.56,15m:0.54 cpu_used:-69%
```

cl-resource-query

Wie viele Routen, Regeln und Einträge passen in die ASICs und wie viel ist noch frei? Diese Frage beantwortet das Kommando cl-resource-query übersichtlich in Tabellenform. Für die Fehlersuche sind die Werte interessant, die sich nahe am Maximum bewegen. Und wenn Bereiche voll sind, wird die nächste Konfigurationsänderung aus Kapazitätsgründen scheitern.

Auf die Benutzung von cl-resource-query gehen Kapitel 18 (Seite 271) und Kapitel 25 (Seite 361) ein.

Mirror-Port

Wenn die betroffenen Netzadapter am Switch keine physikalischen Übertragungsfehler zeigen, könnte der Datenstrom inhaltlich inkorrekt sein. Die Hausmarke für Einblicke in die Datenkommunikation ist *tcpdump*, aber mithilfe eines Mirror-Ports (vgl. Kap. 18) kann die eigene Softwaresammlung zur Paketanalyse benutzt werden.

Der Mirror-Port erhält eine Kopie aller Pakete eines ausgewählten Netzadapters. Der Originalport hat dadurch keine Einschränkungen und bemerkt die Kopieraktion nicht. Für die spontane Fehlersuche kann ein Laptop mit Wireshark am Mirror-Port die Pakete aufzeichnen und analysieren.

Falls der Netzverkehr die 100 GBit/s-Marke erreicht, könnte der Analyserechner mit der Datenmenge Stress bekommen. Aus diesem Grund durchlaufen die Paketkopien erst eine Access-Liste (ACL). Wenn die ACL die

Paketkopie erlaubt, sendet der Mirror-Port sie raus. Andernfalls wird die Paket*kopie* verworfen.

Cumulus Linux benennt den Mirror-Port *span* und integriert ihn in die Access-Liste des Paketfilters.

Im folgenden Beispiel soll Netzadapter *swp8* eine Kopie der Pakete von *swp47* erhalten. An *swp47* ist ein Hostsystem für virtuelle Maschinen konnektiert, von dem ausschließlich die Datenkommunikation vom Subnetz 10.4.47.0/24 auffällig ist.

```
1  net add acl ipv4 ESX_4_47 span destination swp8 \
2    source-ip 10.4.47.0/24 dest-ip any
3  net add acl ipv4 ESX_4_47 span destination swp8 \
4    source-ip any dest-ip 10.4.47.0/24
5  net add interface swp47 acl ipv4 ESX_4_47 inbound
6  net add interface swp47 acl ipv4 ESX_4_47 outbound
```

Die ACL entsteht in den Zeilen 1 bis 4. Sie trifft auf IPv4-Pakete zu, deren Quelladresse (Zeile 1) oder Zieladresse (Zeile 3) zum Subnetz passen. Alle anderen Pakete fallen durchs Raster und nehmen nicht am Mirror-Port teil.

Die ACL wird erst dann aktiv, sobald sie bei einem Netzadapter wirken darf. Zeile 5 setzt die ACL in *ein*gehende Richtung, womit die Pakete gemeint sind, die *vom* Host kommen. Wenn auch die Gegenrichtung für die Analyse herangezogen werden soll, übernimmt die NCLU mit Zeile 6 diese Aufgabe und wirkt damit in *aus*gehender Richtung. Nach einem finalen `net commit` wird Switchport *swp8* zum passiven Zuhörer.

Wenn der betroffene Switchport nicht in der Nähe des Analyserechners ist, kann Cumulus Linux die Paketkopien auch per Tunnel an einen entfernten Rechner verschicken. Die Technik dahinter ist in Abschnitt *ERSPAN* von Kapitel 18 auf Seite 267 beschrieben.

Zusammenfassung

Die Suche nach einem Fehler führt schneller zu Resultaten, wenn die verfügbaren Werkzeuge bekannt sind. Cumulus Networks erweitert die Befehlssammlung von Linux um eigene Kommandos, die den Fokus auf Hardwarekomponenten und Netzadapter legen. Denn die Zählerstände eines Switchports verraten viel über die Fehlerursache.

Mit den neueren Journalfunktionen wird die Suche im Logbuch einfacher und zielstrebiger. Das Journal ist zwar kein Alleinstellungsmerkmal von Cumulus Linux, aber die zentrale Anlaufstelle für Fehlermeldungen. Parallel dazu ist Syslog am Start und archiviert Meldungen dateibasiert.

Kapitel 22

Durchsatz messen

Cumulus Networks basiert auf Linux. Als universelles Betriebssystem kann Linux zwar auf fast jeder Hardware benutzt werden, aber der Grundgedanke war stets die Vielseitigkeit und nicht der schnelle Transport von Datenpaketen. Dennoch macht Linux auf Netzwerkgeräten eine gute Figur. Im Linux-Kernel und seinen Anwendungsprogrammen gibt es mehrere Schalter und Regler, um die Paketverarbeitung voranzutreiben.
Dazu kommen die eigene Entwicklung von Cumulus Networks und die Anpassung an die darunterliegende Hardware. Zusammen ergibt sich ein hochoptimiertes System, welches nur Durchsatz und Features im Kopf hat.

Wie viel Leistung und Bandbreite ist von einem Cumulus-Switch zu erwarten? Dieses Kapitel zeigt, mit welchen Kommandos sich das Ergebnis nachprüfen lässt.

Auslastung

Zuerst kommt Cumulus Linux auf den Prüfstand, um die momentanen Leistungsdaten zu ermitteln. Während benachbarte Geräte mit maximaler Rate Pakete durch den Switch schieben, bieten verschiedene Befehle detaillierten Einblick in die Ressourcenauslastung.
Diese Überwachungstools gehören zu den üblichen verdächtigen Linux-Kommandos, die beim Troubleshooting gern gesehen sind und in keiner Distribution fehlen dürfen.

bwm-ng Der Bandbreitenmonitor holt sich die Zählerstände vom Linux-Kernel aus /proc/net/dev und errechnet daraus die aktuelle Durchsatzrate für jeden Netzadapter. Die Werte werden halbsekündlich aufgefrischt.

top Neben einer aktuellen Liste von Linux-Prozessen liefert top noch die momentane Auslastung von Prozessor, Arbeitsspeicher, SWAP und System-Load.

htop Das aufgehübschte htop zeigt auf einen Blick die Auslastung vom Prozessor, Arbeitsspeicher, SWAP und eine sortierte Liste der Prozesse.

iftop Welche Client-Verbindungen transportiert der Switch? Drüber informiert iftop pro Interface und listet neben der Session auch die Übertragungsraten der letzten 2, 10 und 40 Sekunden.

iptraf Menügestützt beinhaltet iptraf Funktionen zum Anzeigen von IP-Verbindungen und viele Statistiken über die lokalen Netzadapter. Dazu gehört die Aufteilung des Netzverkehrs in Protokolle, Paketgrößen und Portnummern.

ethtool Einem Netzadapter lassen sich mit ethtool viele Parameter und Statistiken entlocken. Darüber hinaus gibt es Funktionen zur Diagnose und zum Selbsttest eines Adapters.

bmon Alle lokalen Netzadapter im Überblick, mit Übertragungsraten, in Echtzeit liefert bmon. Der grafische Modus bringt sogar die Auslastung einer Netzwerkkarte der letzten 60 Sekunden in ASCII-Art.

Cumulus Networks liefert nicht alle vorgestellten Kommandos mit, bietet sie aber über ein zusätzliches Repository an. Bei Bedarf lassen sich die Programme über den Paketmanager installieren:

```
cat <<EOF >> /etc/apt/sources.list
deb http://repo3.cumulusnetworks.com/repo Jessie-supplemental upstream
deb-src http://repo3.cumulusnetworks.com/repo Jessie-supplemental upstream
EOF
apt update
apt install htop bwm-ng iftop iptraf
```

Durchsatzmessung

Die interessanteste Kennziffer bei einem Switch ist die Anzahl der übertragenen Pakete pro Sekunde. Verbunden mit einer Paketgröße ergibt sich daraus die maximale Datenrate pro Sekunde. Was in der Theorie nach fettem Durchsatz klingt, wird in der Praxis selten erreicht, da Paketfilter, Zugriffszeiten und Paketverluste eine reale Datenrate festlegen.

Die Ergebnisse einer Messung sind auch abhängig von der Dauer des Tests. Ein kurzer Test von weniger als 10 Sekunden erzeugt kaum Paketverluste, weil der Switch die Überlastpakete nicht verwerfen muss, sondern in Puffern zwischenspeichern kann. Das ist grundsätzlich ein vorteilhaftes Verhalten, aber es verfälscht das Ergebnis. Ein aussagestarkes Resultat wird nach 30 bis 120 Sekunden erreicht.

Messmethodik

Für die Durchführung der Messung kann Cumulus Linux auf ein hervorragendes Werkzeug zurückgreifen: *iperf3* [19]. iperf3 übermittelt Pakete mit maximalem Durchsatz zwischen zwei Geräten und zeigt anschließend die erreichte Transferrate an. Auf dem ersten Host wird iperf als Server gestartet, der die Messpakete empfängt. Der zweite Rechner startet iperf als Client mit Angabe der IP-Adresse des Servers. Sofort beginnt der Client, Pakete zu generieren und an den Server zu senden. Dazwischen ist der Switch, der während der Messung unter besonderer Beobachtung steht.

> **Achtung**
>
> iperf gibt es in den zueinander inkompatiblen Versionen 2 und 3. Für die Beispiele in diesem Buch kommt Version 3 zum Einsatz, da es moderner und weiter verbreitet ist.

Installation

Im Repository der meisten Linux-Distributionen ist iperf3 vorhanden und wartet auf seine Installation. Diese ist abhängig vom eingesetzten Paketmanager. Debian-basierte Distributionen, wie Ubuntu, holen sich die Software mit dem Befehl: `apt install iperf3`

Unter Red Hat und seinen Ablegern CentOS und Scientific Linux erfolgt die Installation ähnlich: `yum install iperf3`

Sogar Cumulus Linux bietet *iperf3* als Add-on an, wenn das zusätzliche Repository aus Abschnitt *Auslastung* auf Seite 321 eingebunden ist.

> **Hinweis**
>
> Messprogramme, wie *iperf3* oder *nuttcp*, sollten nicht direkt auf dem Switch laufen, da sie dort *nicht* die Durchsatzrate der Netzadapter erreichen.

Ein Switch erreicht seine Höchstleistung nur, wenn der Netzwerkprozessor und die ASICs (vgl. Anhang B) die Arbeit übernehmen. Bei *iperf3* sendet die CPU die Messpakete durch den Bus an die Netzadapter und erreicht damit maximal ein paar Hundert Mbit/s. Aus diesem Grund messen die benachbarten Server den Durchsatz.

Messung

Zwei Server sind startklar und ihre Netzwerkkarten mit dem Cumulus-Switch verbunden. Die Links sind *Up* und beide Rechner können sich per IP-Adresse erreichen. Welcher von den Maschinen den iperf-Server spielt, und wer den Client darstellt, entscheidet über die Richtung der Messung. Denn gemessen wird die Strecke *vom* Client *zum* Server.
Der Serverprozess beginnt mit einem schlichten Kommando:

```
iperf3 --server
```

Der Client entscheidet über die Optionen, wie Länge des Tests, Fenstergröße oder maximale Segmentgröße. Im ersten Versuch befeuert der Client eine Minute lang den Server (z. B. 10.1.2.2) mit Paketen und teilt anschießend die gemessene Bandbreite mit:

```
iperf3 --client 10.1.2.2 --time 60 --interval 60
```

Wenn die Rechner die Durchsatzrate in der Gegenrichtung messen sollen, müssen die Client/Server-Rollen vertauscht werden. Alternativ lässt sich der iperf-Client mit der Option `--reverse` starten.

An einem Cumulus-Switch mit Gigabit-Anschluss sollte das Ergebnis den Messwerten aus Abbildung 22.1 ähneln.

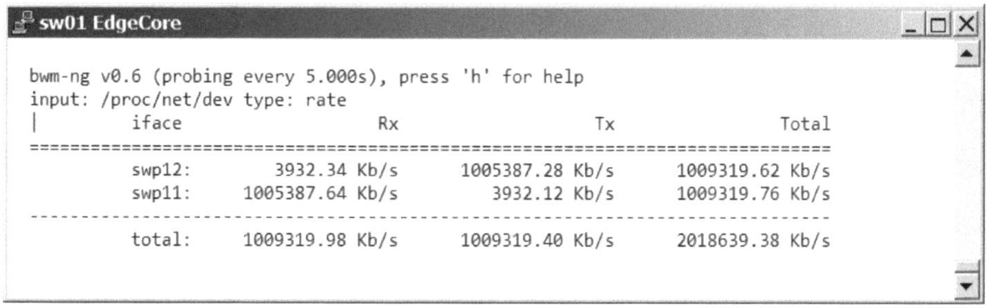

```
sw01 EdgeCore                                                          _ □ ×
bwm-ng v0.6 (probing every 5.000s), press 'h' for help
input: /proc/net/dev type: rate
|          iface                 Rx                  Tx              Total
=============================================================================
         swp12:        3932.34 Kb/s       1005387.28 Kb/s    1009319.62 Kb/s
         swp11:     1005387.64 Kb/s          3932.12 Kb/s    1009319.76 Kb/s
         -----------------------------------------------------------------
         total:     1009319.98 Kb/s       1009319.40 Kb/s    2018639.38 Kb/s
```

Abbildung 22.1: *bwm-ng* bestätigt die maximale Durchsatzrate von GigabitEthernet

Paketgröße

Am einfachsten erreicht ein Switch seine Höchstleistung bei einer großen Paketlänge. Für ein aussagestarkes Ergebnis wird die Paketgröße in festen Schritten erhöht und orientiert sich an RFC 2544.
Auf der Seite von Cumulus Linux erhält ein Switchport den Befehl für die *Maximum Transmission Unit* (MTU) über die NCLU:

```
net add interface swp5 mtu 9216
net commit
```

Die unterschiedlichen Größen erhält der iperf-Client per Skript:

```
for MTU in 9000 8192 4096 2048 1420 1280 1024 552 ; do
  echo "*** Messung mit MTU ${MTU} Bytes"
  ifconfig eth1 mtu ${MTU}
  sleep 2
  iperf3 --client 10.1.2.2 --window 32M --time 60 --interval 60
done
```

Das Ergebnis ist eine gute Abschätzung der möglichen Durchsatzrate des Switches und der angeschlossenen Server bei verschiedenen Paketgrößen.

Zusammenfassung

Ob ein Switch die versprochene Gesamtleistung tatsächlich erreicht, lässt sich nur mit viel Aufwand prüfen. Einzelne Ports dagegen prüfen zwei angeschlossene Rechner mit dem Kommandozeilentool *iperf3*, welches für nahezu jedes Betriebssystem verfügbar ist.

Allerdings prüft diese Form der Messung nicht nur die Switchports, sondern auch die Kabel und eventuelle Transceiver, die Netzadapter der Server, sowie deren Durchsatz zwischen CPU und PCIe-Bus. Bei enttäuschender Durchsatzrate ist der Cumulus-Switch nicht die einzige Fehlerursache.

Teil V
Für Trickser

Kapitel 23

Best Practice

Wenn alles funktioniert, geht es nur noch darum, Kleinigkeiten zu verbessern und Arbeitsabläufe zu vereinfachen. Die vorgestellten *Best Practices* gelten gleichermaßen auch für Switches anderer Hersteller, nur die praktische Umsetzung variiert.

Änderungen mit Sicherungsnetz

Nicht alle Switches befinden sich in der unmittelbaren Umgebung. Bei Änderungen an Geräten in weit entfernten Standorten empfiehlt sich eine besondere Vorsicht. Gerade bei Modifikation an IP-Adressen, Routing oder Firewallregeln besteht die Gefahr, dass eine Unachtsamkeit zur Unerreichbarkeit des Switches führt. Ping und SSH sind nicht mehr möglich und der Fernzugang ist erst einmal verloren.
Wie der Seiltänzer im Zirkus ein Sicherungsnetz unter sich hat, gibt es auch bei Cumulus Linux eine Absicherung gegen Fehler bei Konfigurationsänderungen.

Bei Cisco IOS plant der Admin einen Reboot des Geräts in der unmittelbaren Zukunft, z. B. in 10 Minuten: `reload in 10`. Dann folgen die kritischen Änderungen. Wenn alles gut geht, wird der geplante Reboot mit `reload cancel` gelöscht und die Änderungen gespeichert. Wenn etwas schief geht, erfolgt nach 10 Minuten der Reboot und das Gerät startet mit der guten `startup-config`, also *ohne* die fatale Änderung. Der Neustart unterbricht zwar die Netzwerkverbindungen, aber kritische Änderungen dieser Art gehören in ein Wartungsfenster, in denen Anwender Unterbrechungen akzeptieren (müssen).

Cumulus Linux hat durch das `commit`-Konzept einen leicht unterschiedlichen Ansatz:

1. Eine besondere Vorbereitung gibt es nicht: die Befehle mit `net add` oder `net del` unverändert eintippen. Denn das ändert noch nichts, solange nicht mit `net commit` bestätigt wird.

2. Die vorbereiteten Kommandos mit `net commit confirm` bestätigen. Das System wird jetzt die Änderungen wie ein normales `net commit` aktivieren, erwartet aber eine Bestätigung innerhalb von 10 Sekunden. Der Standardwert beträgt 10 Sekunden. Hinter `confirm` akzeptiert Cumulus Linux auch eine andere, beliebige Zahl, die einen Sekunden-Timer darstellt.

3. Wenn die Bestätigung vom Admin ausbleibt, macht der Switch die Änderungen rückgängig, also ein Rollback zum letzten Stand.
Wenn der Admin mit der Enter-Taste bestätigt, bleiben die Änderungen aktiv.

> **Hinweis**
>
> Bei Änderungen im Routingprozess machen sich Fehler teilweise erst nach mehreren Minuten bemerkbar.

Wichtig bei der Vorgehensweise mit Sicherungsnetz ist, dass die funktionierende Konfiguration nicht voreilig bestätigt wird. Vorsichtige Admins warten mit `net commit confirm 600` eine kurze Kaffeepause ab, bevor sie ihre Zustimmung geben.

Factory-Default

Jedes gute Netzwerkgerät hat die Möglichkeit, alle Änderungen zu verwerfen und damit den Auslieferzustand zu erreichen. Diese Werkseinstellungen sind nötig, wenn der Switch verkauft wird oder die Teststellung zurück zum Hersteller muss. Im einfachsten Fall wechselt das Gerät nur seine Funktion und soll keine störenden Konfigurationsreste aufweisen. Grundsätzlich wird ein Switch auf *Factory-Default* gesetzt, wenn alle Spuren gelöscht werden sollen.

Durch die Arbeitsweise der NCLU gibt es keine zentrale Konfigurationsdatei. Die Einstellungen der Netzadapter, Routingprotokolle und Systemdienste verteilen sich Linux-typisch über das ganze Dateisystem. Damit ist jede einzelne Datei an ihrem zugewiesenen Platz. Das NCLU-Backend `netd` baut daraus für den Bediener eine einheitlich aussehende Konfiguration zusammen. Diese verteilte Arbeitsweise von Linux erschwert die Aufräumarbeit, wenn das Gerät in den Werkszustand befördert werden soll.

Für die weitere Vorgehensweise gilt folgende Empfehlung: Wenn der Switch nur seine Funktion wechseln soll, dann reicht *Die oberflächliche Methode* (Seite 331). Fass das Gerät seinen Besitzer wechselt, beseitigt *Die gründliche Methode* (Seite 333) alle Spuren.

> **Hinweis**
>
> Die NCLU liefert mit `net del all` ebenfalls einen Ansatz zum Löschen der Konfiguration. Dieser zeigt sich in der Praxis als ungeeignet, da selbst nach einem Neustart die meisten Einstellungen noch vorhanden sind.

Die oberflächliche Methode

Ein tiefer Blick ins System unterhalb der NCLU liefert viele verräterische Informationen: Logdateien, SSH-Schlüssel und temporäre Konfigurationsdateien. Verschiedene Kommandos des Betriebssystems bringen das System in Listing 23.1 auf Vordermann.

Kapitel 23. Best Practice

```
1   sudo bash
2   cd /tmp/
3
4   net add hostname cumulus
5   net commit
6
7   U=$(getent passwd |awk -F : '$3 >= 1000 && $3 < 65534 {print $1}')
8   for user in $U ; do
9     if [ "${user}" != "cumulus" ]; then
10       userdel -r ${user}
11    fi
12  done
13
14  for user in root cumulus ; do
15    homedir=$(eval echo ~$user)
16    rm -rf $homedir/
17    mkdir --mode=700 $homedir
18    cp -r /etc/skel/. $homedir/
19    chown -R $user.$user $homedir
20    echo -e "CumulusLinux"'!'"\nCumulusLinux"'!' | (passwd $user)
21  done
22
23  rm -rf /var/log/*
24  rm -f /etc/frr/*
25  rm -f /etc/network/interfaces
26  rm -f /etc/ssh/*_key
27  dpkg-reconfigure openssh-server
```

Listing 23.1: Das Skript stellt die Werkseinstellungen her

In den Zeilen 7 bis 12 geht es den zusätzlich erstellten Benutzerkonten an den Kragen: Diese werden kurzerhand vom System gelöscht. Lediglich *root* und *cumulus* bleiben verschont. Anschließend (Zeilen 14 bis 21) erhalten die beiden Accounts ein frisches Home-Verzeichnis und das vorgegebene Passwort. Die nächsten vier Zeilen löschen rigoros Logdateien, Einstellungen von Netzadaptern und Routing, sowie SSH-Schlüssel. Damit der SSH-Dienst wieder funktioniert, erstellt Zeile 27 frische Schlüssel.

Für eine Funktionsänderung oder Neuinstallation ist diese Methode ausreichend.

Die gründliche Methode

Falls zukünftige Versionen von Cumulus Linux neue Dienste mit neuen Konfigurationsdateien mitbringen, kennt das Aufräumskript des vorherigen Abschnitts diese nicht. Außerdem hat jedes Skript stets einen Programmfehler mehr als man erwartet.

Bei der gründlichen Methode Cumulus Linux zu putzen, löscht ONIE beim nächsten Neustart das Betriebssystem und alle enthaltenen Dateien. Das erfordert zwar eine Neuinstallation von Cumulus Linux, aber auf diese Weise können keine Dateien beim Löschen vergessen werden.

Vor dem Reboot aktiviert das folgende Kommando den Selbstzerstörungsmechanismus und nach dem Reboot ist alles weg – gründlicher geht es kaum.

```
cumulus@sw01:~$ sudo onie-select -k
WARNING:
WARNING: ONIE uninstall mode requested.
WARNING: This will wipe out all system data.
WARNING: Make sure to back up your data.
WARNING:
Are you sure (y/N)? y
Enabling ONIE uninstall mode at next reboot... done.
Reboot required to take effect.
cumulus@sw01:~$ sudo reboot
```

SSH-Login ohne Passworteingabe

Cumulus Linux erwartet für jedes Login auf jedem Switch das richtige Kennwort. Und da ein gutes Passwort aus vielen Buchstaben, Zahlen und Sonderzeichen besteht, ist die wiederholte Eingabe mühsam.

Hinter dem SSH-Login verbirgt sich der vielseitige OpenSSH-Server, der nicht nur die Authentifizierung per Passwort anbietet. Die Kennworteingabe lässt sich mit kryptografischen Schlüsseln erweitern oder ersetzen.

Wenn die vorherrschende Sicherheitsrichtlinie der Umgebung es erlaubt, authentifiziert sich der Administrator mit seinem privaten Schlüssel gegenüber dem Cumulus-Switch (Abbildung 23.1). Dieser validiert den angebotenen Schlüssel und startet eine Login-Shell, welche dem Admin die CLI präsentiert – ohne Passwort. Und solange der Admin seinen privaten

Schlüssel nicht verliert, ist diese Einwahlmethode sicherer als das normale Kennwort.

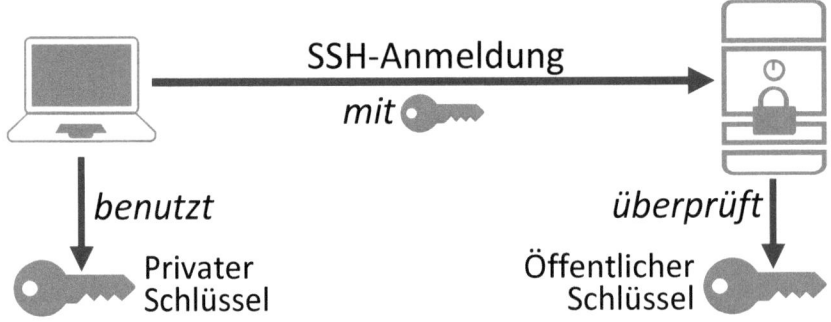

Abbildung 23.1: SSH-Login mit Anmeldung per Schlüssel

Bevor dieser Ablauf nutzbar ist, müssen Schlüssel erzeugt und verteilt werden:

1. Schlüsselpaar erzeugen. Das passiert einmal pro Administrator.
2. Privaten Schlüssel gesichert ablegen.
3. Öffentlichen Schlüssel auf den Cumulus-Switches eintragen, die in der Verantwortung des Admins sind.

Eine Linux-Distribution bringt häufig OpenSSH als SSH-Client mit. Unter Windows hat es die Software *PuTTY* [20] zu großer Akzeptanz gebracht, was vermutlich daran liegt, dass sie vielseitig und einfach zu bedienen ist. Weiterhin muss PuTTY nicht installiert werden und ist kostenlos.

Schlüsselpaar erzeugen

Ein Windows-Rechner benötigt das grafische Werkzeug *puttygen.exe* zum Erstellen eines Schlüsselpärchens. Die folgenden Beispiele basieren auf einem RSA-Schlüssel mit 2048 Bits Länge. Aus heutiger Sicht ist das ein ausreichend starker Schlüssel. Bei einem hohen Sicherheitsbedarf kann der Schlüssel auch 4096 Bits lang sein.

Der Button *Generate* beginnt mit dem Sammeln von Zufallszahlen und zeigt anschließend den erzeugten öffentlichen Schlüssel. Für die weiteren

SSH-Login ohne Passworteingabe

Schritte werden beide Teile des Schlüssels benötigt, also unbedingt mit dem Save-Button abspeichern. Die Dateinamen sind grundsätzlich egal, daher kann die Namenskonvention von OpenSSH übernommen werden: id_rsa.pub für den öffentlichen Schlüssel und id_rsa für den privaten Schlüssel.
Unter Linux ist das Tool zum Schlüsselerzeugen mit dem OpenSSH-Paket meist vorinstalliert. Einen Schlüssel vom selben Typ generiert das Kommando

```
ssh-keygen -t rsa -b 2048 -f ~/.ssh/id_rsa -N ''
```

und legt es in Dateiform im Ordner .ssh/ des HOME-Verzeichnisses ab. Dieser Teil des Schlüssels muss geheim, verborgen, gesichert und/oder passwort-geschützt werden. Wenn der private Schlüssel kompromittiert wird, ist die Sicherheit dahin! Dann hilft nur: Schnell den öffentlichen Schlüssel dieses Pärchens von den Switches entfernen.

Öffentlichen Schlüssel anzeigen

Zur Kontrolle genügt ein Blick in die Datei mit dem öffentlichen Schlüssel. Ziemlich unspektakulär zeigt sich der Key als ein langes Wort aus ASCII-Zeichen. Dazu gibt es noch einen Identifier, der im Beispiel grau hinterlegt ist. Unter Windows lautet der soeben erzeugte öffentliche Schlüssel:

```
---- BEGIN SSH2 PUBLIC KEY ----
Comment: "rsa-key-20170315"
AAAAB3NzaC1yc2EAAAABJQAAAQEA7dIW0tadLw5Wgh4HjMIzBzZ6neErJpf1AGty
6ZY6DMNVYD1N7AME8zCeaIa2Es7mAJMZAgGYDQSS2ChkMTZSObuboLDgK6iWnMub
qyjVmKUGLi20jwqHgUqJYxxXFK7ypp3V6+z3LjiFYS8ITu51L+RiNJiy+Un5LV9s
8J9CqllgOOKSsHTAHaXuPHSHVpSFsN+93yOTvwhJ+JSMowftu6rpDTp97GYs3hcs
RwV/TXfQniKHm/7X53iGoFu6UVSYBNtNG9GY95Bs+kyxL6BtE/TQWuTsRhIdxP8A
YDmWuKNeaG3z34Ficq5AM8+EuSjFPc/h5zkvdGyzJ8u1zvqtEQ==
---- END SSH2 PUBLIC KEY ----
```

Unter Linux meldet sich der Schlüssel in einer ähnlichen Syntax:

```
ssh-rsa AAAAB3NzaC1yc2EAAQABAAAABAQCxEQhUQB3EfYWLH[...] root@labsrv
```

Öffentlichen Schlüssel auf Cumulus-Switch eintragen

Nun muss der lange Buchstabencode des öffentlichen Schlüssels seinen Weg zum Cumulus-Switch finden. Dieser verbindet dann Schlüssel mit Benutzeraccount, sodass ein passwortloses Login möglich wird.

```
mkdir ~cumulus/.ssh/
cat << EOF >> ~cumulus/.ssh/authorized_keys
ssh-rsa AAAAB3NzaC1yc2EAAQABAAABAQCxEQhUQB3EfYWLH[...] root@labsrv
EOF
```

Das Beispiel zeigt einen neuen Schlüssel für das vorinstallierte Benutzerkonto `cumulus`. Für andere Benutzer oder den `root`-Zugang ist das Vorgehen identisch. Ein abschließendes `net commit` ist nicht notwendig, weil es sich hier nicht um Befehle der NCLU handelt.

> **Hinweis**
>
> Pro User können mehrere Schlüssel hinterlegt werden. Das ist hilfreich beim Auswechseln von Schlüsseln oder wenn sich mehrere Admins einen Account teilen.

> **Achtung**
>
> Der öffentliche Schlüssel ist eine *einzeilige* Zeichenkette. Auch wenn puttygen den Schlüssel mehrzeilig abspeichert, muss er bei Cumulus Linux ohne Leerzeichen und Zeilenumbrüchen ankommen.

Für die automatisierte Verteilung des SSH-Schlüssels gibt es `ssh-copy-id` unter Linux und `plink.exe` unter Windows.

Login mit privatem Schlüssel

Der SSH-Client unter Linux verwendet automatisch die verwendete Schlüsseldatei im Unterverzeichnis `.ssh/`, sodass ein Login auf dem Switch bereits passwortlos erfolgen sollte:

```
ssh cumulus@10.5.1.1
```

PuTTY dagegen erwartet unter *Connection* → *SSH* → *Auth* den Pfad zur privaten Schlüsseldatei. Anschließend verwendet die SSH-Anmeldung anstelle des Kennworts die Krypto-Schlüssel.

Passwort zurücksetzen

Irgendwann ist es soweit: Der Zugriff auf den Switch scheitert an einem falschen Kennwort oder Schlüssel. Wenn die Anmeldung mittels SSH oder per serieller Konsole unmöglich ist, bietet Cumulus Linux eine Vorgehensweise an, die das Passwort zurücksetzt.

> **Hinweis**
> Das unbekannte Kennwort wird mit dieser Methode überschrieben. Es wird *nicht* anschließend im Klartext angezeigt oder gespeichert.

Dieser Passwortreset erwartet einen Reboot des Betriebssystems. Bis dahin arbeitet der Switch auch mit vergessenem Passwort unverändert weiter.

Es beginnt im Bootloader, also muss der Switch neu gestartet werden. Der Zugriff auf den Bootloader ist nur über die Textkonsole möglich. Je nach Hardwaremodell ist diese über die serielle Schnittstelle oder einen USB-Anschluss erreichbar.

1. Reboot beginnen. Ohne Zugriff auf die Kommandozeile hilft bei einem physikalischen Switch nur der Power-Schalter. Eine virtuelle Maschine dagegen lässt sich durch die Verwaltungsoberfläche von VMware oder VirtualBox neu starten.

2. Nach dem BIOS oder dem U-Boot-Loader zeigt die Konsole das GRUB-Menü. Der Eintrag *Advanced options for Cumulus Linux GNU/Linux* führt zur Auswahl des Linux-Kernels. Der passende Eintrag für den Passwortreset hat den Zusatz *recovery mode* hinter der Versionsnummer.

3. Cumulus Linux bootet und meldet sich ohne Login mit seinem Prompt `root@sw01:~#`

4. Jetzt ist das Linux-Kommando `passwd` am Zug, denn es setzt ein neues Kennwort, ohne das alte Passwort zu wissen. `passwd cumulus` informiert sich in einer kurzen Fragerunde nach dem neuen Kennwort (Abbildung 23.2). Ohne die Angabe eines Benutzers setzt `passwd` sogar das Kennwort von `root` zurück.

Kapitel 23. Best Practice

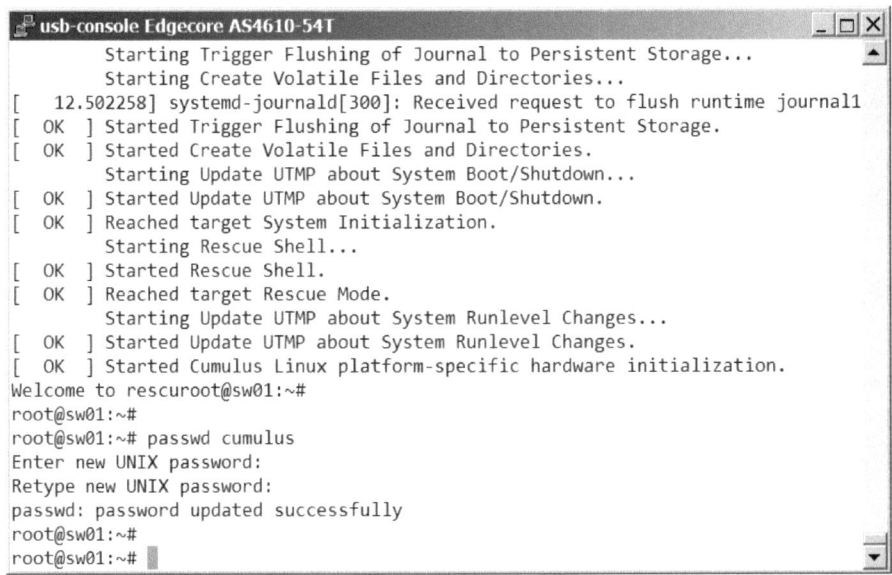

Abbildung 23.2: Passwortreset per Kommandozeile von Cumulus Linux

5. Änderungen sichern (optional). Das Dateisystem *Btrfs* hält Zugriffe vorerst im Arbeitsspeicher. Zur Sicherheit schreibt das folgende Kommando die Passwortänderung dauerhaft auf die Festplatte.

```
btrfs filesystem sync /etc
```

Diese Synchronisation des Dateisystems verhindert verschiedene Fehlermeldungen beim nächsten Systemstart.

6. Neustart. Der abschließende Neustart bootet das System im normalen Modus.

Ein Login ist jetzt mit dem neuen Passwort wieder möglich.

Kapitel 24

Application Programming Interface

Der Zugriff auf einen Cumulus-Switch ist nicht nur über die SSH-Oberfläche möglich, sondern auch über eine Programmierschnittstelle. Während der Kommandozugriff für den menschlichen Anwender konzipiert ist, eignet sich die Programmierschnittstelle für Zugriffe von Maschinen, Skripten und Monitoringsystemen.
Als offene Plattform stellt Cumulus Linux seine Methoden per *Application Programming Interface* (API) zur Verfügung, sodass alle Befehle und Abläufe per Skript aufrufbar sind. Die Bedienung der API ist unabhängig von einer Programmiersprache.

Wie funktioniert die API?

Die Programmierschnittstelle von Cumulus Linux folgt dem *Representational State Transfer*-Prinzip (REST). Die Arbeitsweise von REST basiert auf einer Client-Server–Architektur: Der Client stellt die Fragen und der Server gibt die Antworten. Die Verbindung zwischen den Partnern ist zustandslos, d. h. in der Anfrage sind stets alle notwendigen Informationen enthalten, die der Server für seine Antwort benötigt.
Abbildung 24.1 zeigt die Architektur der Cumulus Linux API. Der Zugriff auf das System erfolgt über den Webdienst. Dieser agiert als Reverseproxy, denn er prüft lediglich die Authentifizierung und leitet die Anfragen wei-

ter an den REST-Server. Dort angekommen wird aus der Client-Anfrage ein Kommando, welches von der entsprechenden Systemkomponente ausgeführt wird. Die Antwort läuft auf demselben Weg zurück und liefert dem Client die passenden Informationen.

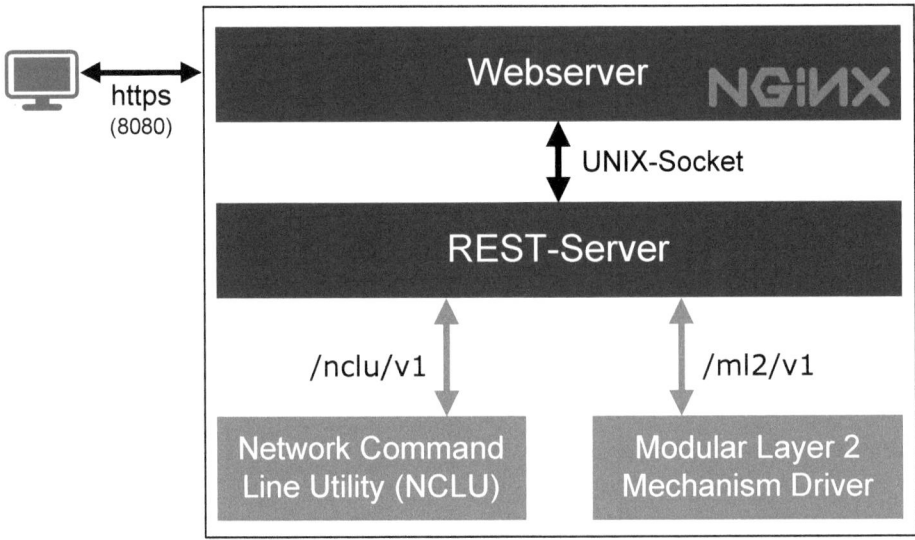

Abbildung 24.1: Cumulus Linux lässt sich RESTful per API bedienen

Die Kommunikation zwischen Client und Server läuft über das bekannte HTTP-Protokoll. Der Client formuliert seine Frage als Webadresse, z. B.

```
https://cumulus.example.net:8080/nclu/v1/rpc
```

Damit will der Client ein NCLU-Kommando ausführen. Der Server erkennt die Frage und prüft, welche Auskunft er geben kann.
Die Antwort formatiert der Server abhängig von der angefragten Komponente. Die NCLU liefert unformatierten Text, während die meisten anderen Dienste in *JavaScript Object Notation* (JSON) berichten. Trotz seines Namens ist dieses Format in den allermeisten Programmiersprachen bekannt und für Skripte und Programme einfach zu lesen. Auch für das menschliche Auge ist der Blick auf einen JSON-Ausdruck wenig geheimnisvoll:

```
{"status":"ok"}
```

Ein wichtiger Ansatz von REST ist die einheitliche Schnittstelle. Zwischen den Versionen von Cumulus Linux sollte sich die API nicht verändern, damit Programme der Clientseite nicht umprogrammiert werden müssen. Die Einheitlichkeit ist auch der Grund dafür, dass die Schlüsselwörter der API nicht in andere Sprachen übersetzt werden.

Über die API kann der Client auch die Konfiguration des Cumulus-Switches verändern. Woher weiß der Server, ob der Client etwas ändern möchte oder nicht? Hier kommen die Befehle von HTTP ins Spiel, die bei der Benutzung eines normalen Webbrowsers im Hintergrund ablaufen.

Beim Zugriff auf die API kann der Client die Methode *GET* verwenden, um eine Information zu erfragen. Mit der *POST*-Methode sendet der Client zusätzliche Daten an den Server, die nicht in die Webadresse gehören und vom Server benötigt werden. Die *POST*-Anfrage an eine Web-API wird grundsätzlich verwendet, um einen Zustand im Server zu verändern. Bei Cumulus Linux bedeutet das eine Konfigurationsänderung. Dagegen hat die *GET*-Anfrage den Ruf einer Auskunft ohne Änderungen am System. Und wenn der Server Werte speichern soll, kommt die *PUT*-Methode ins Spiel. Die implementierten Methoden zeigt Tabelle 24.1.

Aufruf	Methode	Format	Bereich
/	GET	JSON	Inhaltsverzeichnis
/ml2/v1	PUT	JSON	Bridge und VXLAN
/nclu/v1	POST	Text	Aufruf von NCLU-Kommandos

Tabelle 24.1: Die API gibt Zugriff auf verschiedene Bereiche von Cumulus Linux

Das HTTP-Protokoll hat noch weitere Methoden im Angebot, welche die Cumulus-API nicht braucht.

Dokumentation

Die Einrichtung der API, inklusive einiger Beispiele, ist im Handbuch von Cumulus Linux gut dokumentiert. Neben Beispielen, Namenskonventionen und Richtlinien gibt es im Blog sogar Anleitungen zum Erweitern der Funktionalität.

Allerdings ist die vorhandene API wenig beschrieben. Die genaue Syntax findet sich nur durch Studieren des Quellcodes. Die Ursache liegt vermutlich am unfertigen Stand der API. Denn die API entwickelt sich weiter, wie am steigenden Funktionsumfang bei neuen Versionen erkennbar ist. Und erfahrungsgemäß kommt die Dokumentation am Schluss eines Projekts. Passend dazu sind auch die ausbleibenden Fehlermeldungen. Wenn ein Aufruf misslingt, liefert die API nur kurze Antworten wie 404 Not Found. Leider gibt es keine Funktionen oder Hinweise zum Anzeigen der verfügbaren Optionen. Oft ist Ausprobieren in einem Testsystem oder ein tiefer Blick in den Programmcode der einzige Weg.

Lesender Zugriff

Bevor es losgeht, benötigt der Client Zugriffsrechte auf die Funktionen der API. Dieser Zugriff ist vergleichbar mit der Benutzeranmeldung in der SSH-Konsole, denn ohne Authentifizierung beantwortet die API gar nichts.
Jeder Benutzer, der sich per SSH anmelden darf, kann auch die API benutzen. Dabei gelten die gleichen Regeln, wie für die normale Authentifizierung: Mitglieder der lokalen Gruppe netshow dürfen lesen und die namentlich aufgeführten Teilnehmer der netedit-Gruppe dürfen über die API Änderungen vornehmen (vgl. Kap. 9).
Die Beispiele in diesem Kapitel benutzen das Zugangskonto *apiuser*, welches mit dem Kommando adduser erstellt wird:

```
sudo adduser --ingroup netshow apiuser
```

Damit sind die Formalitäten erledigt und die erste Frage-Antwort–Runde kann beginnen. Für diesen Start genügt ein Webclient für die Kommandozeile, wie *curl* [21].
Mit Benutzernamen und Kennwort bewaffnet, kann *curl* den ersten Angriff auf die Web-API wagen und lässt sich das Inhaltsverzeichnis auflisten:

```
curl --request GET --silent --insecure \
  --user apiuser:apipass https://10.5.1.1:8080
```

> **Hinweis**
>
> *curl* hat für die meisten seiner Optionen stets ein Kürzel (z. B. -u) und ein ausgeschriebenes Argument (z. B. --user). Für die bessere Lesbarkeit benutzen die Beispiele die längeren Argumente.

Der Zugang zur API ist für *curl* die Kombination aus Benutzernamen und Kennwort, um sich gegenüber einer Webseite zu Authentifizieren. Die Berechtigung muss mit jeder Anfrage wiederholt werden.
Bei korrektem Schlüssel und erreichbarer Gegenstelle kommt die prompte Antwort als JSON-Botschaft:

```
{"endpoints": {"bridgeCmd": "/ml2/v1/bridge/{bridge_name}/{vla \
n_id}", "networkCmd": "/ml2/v1/networks/{network_id}", "intfCm \
d": "/ml2/v1/networks/{network_id}/hosts/{host}", "bridgeIntfC \
md": "/ml2/v1/bridge/{bridge_name}/{vlan_id}/hosts/{host}", "r \
pc": "/nclu/v1/rpc", "bridgeVxlanCmd": "/ml2/v1/bridge/{bridge \
_name}/{vlan_id}/vxlan/{vni_id}", "main": "/", "hashCmd": "/ml \
2/v1/hash", "vxlanCmd": "/ml2/v1/networks/{network_id}/vxlan/{ \
vni}"}, "version": {"api_codename": "evo", "documentation": "h \
ttp://docs.cumulusnetworks.com", "api_version": "0.0.2", "api_ \
status": "GA"}}
```

Wenn es etwas lesbarer aussehen soll, hilft die Kommandoverkettung mit *python* und dem JSON-Tool. Dieses bewirkt die Aufarbeitung des JSON-Codes als eingerückter Text mit Zeilenumbrüchen. Die Antwort des Servers sieht damit optisch vorteilhafter aus. Der tatsächliche Inhalt ist unverändert, wobei die Antwort hier verkürzt abgedruckt ist:

```
curl --request GET --silent --insecure --user apiuser:apipass \
  https://10.5.1.1:8080 | python -m json.tool
{
  "endpoints": {
    "bridgeCmd": "/ml2/v1/bridge/{bridge_name}/{vlan_id}",
    [...]
    "main": "/",
    "rpc": "/nclu/v1/rpc",
  },
  "version": {
    "api_codename": "evo",
    "api_status": "GA",
    "api_version": "0.0.2",
    "documentation": "http://docs.cumulusnetworks.com"
  }
}
```

Damit ist der lesende Zugriff auf die API möglich. Zum Skripten ist die Kommandozeile der ideale Einsatzort; für die Erkundung der API gibt es grafische Werkzeuge, von denen eins im Abschnitt *API-Browser* vorgestellt wird.

Schreibender Zugriff

Ein Zugriff auf die API kann auch Änderungen in der Konfiguration bewirken. Dieser schreibende Zugriff verlangt die HTTP-Methode *POST* und einen Benutzer, der im Club `netedit` ist.
Am Beispiel der NCLU (vgl. Kap. 3) fügen die folgenden Zugriffe auf die API ein neues VLAN hinzu. Die Anfrage benötigt das JSON-Format, die Antwort kommt als Text.

> **Hinweis**
>
> In der Kommandozeile wird einem NCLU-Kommando das Schlüsselwort net vorangestellt. Beim Zugriff auf die NCLU über die API ist dieses Präfix nicht notwendig.

```
curl --request POST --insecure --data '{"cmd":"add vlan 15"}' \
  --user apiuser:apipass --header "Content-Type:application/json" \
  https://10.5.1.1:8080/nclu/v1/rpc
curl --request POST --insecure --data '{"cmd":"commit"}' \
  --user apiuser:apipass --header "Content-Type:application/json" \
  https://10.5.1.1:8080/nclu/v1/rpc
```

Die API vollführt brav alle Änderungen und liefert die Ausgabe der NCLU im Textformat, die hier nur verkürzt abgedruckt ist:

```
User     Timestamp                   Command
-------  --------------------------  ---------------
apiuser  2019-05-17 09:11:45.583361  net add vlan 15
apiuser  2019-05-17 09:11:48.318140  net commit
```

API-Browser

Der etwas komfortablere Zugang zur Programmierschnittstelle läuft über einen grafischen API-Browser. Dieser generiert dieselbe Syntax für den Zugriff, aber die Auswahl der Parameter und Kopfzeilen geschieht über eine vorgefertigte Oberfläche.
API-Browser gibt es als eigenständige Software oder als Plug-in für den Webbrowser. Empfehlenswert ist die *Firefox*-Erweiterung *RESTED* [22],

die alle notwendigen Funktionen für die Web-API von Cumulus Linux mitbringt.

Abbildung 24.2 zeigt den Einsatz von *RESTED* beim Zugriff auf das Inhaltsverzeichnis. Auch die Authentifizierung muss seinen Weg in den Browser finden, wobei die Zugangsdaten bei *Basic auth* hinterlegt werden.

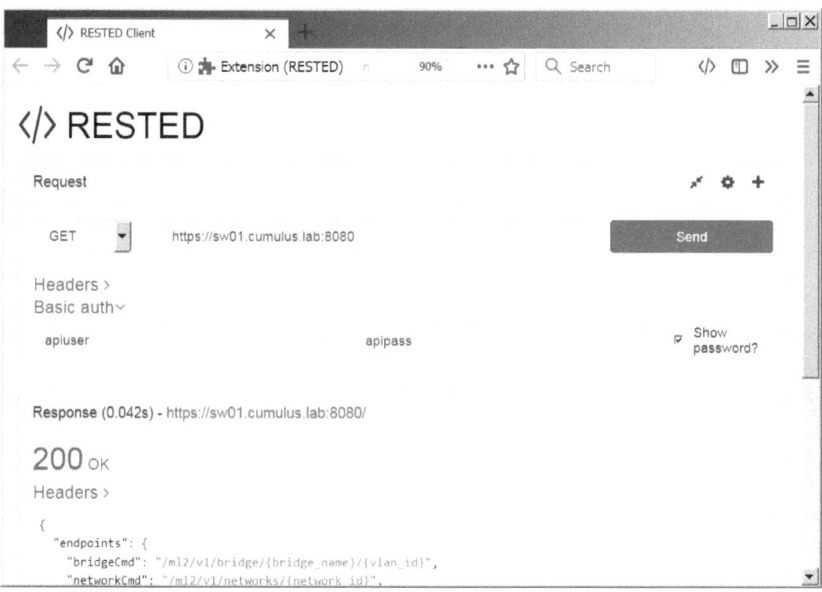

Abbildung 24.2: Der API-Browser *RESTED* visualisiert Zugriffe

Nicht verwirren lassen: Der Rückgabecode *200–OK* bedeutet nur, dass der Server die Anfrage verstanden und bearbeitet hat. Trotzdem kann die Antwort ein negatives Ergebnis zurückliefern, was inhaltlich nicht OK ist.

Sicherheit

Der Zugriff auf die API benutzt per Voreinstellung das verschlüsselte Übertragungsprotokoll HTTPS. Im Urzustand bietet der Webserver für den API-Zugang nur selbstsignierte Zertifikate. Der API-Client hat keine Möglichkeit, die Echtheit zu prüfen. In den obigen Beispielen überspringt *curl* mit dem Parameter --insecure die Prüfung.

Die verbesserte Sicherheit von *HTTPS* funktioniert aber nur, wenn das Zertifikat des Servers auf dem Client validiert werden kann. Grund genug für den Cumulus-Switch ein korrekt ausgestelltes Zertifikat vorzuweisen.

> **Hinweis**
>
> Cumulus empfiehlt die Verwendung von *eigenen* Schlüsseln und Zertifikaten. Das vorinstallierte Zertifikat soll nur demonstrieren, dass die API funktioniert.

In Umgebungen mit anspruchsvollem Sicherheitsniveau erhält der Webdienst ein Zertifikat, welches von einer ordentlichen Zertifikatsautorität (Certificate Authority, CA) ausgestellt wurde. Wenn der API-Client dieser CA vertraut, können spätere Angriffe auf die Verbindung aufgedeckt werden und *HTTPS* hat seinen Zweck erfüllt.

Die praktischen Schritte zum Ausstellen eines Zertifikats sind bei jeder CA-Software anders. Der Weg vom Schlüsselpaar, über die Zertifikatsanfrage, bis zum fertigen Zertifikat wird hier nicht beschrieben, da es nicht spezifisch für die API oder den Cumulus-Switch ist.
Letztendlich benötigt der API-Webserver ein Schlüsselpaar in Dateiform, sowie das Zertifikat, welches der Schlüsseldatei seine Glaubwürdigkeit verleiht. Diese Dateien erwartet der Webserver unterhalb vom `/etc/ssl/`. Für das folgende Beispiel erhält der Webdienst *Nginx* die beiden Dateien:

```
/etc/ssl/certs/cumulus.pem
/etc/ssl/private/cumulus.key
```

Bei abweichenden Datei- oder Verzeichnisnamen benötigt *Nginx* diese Information bei `ssl_certificate` und `ssl_certificate_key` in seiner Konfigurationsdatei

```
/etc/nginx/sites-enabled/nginx-restapi.conf
```

Der Webserver erfährt die Änderungen durch einen Neustart:

```
systemctl reload nginx
```

Das CA-Zertifikat erhält den willkürlichen Namen `cumulus-lab-ca.crt` und muss auf den Client kopiert werden, der später die API anspricht.

Bewaffnet mit dem Zertifikat der CA, kann der Client nun den Server überprüfen. Der *curl*-Befehl meldet Unregelmäßigkeiten bei der Aushandlung der HTTPS-Verbindung oder schweigt, wenn alles in Ordnung ist.

```
curl --cacert cumulus-lab-ca.crt --request GET \
  --user apiuser:apipass https://10.5.1.1:8080
```

Der Hinweis auf die Zertifizierungsinformation erhält *curl* per Kommandooption `--cacert`.

Technischer Hintergrund

Der HTTP-Server *Nginx* ist das Frontend für die Web-API. Mit ihm nehmen Clients Kontakt auf, tauschen Zertifikate aus und kommunizieren verschlüsselt. Dabei ist Nginx hier nur ein Reverseproxy, der zwischen den Clients und dem Backend vermittelt. Abbildung 24.1 auf Seite 340 visualisiert das Zusammenspiel aller Komponenten.
Das Backend ist der selbstentwickelte REST-Server von Cumulus Networks. Dieser läuft im Hintergrund als Systemdienst und wartet auf die API-Kommandos. Die Gespräche zwischen Nginx und dem REST-Server verlaufen über einen UNIX-Socket: Der Webserver schreibt den API-Befehl des Clients, inklusive aller HTTP-Variablen, in den Socket. Der REST-Server empfängt diesen Arbeitsauftrag und beginnt zu wirken. Damit die Kommunikation durch den Socket strukturiert abläuft, orientieren sich die Entwickler von Cumulus Networks am *Web Server Gateway Interface* (WSGI) und benutzen die Python-Implementierung *Green Unicorn*. Damit ist eine einheitliche Verbindung der API-Komponenten gegeben, was für die zukünftige Softwareentwicklung von Vorteil ist.

In seiner ersten Aufgabe muss der REST-Server erkennen, welchen funktionalen Teilbereich der Client anfragt. Ein Aufruf ohne Parameter kann der REST-Server selber beantworten und liefert das Inhaltsverzeichnis der API an den UNIX-Socket. Interessanterweise legt der REST-Server bereits die HTTP-Variablen fest, sodass der Webserver *Nginx* die Daten nur noch an den Client durchreichen muss.
Für alle anderen Typen von Anfragen (vgl. Tabelle 24.1 auf Seite 341) holt sich der REST-Server bei der Fachabteilung Hilfe. Enthält die URL den

Text `/nclu/v1/rpc`, leitet der Server die Frage an die NCLU weiter. Finden sich Teile von `/ml2/v1` im Webaufruf, interessiert sich der Client für das *Modular Layer 2* und die Reise führt zu OpenStack.

Fehlersuche

Bei Zugriffsproblemen beschränkt sich Cumulus Linux auf die Logdateien

```
/var/log/nginx/access.log
/var/log/nginx/error.log
/var/log/nginx/error_restserver.log
```

Dort befinden sich alle Anfragen an die API, sowie der angemeldete User mit Datum und Uhrzeit.
Die genaue Kommunikation durch den Socket bleibt verborgen. Wenn es etwas genauer sein darf, lässt sich mit Bordmitteln auch das Socketgeflüster enthüllen. Dazu agiert das trickreiche Kommando `socat` als Socketproxy und schreibt alles, was es im Socket hört, in die Konsole (oder eine Logdatei). Vor dem eigentlichen Aufruf muss *Nginx* anhand seiner Konfigurationsdatei (siehe Seite 346) noch überzeugt werden, mit dem Socketproxy zu reden. Dazu erhält die Variable `proxy_pass` den alternativen Socket:

```
proxy_pass http://unix:/var/run/httpapi/uds_proxy;
```

Ein abschließender Neustart von Nginx aktiviert die Änderung.
Damit die Anfragen nicht ins Leere laufen, nimmt `socat` seine Position ein und verbindet Webserver mit REST-Server.

```
socat -v unix-listen:/var/run/httpapi/uds_proxy, \
  group=www-data,mode=660,fork  unix-connect:/var/run/httpapi/uds
```

Die nächste Anfrage an die API und deren Antwort präsentiert `socat` in voller Schönheit.

```
POST /nclu/v1/rpc HTTP/1.1
X-Forwarded-For: ::ffff:10.5.1.7
X-Forwarded-Proto: https
Host: localhost
Content-Length: 22
Authorization: Basic YXBpdXNlcjpodWdv
User-Agent: curl/7.38.0
```

```
Accept: */*
Content-Type: application/json

{"cmd":"show version"}

HTTP/1.1 200 OK
Server: gunicorn/19.0.0
Date: Fri, 17 May 2019 09:51:19 GMT
Connection: close
content-length: 108
content-type: text/plain

NCLU_VERSION=1.0
DISTRIB_ID="Cumulus Linux"
DISTRIB_RELEASE=3.7.6
DISTRIB_DESCRIPTION="Cumulus Linux 3.7.6"
```

Erweiterungen

Die Web-API von Cumulus Linux kommt als fertige Programmierschnittstelle, ohne dass eigene Änderungen notwendig sind. Die Programmteile sind fertige Bibliotheken und für Authentifizierung, Logging sowie Sicherheit, ist bereits gesorgt.
Das soll nicht heißen, dass eine Erweiterung nicht möglich ist. Der Hersteller zeigt in seinem Blog [23] sogar an einem Beispiel, wie man die Web-API so verbiegt, dass sie ACLs (vgl. Kap. 18) anzeigt, erstellt und löscht.
Eine kleine Anleitung zum Ausbauen der Web-API folgt in Kapitel 25 auf Seite 351.

Zusammenfassung

Über die Programmierschnittstelle von Cumulus Linux lässt sich der Switch mit einem textbasierten Webclient abfragen und konfigurieren. Für die Syntax der Befehle und Formate orientiert sich der Hersteller an den marktüblichen Techniken, sodass die Bedienung der API für einen Softwareentwickler schnell erlernbar ist.
Leider umfasst die API noch nicht alle Bereiche, die unter Linux angeboten werden. Mit jeder neuen Version von Cumulus Linux kommen weitere Rubriken dazu und der Funktionskatalog der API wächst.

Kapitel 25

Life Hacks

Wie gestaltet sich das Arbeiten mit Cumulus Linux einfacher? Oder effizienter? Als quelloffenes Produkt lässt sich in der Software einiges anpassen, ungewöhnliche Kommandos angleichen oder Features nachrüsten. Dieses Kapitel beschreibt Methoden, mit denen der Umgang und die Fehlersuche mit Cumulus wirksamer ablaufen.

> **Achtung**
>
> In diesem Kapitel werden Dateien verändert, deren Modifikation im normalen Switchbetrieb nicht vorgesehen ist. Vor der ersten Umarbeitung sollte eine Kopie der Datei erstellt werden, damit bei Problemen schnell der Originalzustand hergestellt werden kann.

Wer bei Linux oder UNIX zu Hause ist, kann die Dateien direkt auf der Kommandozeile ändern. Als Editor stehen `vim` und `nano` bereit. Freunde des *emacs* kommen nicht auf ihre Kosten und müssen sich mit den vorhandenen Editoren begnügen. Eine kleine Auffrischung rund um die Arbeit an Dateien unter Linux gibt es in Anhang A.
Windows-User brauchen sich nicht an der Linux-Welt neu zu orientieren, denn es gibt grafische Dateibrowser, deren bekannter Vertreter im folgenden Abschnitt *Zugriff von Windows* vorgestellt wird.

Die beschriebenen Änderungen in den lokalen Dateien beziehen sich auf Cumulus VX 3.7.6.

Zugriff von Windows

Verfechter von Windows müssen sich für den Zugriff auf die Verzeichnisstruktur von Linux nicht die Finger wundtippen. Unter Windows vollbringt ein grafischer SFTP-Client gute Dienste, sodass mit der Maus in einer Explorer-ähnlichen Ansicht gearbeitet wird. Der namhafte Vertreter *WinSCP* [24] verbindet sich nach Angabe von Hostnamen oder IP-Adresse, Benutzernamen und Kennwort mit dem Linux-System und startet das Browsen im Home-Verzeichnis des Anwenders. Der bequeme Austausch von Dateien kann beginnen.

Für ein Login mit dem Root-Zugang setzt Cumulus höhere Anforderungen. Denn Root darf sich nur mit kryptografischen Schlüsseln authentifizieren – Passwort geht nicht. Die Einrichtung gestaltet sich ähnlich wie bei PuTTY und ist in Abschnitt *SSH-Login ohne Passworteingabe* auf Seite 333 beschrieben. Die Clientsoftware WinSCP erwartet die Schlüsseldatei im Dialogfeld *Erweiterte Einstellungen* der konfigurierten Verbindung (siehe Abbildung 25.1).

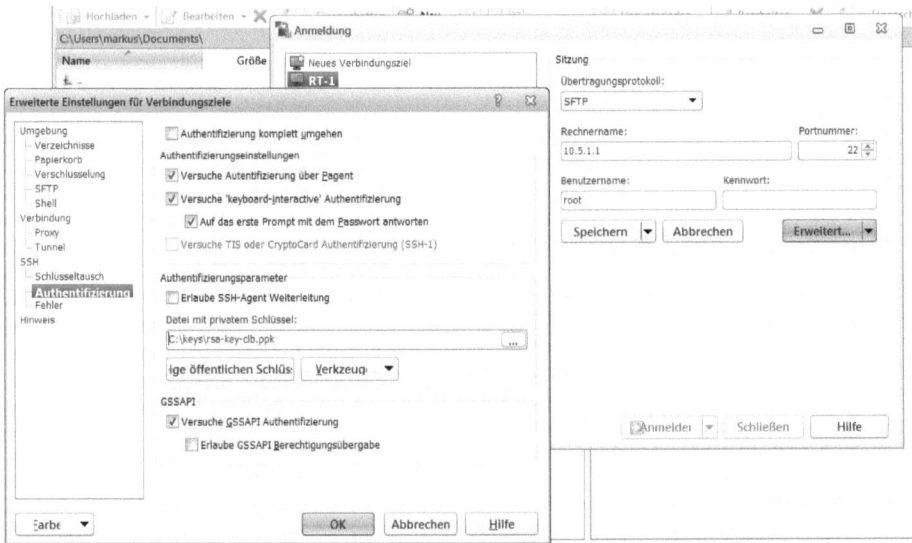

Abbildung 25.1: WinSCP authentifiziert sich mit kryptografischem Schlüssel

NCLU erweitern

Die NCLU ist nicht auf Erweiterungen ausgelegt. Änderungen an den internen Abläufen der NCLU sind nur direkt im Programmcode möglich. Tiefgreifende Erfahrung in der Softwareentwicklung sind zwar nicht notwendig, aber gute Grundkenntnisse sind eine Voraussetzung.
Bevor es mit dem Editor in den Programmcode geht, sollten die Risiken einer Modifikation bekannt sein:

- Programmierfehler können fatale Auswirkungen haben. Wenn ohne Sicherung oder Versionskontrolle gearbeitet wird, gibt es auch keinen Weg zurück zum letzten stabilen Stand.

- Das nächste Update der NCLU wird die eigenen Änderungen überschreiben. Natürlich lassen sich diese irgendwie in den neuen Code einbauen, aber das bedeutet Aufwand nach *jedem* Update.

- Die Dokumentation des Programmcodes ist nicht frei verfügbar. Wie die Methoden und Bibliotheken zusammenspielen, muss man selber herausfinden. Im Code befinden sich nur spärliche Kommentare.

- Die Programmiersprache ist vorgegeben. Die Entwickler von Cumulus setzen auf *Python*, also müssen die eigenen Programmteile ebenfalls in Python-Code vorliegen.

Zum Automatisieren von Abläufen oder für kleine, wiederkehrende Aufgaben eigenen sich Skripte meist besser. Wer sich also von den Warnungen nicht entmutigen lässt, hier kommt eine kleine Anleitung mit Beispiel, wie sich die NCLU erweitern lässt. Glücklicherweise kann das eigene Softwareprojekt „offline" in einer virtuellen Testumgebung starten, bevor es auf die realen Switches losgelassen wird.

Hinweis

Die folgenden Pfad- und Zeilenangaben gelten für Cumulus Linux 3.7.6 und NCLU Version 1.0-cl3u27

Alle Skripte und Bibliotheken der NCLU liegen als Quellcode vor. Die Programmdateien befinden sich unter:

/usr/lib/python2.7/dist-packages/nclu/

Das vorhandene Kommando net show system liefert eine kurze Übersicht der Hardware, Uptime und die Version von Cumulus Linux. In diesem Beispiel soll der Befehl zusätzlich noch die Systemlast ausgeben.
In welcher Bibliothek wird der Output für show system erzeugt? Hier ist fleißiges Suchen mit grep angesagt. Schließlich findet sich die Funktion *net_show_system()* in der Datei netshow2.py (Zeile 1112). Der Code ist mit 260 Zeilen relativ lang, weil er *alle* Hardwaremodelle berücksichtigt.
Wenn eine Information gefunden wurde, gibt die Funktion sie nicht mit *print()* aus, sondern sammelt sie in der Variablen *output*. Der Rückgabewert ist schließlich diese Variable, sodass das Hauptprogramm sie ausgeben kann.

Die gewünschte Erweiterung aus Listing 25.1 ist am Ende der Funktion gut platziert, direkt vor der output=-Anweisung in Zeile 1369.

```
# Auslastung des Systems anzeigen
with open('/proc/loadavg') as f:
    sysload = f.read().rstrip()
    output.append('Sysload......... {0}\n'.format(sysload))
```

Listing 25.1: Mit dieser Erweiterung zeigt die NCLU die Systemauslastung

---

Hinweis

Die Einrückung am Anfang jeder Zeile ist für Python wichtig.

Nach dem Speichern zeigt der Aufruf von net show system aber nicht die neue Information an. Denn der Dienst *netd* kennt die Modifikation noch nicht. Nach jeder Änderung braucht der Dienst einen kleinen Refresh, was während der Entwicklung etwas umständlich ist:

sudo systemctl restart netd

Anschließend liefert die NCLU brav die Daten inklusive Systemlast.

```
cumulus@sw01:~$ net show system
Hostname......... sw01

Build............ Cumulus Linux 3.7.6
Uptime........... 1:01:46.210000

Model............ Accton AS4610
CPU.............. (ARMv7) ARM ARMv7-A Cortex-A9 1.20GHz
Memory........... 2GB
Disk............. 8GB
Vendor Name...... Cumulus Networks
ASIC............. Broadcom Helix4 BCM56340
Ports............ 48 x 1G-T_PoE & 4 x 10G-SFP+
Base MAC Address. A8:2B:B5:17:AD:80
Serial Number.... EC1716000355
Sysload.......... 0.75 0.54 0.48 2/147 1437
```

Web-API erweitern

Die Programmierschnittstelle aus Kapitel 24 ist der webbasierte Zugriff auf die NCLU und einzelne Bereiche von OpenStack. Wenn eine Funktion von Cumulus Linux per Web-API eingerichtet werden soll, die nicht in der NCLU vorhanden ist, dann kann die API nur die Segel streichen.
Wenn größere Erweiterungen geplant sind, dann sollten diese dem Stil der vorhandenen API genügen. Dazu gehören eine Planung der API-Befehle, eigene Bibliotheken, Dokumentation und die Integration des Programmcodes in die Umgebung von:

/usr/lib/python2.7/dist-packages/restapi/

Kenntnisse in Python, WSGI und Gunicorn sind dafür unabdingbar.

Für kleine Anpassungen reicht ein einfaches Skript in einer beliebigen Programmiersprache und ein Miniatur-Backend, welches das fertige Skript mit dem Webserver verknüpft. In der Vorauswahl stehen Bash, Python, Perl, Dash und Ruby. Mit dem Repository von Debian (vgl. Kap. 3) erweitert sich die Liste um PHP, TCL, ksh, csh, tcsh, Lua und Erlang.

Dieser Abschnitt zeigt eine minimale Erweiterung der API um drei simple Befehle (Tabelle 25.1). Das Beispiel soll das Prinzip verdeutlichen und auf die eigenen Ideen anwendbar sein.

Aufruf	Methode	Beschreibung
/my/uptime	GET	Seit wann läuft der Switch?
/my/sensor	GET	Aktuelle Temperaturwerte
/my/date	GET	Datum und Uhrzeit

Tabelle 25.1: Die Erweiterung der API schafft neue Befehle

Das Frontend übernimmt der vorhandene Webserver *Nginx*, welcher im Hintergrund mit einem UNIX-Socket kommuniziert. Diesen Socket bedient socat und reicht alle Anfragen an das Bash-Skript api.sh weiter. Die Einrichtung der neuen Befehle lässt sich in wenigen Schritten durchführen:

1. Konfiguration von Nginx: In der Voreinstellung leitet Nginx alle API-Befehle an den REST-Server von Cumulus Linux. Die neuen Befehle benutzen ein Adresspräfix, z. B. /my, damit Nginx sie von den vorhandenen API-Kommandos unterscheiden kann. Dazu gehört die folgende Direktive in der Konfigurationsdatei nginx-restapi.conf unmittelbar *vor* die Zeile mit location /

   ```
   location /my {
       proxy_pass http://unix:/var/run/httpapi/myapi;
   }
   ```

   Der laufende Webserver erfährt diese Anpassungen durch einen Reload:

   ```
   systemctl reload nginx
   ```

2. API-Skript: Im Hintergrund landen die Anfragen bei einem schlichten Bash-Skript. Dieses Demoskript fischt aus der HTTP-Adresse seinen Befehl und führt diesen aus. Die Antwort geht unformatiert an STDOUT und damit zurück Richtung Client.
   Das Beispielskript aus Listing 25.2 auf der nächsten Seite wird im Dateisystem bei /home/cumulus/api.sh platziert und muss ausführbar sein.

3. UNIX-Socket: Der Webserver Nginx kann Aufrufe entweder an einen weiteren Webserver schicken, oder einen lokalen UNIX-Socket ansprechen. Cumulus Linux wählt die Socket-Methode und dieser Abschnitt orientiert sich daran.

Das Verbindungsstück zwischen Socket und dem Skript ist socat. Es lauscht an einem Socket und leitet die Informationen über STDIN an ein Skript weiter. Alle Skriptausgaben sendet socat zurück in den Socket.

```
socat -v unix-listen:/var/run/httpapi/myapi,group=www-data, \
   mode=660,fork  system:/home/cumulus/api.sh
```

```bash
#!/bin/bash

# API-Kommando ermitteln
read -r http_get
command=$(echo $http_get | awk '{ print $2 }')

if [ -z {command+x} ] ; then
  echo -e 'HTTP/1.1 500\r\n\r'
else
  echo -e 'HTTP/1.1 200 OK\r\n\r'

  case "$command" in
    /my/uptime)
      uptime --pretty
      ;;
    /my/sensor)
      /usr/bin/sensors --no-adapter
      ;;
    /my/date)
      date --rfc-3339=seconds
      ;;
    *)
      echo "Unbekanntes Kommando"
  esac
fi
```

Listing 25.2: Anfragen an die API beantwortet dieses Bash-Skript

Danach ist es soweit für den ersten Aufruf. Dieser unterscheidet sich von der regulären API nur durch die Adresse.

```
curl --request GET --silent --insecure --user apiuser:apipass \
  https://10.5.1.1:8080/my/uptime
```

Wenn alles funktioniert, liefert die Gegenstelle ihre Laufzeit als

```
up 1 day, 2 hours, 18 minutes
```

> **Achtung**
>
> Eigene Erweiterungen an der API sind nicht *updatesicher*. Die nächste Aktualisierung droht die Modifikationen fraglos zu überschreiben.

Aus diesem Grund ist es ratsam, so wenig wie möglich am vorhandenen Python-Code zu verändern und so viel wie möglich in eigenen Dateien und Bibliotheken zu platzieren.

Telegram

Ein Cumulus-Switch kann kritische Zustände per Syslog oder SNMP berichten. Beide Methoden erwarten ein funktionierendes Monitoringsystem. Wenn die Nachricht aber den verantwortlichen Administrator direkt und unabhängig erreichen soll, ist die Alarmierung per Mobiltelefon eine interessante Alternative.
Für den Empfang am Smartphone genügt ein Socialmedia-Messenger, der einen Nachrichtenversand über die Kommandozeile erlaubt, wie beispielsweise *Telegram* [7]. Das Beispiel in Listing 25.3 erwartet einen API-Key und eine Chat-ID, die Telegram nach Einrichtung eines Chatbots preisgibt.

Das Skript erhält seine Meldungen von Syslog per STDIN (Zeile 4). Anschließend wird in Zeile 7 noch kurz geprüft, ob für den Internetzugriff ein Proxyserver angesprochen werden soll. Der Kontakt mit der Telegram-API benötigt einen textbasierten Webclient und beginnt in Zeile 12.

```bash
#!/bin/bash
API_KEY="514541725:AAGEb8xex_qoElQOItRwQ451ukSr5hxYNMm"
CHAT_ID=277114768
MESSAGE="$@"


# Proxyserver verwenden?
if [ -f /etc/profile.d/proxy.sh ] ; then
  . /etc/profile.d/proxy.sh
fi

# Nachricht an Telegram senden
/usr/bin/curl --silent --ipv4 \
  --data "chat_id=$CHAT_ID&text=$HOSTNAME:+$MESSAGE" \
  https://api.telegram.org/bot$API_KEY/sendMessage >/dev/null
```

Listing 25.3: Cumulus Linux sendet Logmeldungen per Chatbot an Telegram

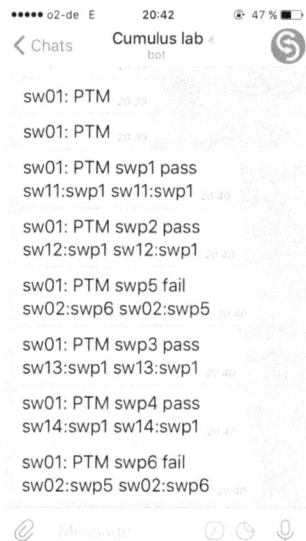

Abbildung 25.2: Wichtige Nachrichten sendet ein Cumulus-Switch direkt an das Smartphone

In Abbildung 25.2 hat der *Prescriptive Topology Manager* (vgl. Kap. 5) aufgepasst und einen Verkabelungsfehler per Telegram berichtet.

Cisco Discovery Protocol

Was hat Cumulus Linux mit Cisco zu tun? Als Netzwerkausrüster mit ähnlicher Zielgruppe können sich Cumulus-Switches mit Nachbarn von Cisco anfreunden. Wenn der benachbarte Nexus oder Catalyst kein LLDP (vgl. Kap 4) sprechen kann oder will, zeigt sich Cumulus Linux tolerant und aktiviert seine Sprachfähigkeiten für das *Cisco Discovery Protocol* (CDP). In der Voreinstellung versendet der LLDP-Dienst seine Ankündigungen zusätzlich im CDP-Format, aber nur, wenn bereits CDP-Frames empfangen wurden. Dann geht Cumulus Linux davon aus, dass Cisco-Switches in der Nachbarschaft präsent sind.

Ungeachtet von empfangenen Nachrichten und kleinen Versionsunterschieden, macht die folgende Änderung den Cumulus-Switch offen für Nachbarn von Cisco.

```
mv /etc/default/lldpd{,.orig}
echo 'DAEMON_ARGS="-ccc -M 4"' > /etc/default/lldpd
systemctl restart lldpd
```

Ein Cisco-Router zeigt den Cumulus-Switch anschließend in seiner Nachbarschaftstabelle an.

```
c7k2-vm3-os15#show cdp neighbors GigabitEthernet 0/0 detail
-------------------------
Device ID: sw01
Entry address(es):
  IP address: 10.5.1.1
Platform: Linux,  Capabilities: Router Switch
Interface: GigabitEthernet0/0,  Port ID (outgoing port): swp2
Holdtime : 98 sec

Version :
Cumulus Linux version 3.7.6

advertisement version: 2
```

Mausezahn

Die Software *Mausezahn* ist ein Paketgenerator aus dem *netsniff-ng*-Toolkit [25]. Mit *Mausezahn* lassen sich beliebige Pakete und Datenströme verschicken, um Firewallregeln zu testen, Netzverbindungen zu fluten oder Schwachstellen in einer Software zu finden.
Eine neue Filterregel prüft am besten der betroffene Client oder Server. Falls dieser nicht unter der eigenen Verwaltung ist, kann *Mausezahn* die benötigten Pakete generieren und mit der Adresse des Clients ins Netz absenden. Für die Firewall kommen die empfangenen Pakete scheinbar vom Client und das Regelwerk kann wirken.
In Kapitel 18 sollte Cumulus Linux als Firewall alle Pakete aus dem Netz 198.51.100.0/24 verwerfen. Mit dem folgenden Kommando generiert ein benachbarter Server oder Switch ein IP-Paket mit einer Absenderadresse aus dem gesuchten Netz. Das Beispiel nutzt TCP-Port 80 und versendet über Interface *eth1*.

```
root@centos ~> mz -A 198.51.100.66 -B 192.0.2.66 -c 1 \
  -t tcp eth1 "dp=80"
Mausezahn will send 1 frames...
```

Mausezahn nimmt es bei der Auswahl des Interfaces nicht so genau. Die Option `-v` informiert, über welchen Netzadapter das generierte Paket tatsächlich rausgegangen ist.

Die Firewallstatistik sollte jetzt in der Zählerspalte `pkts` der entsprechenden Zeile einen höheren Wert anzeigen als vor dem Aufruf von Mausezahn.

ACL-Ressourcen überwachen

Wenn die ASICs der Netzadapter (vgl. Anhang B) keinen freien Speicher mehr haben, können sie keine weiteren Firewallregeln aufnehmen. Eine unschöne Situation, denn ohne freien Speicherplatz wird das nächste `net commit` scheitern.
Die Auslastung der Ressourcen lässt sich schnell überprüfen mit dem Kommando `cl-resource-query`. Wenn für die neuen ACLs ausreichend Platz ist, geht es weiter mit Konfigurieren. Wenn nicht, dann lassen sich bestehende ACLs hoffentlich platzsparend zusammenfassen. Im ungünstigs-

ten Fall muss ein anderer Switch mit größerem Speicher her. So oder so, die manuelle Kontrolle macht die tägliche Arbeit umständlicher. Eleganter ist die Variante, wenn sich der Switch selbstständig meldet, sobald ein Speicherbereich kurz vor dem Überlaufen ist.

Dazu hat Cumulus Linux den SNMP-Trap-Dienst dabei. Dieser ist zwar primär für die Überwachung von Hardwaresensoren ausgelegt, aber in diesem Abschnitt wird der Trapper zum Aufpasser für beliebige Zustände.

Grundsätzlich überwacht der SNMP-Dienst nur Werte einer MIB. Dummerweise wird der ASIC-Speicher in keiner MIB erwähnt. Der erste Schritt liegt also darin, die Auslastung per SNMP sichtbar zu machen. Für den benötigten *Object Identifier* (OID) entleiht sich das folgende Beispiel einen Wert aus der UCD-SNMP-MIB, die für solche Aktionen offen ist.

```
1  cat << EOF >> /etc/snmp/snmpd.conf
2  pass .1.3.6.1.4.1.2021.255 /usr/share/snmp/acl_tcam.pl
3  monitor -I TcamResources UCD-SNMP-MIB::ucdavis.255 != 0
4  EOF
5  systemctl restart snmpd
```

Wenn ein SNMP-Manager den Wert von OID 1.3.6.1.4.1.2021.255 abfragt, führt der SNMP-Dienst das angegebene Skript in Zeile 2 aus. Dasselbe macht der Wächter in Zeile 3, allerdings selbstständig und regelmäßig. Und wenn der ermittelte Wert die Bedingung *ungleich Null* erfüllt, dann gibt es Alarm per SNMP-Trap.

Das benötigte Skript aus Zeile 2 ist in Listing 25.4 abgedruckt und über Anhang D online verfügbar.

Der SNMP-Dienst übergibt die OID und das aufgerufene Kommando per STDIN in Zeile 8. Die OID ist nur relevant, weil snmpd sie in der Ausgabe erwartet (Zeile 9). Die benutzten Speicherbereiche der ASICs organisiert der Systemaufruf in Zeile 16. Aus jeder Angabe filtert die Mustererkennung (Zeile 19) den Prozentwert heraus. Ist dieser oberhalb der vereinbarten Grenze in Zeile 5, dann liefert das Skript den Zahlenwert *1* und beendet sich. Anhand der Zahl *1* weiß der SNMP-Dienst, dass etwas nicht in Ordnung ist, und generiert den alarmierenden Trap.

Ob jetzt wirklich ein Trap verschickt wird, lässt sich prüfen, wenn der Schwellenwert in Zeile 5 kurzzeitig auf Null gesetzt wird.

ACL-Ressourcen überwachen

```perl
#!/usr/bin/perl

# Das Skript gibt eine Warnung, wenn eine Ressource im TCAM
# oberhalb dieser Schwelle liegt (Angabe in Prozent):
my $WARNING_IF_ABOVE_PERCENT = 80;

# Ausgabe für SNMP-Daemon
my ( $CMD, $OID ) = @ARGV;
print "$OID\n".
      "integer\n";

if ( -e '/etc/cumulus/.license.vx' ) {
  # Virtueller Switch (Cumulus VX): Nichts machen
} else {
  # Physikalischer Switch: Ressourcen auswerten
  @acl_nutzung=`/usr/cumulus/bin/cl-resource-query | grep "% of"`;

  for my $ressource ( @acl_nutzung ) {
    if ( $ressource =~ /,\s+(\d+)\% of maximum value/ ) {
      my $prozent = $1;
      if ( $prozent > $WARNING_IF_ABOVE_PERCENT ) {
        print "1";
        last;   # for-Schleife verlassen
      }
    }
  }
}
exit 0;
```

Listing 25.4: Auslastung des ASIC-Speichers per Skript überwachen

Kapitel 25. Life Hacks

Literaturverzeichnis

[1] GitHub: *Cumulus Networks*.
2019. https://github.com/cumulusnetworks/

[2] Cumulus Netwrosk: *Hardware Compatibility List*.
2019. https://cumulusnetworks.com/products/hardware-compatibility-list/

[3] Cumulus Networks: *Cumulus Linux*.
2019. https://cumulusnetworks.com/products/cumulus-linux/

[4] Icons8 LLC: *Icons by Icons8*.
2018. https://icons8.com/license/

[5] Ian Moore, Smart Guide Pty Ltd: *phpVirtualBox*.
2019. https://phpvirtualbox.github.io/

[6] Elasticsearch: *Der Elastic Stack*. 2019.
https://www.elastic.co/de/products

[7] Telegram Messenger LLP: *Telegram Messenger*. 2019.
https://telegram.org/

[8] Rainer Gerhards: *Regular Expression Checker/Generator*. 2018.
https://www.rsyslog.com/regex/

[9] Cumulus Networks: *Prescriptive Topology Manager Daemon*.
2017. https://github.com/CumulusNetworks/ptm

[10] Cisco Systems: *TACACS+ Protocol Specification*.
1995. ftp://ftp.zedz.net/pub/security/authentication/tacacs/tac_plus/tac_plus.spec.v1.58.ps

[11] Andrew Young: *tac_plus – TACACS+ server for network devices*. 2018. https://sourceforge.net/projects/tac-plus/

[12] Cumulus Networks: *Hosting an Internal Cumulus Linux Repository*. 2018.
https://support.cumulusnetworks.com/hc/en-us/articles/201787436-Hosting-an-Internal-Cumulus-Linux-Repository

[13] Neil McKee, et al.: *Host sFlow*. 2019. https://sflow.net/

[14] Peter Haag: *nfdump*. 2018. https://github.com/phaag/nfdump

[15] Vitalii Demianets: *mstpd: Multiple Spanning Tree Protocol Daemon*. 2018. https://github.com/mstpd/mstpd

[16] Kunihiro Ishiguro, et al.: *Quagga Routing Suite*. 2018. https://www.quagga.net

[17] VyOS development group: *VyOS – an Open Source Linux-based Network OS*. 2019. https://vyos.io/

[18] Gerald Combs, et al.: *Wireshark*. 2019. https://www.wireshark.org/

[19] ESnet: *iperf3*. 2018. http://software.es.net/iperf/

[20] Simon Tatham: *PuTTY: a free SSH and Telnet client*. 2019. http://www.chiark.greenend.org.uk/~sgtatham/putty/

[21] Daniel Stenberg: *curl: command line tool and library*. 2019. https://curl.haxx.se/

[22] Espen Henriksen: *RESTED – A REST client for browsers*. 2018. https://github.com/esphen/RESTED

[23] Peter Phaal: *Cumulus Networks Blog: REST API for Cumulus Linux ACLs*. 2015.
https://cumulusnetworks.com/blog/cumulus-linux-2/

[24] Martin Prikryl: *WinSCP*. 2019. https://winscp.net/de/

[25] Tobias Klauser, Daniel Borkmann, et al.: *netsniff-ng toolkit*. 2018. http://netsniff-ng.org/

Stichwortverzeichnis

abort, 138
ABR, 191
Abtastrate, 157
Access, 179
Access-Port, 86
ACL, 210, 233, 262, 319
Active Directory, 116
Administrative Distanz, 234
Administrator, 50
Adresse
    IP, 28, 48, 55, 91
    IPv4, 56, 260
    IPv6, 56, 200
    MAC, 247
    Umsetzung, 275
Agent, 68, 165
Aktualisierung, 143
Alarm, 66
Algorithmus, 197, 204
Alternate Port, 171
Anmeldung, 113, 336
Ansible, 383
Anwender, 50
Anycast, 228, 252
API, 135, 339, 355
    Browser, 344
Apollo, 380
Architektur, 41
Archiv, 139

Area, 190, **198**, 202
    Backbone, 191
    Stub, 198, 221, 233
Area Border Router, 191
ASBR, 191
ASIC, 72, 157, 260, 271, 361, **379**
Atomic-Modus, 269
Ausfallschutz, **95**, 281
Auslastung, 321
Authentifizierung, 113, 224, 336
Autorisierung, 121, 126, 129

Bündel, 95
Backbone-Area, 190
Backup, 329, 376
    Automatisch, 140
    Manuell, 140
    Port, 171
Bandbreite, 98, 108, 199, 263, 321
Bash, 45, 355, 383
Benutzer, 50, 117
Bereitstellung, 293
Best Practice, 174, 329
BFD, 212
BGP, 189, 211, 255, 389
BIRD, 224
blackhole, 57
bmon, 322
Bond, 95, 96, 102, 281, 282

Bootloader, 41, 43
BPDU, 170
BPDU-Filter, 245
BPDU-Guard, 174
Bridge Assurance, 175
bridge-tools, 94
Broadcast-Domäne, 180
Broadcom, 269, 313, 379
BUM, 242, 253
bwm-ng, 209, 322

Campus, 179
CARP, 111
Carrier, 311
CDP, 360
CentOS, 28, 145, 159, 236, 324
Channel, 95
CHAP, 133
Chatbot, *siehe* Telegram
Cisco, 20, 50, 86, 96, 137, 224, 360
cl-support, 73, 307
CLAG, *siehe* MLAG
CLI, *siehe* Kommandozeile
Cloud, 181
Cloud Service Router, 224
Cluster, 95
commit, 47, 138, 330
Community-String, *siehe* SNMP
Container, 385
Container Advertiser, 235
Control-Plane, 255, 272
Controller, 117, 184, 241
Core, 180
CRoHDAd, 386
cron, 141

Data-Plane, 272

Datei, 375
Dateisystem, 41
Datenschicht, 272
Datum, 51
Dead-Intervall, 194
Debian, 28, 45, 51, 167, 355
Debug-Modus, 206
Default-Gateway, 50, 110, 223
Defaultroute, 57
Design, 179
Designated Router, 193
Destination unreachable, 58
DHCP, 299
Dienst, 80
Discarding, 173
Discovery, 43
Distinguished Name, 123
Distributed Switch, 34
Distribution, 179
DNS, 51, 160, 229
Docker, 385
Domäne, 117
DR, 193
DSCP, 265
Durchsatz, 321
Dynamisches Routing, 187

e1000, 107
ECMP, 195
Edgecore, 183, 297
Editor, 351, 376
EEPROM, 297, 312
Equal-cost multi-path, 195
Errata, 391
ERSPAN, 267
ESXi, *siehe* VMware
EtherChannel, 96

Ethernet, 27, 84
Ethernet VPN, 255
`ethtool`, 72, 322
Exporter, 156

Facility, 66
Factory-Reset, 331
FDB, 250
Fehlersuche, 307
    API, 348
    LDAP, 122
    OSPF, 205
    RADIUS, 127
    sFlow, 162
    TACACS+, 131
Filter
    OSPF, 211
Firebolt, 380
Firewall, 234, **259**
    Fehlersuche, 274
First Match, 260
Flow, *siehe* sFlow
Forwarding, 173
Forwarding-Plane, 255
FreeRADIUS, 127
FRRouting, 213, 216, 224

Gateway, 111
Generator, 361
GitHub, 218, 391
GLBP, 111
Graph, 170
GraphViz, 73
GRE, 268
GRUB, 41, 337
Gruppe, 50, 117, 120

Hardware, 27, 41, 312

Hash, 197
Head-End Replication, 251
Heartbeat, 290, 311
Helix, 380
Hello-Intervall, 171, 194
Hilfe, 47
Host Pack, 235
hsflowd, 157
HSRP, 111
htop, 322
HTTP-Methode, 341
Hurricane, 380
Hypervisor, 34, 287

ICMP, 58
IEEE 802.1ab, 60
IEEE 802.1AX, 100
IEEE 802.3ad, 96, 282
iftop, 322
In-Band, *siehe* Management
Installation, 42, 297
Interface, 78
Intervall, 161
IOS, 329
IP-Adresse, *siehe* Adresse
iperf, 323
iperf3, 208
IPsec, 203, 224
iptables, 157, 262, 274, 275
iptraf, 322
IPv4, 56

Journal, 66, 315
JSON, 340
Jumbo-Frame, 184

Kanalbündel, 96
Kennwort, 117, 333

Kernel, 254, 309, 321, 337, 380
    Modul, 82
Klasse, 266
Kollektor, 159
Kollision, 311
Kommandozeile, 39, 45, 72, 351
Kompatibel, 99
Kompatibilitätsmatrix, 27
Konfiguration, 137, 391
Kontrollschicht, 272
Korrekturverzeichnis, 391

Löschen, 331
Labor
    Netz, 23, 391
    Server, 28
LACP, 96, 283
Lastverteilung, 99, 195, 228, 281
LDAP, 114, **118**
    Fehlersuche, 122
Leaf-Switch, 179, 181, 191, 202
Learning, 169
Lebenszyklus, 148
LED, 314
Leistung, 321
Lenovo, 20
Link Aggregation, 95, 100, 216
Linux, 45
Listening, 169
Lizenz, 44, **52**, 303
LLDP, 58, 360
LNV, 242, 248
Log, 63, 98, 207, 303, 308, 315, 358
    Echtzeit, 63
    Server, 65
Login, 113
Loopback, 230, 244

Looped Square, 172
Looped Triangle, 172

MAC-Adresse, 247
Mainline, 148
Management, 56, **77**, 279
Management-Plane, 272
Mausezahn, 361
Maverick, 380
MD5, 197, 389
Mellanox, 20, 269, 379, 380
memberOf, 120
Messung, 323
Metrik, 199, 234
MIB, 68
Microsoft, 116
Midokura MidoNet, 242
Mirror-Port, *siehe* SPAN
MLAG, 100
Monitoring, 63, 312, 361
more, 375
MP-BGP, *siehe* BGP
MS-CHAP, 133
mstpd, 177
MTU, 246, 325
Multi-Chassis, 100
Multi-Layer-Switch, 86
Multicast, 205, 388

Nachbar, 58, 197, 206, 220, 231
Nameserver, *siehe* DNS
Nano, 376
NAT-Regel, 275
Native VLAN, 88
NCLU, 45, 141, 193, 219, 262, 271,
    344, 353
net, 46

netedit, 50
Netfilter, 165, 274
NetFlow, 166
NetQ, 236
netshow, 50
Netz
    -adapter, 26, 33, 84, 308
    -brücke, 85, 103
    -design, 179, 181
Nexus, 48
nfdump, 159
Nginx, 135, 346, 356
Nord-Süd, 180
NPS, 123
NSS, 121
nuttcp, 324

OID, 362
ONIE, 32, 41, 297, 333
Open Source, 17
OpenNSL, 380
OpenOSPFD, 224
OpenStack, 348, 355
Oracle, 38
Organisationseinheit, 117
OSI-Modell, 55, 187, 214, 239
OSPF, 182, **189**, 216, 230, 242
OSPFv3, 200, 222
Ost-West, 181
Out-of-Band, *siehe* Management
OVA, 32, 36
Overlay-Netz, 184, 239

Paket
    -filter, **259**
    -generator, 361
    -größe, 325

-manager, 144
PAM, 127, 131, 133
Passwort, 333
    Zurücksetzen, 337
PBR, 387
Peer-Link, 101
`pending`, 138
Performance, 321
Perl, 355
phpVirtualBox, 38
Playbook, 384
Player, *siehe* VMware
Police, 264
Policy, 123
Port, 86
Portgruppe, 35, 226, 287
POSIX, 119
POST, 344
Präfix, 202, 232
Priorität, 104, 173, 316
Probe, 153
Programmierschnittstelle, 339
Protokoll, 63, 113
Provisionierung, 294
Proxy, 144, 259
PTM, 73
Puffer, 310, 323
PuTTY, 334
Python, 105, 353

Quagga, 213, 224
Quality of Service, 265
Quellcode, 341, 354

RADIUS, 114, **123**
`radtest`, 127
Rapid Spanning-Tree, 171

Reboot, 144, 329
Rechenzentrum, 181
Recovery, 43
Redistribution, 210, 221
Redundanz, 103, 279
Referenzbandbreite, 200
Regel, 268
Regelwerk, 260, 262
Regulärer Ausdruck, 67
reject, 57
Releasekandidat, *siehe* Version
Replication, 251
Repository, 51, 145, 294
REST, 339, 356
Restore, 142
Revision, 139
RFC2328, 214
RFC2474, 265
RFC2544, 325
RFC5737, 28
RFC7348, 255
RFC7938, 188
Richtlinie, 123, 387
Rollback, 146
rollback, 138
Root Guard, 176
Root-Bridge, 170
Route
    Default, 50
    extern, 235
    Summary, 191
Routed-Port, 90
Router, 85, 89
    ID, 193, 202
    virtuell, 110
Routing
    -tabelle, 56, 206

    dynamisch, 187
    statisch, 55
Routing on the Host, 215, 386
RSTP, 171

Samplingrate, 157
scale out, 182
scale up, 181
Schlüssel, 333, 334
SCP, 140
SDK, 379, 381
SecurityRouter, 225
Sensor, 312
sensors, 72
Server, 92, 279
Servermanager, 283
Service Node, 249, 251
setkey, 204
sFlow, 153
SFTP, 352
SHA, 214
shortest path, 189
Sicherheit, 132, 148
    API, 345
    OSPF, 197, 231
    OSPFv3, 203
    SNMP, 69
    Spanning-Tree, 174
Sicherungsschicht, 55
Skalierung, 183, 198, 293
Skript, 298, 303
Smartphone, 66
smonctl, 72
Snapshot, 146
SNMP, 67, 80, 358
    Trap, 70
socat, 348

Socket, 347, 356
Software-Defined Networking, 257
Softwareupdate, 143
SPAN, 267, 318
Spanning-Tree, 95, 169
Sparse-Modus, 388
Spectrum, 269, 379
Spine, 179, 181
SSH, 48, 80, 140, 299, 333
Standardgateway, 50
Standby, 110
Stichprobe, 153
Stub-Area, *siehe* Area
Super-Spine, 183
Support, 52, 147, 307
SVI, 89
Switch, 55, 84
    Daemon, 381
Synchronisierung, 101
Syslog, *siehe* Log
Systemmonitor, 317
Systemzeit, 51

TACACS+, 114, **128**
tacc, 132
tcpdump, 72, 163
Teaming, 283
Telegram, 66, 358
Temperatur, 71, 72, 312
Template, 32, 36
TFTP, 140, 300
Timeout, 194
Timer, 170, 330
TLS, 133
Tomahawk, 269, 380
top, 322
Topologie, 73, 179

traceroute, 208, 222
Trap, 70, 362
Treiber, 380
Trennung, 79
Trident, 380
Triumph, 380
Troubleshooting, *siehe* Fehlersuche
Trunk-Port, 86
Tuning
    OSPF, 194
Tunnel
    -Endpunkt, 240
    dynamisch, 250

U-Boot, 43
Uhrzeit, 51
Underlay-Netz, 184
unnumbered, 192, 219, 389
Update, 143
Update-Modus, 270
USB-Stick, 41, 294
User, 50

Verkehrsanalyse, 153
Vermittlungsschicht, 55
Version, 144
Versionierung, 147
Verwaltungsschicht, 272
Verzeichnisdienst, 116
Vim, 377
Virtual PortChannel, 101
VirtualBox, 38
Virtualisierung, 24, 239, 256, 385
Virtuell, 85, 110
Virtueller Switch, 35
VLAN, 35, 85, 181, 289
    Native, 88, 99

Tag, 86
VMware
    ESXi, 34, 226, 287
    NSX, 242, 256
    Player, 33
    Workstation, 32
VNI, 240
VPN, 203
VRF, 79, 126, 387
vRouter, 223
VRR, 110
vSwitch, 34, 226, 288
VTEP, 240
vtysh, 218
VXLAN, 183, **239**
VXRD, 249
VyOS, 225

Wasserfall, 297
Web-API, *siehe* API
Webproxy, 144
Werkszustand, 331
White-Box, 19
Wiederherstellung, 142
Windows, 283, 352
WinSCP, 352

XOR, 99, 282
XORP, 224

Zähler, 309
Zeit, 51
Zeitplaner, 141
Zeitzone, 51
Zero Touch Provisioning, 301
Zertifikat, 132, 346
ZTP, 301

Anhang A

Editor unter Linux

In verschiedenen Kapiteln geht die Bedienung über die NCLU hinaus und es wird Zugriff auf das unterliegende Linux benötigt. Dem stellt Cumulus Linux keine Barrieren in den Weg und ermöglicht den Wechsel auf die Betriebssystem-Ebene mit einem

```
sudo bash
```

Ab diesem Punkt ist erhöhte Vorsicht geboten, denn nun hält die NCLU nicht mehr die schützende Hand über Änderungen.

Dateien anzeigen

Den Inhalt einer Textdatei zeigt das `more`–Kommando seitenweise an. Zur nächsten Seite springt man mit der Leertaste, zur nächsten Zeile geht es mit der Enter-Taste.
Einen beispielhaften Blick in die Konfigurationsdatei vom `netd`-Dienst erfolgt mit:

```
more /etc/netd.conf
```

Während des Blätterns innerhalb der Datei wechselt die Taste *v* in den Texteditor, falls Änderungen am Inhalt gewünscht sind. Mit *q* beendet more die Anzeige vorzeitig.

Dateien editieren

Keine Änderung ohne vorherige Sicherung! Bevor die Finger im Dateiinhalt wirken, sollte eine Kopie der Originaldatei angefertigt werden. Der Aufwand dafür ist minimal und hilft in der Not, wenn die Änderung zu fatalen Ergebnissen führt.
Das Kommando zum Kopieren von Dateien unter Linux ist `cp` mit Angabe von Quelldatei und Zieldatei. Eine Sicherungskopie der obigen Textdatei erstellt der folgende Befehl:

```
cp /etc/netd.conf /etc/netd.conf.orig
```

Die Angabe der Zieldatei lässt sich abkürzen, um Tipparbeit zu sparen.

```
cp /etc/netd.conf{,.orig}
```

Unter Cumulus Linux stehen zwei Editoren zur Verfügung, die sich in ihrer Bedienung unterscheiden. Für Anwender mit wenig Vorkenntnissen in Linux ist der `nano`-Editor leichter zu erlernen. Wer sich in Linux tiefer einarbeiten möchte, sollte einen Blick auf den `vi`-Editor werfen.

GNU nano

Der `nano` ist ein leichtgewichtiger Editor, der die grundlegenden Funktionen zum Bearbeiten von Dateiinhalten beherrscht. Beim Start erwartet das Kommando den Dateinamen, der sogleich im Editor-Fenster geöffnet wird.

```
nano /etc/netd.conf
```

Die Kopfzeile ist gefüllt mit dem Namen der geladenen Datei. Zur einfachen Bedienung zeigt `nano` seine Kommandos in der Fußzeile an. Das Kürzel ^X steht dabei für die Tastenkombination *Strg-X* und beendet den Editor. Zum Speichern einer Datei dient der Shortcut *Strg-O*.

Mehr Infos zu diesem Editor bietet die integrierte Hilfe unter *Strg-G* und die Webseite `https://www.nano-editor.org/docs.php`

Vi IMproved

Der `vim`-Texteditor ist eine Weiterentwicklung des älteren `vi` und verbessert Bedienkomfort und Funktionalität. Für einfache Änderungen in Textdateien ist er eigentlich überqualifiziert.
Der `vi` unterscheidet zwischen dem Normalmodus und dem Einfügemodus. Im Normalmodus werden Eingaben von der Tastatur als Kommandos interpretiert. Damit lassen sich Zeilen löschen, Wörter kopieren, Suchen-und-Ersetzen oder in der Datei navigieren. Mit der Taste *i* (für *i*nsert, engl. einfügen) wechselt der `vi` in den Einfügemodus. Tastatureingaben landen jetzt direkt im Text an der Stelle, die der Cursor markiert. Die *Esc*-Taste bringt den Editor wieder in den Normalmodus.
Die übliche Arbeitsweise mit dem `vi` besteht aus einem häufigen Wechsel des Modus. Der `vi` ist gewöhnungsbedürftig, aber mit Kenntnis der wichtigsten Befehle lassen sich Dateien sehr effizient bearbeiten.

Der Editor hört auf das Kommando `vi` und erwartet einen Dateinamen für die folgenden Änderungen:

```
vi /etc/netd.conf
```

Tabelle A.1 auf der nächsten Seite listet die wichtigsten `vi`-Kommandos auf. Viele Kommandos lassen sich durch Voranstellen einer Zahl mehrfach ausführen. Beispielsweise löscht der Befehl `5dd` gleich fünf Zeilen auf einmal. Nach der Eingabe von `10x` verschwinden die nächsten zehn Zeichen vom Bildschirm.
Wenn der `vi` mal wieder zu viel verändert oder gelöscht hat, macht das mehrmalige Drücken der Taste *u* solange Änderungen rückgängig, bis die Datei wieder die bekannte Form hat. Und wenn der Dateiinhalt hoffnungslos durcheinander ist, hilft nur das Beenden ohne zu Speichern mit `:q!`.
Über den `vi` wurden vollständige Bücher verfasst, aber einen guten Einstieg bietet die Webseite des Entwicklers `http://www.vim.org/`

Alle Kapitel dieses Buchs wurden mit dem `vi` verfasst.

Befehl	Wirkung
:w	*write*. Datei speichern.
:q	*quit*. Editor beenden.
:q!	Editor beenden, ohne zu Speichern.
:wq	Datei speichern und Editor beenden.
i	*insert*. Fügt Text an der Position des Cursors ein.
I	Fügt den Text am Anfang der aktuellen Zeile ein.
a	*append*. Fügt Text an der Position nach dem Cursor ein.
A	Fügt den Text am Ende der aktuellen Zeile ein.
o	Fügt eine neue Zeile unterhalb der aktuellen Zeile ein.
O	Fügt eine neue Zeile oberhalb der aktuellen Zeile ein.
x	Löscht das Zeichen unter dem Cursor.
D	*delete*. Löscht ab der Position des Cursors den Rest der Zeile.
dd	Löscht die aktuelle Zeile.
yy	*yank*. Kopiert die aktuelle Zeile in den Puffer.
p	*paste*. Kopiert den Inhalt des Puffers in den Text.
u	*undo*. Macht die letzte Aktion rückgängig.

Tabelle A.1: Die wichtigsten Kurzkommandos des vim-Editors

Anhang B

ASIC

Cumulus-Switches arbeiten wirklich flott, aber warum? Der Trick liegt in der Hardware, denn hohe Bandbreiten erreicht ein Switch nur, wenn sich der Prozessor und der Kernel nicht um die Pakete kümmern müssen. Die ganze Arbeit erledigen spezielle Bausteine, die auf Switching spezialisiert sind.
Die *anwendungsspezifische integrierte Schaltung* (*application-specific integrated circuit*, ASIC) ist ein Chip auf dem Mainboard, dessen Schaltkreise für die Weiterleitung von Ethernet-Paketen ausgelegt sind. Mehr können diese Mikrochips nicht, aber dafür sind sie extrem schnell in dem, was sie können!
Cumulus Linux setzt auf Switches mit ASICs von Broadcom und Mellanox. Broadcom ist seit 30 Jahren bei der Sache und hat mehrere Modelle im Angebot, die sich in der Durchsatzrate und im Preis unterscheiden. Tabelle B.1 listet die ASICs, die Cumulus Linux unterstützt.
Die ASICs schlummern unter der Haube und warten auf Arbeit. Der Zugriff auf die Chips läuft über das *Software Development Kit* (SDK) von Broadcom. Über die Details der ASICs lässt der Hersteller nichts raus, die Konfiguration erfolgt über das SDK, sodass interne Abläufe im Verborgenen bleiben.

Dagegen ist Mellanox mit dem *Spectrum* Chipsatz noch ein junger Player, der seit September 2015 seine Switches mit den eigenen ASICs ins Rennen schickt. Mellanox benutzt die vorhandenen Methoden des Linux-Kernels, um seine ASICs anzusprechen. Anwender und Entwickler benötigen also kein weiteres SDK, sondern hantieren mit ihren gewohnten Linux-Kommandos. Im Hintergrund läuft die Kommunikation zwischen Kernel und ASIC über den Ethernettreiber *switchdev*, der seit Version 3.19 (2015) im Kernel enthalten ist.

Hersteller	Spitzname	Produkt	Bandbreite in GBit/s	Notiz
Broadcom				
	Hurricane2	BCM56150	64	1
	Helix4	BCM56340	130	1
	Firebolt3	BCM56538	176	2
	Apollo2	BCM56540	128	1
	Triumph2	BCM56630	112	1
	Maverick	BCM56760	960	3
	Trident	BCM56845	480	4
	Trident+	BCM56846	640	2
	Trident2	BCM56850	1.280	1
		BCM56854	720	2
	Trident2+	BCM56860	1.280	1
		BCM56864	720	2
	Trident3	BCM56870	3.200	
	Tomahawk	BCM56960	3.200	1
	Tomahawk+	BCM56967	3.200	4
	Tomahawk2	BCM56970	6.400	
Mellanox		Spectrum	3.200	1

Tabelle B.1: Cumulus Networks nutzt ASICs von Broadcom und Mellanox

Broadcom lässt den Open-Source-Zug natürlich nicht vorbeiziehen und gewährt mit dem *Open Network Switch Layer* (OpenNSL) jedermann Zugriff auf das SDK. Entwickler und Netzwerkausrüster können damit Anwendun-

---

[1] Herstellerangabe
[2] Angabe vom Netzausrüster
[3] Schätzwert. Basiert auf der Bandbreite des leistungsstärksten Switches
[4] Bandbreite basiert auf der Herstellerangabe der Serie

gen für die Broadcom-Hardware bauen, ohne eine Verschwiegenheitserklärung zu unterschreiben. Ganz so quelloffen ist die OpenNSL jedoch nicht, denn Kernkomponenten sind nur als Binärdatei erhältlich.

> **Hinweis**
>
> Der Begriff *Switch* ist hier doppelt belegt. Für die Hersteller von ASICs ist der *Switch* der Chip auf dem Mainboard, der die Paketverarbeitung in Hardware übernimmt. Für die Netzwerker ist der *Switch* ein Gerät mit vielen Netzadaptern, LEDs und Stromanschluss, der die Server im Rechenzentrum mit dem Netzwerk verbindet.

Die Angabe bei *Bandbreite* ist die maximale Durchsatzrate, die der Switch auf allen Anschlüssen erreichen kann. Der Netzwerkausrüster wählt einfach den passenden Chip für sein Hardwaredesign. Falls das Portfolio ein neues Modell mit 100-GbE-Ports benötigt, nimmt der Entwickler einen *Broadcom Tomahawk* oder *Mellanox Spectrum* und führt die erhaltene Switching-Kapazität an die vorderseitigen Netzanschlüsse des Gehäuses.

Wenn die Switches *mehr* Bandbreite angeben als die Summe aller Ports, dann sind eventuell mehrere ASICs verbaut. Beispielsweise arbeitet der *Edgecore OMP800* mit dem Chip *Broadcom Tomahawk*, der 3,2 TBit/s leistet. Das Modell bietet bis zu 256 Netzanschlüssen zu 100-GbE auf jedem Port und verspricht damit 25,6 TBit/s. Der Hersteller ermöglicht diese Leistung durch acht Einschubkarten, die jeweils 32 Ports liefern und *jede* mit einem Tomahawk-ASIC bestückt ist.

Zusammenspiel

Genaugenommen sind die ASICs auch nur eine weitere Hardwarekomponente in einem Linux-System (Abbildung B.1 auf der nächsten Seite). Und die spricht der Kernel über einen Treiber an. Der Treiber erhält seine Anweisungen wiederum vom Aufpasser `switchd`, der den Kernel auf Veränderungen überwacht. Sobald sich hier etwas tut, richtet sich `switchd` mithilfe des SDKs an den ASIC und programmiert die Änderungen. Aber auch der Weg andersherum ist wichtig: Wenn die ASICs etwas zu sagen haben, sendet `switchd` diese Information an den Kernel.

Anhang B. ASIC

Diese Aufgabentrennung hat Cumulus Networks geschickt gewählt, denn die Anwendungsprogramme ifconfig, ip oder bridge müssen nicht auf jeden möglichen Typ von ASIC umgeschrieben werden. Sie funktionieren wie gewohnt, weil sie unverändert mit dem Kernel kommunizieren und von ihm die benötigten Informationen erhalten. Die komplizierten Abläufe und das SDK fallen in den Aufgabenbereich von switchd.

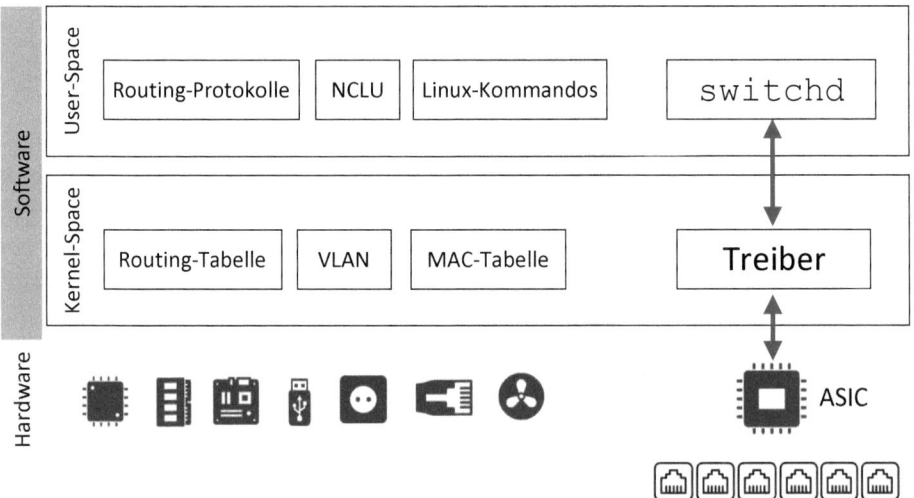

Abbildung B.1: Das Zusammenspiel von Linux-Kernel und ASICs

Anhang C

Ausblick

Cumulus Linux hat mehr drauf, als in ein einzelnes Buch passt. Viele Kapitel enden dort, wo es anfängt interessant zu werden. Weiterhin bringen manche Themen nur eine von mehreren Alternativen. Diese Themenknappheit kann dieses Kapitel nicht aufheben, wohl aber einen Leseanreiz für die unerwähnten Fähigkeiten von Cumulus Linux bringen.

Ansible

Eine größere Menge Switches konfiguriert der erfahrene Admin mit einem Automatisierungstool, wie Chef, SaltStack, Puppet oder Ansible. Beim Vergleich der „Vier Großen" punktet Ansible beim einfachen Erlernen und funktioniert ohne Agenten oder zusätzliche Softwarepakete auf den Switches.
Ansible verbindet sich per SSH mit dem Zielsystem, prüft die Umgebung, führt die notwendigen Befehle aus und berichtet dem Admin seinen Erfolg. Und dabei ist es egal, ob Ansible über einen einzelnen Switch herrscht oder über eine ganze Armee.
Rechenzentren haben üblicherweise bereits ein System zur Softwareverteilung und Gerätekonfiguration im Einsatz. Daher unterstreicht dieser Abschnitt den Einsatz von Ansible mit Cumulus Linux.
Grundsätzlich behandelt Ansible jedes Zielsystem als SSH-Server, der ein paar Änderungen erfahren soll. Ein Cumulus-Switch macht da keine Ausnahme, denn er bietet einen SSH-Zugang und die übliche Bash-Shell. Für

Anhang C. Ausblick

eine reibungslose Automatisierung empfiehlt sich ein passwortloses Login vom Ansible-Server auf alle Switches (vgl. Kap. 23).

Ansible benötigt keine speziellen Komponenten zur Fernkonfiguration von Cumulus-Switches. Das mitgelieferte *command*-Modul führt reguläre Linux-Befehle aus und liefert die Ergebnisse zentral zurück.
Sind die Switches einheitlich versioniert oder herrscht ein bunter Linux-Zoo? Ansible holt die Info von allen Geräten mit einem ad-hoc–Kommando:

```
ansible -m command -a "net show version" all
```

Der Zusatz all führt den angegebenen Befehl in Hochkommata auf allen konfigurierten Switches aus.

Die Stärke von Ansible liegt in den Playbooks, die jedem einzelnen Zielsystem genaue Anweisungen geben. Dazu zählen Linux-typische Aufgaben, wie Neuinstallationen, Änderungen in Konfigurationsdateien oder Dienste starten. Das einfache Playbook aus Listing C.1 führt die beiden Kommandos aus den Zeilen 5 und 7 auf dem Zielsystem sw01 (Zeile 2) aus.

```
1  ---
2  - hosts: sw01
3    tasks:
4    - name: Logmeldungen an Syslog-Server senden
5      command: net add syslog host ipv4 10.5.1.7 port 514
6    - name: Konfiguration anwenden
7      command: net commit
```

Listing C.1: Das Ansible Playbook ändert den Syslog-Server

Grundsätzlich lassen sich mit dieser Methode die Cumulus-Switches in die Automatisierungslösung aufnehmen. Ansible geht sogar noch einen Schritt weiter und enthält seit Version 2.3 (Mitte 2017) ein eigenes Modul für die NCLU, welches die Entwickler von Cumulus Networks beigesteuert haben.

Das Playbook in Listing C.2 benutzt das `nclu`-Modul, um die Zeitzone zu setzen und die vorgegebenen NTP-Server durch lokale Server zu ersetzen.

```
---
- hosts: sw01
  gather_facts: no
  become: no
  tasks:
  - name: Lokale Zeitzone festlegen
    nclu:
      commands:
        - add time zone "Europe/Berlin"
        - add time ntp source eth0
  - name: Vorgegebene NTP-Server loeschen
    nclu:
      commands:
        - del time ntp server {{ item }}
    loop:
      - 0.cumulusnetworks.pool.ntp.org
      - 1.cumulusnetworks.pool.ntp.org
      - 2.cumulusnetworks.pool.ntp.org
      - 3.cumulusnetworks.pool.ntp.org
  - name: Landesspezifische NTP-Server verwenden
    nclu:
      commands:
        - add time ntp server {{ item }} iburst
      commit: true
    loop:
      - 0.de.pool.ntp.org
      - 1.de.pool.ntp.org
      - 2.de.pool.ntp.org
```

Listing C.2: Ansible konfiguriert lokale NTP-Server

Docker

Docker ist eine Virtualisierungssoftware auf Betriebssystemebene. Das Konzept ist als „Container" bekannt geworden. Docker führt Anwendungen in einer gekapselten Containerumgebung aus. Die eingeschlossenen Anwendungen benutzen das Betriebssystem des Hosts und sehen nur den Inhalt des Containers und die zugewiesenen Ressourcen. Im Vergleich zur vollwertigen Virtualisierung (z. B. VMware ESXi) benötigt Docker kein zusätzliches Betriebssystem im Container. Das Ergebnis ist eine schlanke und schnelle Form der Virtualisierung.

Was hat Docker mit Cumulus zu schaffen? Cumulus Linux kann seit Beginn der 3er Version (Anfang 2016) Docker-Container starten und betreiben, als wäre es ein Linux-Server. Aber warum die Mühe? Docker-Container bieten eine hervorragende Trennschärfe zwischen Anwendungen. Cumulus Networks nutzt diese Fähigkeit, um Routingtabellen und Kundenumgebungen zu trennen.

Wenn Cumulus Linux in einer mikrosegmentieren Umgebung arbeitet, betreiben die Server die Docker-Container. Mit *Routing on the Host* (vgl. Kap. 16) nehmen die Server ernsthafte Aufgaben im Netzwerk wahr. In einer Container-Landschaft treibt Cumulus Networks das Konzept einen Schritt weiter und präsentiert stolz den *Routing on the Host Docker Advertisement Daemon* (CRoHDAd). Dieser neue Dienst läuft ebenfalls als Container und vermittelt zwischen Container-Anwendungen und dem Routingprotokoll.

Wenn ein Container startet, erfährt CRoHDAd die neue IP-Adresse der Anwendung und teilt sie dem Routing-Daemon mit (vgl. Kap. 15). Per OSPF oder BGP wissen kurz darauf alle Netzkomponenten von der neuen Adresse und die Anwendung erhält die ersten Zugriffe von ihren Clients. Andersherum entzieht CRoHDAd der Routinglandschaft die IP-Adresse, wenn der Container stoppt oder zerstört wird.

In der letzten Ausbaustufe stecken die Anwendungen in Containern und laufen auf den Servern. Der CRoHDAd läuft als „Vermittlungs"-Container und die Routing-Dämonen sind ebenfalls Container, wobei jeder Kunde seinen eigenen Routing-Container bewirtschaftet.

Cumulus Networks erleichtert den Einstieg und stellt fertige Container für *FRRouting, Quagga* und *Routing on the Host* bereit. Ob diese Container auf einem Cumulus-Switch laufen oder auf einer Linux-Hardware, liegt im Ermessen des Netzdesigners – die Flexibilität der Virtualisierung erlaubt beides!

> **Hinweis**
>
> Ein Switch sollte nicht als Server herhalten. Cumulus Networks empfiehlt nur leichte Anwendungscontainer auf seinen Hardwareswitches.

Richtlinienbasiertes Routing

Normalerweise entscheidet die Routingtabelle darüber, welchen Pfad die Pakete durch das Netz nehmen. Ausnahmen davon schafft das richtlinienbasierte Routing (Policy-based Routing, PBR), welches vorkonfigurierte IP-Bereiche gesondert behandelt.

Bei PBR entscheidet eine Filterliste, welche Pakete in den Genuss einer alternativen Wegeführung kommen und welche die normale Routingtabelle durchlaufen. Die Filterliste klassifiziert die Pakete anhand von Quell- und/oder Zieladresse. Cumulus Linux ist hierbei einfach gestrickt, denn Paketgröße, QoS-Markierung und TCP/UDP-Portnummer gehören nicht zu den Auswahlkriterien.

Wenn das Routingprotokoll über den nächsten Hop entschieden hat, kann PBR eine Alternative einrichten. Das folgende Beispiel ändert das Routing aus Kapitel 15, sodass sw12 alle Pakete von Server2 (10.1.122.2) nicht über den vorausgewählten Spine-Switch sw01, sondern über den Partner sw02 (2.2.2.2) sendet. Die Richtlinie gilt für eingehende Pakete auf Netzadapter *swp6*.

```
net add pbr-map server2 seq 10 match src-ip 10.1.122.2/32
net add pbr-map server2 seq 10 set nexthop 2.2.2.2
net add interface swp6 pbr-policy server2
```

Für den Ausfallschutz und die Lastverteilung akzeptiert die NCLU auch eine `nexthop-group`, die aus mehreren IP-Adressen bestehen kann.

Für die technische Realisierung bedient sich Cumulus Linux bei FRRouting (vgl. Kap. 16), welches PBR über multiple Routingtabellen abbildet, die ihr Zuhause im Linux-Kernel haben.

Virtual Routing and Forwarding

Das Konzept *Virtual Routing and Forwarding* (VRF) erstellt innerhalb eines Routers mehrere Routingtabellen, die separiert sind und unabhängig voneinander arbeiten. Im Vergleich: VLANs unterteilen Netze auf OSI-Ebene 2 und VRF unterteilt sie auf Ebene 3.

Eine VRF-Instanz besteht aus einer Routingtabelle und mehreren Netzadaptern. Ein eingehendes Paket ist in seiner VRF-Instanz „gefangen" und kann nicht ungewollt in andere Instanzen gelangen. Im praktischen Umfeld ist VRF ideal, um mehrere Kundennetze im Rechenzentrum abzubilden, ohne für jeden Kunden eine eigene Infrastruktur aufzubauen.

In Kapitel 6 bekommt lediglich der Verwaltungszugang eines Switches seine eigene VRF-Instanz. Damit ist das Management-Interface vom restlichen Anwendungsverkehr getrennt. Auf dieselbe Weise teilt sich das Netz in Kundenumgebungen oder unterschiedliche Sicherheitslevel.
Cumulus Linux ist ein Ass bei VRF, denn die Funktionalität im Linux-Kernel stammt aus der Feder von Cumulus Networks. Grundsätzlich lässt sich eine VRF-Instanz mit allen möglichen Zutaten versehen: Netzadapter, Routen, Firewallregeln, Dienste und Routingprotokolle. Wenn beispielsweise der SNMP-Dienst in VRF-Instanz 1 läuft, wird eine SNMP-Anfrage an Instanz 2 keine Antwort erhalten.

Die Implementierung lässt wenig Wünsche offen und zeigt, dass Cumulus Linux für große Rechenzentren konzeptioniert ist, welches von mehr als einem Mandanten bewohnt wird.

Multicast

Als modernes Netzwerk-Betriebssystem beherrscht Cumulus Linux auch Multicast-Routing. Die Auswahl der Routingprotokolle beschränkt sich auf *Protocol Independent Multicast* (PIM) im Sparse-Modus und auf die Methoden *Any-source Multicast* (ASM) und *Source-Specific Multicast* (SSM). Die Abonnenten eines Multicast-Stroms lernt Cumulus Linux per IGMP Version 2 oder 3.
Die Liste der Protokolle und Features ist nicht groß, orientiert sich aber an den marktüblichen Anforderungen. Damit integriert sich ein Cumulus-Switch problemfrei in die meisten Multicastnetze.
PIM verlangt ein funktionierendes Unicast-Routing, welches mit OSPF (vgl. Kap. 15) oder BGP erreicht wird. Für die Implementierung muss erneut FRRouting herhalten, welches die Unterstützung für PIM vom Vorgänger Quagga [16] übernommen hat.
Die Konfiguration von PIM, Rendezvous-Point und den Multicast-Interfaces integriert sich in die NCLU. Auch das Troubleshooting verläuft über die

„net show"-Befehle. Nur für besondere Stellschrauben und Debug-Ausgaben verweist Cumulus Networks an die `vtysh` von FRRouting (vgl. Kap. 16).

Border Gateway Protocol

Die Kapitel und Beispiele in diesem Buch haben sich beim *Border Gateway Protocol* (BGP) zurückgehalten. Das liegt nicht etwa darin, dass Cumulus Linux ahnungslos wäre. Ganz im Gegenteil, aber der offizielle *Cumulus Linux User Guide* hat einen starken Fokus auf BGP und behandelt OSPF nur als Nebenprodukt.
Cumulus Networks bedient sich für die BGP-Implementierung erneut bei FRRouting und hat damit eine starke BGP-Software an der Hand. Sie kennt die üblichen Tricks für ein Provider-Peering und Multiprotokoll-BGP für IPv6 und Ethernet VPN.
Zu den Features gesellen sich Community-Listen, Route Reflector, eBGP Multihop, Graceful Shutdown, BGP Unnumbered Interfaces, ECMP mit BGP und Peering-Gruppen. Für Kundenumgebungen kombiniert der Cumulus-Switch BGP mit VRF und schafft mehrere Routingtabellen.
Etwas mehr Sicherheit zwischen Nachbarn bietet FRRouting mit BGP TTL Security und einer MD5-Signatur, die zumindest den Inhalt der BGP-Pakete vor Manipulation schützt.

Zur Abgrenzung vom Cumulus-Handbuch setzt dieses Buch in den Abschnitten über IP-Routing verstärkt auf OSPF und spart sich die Wiederholung von BGP. Kapitel 15 *Dynamisches Routing* und 16 *Routing on the Host* bestücken alle Switches mit OSPF. Und auf dieser Konfiguration bauen Kapitel 14 *Spine/Leaf Topologie* und 17 *VXLAN* auf.

Anhang D

Zusatzmaterial

Die abgedruckten Beispiele in den vorherigen Kapiteln enthalten stets nur einen Ausschnitt, der zum jeweiligen Thema passt. Die vollständige Konfiguration aller Geräte ist online verfügbar unter
`https://der-cumulus-praktiker.github.io`
`https://github.com/der-cumulus-praktiker`
und alternativ unter
`https://der-cumulus-praktiker.sourceforge.io`
`https://sourceforge.net/projects/der-cumulus-praktiker/`

Dort befindet sich zusätzliches Material, das den Umfang des Buchs gesprengt hätte.

- Konfiguration der Switches aus allen Kapiteln,
- Netzdiagramm der vollständigen Laborumgebung,
- Errata (Korrekturverzeichnis),
- Alle Skripte, die in den Kapiteln teilweise gekürzt abgedruckt sind oder nur erwähnt werden.